KB059251

# 부동산등기소송정해

## (不動産登記訴訟精解)

저자  최돈호

법문북스

# 머리말 < 부동산등기소송정해(不動産登記訴訟精解) >

민사소송은 사법상(私法上)의 권리관계의 확정 . 보존 . 실현을 목적으로 하는 법률상의 쟁송(爭訟)에 대하여 법규를 구체적으로 적용하여 분쟁을 강제적으로 해결하는 재판절차이다.

민사소송법은 개인간의 생활관계의 규율을 내용으로 하며 사회에 있어서의 생활규범으로서가 아니라 법원이 국가기관으로서 개인 사이의 분쟁을 소송에서 해결하는 규준(規準)이 되어 민사소송사건을 적정(適正) . 공평(公平)하게 심판하고, 신속(迅速) . 경제적(經濟的)으로 처리하는 것이 그 이상(理想)이다.

민사소송의 이상(理想)은 재판의 운영면에서 본다면 서로 모순(矛盾)되고 충돌(衝突)한다. 소송을 적정(適正)하게 운용하면 신속(迅速)하지는 못하며, 적정(適正)의 이상과 공평(公平)의 이상도 저촉되는 수가 있으며, 적정(適正)의 이상은 경제(經濟)의 이상과도 저촉될 수 있다.

이리하여 한 나라의 민사소송제도의 이상(理想)을 어디에 중점을 두고 운영할 것인가는 그 나라의 제반실정을 고려하여 그 구심점(求心點)을 찾을 필요가 있다. 민사소송의 목적은 사권(私權)의 보호와 동시에 사법질서(私法秩序)의 유지 및 확보에 있다.

민사소송사건에 관한 쟁송(爭訟) 중 부동산등기에 관련된 쟁송은 다른 분야보다 난해(難解)하며, 많은 시간과 비용을 요하는 분야이므로 부동산등기에 관련된 실체법인 민법을 비롯하여 절차법인 부동산등기법 등 관련법규들에 대한 정확한 이해가 필요하다.

특히 부동산등기에 관하여 의사(意思)의 진술(陳述)을 명한 확정된 이행판결(履行判決)을 등기원인(登記原因)을 증명하는 서면으로 등기신청을 한 경우 그 판결이 이른바 집행불능판결(執行不能判決)에 해당되어 등기관이 각하(却下)하는 사례가 등기실무상 자주 발생하고 있는바, 이 경우 원고는 그 판결에 대하여 불복절차(不服節次) 내지 시정절차(是正節次)에 의하여 자신의 권리 내지 이익을 회복할 방법이 없으므로 동일한 내용의 소송절차를 다시 밟아 집행이 가능한 판결을 받아야 한다. 이것은 민사소송의 이상(理想)에 반하는 것이다.

법률격언(法律格言)에 '소송이 다시 소송을 일으키는 일이 없도록 소송을 방지하는 것은 훌륭한 재판관의 의무다. 소송을 종결시키는 것은 국가의 안녕을 위해서이다'(It is the duty of a good judge to prevent litigations, that suite may not grow out of suit, and it concerns the welfare of a state that an end be put to litigation), '소송의 원인을 제거하는 것이 훌륭한 법관의 의무다'(It is the duty of a good judge to remove causes of litigation)라고 했다.

본서에서는 집행불능판결(執行不能判決)의 예방(豫防)에 다소라도 도움을 주고자하는 마음에서 부동산등기에 관련된 각종유형의 소송사건에 있어 소장의 당사자적격문제, 청구취지의 기재례 및 판결주문에 명시될 사항 등에 관하여 상세히 살펴보았다.

"제1장 민사소송제도"에서는, 소제기시(訴提起時)의 주의사항 특히 등기의 말소나 말소된 등기의 회복을 청구할 때 등기상 이해관계 있는 제3자의 '승낙(承諾)의 의사표시(意思表示)' 및 일방 당사자가 등기신청에 협력을 거절 할 때 타방 당사자가 등기신청에 협력할 것을 요구하는 권리인 등기청구권(登記請求權)의 행사절차 등에 관하여 상술하였다.

"제2장 부동산등기제도"에서는 우리나라의 부동산등기제도의 일반적인 내용 및 각종 등기의 신청절차, 등기의 효력 등을 상술하였다.

"제3장 판결에 의한 등기"에서는 부동산등기법 제65조 제2호의 판결과 동법 제23조 제4항 및 민사집행법 제263조 제1항의 판결의 차이점, 집행불능판결과 관련하여 등기실무상 자주 문제가 발생되는 것으로 등기에 관하여 의사(意思)의 진술을 명한 판결(민사집행법 제263조 제1항) 중 등기의 말소 또는 말소된 등기의 회복에 대한 등기상 이해관계 있는 제3자의 '승낙(承諾)의 의사표시(意思表示)'에 관하여 해당 사항마다 중복하여 상세히 해설하였다.

"제4장 집행불능판결"에서는 이 책의 핵심부분인 집행불능판결의 유형을 사례별로 분류한 후 집행불능판결에 의한 등기신청의 각하사유를 명시하였고, 집행불능판결의 예방 및 법관의 오판(誤判)과 국가배상책임(國家賠償責任) 등에 관하여 살펴보았다. 특히 부동산 실권리자명의등기에 관한 법률 제11조 제1항의 실명등기(實名登記)의 유예기간(猶豫期間)경과 후 명의신탁유형(2자간 등기명의신탁, 3자간 등기명의신탁, 계약명의신탁)에 따른 법률관계를 상술하였다.

"제5장 부동산소유권의 취득시효(取得時效)"에서는 부동산에 관한 쟁송에서 중요한 부분의 하나로 볼 수 있는 점유취득시효(占有取得時效)의 요건, 효과 및 그 등기절차, 등기부취득시효(登記簿取得時效) 등에 관하여 대법원 판례를 종합하여 해설하였다.

"제6장 종중재산(宗中財産)의 관리 및 처분"에서는 종중의 성립요건, 성격, 종중의 당사자능력 및 등기능력, 종중대표자의 선임절차 및 총회결의방법, 종중의 부동산취득 및 처분에 따른 등기절차, 종중의 시효완성으로 인한 농지의 취득가부 등에 관하여 대법원 판례를 인용하여 해설하였다.

아무쪼록 본서가 부동산등기에 관련된 소송 및 재판에 관여하는 분들의 업무처리에 다소나마 도움이 되고 집행불능판결의 예방에 보탬이 된다면 지행(至幸)으로 생각할 것이다. 아울러 어려운 여건에도 불구하고 본서를 출간한 법률미디어 김현호 대표님과 원고 정리와 교정에 정성을 다해준 고관우 팀장님의 노고에 감사드린다.

저자가 언제나 편안한 마음으로 저술활동을 할 수 있도록 정성을 다하여 도와주는 사랑하는 아내와 성실한 아들 준규, 형규, 딸 원영이의 성원과 사랑에 고마움을 전하며, 저자의 꿈이요, 희망인 귀여운 손주 주연, 윤서, 채현, 윤호, 예준이가 언제, 어디서, 무었을 하던 건강하고 슬기롭고 지혜롭게 성장하길 기원합니다.

2018년 새봄을 맞이하여　　　　著 者 씀

# 제3장　판결에 의한 등기　97p

## 제4장  집행불능판결 199p

## 제5장　부동산소유권의 취득시효　433p

## 제6장　종중재산의 관리·처분　　477p

# Ⅱ. 사항별 목차

# 제1장
# 민사소송제도

# 제1장 민사소송제도

## 1. 민사소송제도의 목적

민사소송이란 사법상(私法上)의 권리 또는 법률관계에 대한 다툼을 법원이 국가의 재판권에 의하여 법률적 . 강제적으로 해결하기 위한 절차이다. 사법상의 다툼(민사사건)을 대상으로 하는 점에서 공법상의 형사소송이나 행정소송과 구별된다.

사적분쟁 해결제도로서는 이 밖에도 조정(調停) · 중재(仲裁)등이 있으나 이들은 강제적 요소가 결여되어 있고, 국가의 재판권의 행사가 아니라는 점에서 민사소송과는 다르다.

민사소송제도의 목적은 사권(私權)의 보호 및 사법질서(私法秩序)의 유지 · 확보를 목적으로 하는 재판절차이다. 사권의 보호를 위하여 분쟁을 해결하면 사법질서가 유지되므로 분쟁을 적정, 공정하고 신속하게 처리하는 것이 민사소송의 목적이다. 민사소송은 사인간의 생활관계에 관한 이해의 충돌이나 분쟁을 국가의 재판권에 의하여 강제적 · 법률적으로 해결 . 조정하기 위한 일련의 절차를 말한다.

민사소송은 사법상의 권리관계의 확정 · 보존 · 실현을 목적으로 하는 재판상의 절차이므로, 사인에 대한 국가 형벌권(刑罰權)의 존부의 확정을 목적으로 하는 형사소송, 공법상의 권리관계에 관한 쟁송(爭訟)을 그 대상으로 하는 행정소송, 민사분쟁 중 신분관계에 관한 분쟁을 대상으로 하는 가사소송과 구별된다.

사인간의 생활관계라 할지라도 민사소송의 대상이 되는 것은 법률상의 쟁송(법률상의 爭訟은 권리의 존부나 행위의 효력 등에 관한 분쟁을 말한다)에 한한다. 따라서 특히 예외를 인정하는 경우(서면의 진부에 관한 확인의 소)외에는 사실관계의 쟁송은 민사소송의 대상이 될 수 없다. 법률상의 쟁송이라 할지라도 그것이 구체적인 민사상의 권리나 법률관계의 존부(存否)에 관한 것이 아니면 민사상의 분쟁으로서 법원의 심판을 받을 수 없다.

민사소송은 법규를 구체적으로 적용 실현하여 분쟁을 강제적으로 해결하는 것이므로, 법규적용 또는 강제의 요소를 결여한 비송사건절차 및 조정절차와 구별된다. 민사소송은 판결절차와 강제집행절차로 분류할 수 있는데, 협의의 민사소송이라 함은 판결절차를 말한다.

## 2. 민사소송의 이상(理想)

민사소송제도는 사인의 권리보호와 사법질서의 유지를 목적으로 하여 국가가 마련한 제도이다. 민사소송법 제1조는 '법원은 소송절차가 공정하고 신속하며 경제적으로 진행되도록 노력하여야 한다. 당사자와 소송관계인은 신의에 따라 성실하게 소송을 수행하여야 한다'고 규정하고 있다. 민사소송법은 적정·공평·신속·경제·신의칙의 이상을 구현하기 위하여 필요한 제도들을 법규화한 것이다.
따라서 민사소송제도가 이상적으로 운영되려면 1) 적정 2) 공평 3) 신속 4) 경제 5) 신의칙의 이념이 지배하여야 한다.

## 가. 적정(適正)의 이상

권리 있는 자는 반드시 승소하고 권리 없이 부당하게 제소하는 자는 패소한다는 결과를 보장하기 위한 것이 적정의 이상이다. 올바르고 잘못이 없는 진실발견의 재판은 소송의 가장 중요한 요청이다. 법관은 올바르게 사실을 확정하고, 확정된 사실에 법을 올바로 적용하여 재판을 통해 사회정의를 구현하여야 한다.

적정의 이상을 구현하기 위하여 구술주의(민소법 제134조), 직접주의(동법 제204조), 석명의무 및 지적의무(동법 제136조), 직권증거조사(동법 제292조), 교호신문제도(동법 제327조) 등을 채택하고 있으며, 3심제도(동법 제390조, 제422조)와 재심제도(동법 제451조) 등 불복신청제도를 인정하고 있다.

의사의 진술을 구하는 청구 중 등기신청에 관한 의사표시를 명한 확정된 이행판결을 등기원인을 증명하는 서면으로 하여 등기신청을 한 경우 그 신청이 부동산등기법 제29조 각호의 1에 해당하여 등기관이 이를 각하하는 사례가 등기실무에 있어 자주 발생하는 바, 이와 같이 부동산등기에 관하여 의사의 진술을 명한 확정된 이행판결에 집행력이 없어 그 판결에 의한 등기의 집행이 불능으로 되는 판결을 '집행불능판결(執行不能判決)'이라고 한다.

이와 같은 집행불능판결은 원고승소의 확정판결이므로 그 판결에 대하여는 불복절차나 시정절차에 따라 원고의 권리나 이익을 회복할 방법이 없으므로 원고는 다시 소를 제기하여 집행이 가능한 판결을 다시 받아야 하므로 이와 같은 집행불능판결은 민사소송의 적정, 신속, 경제의 이상에 반한다.

## 나. 공평(公平)의 이상

재판의 적정을 위해서 한 쪽 당사자에게 치우침이 없이 양쪽 당사자를 공평하게 취급하여야 한다는 것이 공평의 이상이다. 법관은 중립적 제3자의 위치에서 어느 한쪽에 편파 됨이 없이 쌍방당사자의 진술을 경청하며, 각 당사자가 자기의 이익을 주장할 수 있는 기회를 동등하게 부여하여야 한다.

## 다. 신속(迅速)의 이상

소송절차에 의한 권리의 실현이 늦어지면 권리를 부정하는 것이나 다름없게 된다. 우리나라의 현실에 비추어보면 가장 중요한 이상이라고 본다. 소송촉진은 법원의 의무이며, 헌법 제27조 제3항은 모든 국민은 신속한 재판을 받을 권리를 가진다고 규정하여 법원은 소송촉진의무를 지게 되었다.

## 라. 경제(經濟)의 이상

소송을 수행함에 있어 법원이나 당사자 기타 소송관계인들의 비용과 노력을 최소한도로 그치게 함을 목적으로 하는 이상이다. 무자력자(無資力者)가 소송을 하지 못하는 폐단을 없애기 위한 소송구조(민소법 제128조 이하)제도 등이 있다.

한 나라의 민사소송제도의 이상을 어디에 중점을 두고 마련할 것인가는 그 나라의 제반 사정을 참작하여 그 구심점을 찾을 필요가 있을 것이나 우리 민사소송법은 적정·공평의 이상보다도 신속·경제의 이상에 중점을 두고 있는 것으로 생각할 수 있다.

등기신청에 관한 의사표시를 명한 확정된 이행판결(민사집행법 제263조 제1항)이 이른바 집행불능판결에 해당되어 그 판결에 의한 등기신청이 각하된 경우 그 판결에 대하여는 불복절차나 시정절차가 없으므로 원고는 다시 소를 제기하여 등기의 집행이 가능한 판결을 밟는 절차를 반복하게 되므로 집행불능판결은 민사소송의 적정, 신속, 경제의 이상에 반한다.

## 마. 신의성실(信義誠實)의 원칙

민사소송법 제1조 제2항은 '당사자와 소송관계인은 신의에 따라 성실하게 소송을 수행하여야 한다'고 규정하여 신의칙(信義則)이 민사소송의 대원칙임을 명문화했다. 신의칙의 규제를 받는 자는 원고와 피고만이 아니라 보조참가인, 소송대리인, 증인, 감정인, 등에게 미친다.

신의칙은 강행법규(强行法規라 함은 당사자의 의사와는 관계없이 언제나 적용되는 것으로서 법령 중의 선량한 풍속 기타 사회질서에 관계있는 규정을 말한다)이기 때문에 민사소송법 제1조 제2항의 신의칙에 위반여부는 당사자의 주장이 없어도 법원의 직권조사사항이다(1989. 9. 29. 88다카17181, 1995. 12. 22. 94다42129). 신의칙에 위반하여 제기된 소는 소의 이익(즉 권리보호이익)이 없는 것으로서 부적법으로 각하하게 되고, 그에 반하는 소송행위는 무효로 된다.

### 3. 부동산에 관련된 소송

등기는 등기권리자와 등기의무자 쌍방의 공동신청에 의하여 이루어지는 것이 원칙이나(부동산등기법 제23조 제1항), 일방 당사자가 등기신청에 협력을 거절하면 타방 당사자는 '등기청구권(登記請求權)'(즉, 부동산등기에 관하여 의사의 진술을 구하는 청구)을 행사(민사집행법 제263조 제1항)하여 원고가 승소확정판결을 받아 승소한 등기권리자 또는 등기의무자로서 단독으로 등기신청을 할 수 있다(부동산등기법 제23조 제4항).

이 경우 판결은 피고의 등기신청의사의 진술에 갈음(민사집행법 제263조 제1항)하는 동시에 등기원인을 증명하는 서면(부동산등기규칙 제46조 제1항 제1호)의 기능을 하여, 승소한 원고(즉, 승소한 등기권리자 또는 등기의무자)는 단독으로 판결에 의한 등기신청을 할 수 있다(부동산등기법 제23조 제4항).

> * 이하에서 '부동산등기법'은 "법"으로, '부동산등기규칙"은 "규칙"으로 약칭하여 괄호 속(법 제0조 또는 규칙 제0조)에 표시하였음 *

### 가. 부동산에 관한 쟁송의 의미

등기는 법률에 다른 규정이 없는 경우에는 등기권리자와 등기의무자의 공동신청에 의하여 행해지는 것이 원칙(법 제23조 제1항. 이것을 '共同申請의 原則'이라 한다)이나 일방 당사자가 등기신청에 협력을 거절하면 등기를 할 수 없게 되므로 등기제도의 원활한 운영을 위하여 등기를 원하는 일방당사자는 타방당사자에 대하여 등기신청에 협력할 것을 요구하는 권리, 즉 '등기청구권(登記請求權)'을 소(訴)로서 행사하는 것이 인정되는바, 이것을 '부동산에 관한 쟁송(爭訟)'이라고 한다.

법률상의 쟁송(爭訟)이라 함은 권리의 존부(存否)나 행위의 효력 등에 관한 분쟁을 말하며, 소송의 의미로 사용될 경우도 있다.

## 나. 부동산등기에 관한 의사표시의무의 집행

의사표시를 목적으로 하는 채권에 있어서는 채무자로 하여금 현실적으로 의사표시를 시킬 필요 없이 그 의사표시가 노리는 법률효과를 발생시켜버리면 채권의 목적은 달성된다. 채무자로 하여금 현실적으로 의사표시를 할 것을 집행권원에 의하여 강요하려면 성질상 간접강제의 방법에 의할 수밖에 없다.

그러나 의사표시의 이행을 구하는 판결의 최종목적이 그 법률효과의 발생에 있다면 간접강제의 방법에 호소할 것이 아니라 법률상 가능한 관념적인 법률효과의 발생만을 의제하면 집행의 목적은 달성되는 것이다.

이리하여 민사집행법은 이러한 종류의 채권의 집행에 있어서는 그 집행권원인 인낙조서의 작성이나 그 이행판결의 확정으로서 의사표시의 진술이 있은 것으로 간주하고, 간접강제에 의한 강제집행절차를 생략하고 있다(민사집행법 제263조 제1항).

민사집행법 제263조 제1항에 의하여 그 의사표시를 한 것과 마찬가지의 효력이 생기는 것은 그러한 법률과의 발생을 선고하는 형성판결의 성질상 그러한 것이 아니고, 어디까지나 이행판결의 집행력에 관하여 법이 특별규정을 둔 것이라고 보아야 한다. 민사집행법 제263조 제1항은 '의사의 진술을 명한 판결이 확정된 때는 그 판결로 의사를 진술한 것으로 본다'고 규정하고 있다.

부동산등기법 제23조 제4항은 '판결에 의한 등기는 승소한 등기권리자(즉, 登記請求權의 행사) 또는 승소한 등기의무자(즉, 登記收取請求權의 행사)가 단독으로 신청'할 수 있게 하였는데 이 취지는 등기의무자에 대하여 등기절차를 이행하도록 명한 이행판결에 의하여 신청하는 것이므로 등기의무자의 협력이 불필요하다고 본 것이다.

## 다. 부동산에 관한 소(訴)제기와 주의사항

등기에 관하여 피고에 일정한 의사의 진술을 구하는 소를 제기하는 원고는 소장을 작성함에 있어 아래 사항을 특히 주의하여야 한다.

### (1) 피고의 지정(당사자적격)

첫째, '피고의 정확한 지정'(당사자 적격)이다.

당사자 적격(當事者 適格)이라 함은 일정한 소송물에 관하여 원고 또는 피고로서 소송을 수행하고 본안판결을 유효하게 받을 수 있는 자격으로서 소송실시권 또는 정당한 당사자라고도 한다. 당사자 적격은 소송요건으로서 법원의 직권조사사항이며, 당사자 적격을 간과한 판결은 상소에 의해 취소될 수 있으나, 판결확정 후에는 재심의 소를 제기할 수 없다.

당사자 적격이 없는 자가 받은 판결에는 기판력 . 형성력이 생기지 않으므로 무효의 판결이 된다. 피고의 지정에 있어, 고유필수적 공동소송으로 보는 총유(總有) 및 합유(合有) 부동산에 관한 소송이나 공유물분할에 관한 소송의 경우, 그 구성원 또는 공유자 전원이 공동으로 원고 또는 피고가 되어야 하며, 공동소송인 중 일부만이 소송을 제기하거나 일부만을 상대로 소송을 제기한 때에는 당사자적격의 흠으로 소가 부적법 하게 된다(민사소송법 제254조 제2항).

등기의 말소(법 제57조)나 말소등기의 회복(법 제59조)을 신청하는 경우, 등기의무자가 그 말소 또는 말소된 등기의 회복에 대하여 협력을 거절하거나 '등기상 이해관계 있는 제3자'가 등기의 말소나 말소된 등기의 회복에 대하여 승낙을 거절할 경우 등기권리자는 누구를 상대로 하여 등기청구권을 행사할 것인가가 문제된다. 이 경우 등기권리자는 그 제3자를 '피고로 지정'한 후 소장의 청구취지에서 등기의 말소나 회복에 대한 제3자의 승낙의 의사표시를 명백하게 표시하여야 하며, 그 청구인용의 판결주문에도 등기의 말소나 말소된 등기의 회복에 대한 승낙의 그 제3자의 의사표시가 명시되어 있어야 그 판결에 의한 등기의 집행을 할 수 있다.

### (가) 당사자의 확정

당사자(當事者)의 확정(確定)이라 함은 제소된 소송사건에서 누가 원고이고, 누가 피고인가를 명확히 정하는 것을 말한다. 소송사건의 당사자가 확정되어야만 당사자능력, 당사자적격, 소송능력을 판단할 수 있으며, 그 밖에 인적재판적, 제척원인, 소송절차의 수계 및 중단, 송달, 소송물의 동일성, 기판력 및 집행력의 주관적 범위, 증인능력 등을 정할 수 있게 된다. 당사자는 소송제기행위를 기준으로 하여 확정되는바, 판례와 통설에 의하면 소장에 당사자로 표시된 자가 당사자이다(表示說).

### 1) 소송능력 등의 흠에 대한 법원의 조치

법원은 직권으로 누가 당사자인가를 조사하여야 하며, 당사자가 불명확한 경우에는 당사자의 특정을 위해 보정하도록 명하여야 하며, 만일 보정하는 것이 지연됨으로써 손해가 생길 염려가 있는 경우에는 법원은 보정하기 전의 당사자 또는 법정대리인으로 하여금 일시적으로 소송행위를 하게 할 수 있다(민소법 제59조).

### 가) 사자(死者)를 당사자로 표시한 경우

사자(死者)를 당사자로 하여 소를 제기한 경우 상속자가 응소(應訴)를 하더라도 소는 부적법하게 되며, 판결이 확정되더라도 상속자에게 판결의 효력이 미치지 않는다. 그러나 대법원은 '원고가 이미 사망한 자를 그가 사망한 것을 모르고 피고로 표시하여 제소하였을 경우에 사실상의 피고는 사망자의 상속인이고, 다만 그 표시를 그르친 것에 불과하므로 원고가 피고의 표시를 그 상속인으로 정정하는 신청을 하였을 경우에는 당연히 이를 허용해야한다(대판 1969. 12. 9. 69다1230)'판시하였다.

부동산에 관한 분쟁의 해결을 위하여 누가 원고가 되고 누구를 피고로 할 것인가는 실체법상의 문제로서 소송의 승패를 좌우하는 중요한 문제이다. 소를 제기한 후에는 당사자의 임의적 변경이나 추가는 허용되지 아니한다. 다만, 당사자표시를 잘못한 것이 명백한 때에는 이를 정정할 수 있다(대판 1978. 8. 22. 78다1205).

### 나) 착오로 소멸한 당사자를 원고로 기재한 경우

소송에서 당사자가 누구인가는 당사자능력(當事者能力), 당사자적격(當事者適格) 등에 관한 문제와 직결되는 중요한 사항이므로 사건을 심리 . 판단하는 법원으로서는 직권으로 소송당사자가 누구인가를 확정하여 심리를 진행하여야한다. 개인이나 법인이 과세처분에 대하여 심판청구 등을 제기하여 전심절차를 진행하던 중 사망하거나 흡수합병 등으로 당사자능력이 소멸하였으나 전심절차에서 이를 알지 못한 채 사망하거나 합병으로 인해 소멸된 당사자를 청구인으로 표시하여 청구에 관한 결정이 이루어지고, 상속인이나 합병법인이 결정에 불복하여 소를 제기하면서 소장에 착오로 소멸한 당사자를 원고로 기재하였다면 실제 소를 제기한 당사자는 상속인이나 합병법인이고 다만 그 표시를 잘못한 것에 불과하므로 법원으로서는 이를 바로잡기 위한 당사자표시정정신청을 받아드린 후 본안에 관하여 심리 . 판단하여야한다(대판 2016. 12. 27. 2016두50440).

### 다) 당사자능력이나 당사자적격이 없는 자를 당사자로 표시한 경우 법원이 취할 조치

원고가 당사자를 정확히 표시하지 못하고 당사자능력(當事者能力)이나 당사자적격(當事者適格)이 없는 자를 당사자로 잘못 표시하였다면 법원은 당사자를 소장의 표시만에 의할 것이 아니고 청구의 내용과 원인사실을 종합하여 확정한 후 확정된 당사자가 소장의 표시와 다르거나 소장의 표시만으로 분명하지 아니한 때에는 당사자의 표시를 정정 보충시키는 조치를 취하여야하고, 이러한 조치를 취함이 없이 단지 원고에게 막연히 보정명령만을 명한 후 소를 각하하는 것은 위법하다(대판 2013. 8. 22. 2012다68279).

## (나) 당사자의 변경

당사자(當事者)의 변경(變更)이라 함은 동일 소송절차에서 제3자가 소송에 가입하는 기회에 종전의 당사자가 그 소송에서 탈퇴하는 경우를 말한다. 신당사자(新當事者)가 소송에서 탈퇴한 자의 지위를 승계하지 않는 경우(任意的 當事者의 變更)와 신당사자가 탈퇴자의 기존의 소송상태를 승계하는 경우(訴訟承繼)가 있다.

## 1) 임의적 당사자의 변경

임의적 당사자(任意的 當事者)의 변경이라 함은 소송계속 중 당사자의 임의의 의사에 따라 당사자가 변경되는 경우를 말한다. 즉, 당사자의 의사에 의하여 종전의 원고나 피고에 갈음하여 제3자를 가입시키거나 종전의 원고나 피고에 추가하여 제3자를 가입시키는 것을 말한다.

예를 들면 소송계속 중 원고적격이 없는 자가 제소하였음이 명백할 경우 원고적격자를 원고로 교체하거나, 피고 적격이 없는 자를 피고로 하였음이 명백할 경우에 피고적격자로 피고를 교체하거나 소송계속 중 원고 측 또는 피고 측에 추가적으로 확장된 원고 또는 피고가 되기 위하여 소송에 참가해오는 경우이다.

임의적 당사자변경은 소외(訴外)의 제3자가 당사자로 교체되어 당사자의 동일성이 없는 자가 당사자로 되는 것이므로 소장의 당사자표시를 정정하는 것과는 구별된다. 민사소송법상 임의적 당사자변경의 하나는 당사자의 교체의 한 형태인 피고의 경정(민소법 제260조)이며, 다른 하나는 당사자의 추가의 한 모습인 필수적 공동소송인의추가(민소법 제68조)이다.

### 가) 피고의 경정

원고가 피고를 잘못 지정한 것이 분명한 경우(예 : 회사를 피고로 하여야 할 것을 회사의 대표이사 개인을 피고로 한 경우)에는 제1심법원은 변론을 종결할 때까지 원고의 신청에 따라 결정으로 피고를 경정(更正)하도록 허가할 수 있다(민소법 제260조 제1항 전단).

경정허가결정이 있는 때에는 종전의 피고에 대한 소는 취하된 것으로 보며, 새 피고에 대하여는 소의 제기이므로 이에 의한 시효중단, 기간준수의 효과는 경정신청서의 제출시

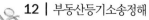

에 발생한다(민소법 제265조).

### 나) 필수적 공동소송인의 추가

필수적 공동소송(必須的 共同訴訟)이라 함은 공동소송인 사이에 합일확정(合一確定)을 필수적으로 요하는 공동소송을 말하며, 소송공동이 강제되느냐의 여부에 의하여 고유필수적 공동소송과 유사필수적 공동소송으로 분류된다.

'고유필수적 공동소송(固有必須的 共同訴訟)'이라 함은 소송공동이 법률상 강제되고, 또 합일확정의 필요가 있는 공동소송으로서 여러 사람에게 소송수행권이 공동으로 귀속되어 공동소송인 전원이 원고 또는 피고가 되지 않으면 당사자 적격을 잃어 소가 부적법해지는 소송형태를 말한다(민소법 제67조). 고유필수적 공동소송은 공동소송이 법률상 강제되고, 실체법상 소송수행권이 수인에게 귀속되는 경우이므로 실체법상 근거에 의한 필요적 공동소송이라고도 한다.

'유사필수적 공동소송(類似必須的 共同訴訟)'이라 함은 소송공동은 강제되지 않으나 합일확정의 필요가 있는 공동소송이다. 즉, 여러 사람이 공동으로 원고 또는 피고가 되어야 하는 것은 아니고 개별적으로 소송을 할 수 있지만, 일단 공동소송으로 된 이상 합일확정이 요청되어 일률적으로 소송을 수행하여야 할 공동소송으로 우연필수적 공동소송(偶然必須的 共同訴訟)이라고도 한다.

법원은 필수적 공동소송인 가운데 일부가 누락된 경우에는 제1심의 변론을 종결할 때까지 원고의 신청에 따라 결정으로 원고 또는 피고를 추가하도록 허가할 수 있다. 다만, 원고의 추가는 추가될 사람의 동의를 받은 경우에만 허가할 수 있다(민소법 제68조 제1항).

필수적 공동소송인의 추가요건은 첫째로 필요적 공동소송인의 일부가 탈루된 경우일 것, 둘째 추가된 신당사자가 종전의 당사자와의 관계에서 공동소송인이 되므로 공동소송인의 요건을 갖출 것, 셋째 원고 측을 추가하는 경우에는 추가될 신당사자의 동의가 있어야 한다(민소법 제68조 제1항 단서).

필수적 공동소송인의 추가결정이 있는 때에는 처음 소가 기된 때에 추가된 당사자와의 사이에 소가 제기된 것으로 보기 때문에 시효중단, 기간준수의 효과는 처음 제소시(提訴時)에 소급한다. 필수적 공동소송인의 추가이므로 종전의 공동소송인의 소송수행의 결과는 유리한 소송행위인 범위 내에서 신당사자에게 효력이 미친다. 당사자적격은 소송요건으로서 법원의 직권조사사항이며, 당사자적격이 없는 자가 받은 판결에는 기판력 · 형성력이 생기지 않으므로 무효의 판결이 된다.

총유(總有) 부동산(민법 제275조. 법 제26조) 또는 합유(合有) 부동산(민법 제271조, 법 제48조 제4항)에 관한 소송이나 공유물분할(민법 제262조 및 제269조, 법 제48조 제4항)에 관한 소송은 고유필수적 공동소송(민사소송법 제67조)이므로 그 구성원 또는 공유자 전원이 원고 또는 피고가 되어야 당사적격이 있다.

### ① 총유 부동산(總有 不動産)

법인 아닌 사단의 사원이 집합체로서 물건을 소유할 때에는 총유(總有)로 한다(민법 제275조 제1항). 종중, 문중, 그 밖에 대표자나 관리인이 있는 법인 아닌 사단이나 재단에 속하는 부동산의 등기에 관하여는 그 사단이나 재단을 등기권리자 또는 등기의무자로 하며, 등기는 그 사단이나 재단의 명의로 그 대표자나 관리인이 신청한다(법 제26조).

재산권이 총유인 경우에 권리주체는 비법인 사단(非法人 社團)이 되므로, 법인 아닌 사단의 대표자나 관리인이 있으면 그 이름으로 당사자가 될 수 있으나(민소법 제52조), 대표자 또는 관리인이 없는 때에는 전원이 소송당사자가 되어야 하며, 이때의 소송관계는 고유필수적 공동소송이다.

부동산이 총유(민법 제275조)인 경우 총유재산에 관한 소송은 법인 아닌 사단이 그 명의로 사원총회의 결의를 거쳐하거나 또는 그 구성원 전원이 당사가가 되어 필수적 공동소송의 형태로 할 수 있을 뿐 그 사단의 구성원은 설령 그 사단의 대표자라거나 사원총회의 결의를 거쳤다하더라도 그 소송의 당사자가 될 수 없다(대판 2005. 9. 15. 2004다44971 전원합의체).

### ② 합유 부동산(合有 不動産)

법률의 규정 또는 계약에 의하여 수인이 조합체로서 물건을 소유하는 때는 합유(合有)로 하며, 합유자(合有者)의 권리는 합유물(合有物) 전부에 미친다(민법 제271조). 등기할 권리가 합유인 때에는 그 뜻을 등기부에 기록하여야 한다(법 제48조 제4항).

'합유물'(민법 제271조)을 처분 . 변경하려면 합유자 전원의 동의를 필요로 하고(민법 제272조), 합유자는 전원의 동의가 없으면 합유물에 관한 지분을 처분하지 못하므로(민법 제273조 제1항), 합유물에 관한 소송은 원칙적으로 고유필수적 공동소송이 된다.

### ③ 공유 부동산(公有 不動産)

물건이 지분(持分)에 의하여 수인의 소유로 된 때에는 공유(共有)로 한다(민법 제262조 제1항). 등기관이 등기부의 갑구(소유권에 관한 사항을 기록) 또는 을구(소유권 외의 권리에 관항 사항을 기록)에 권리에 관한 등기를 할 때 권리자가 2인 이상인 경우에는 권리자별 지분을 기록하여야 한다(법 제48조 제4항).

부동산이 공유인 경우, 공유자는 그 지분을 자유로이 처분할 수 있고 공유물 전부를 지분의 비율로 사용 수익할 수 있으나(민법 제263조), 다른 공유자의 동의 없이 공유물을 처분하거나 변경할 수 없으므로(민법 제264조) 공유물자체에 관한 소송은 고유필수적 공동소송이다(대판 2001. 7. 10. 99다31124, 2003. 12. 12. 2003다44165).

따라서 공유권(公有權) 확인소송(確認訴訟), 공유권에 기한 소유권이전등기청구소송, 수인의 가등기채권자가 매매예약완결의 의사표시를 하고 이에 기해서 소유권이전등기를 청구하는 소송 등은 모두 고유필수적 공동소송이다.

그러나 단독처분이 허용되는 공유지분권 확인소송, 공유자 각자 할 수 있는 보존행위(민법 제265조 단서)에 기한 공유물의 방해배제청구, 공유물의 인도 · 명도청구, 등기말소청구는 필요적 공동소송이 아니다.

따라서 소송의 대상인 부동산이 총유 또는 합유인 경우나 공유물분할에 관한 소송인 경우 등기부상의 구성원 또는 공유자 전원이 원고 또는 피고가 되지 않으면 당사자적격을 흠결하게 된다.

### (다) 당사자표시의 정정

당사자표시(當事者表示)의 정정(訂正)이란 당사자의 표시에 의문이 있거나 또는 부정확하게 기재된 잘못이 있는 경우에 당사자의 동일성(同一性)을 해하지 않는 범위 내에서 이를 바로 잡는 것을 말한다(대판 1996. 10. 12. 96다3852, 2011. 7. 28. 2010다97044).

'피고(被告)의 경정(更正)'은 피고의 동일성을 바꾸는 것이므로 피고의 동일성의 유지를 전제로 피고표시를 바로 잡는 '당사자 표시정정'{예 피고의 이름 박종선(朴鐘宣)을 박종의(朴鍾宜)로 잘못 기재한 경우}과는 다르다. 그러나 표시정정에 의하여 당사자로서 새로운 사람을 끌어 들이는 결과가 된다면 당사자의 표시정정이 아니라 당사자의 변경이 된다.

당사자표시(當事者表示)의 정정(訂正)은 가족관계 등록부, 주민등록표, 법인등기사항증명서 등 공부상의 기재에 비추어 당사자의 이름에 오기(誤記)나 탈루(脫漏)된 것이 명백한 경우에 허용된다. 당사자가 누구인가를 확정하기 어려운 경우에는 이를 분명하게 하기위한 석명이 필요하며(대판 1997. 6. 27. 97누5725), 당사자표시에 착오가 있음이 소장의 전취지에 의하여 인정되는 경우에도 당사자 표시를 정정하기 위한 석명(釋明)을 요한다.

### (라) 소송승계

소송승계(訴訟承繼)라 함은 소송계속 중에 당사자의 사망, 회사의 합병 또는 소송목적물의 양도 등으로 인하여 소송물인 권리 또는 법률관계에 변동이 생겨 당사자적격이 제3자에게 이전하고 제3자인 신적격자(新適格者)가 구당사자의 소송상의 지위를 그대로 승계하는 것을 말한다.

소송승계에는 당사자의 지위가 포괄적으로 제3자에게 승계되는 당연승계(當然承繼)와 당사자의 지위가 특정의 소송물에 관해서만 승계되는 참가승계(參加承繼) 및 인수승계(引受承繼)가 있다.

### 1) 당연승계(當然承繼)

당연승계는 포괄승계원인이 있는 때에 당연히 소송당사자가 바뀌며 소송을 인계받게 되는 경우로 승계의 원인은 당사자의 사망(민소법 제233조), 법인의 합병에 의한 소멸(민소법 제234조), 당사자인 수탁자의 임무종료(민소법 제236조), 당사자의 자격상실(민소법 제237조 제1항) 등이다.

### 2) 참가승계(參加承繼)

소송이 법원에 계속되어 있는 동안에 제3자가 소송목적인 권리 또는 의무의 전부나 일부를 승계하였다고 주장하며 독립당사자참가신청의 방식으로 참가한 경우 그 참가는 소송이 법원에 처음 계속된 때에 소급하여 시효의 중단 또는 법률상 기간준수의 효력이 생긴다(민소법 제81조). 승계인은 고유의 독립당사자참가의 경우와 달리 전주의 소송상의 지위를 승계하므로 참가시 까지 전주가 한 소송행위의 결과에 구속된다.

### 3) 인수승계(引受承繼)

소송이 법원에 계속되어 있는 동안에 제3자가 소송목적인 권리 또는 의무의 전부나 일부를 승계한 때에는 법원은 당사자의 신청에 따라 그 제3자로 하여금 소송을 인수하게 할 수 있다(민소법 제82조 제1항). 인수신청은 사실심의 변론종결 전에 한하며, 상고심에는 허용되지 않는다.

## (2) 청구취지의 명확성

### (가) 청구취지의 명확성을 요하는 이유

소장의 청구취지(請求趣旨)는 명확히 기재하여야 한다. 청구의 취지는 원고가 소로서 바라는 법률효과를 기재한 소의 결론부분으로서 민사소송법상 소장의 필요적 기재사항이다(동법 제249조 제1항). 따라서 청구의 취지에는 판결의 주문에 대응되는 것으로서 원고가 어떠한 종류의 판결을 구 하는가 또 어떠한 내용과 범위의 판결을 구하는 가를 명확하게 기재하여야 한다.

청구의 취지가 명확한가의 여부는 법원의 직권조사사항(職權調査事項)이며, 청구의 취지가 특정되지 아니한 때에는 법원은 석명권을 행사하여 명확히 하지 않으면 안 된다. 청구의 취지가 불분명, 불특정, 법률적으로 부정확 . 부당한 경우에는 원고가 소로써 달성하려는 진정한 목적이 무엇인가를 법원은 석명(釋明)하여야 한다. 민사소송법 제136조 제4항은 석명권이 법원의 의무임을 명백히 하였다.

### (나) 청구취지에 등기의 말소 또는 회복에 대한 등기상 이해관계 있는 제3자의 승낙의 의사표시의 명시

등기의 말소(법 제57조) 또는 말소된 등기의 회복을 신청하는 경우(법 제59조)에 그 말소 또는 회복에 대하여 등기상 이해관계 있는 제3자가 있을 때에는 그 제3자의 승낙이 있어야만 그 등기를 신청할 수 있다(규칙 제46조 제1항 제3호).

따라서 등기의 말소나 말소등기의 회복에 대하여 등기상 이해관계 있는 제3자가 있을 때에는 첫째, 제3자를 '피고로 지정'한 후 둘째, 소장의 청구취지에 등기의 말소 또는 말소등기의 회복에 대한 제3자의 '승낙의 의사표시'를 명기하여야 하며, 그 판결의 주문에도 '제3자의 승낙의 의사표시'가 명기되어 있어야만 그 판결에 의한 등기의 집행을 할 수 있다(법 제23조 제4항).

만일 판결의 주문에 제3자의 승낙의 의사표시가 누락된 경우 그 판결을 등기원인을 증명하는 서면으로 하여 등기신청을 하면 그 등기신청은 '등기에 필요한 첨부정보를 제공하지 아니한 경우(법 제29조 제9호)'에 해당하여 등기관은 그 등기신청을 각하하게 된다.

이와 같이 등기의 말소 또는 말소등기의 회복에 대하여 등기상 이해관계 있는 제3자의 '승낙의 의사표시'는 부동산등기법상의 법률요건(법 제57조. 제59조 참조)이며, 동시에 등기에 관하여 의사의 진술을 구하는 소의 소송요건(당사자 적격 및 소송물의 특정 등)이므로 이것은 법원의 '직권조사사항(職權調査事項)'으로 본다.

## 라. 등기상 이해관계 있는 제3자의 승낙이 없는 판결에 의한 등기신청의 각하(집행불능판결)

### (1) 집행불능판결

집행불능판결(執行不能判決)이라 함은 부동산등기에 관하여 의사의 진술을 명한 확정된 이행판결을 등기원인증서로 하여 등기신청을 한 경우 그 신청이 부동산등기법 제29조 각 호의 1에 해당하는 사유로 인하여 등기관이 이를 각하하게 되는 사례가 있는바, 이와 같이 부동산등기에 관하여 의사의 진술을 명한 확정판결에 기판력은 있으나 집행력이 없어 그 판결에 의한 등기의 집행이 불능으로 되는 판결을 이른바 집행불능판결이라고 한다.

등기의 말소를 신청하는 경우에 그 말소에 대하여 이해관계 있는 제3자가 있을 때에는 그 제3자의 승낙이 있어야 하며(법 제57조 제1항), 말소된 등기의 회복을 신청하는 경우에도 등기상 이해관계 있는 제3자가 있을 때에는 그 제3자의 승낙이 있어야 한다(법 제59조).

등기의 말소나 말소된 등기의 회복을 신청하는 경우에 등기의 말소 또는 회복에 대하여 등기상 이해관계 있는 제3자가 있을 때에는 그 제3자가 임의로 등기의 말소나 말소된 등기의 회복에 대하여 승낙을 하지 아니할 경우에는 등기권리자는 그 제3자를 상대로 등기청구권을 행사(즉, 그 제3자를 피고로 지정한 후, 소장의 청구취지에 제3자의 승낙의 의사표시를 명시)하여 단독으로 그 판결에 의한 등기신청을 할 수 있다(법 제23조 제4항).

따라서 등기의 말소 또는 말소된 등기의 회복을 신청하는 경우에 등기상 이해관계 있는 제3자의 승낙이 필요한 경우에는 이를 증명하는 정보(제3자의 임의의 승낙서) 또는 이에 대항 할 수 있는 재판이 있음을 증명하는 정보(확정된 이행판결)를 첨부정보로서 등기소에 제공하여야 하며(규칙 제46조 제1항 제3호), 만일 위 정보를 등기신청서에 첨부하지 아니하면 그 신청은 부동산등기법 제29조 제9호(등기에 필요한 첨부정보를 제공하지 아니한 경우)에 의하여 등기관이 각하하게 된다.

## (2) 민사소송의 적정의 이념

등기에 관하여 의사의 진술(민사집행법 제263조)을 구하는 청구인용의 확정판결인 등기의 말소 또는 말소된 등기의 회복을 명하는 판결의 주문에 등기상 이해관계 있는 제3자의 '승낙의 의사표시'가 누락된 경우, 그 판결에 의한 등기신청은 부동산등기법 제29조 제9호에 의하여 등기관이 이를 각하하게 되므로 그 판결은 이른바 "집행불능판결"이 되어 민사소송의 적정(適正)의 이상(理想)에 반하게 된다.

위와 같은 집행불능판결의 예방을 위하여 법원이 적정하게 석명 또는 지적의무를 행사하는 것은 처분권주의(處分權主義)나 변론주의(辯論主義)와는 관련이 없는 것으로 보며, 등기의 말소(부동산등기법 제57조) 또는 말소등기의 회복(동법 제59조)에 대한 "등기상 이해관계 있는 제3자의 승낙"은 부동산등기법상의 법률요건에 해당하는 사항으로 보아 당사자의 신청 또는 이의에 관계없이 법원이 직권으로 조사하여 판단할 사항으로 해석하는 것이 민사소송의 적정(適正)의 이상(理想)에 부합하는 것으로 본다.

### (3) 법원의 석명의무(민사소송법 제136조 제4항의 입법취지)

민사소송법이 지금까지 석명권(釋明權)을 법원의 권한으로 규정하고 있었으나 민사소송법의 개정에 의하여 동법 제136조 제4항이 '법원은 당사자가 간과하였음이 분명하다고 인정되는 법률상 사항에 관하여 당사자에게 의견을 진술할 기회를 주어야 한다.'고 규정하여 석명권이 법원의 의무임을 명백히 하였다.

### (4) 대법원 판례

대법원은 법원이 석명 또는 지적의무를 다하지 아니한 것은 위법하다고 판결했다. 즉, 대법원은 '당사자가 부주의 또는 오해로 인하여 명백히 간과한 법률상의 사항이 있거나 당사자의 주장이 법률상의 관점에서보아 불명료(不明瞭) 또는 불완전(不完全)하거나 모순(矛盾)이 있는 경우, 법원은 적극적으로 석명권을 행사하여 당사자에게 의견진술의 기회를 부여하여야 하고, 만일 이를 게을리 한 채 당사자가 전혀 예상하지 못하였던 법률적 관점에 기한 재판으로 당사자 일방에게 불의의 타격을 가하였다면 석명 또는 지적의무를 다하지 아니하여 심리를 제대로 하지 아니한 것으로서 위법하다(대판 2002. 1. 25. 2001다11055).'고 판시하였다.

또한 '민사소송법 제136조 제4항은 "법원은 당사자가 간과하였음이 분명하다고 인정되는 법률상 사항에 관하여 당사자에게 의견을 진술할 기회를 주어야 한다"고 규정하고 있고, 당사자의 부주의 또는 오해로 인하여 명백히 간과한 법률상의 사항이 있거나 당사자의 주장이 법률상 관점에서 보아 모순이거나 불명료한 점이 있으면 법원은 적극적으로 석명권을 행사하여 당사자에게 의견진술의 기회를 주어야 하며, 만일 이를 게을리 한 경우에는 석명 또는 지적의무를 다하지 아니한 것이다(대판 2011. 11. 10. 2011다55405)'라고 판결했다.

## (5) 말소등기

### (가) 말소등기의 의의

말소등기(抹消登記)라 함은 어떤 부동산에 관하여 현재 존재하고 있는 등기의 전부를 말소하는 등기를 말 한다. 즉, 기존의 등기에 대응하는 실체관계가 없는 경우에 그 등기를 법률적으로 소멸시킬 목적으로 행하는 등기 이다.

### (나) 말소되어야 할 등기

말소되어야 할 등기는 그 등기가 일단 유효하게 성립한 후에 부적법하게 된 것인 경우가 있고(변제에 의한 저당권의 소멸, 목적 부동산의 소멸 또는 멸실 등), 또는 그 등기가 처음부터 부적법한 것이어서 무효인 경우가 있다(매매계약의 해제 등에 의한 등기원인의 무효, 목적부동산의 원시적 부존재 등).

### (다) 등기상 이해관계 있는 제3자가 있는 등기의 말소와 제3자의 승낙

등기의 말소를 신청하는 경우에 그 말소에 대하여 등기상 이해관계 있는 제3자가 있을 때에는 제3자의 승낙이 있어야 한다(법 제57조 제1항). 부동산등기법 제57조 제1항에서 말하는 '등기상 이해관계 있는 제3자'라 함은 그 말소등기를 함으로써 손해를 입을 우려가 있는 등기상의 권리자로서 그 손해를 입을 우려가 있는 것이 기존 등기부 기재에 의하여 형식적으로 인정되는 자이고, 그와 같은 손해를 입게 될 위험성은 등기의 형식에 의하여 판단하며 실질적으로 손해를 입을 우려가 있는지 여부는 고려의 대상이 되지 아니한다 (대판 1994. 6. 10. 93다24810).

### (라) 등기상 이해관계 있는 제3자에 해당되는 경우

판결에 의하여 원인무효임이 확정된 소유권보존등기말소신청을 한 경우에 그 소유권보존등기말소의 예고등기 이후에 임대차 또는 저당권설정등기를 한자(대결 1965. 1. 30. 63마74), 채무가 모두 변제되어 근저당권이 실질상 소멸되었으나 등기부상 말소되지 않은 근저당권에 대한 가압류채권자(등기선례 제4권 136항), 전세권을 가압류하여 부기등기를 경료한 가압류권자(대판 1999. 2. 5. 97다33997), 소유권이전등기의 말소를 명하는 판결의 사실심 변론종결전의 체납처분에 의한 압류가 있는 때의 체납처분권자(등기선례 제3권 286항), 소유권이전등기의 말소를 명하는 확정판결을 받았으나 그 변론종결 전에 가처분등기를 한 가처분권리자(등기선례 제4권 429항)등은 등기상 이해관계 있는 제3자이다.

### (마) 말소등기청구의 당사자

#### 1) 말소청구권자

근저당권이 설정된 후에 그 부동산의 소유권이 제3자에게 이전된 경우에는 현재의 소유자가 자신의 소유권에 기하여 피담보채무의 소멸을 원인으로 그 근저당권설정등기의 말소를 청구할 수 있음은 물론이지만, 근저당권설정자인 종전의 소유자도 근저당권설정계약의 당사자로서 근저당권소멸에 따른 원상회복으로 근저당권자에게 피담보채무의 소멸을 이유로 하여 그 근저당권설정등기의 말소를 청구할 수 있다(대판 1994. 1. 25. 93다16338 전원합의체판결).

#### 2) 말소청구의 상대방(피고적격)

등기의무자, 즉 등기부의 형식상 그 등기에 의하여 권리를 상실 하거나 기타 불이익을 받을 자(등기명의인이거나 그 포괄승계인)가 아닌 자를 상대로 한 등기의 말소절차이행을 구하는 소(訴)는 당사자 적격이 없는 자를 상대로 한 부적법한 소이다(대판 1994. 2. 25. 93다39225). 따라서 등기의 말소절차이행을 청구하는 소의 상대방(피고)은 현재의 등기명의인 이거나 그 포괄승계인이어야 한다(대판 1966. 10. 4. 66다1387).

### (바) 판결에 의한 등기의 말소신청절차

등기의 말소를 신청하는 경우에 그 말소에 대하여 등기상 이해관계 있는 제3자가 있을 때에는 그 제3자의 승낙이 있어야 한다(법 제57조 제1항). 따라서 판결에 의하여 등기의 말소를 신청하는 경우(법 제23조 제4항)에도 그 말소에 대하여 등기상 이해관계 있는 제3자가 있을 때에는 제3자의 승낙이 있어야 하므로 제3자의 승낙서(규칙 제60조 제1항 7호 참조)의 제출 의무는 면제되지 아니한다(규칙 제46조 제1항 3호 참조).

그러므로 판결에 의하여 등기의 말소를 신청하는 경우 그 확정판결의 주문에 등기상 이해관계 있는 제3자의 '등기의 말소에 대한 승낙의 의사표시'가 명백히 표시되어 있지 아니할 경우에는 그 제3자의 승낙서를 별도로 첨부하지 아니하면 부동산등기법 제29조 제9호(등기에 필요한 첨부정보를 제공하지 아니한 경우)에 의하여 각하 된다.

## (6) 말소회복등기

### (가) 말소회복등기의 의의

말소회복등기(抹消回復登記)라 함은 실체관계에 부합하는 어떤 등기가 있었음에도 불구하고 그 후에 그 등기의 전부 또는 일부가 부적법하게 말소된 경우에 그 말소된 등기를 회복하여 말소당시에 소급하여 처음부터 그러한 말소가 없었던 것과 같은 효과를 생기게 할 목적으로 행하여지는 등기를 말한다(대판 1997. 9. 30. 95다39526).

### (나) 말소회복등기의 당사자

말소등기가 당사자의 신청에 의하여 이루어진 경우에는 그 회복등기도 당사자의 신청에 의하고, 집행법원등의 촉탁(囑託)에 의한 경우에는 그 회복등기도 촉탁에 의하여야 하며, 등기관의 직권(職權)으로 행하여진 경우에는 그 회복등기도 직권으로 하여야 한다.

말소회복등기는 말소된 등기, 즉 회복하여야 할 등기의 등기명의인이 '등기권리자(登記

權利者)'가 되고, 그 회복에 의하여 등기상 직접 불이익을 받는 자가 '등기의무자(登記義務者)'가 되어 공동신청(共同申請)에 의하여 이루어진다(법 제23조 제1항). 그러나 등기의무자가 말소회복등기의 신청에 협력하지 않으면 등기권리자는 등기의무자를 상대로 의사의 진술을 명하는 판결(민사집행법 제263조 제1항)을 받아 단독으로 등기를 신청할 수 있다(법 제23조 제4항).

### (다) 말소된 등기의 회복과 등기상 이해관계 있는 제3자의 승낙

말소된 등기의 회복을 신청하는 경우에 등기상 이해관계 있는 제3자가 있을 때에는 그 제3자의 승낙이 있어야 한다(법 제59조).

부동산등기법 제59조에서 말하는 '등기상 이해관계 있는 제3자'라 함은 말소된 등기의 회복등기를 함으로써 손해를 입을 우려가 있는 사람으로서 그 손해를 입을 우려가 있다는 것이 기존의 등기부기재에 의하여 형식적으로 인정되는 자를 의미하며(대판 1997. 9. 30. 95다39526), 여기서 말하는 '손해를 입을 우려'가 있는 지의 여부는 제3자의 권리취득 등기시(말소등기시)를 기준으로 할 것이 아니라 회복등기시를 기준으로 하여야 한다(대판 1990. 6. 26. 89다카5673).

### (라) 부적법하게 말소된 등기의 회복등기절차에서 승낙을 할 의무가 있는 등기상 이해관계 있는 제3자의 범위

가등기가 등기권리자의 의사에 의하지 아니하고 말소되어 그 말소등기가 원인무효인 경우에는 등기상 이해관계 있는 제3자는 그의 선의, 악의를 묻지 아니하고 가등기권리자의 회복등기절차에 필요한 승낙을 할 의무가 있으므로, 가등기가 부적법하게 말소된 후 가처분등기, 근저당권설정등기, 소유권이전등기를 마친 제3자는 가등기의 회복등기절차에서 등기상 이해관계 있는 제3자로서 승낙의무가 있다(대판 1997. 9. 30. 95다39526).

### (마) 판결에 의한 말소회복등기의 신청절차

말소된 등기의 회복을 신청하는 경우에 등기상 이해관계 있는 제3자가 있을 때에는 그 제3자의 승낙이 있어야 한다(법 제59조). 따라서 판결에 의하여 말소된 등기의 회복을 신청하는 경우(법 제23조 제4항)에도 그 회복에 대하여 등기상 이해관계 있는 제3자가 있을 때에는 제3자의 승낙이 있어야 하므로 그 제3자의 승낙서 등의 제출의무(규칙 제46조 제1항 3호 참조)는 면제되지 아니한다.

그러므로 판결에 의하여 말소된 등기의 회복을 신청하는 경우 그 확정판결의 주문에 등기상 이해관계 있는 제3자의 '말소된 등기의 회복에 대한 승낙의 의사표시'가 명백히 표되어 있지 아니할 경우에는 그 제3자의 승낙서를 별도로 첨부하지 아니하면 부동산등기법 제29조 제9호(등기에 필요한 첨부정보를 제공하지 아니한 경우)에 의하여 각하된다.

### (바) 법원의 직권조사사항

등기의 말소 또는 말소된 등기의 회복에 대하여 등기상 이해관계 있는 제3자가 있는 경우 그 제3자의 등기의 말소나 회복에 대한 승낙의 의사표시는 부동산등기법(동법 제57조 제1항, 제59조)상의 법률요건이며, 그 제3자를 피고로 지정(당사자 적격)함과 동시에 소장의 청구취지(소장의 필요적 기재사항)에 등기의 말소 또는 말소된 등기의 회복에 대한 등기상 이해관계 있는 제3자의 승낙의 의사표시를 기재하는 것은 민사소송법상의 소송요건의 하나로서 법원의 직권조사사항(職權調査事項)으로 본다.

등기의 말소나 말소된 등기의 회복을 신청하는 경우에 그 말소나 회복에 대하여 등기상 이해관계 있는 제3자가 있을 때 그 제3자가 임의 승낙을 거부하는 경우에는 등기권리자는 제3자를 피고로 지정(당사자에 관한 소송요건인 당사자 적격)한 후 소장의 청구취지에 등기의 말소나 말소된 등기의 회복에 대한 그 제3자의 승낙의 의사표시(소송물에 관한 소송요건인 소송물의 특정 또는 소의 이익)를 명확히 기재하여야한다.

당사자 적격여부 및 소송물의 특정이나 소의 이익여부는 소송법상의 소송요건에 해당하는 사항으로서 피고의 항변유무에 관계없이 법원이 직권으로 조사하여 참작할 사항으로 보아야 한다. 소송요건의 존부를 판정하는 시기는 원칙적으로 사실심의 변론종결시이며(대판 1977. 5. 24. 76다2304), 소송요건은 본안판결(本案判決)의 요건이므로 본안판결에 앞서 조사하여야 한다.

등기의 말소나 회복청구에 있어서 원고가 입증자료로 법원에 제출한 등기사항증명서의 기재에 의하여 등기상 이해관계 있는 제3자가 존재함이 판명된 때에는 그 제3자의 등기의 말소나 회복에 대한 승낙의무여부에 관하여 의심이 갈만한 사정이 엿보인다면 법원은 이에 관하여 심리 . 조사할 의무가 있다(대판 2007. 3. 29. 2006다74273).

## (7) 민사소송의 적정(適正)의 이상(理想)

민사소송제도는 사인의 권리보호와 사법질서의 유지를 목적으로 하여 국가가 마련한 제도이다. 따라서 올바르고 잘못이 없는 진실발견의 재판은 민사소송의 가장 중요한 이상(理想)이다. 법관은 올바르게 사실을 확정하고 그 확정된 사실에 법을 올바로 적용하여 재판을 통해 사회정의를 구현해야한다. 이는 법원의 의무(민소법 제136조)인 것이므로 당사자로서는 권리로 요구할 수 있다(李時潤 著 제6판 신민사소송법 23면).

헌법 제103조는 '법관은 헌법과 법률에 의하여 그 양심에 따라 독립하여 심판한다'고 하여, 법관이 구체적 사건을 재판함에 있어서 법관의 직무상의 독립을 규정하였다. 사법권의 독립은 권력분립의 원리를 실현하기 위한 것일 뿐 아니라, 민주적 법치국가에 있어서 법질서의 안정적 유지와 국민의 자유 및 권리의 보장을 완벽한 것이 되게 하기 위하여 공정하고 적정한 재판을 확보하기 위한 제도이다.

우리 헌법에 있어서 사법권의 독립은 법원의 자치를 위한 '법원(法院)의 독립(獨立)'(헌법 제101조 제1항, 제108조)과 재판의 독립을 위한 '법관(法官)의 독립(獨立)'(헌법 제103조)을 그 내용으로 한다. 헌법 제103조에서 법관이 '법률'에 의하여 심판한다고 하는 것은 법관이 올바르게 사실을 확정하고 그 확정된 사실에 법을 올바로 적용하여 적정(適正)한 재판을 통해 민사소송의 이상을 구현하는 것이다.

따라서 부동산등기에 관하여 의사의 진술을 명하는 판결(예 : 등기의 말소나 말소된 등기의 회복을 명하는 판결을 할 경우 그 말소 또는 말소된 등기의 회복에 대하여 등기상 이해관계 있는 제3자가 있을 때)을 하는 경우 이에 관련된 법률(예 : 부동산등기법 제57조 제1항, 제59조, 제29조 제9호, 민사집행법 제263조 제1항 등)을 올바로 적용하여 그 확정판결에 의한 등기의 집행을 할 수 있는 적정한 판결(부동산등기법 제23조 제4항)을 하는 것을 의미한다고 본다.

## 마. 부동산등기절차관련소송의 인지액의 산정

### (1) 인지의 첨부

민사소송절차, 행정소송절차 그 밖에 법원에서의 소송절차 또는 비송사건절차에서 소장이나 신청서 또는 신청의 취지를 적은 조서에는 다른 법률에 특별한 규정이 있는 경우가 아니면 '민사소송 등 인지법(印紙法)'에서 정하는 인지(印紙)를 붙여야한다.

다만, 대법원규칙으로 정하는 바에 따라 인지를 붙이는 대신 그 인지액에 해당하는 금액을 현금이나 신용카드, 직불카드 등으로 납부하게 할 수 있도록 하되, 신용카드, 직불카드 등으로 납부하는 경우 인지납부일, 인지납부대행기관의 지정 및 운영과 납부대행수수료 등에 필요한 사항은 대법원규칙으로 정한다(민사소송 등 인지법 제1조).

### (2) 인지의 보정명령

재판장은 소장 등에 첨부된 인지액 또는 그에 갈음한 납부액이 상당하지 아니하다고 인정한 때에는 지체 없이 신청인등에게 인지 또는 납부액의 보정을 명하여야 한다. 이 경우 재판장은 법원사무관등으로 하여금 위 보정명령(補正命令)을 하게 할 수 있다(동 규칙 제4조).

### (3) 부동산등기절차 관련소송의 소가산정

등기절차의 이행을 구하는 소의 소가(訴價)는 다음 각 호에 규정된 가액 또는 기준에 의한다(동 규칙 제13조 제1항).

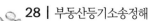

### (가) 소유권이전등기

소유권이전등기의 경우에는 목적물건의 가액에 의한다(동 규칙 제13조 제1항 1호). 즉, 매매계약을 원인으로 부동산(가액 : 3,000원인 경우)에 관하여 소유권이전등기절차이행을 구하는 경우의 소송목적의 값은 3,000원이다.

등기의 효력에 관하여 성립요건주의(부동산에 관한 법률행위로 인한 물권변동은 반드시 등기하여야 그 효력이 발생하는 것을 成立要件主義라고 한다. 민법 제186조)를 채택하고 있는 현행 민법상 소유권이전등기를 경료 함으로써 당해 부동산의 소유권을 취득하기 때문에 목적물건의 가액을 소송목적의 값으로 한 것이다.

### (나) 제한물권의 설정등기 또는 이전등기

제한물권(용익물권 및 담보물권)의 설정등기 또는 이전등기의 경우에는 다음의 구별에 의한다(동 규칙 제13조 제1항 2호).
1. 지상권 또는 임차권의 경우에는 목적물건가액의 2분의1
2. 담보물권 또는 전세권의 경우에는 목적물건 가액을 한도로 한 피담보채권액(근저당권의 경우에는 채권최고액)

### (다) 가등기 또는 가등기에 기한 본등기

가등기 또는 그에 기한 본등기의 경우에는 권리의 종류에 따라 위 (가)호 또는 (나)호의 규정에 의한 가액의 2분의1(동 규칙 제13조 제1항 3호).

### (라) 말소등기

말소등기의 소가(訴價)의 산정은 다음의 구별에 의한다(동 규칙 제13조 제1항 4호).
1) 소유권이전계약(매매, 증여, 교환, 등)의 해지나 해제에 기하여 말소등기절차이행을 구하는 경우에는 소유권이전등기의 소송목적의 값과 동액(목적물건의 가액)으로 한다(동 규칙 제13조 제1항 4호 가목).

2) 등기원인의 무효 또는 취소에 기하여 말소등기절차이행을 구하는 경우에는 소유권이전등기의 소송목적의 값의 2분의1이다(동 규칙 제13조 제1항 4호 나목). 이것은 동 규칙 제12조 5호 가목(소유권에 기한방해배제청구의 경우에는 목적물건가액의 2분의1)의 규정과 그 취지가 동일하고, 그 실질이 소유권에 기한 방해배제청구에 해당하기 때문이다.

### (마) 말소회복등기

소유권이전등기의 말소회복을 청구하는 경우에는 말소등기청구소송의 목적의 값과 동액으로 한다(동 규칙 제13조 제1항 4호). 말소회복등기란 실체관계에 부합하는 등기의 전부 또는 일부가 부적법하게 말소된 경우 그 말소등기를 회복하여 처음부터 말소가 없었던 것과 같은 효과를 생기게 할 목적으로 행하여지는 등기절차이므로, 회복되는 등기에 관련한 권리의 종류에 따라 말소등기절차의 소에 준하여 소송목적의 값을 규정한 것이다.

### (바) 등기의 수취(인수)를 구하는 소

등기의 인수{이하 "제2장. 6. 나. 등기수취(인수)청구권" 참조}를 구하는 소의 소가는 목적물건가액의 10분의1에 의한다(동 규칙 제13조 제2항). 부동산의 매수인(등기권리자)이 자기명의로 등기를 이전하지 않는 경우에 매도인(등기의무자)이 매수인을 상대로 제기하는 등기인수청구는 당해 부동산에 과해지는 재산세 등의 부과징수를 면할 목적으로 제기하는 소이므로 전부승소 할 경우 원고가 직접 받게 될 경제적 이익은 장래 면할 재산세액이라고 할 수 있는바, 원고가 장래 면하게 될 재산세의 산정에 관하여 민사소송 등 인지규칙 제13조 제2항은 '목적물가액의 10분의1'로 규정하였다.

### (사) 진정명의회복을 원인으로 한 소유권이전등기청구

말소등기에 갈음한 진정명의회복(眞正名義回復)을 원인으로 한 소유권이전등기청구소송의 소송목적의 값의 산정방식에 관하여, 소유권말소등기에 관한 규정(동 규칙 제13조 제1항 4호 나목의 물건가액의 2분의1)에 의한다는 견해와 소유권이전등기에 관한 규정(동 규칙 제13조 제

1항 1호의 물건가액)에 의한다는 견해가 있다.

진정명의회복을 원인으로 한 소유권이전등기청구의 실질은 소유권에 기한 방해배제청구(妨害排除請求)로서 말소등기청구와 동일하므로(대판 2001. 9. 20. 99다37894 전원합의체판결) 원고가 전부승소 할 경우 직접 받게 될 경제적 이익은 동 규칙 제12조 5호 가목 및 제13조 제1항 4호 나목과 동일하다고 볼 수 있으므로 소가는 목적물건가액의 2분의 1이다.

### (아) 소유권이전등기말소에 대한 승낙의 의사표시를 구하는 소

등기의 말소를 신청하는 경우에 그 말소에 대하여 등기상 이해관계 있는 제3자가 있을 때에는 그 제3자의 승낙이 있어야 한다(법 제57조 제1항). 등기의 말소에 관하여 등기상 이해관계 있는 제3자가 있을 때 그 제3자가 등기의 말소에 대하여 임의로 승낙을 하지 아니할 경우 등기권리자는 제3자를 상대로 등기의 말소에 대한 승낙의 의사표시를 구하는 청구(登記請求權)를 하여야 한다.

등기의 말소에 대한 제3자의 승낙의 의사표시를 구하는 소송의 경우 그 소송목적의 값에 관한 구체적인 규정이 없어 실무상 혼선이 있다. 이에 대하여 두 가지의 견해가 있다.

### 1) 소가를 산출할 수 없는 재산권상의 소(동 규칙 제18조의2)로 보는 견해

등기의 말소에 대한 승낙의 의사표시를 구하는 소의 소송목적의 값에 관한 명문의 규정이 없으므로 민사소송 등 인지규칙 제18조의2(소가를 산출할 수 없는 재산권상의 소)의 규정에 따라 '소송목적의 값을 산출할 수 없는 소송'으로 보는 견해(즉, 소가를 산출할 수 없는 소송의 소가인 5천만 원으로 본다)가 있다.

### 2) 소가산정의 원칙(동 규칙 제6조)에 따르자는 견해

승낙의 의사표시를 구하는 소가 모두 경제적 이익을 산정할 수 있는 것은 아니지만 반대로 모두 소송목적의 값을 산출할 수 없는 소송으로 보는 것 또한 타당하지 않다는 전제하에 승낙의 의사표시를 구하는 소송 중 그 경제적 이익의 산출이 가능한 경우에는 민사소송 등 인지규칙 제6조(소가산정의 원칙)의 규정에 따라 '원고가 전부승소 할 경우 직접 받게 될 경제적 이익을 객관적으로 평가한 금액'을 산출하여 그 소송목적의 값을 정하자는 견해이다. 다만, 동 규칙에 구체적인 근거규정이 없는 사례의 경우 동 규칙상 어떤 규정을 유추적용 해야 하는지에 대하여 여러 견해가 있는바,

(1) 동 규칙 제12조 5호 가목(소유권에 기한 방해배제의 소를 유추적용)을 적용하자는 의견,

(2) 동 규칙 제13조 제1항 4호 나목(1항 1호)을 적용하자는 의견,

(3) 동 규칙 제13조 제1항 4호 나목(1항 2호 나목)을 적용하자는 의견 등이 있다.

이에 대하여 승낙의 의사표시를 구하는 원고 측에서 보면 중간처분등기의 존재는 이른바 실체상 본등기요건을 구비한 원고의 소유권을 방해하고 있는 상태라고 할 수 있다. 그렇다면 승낙의 의사표시를 구하는 청구는 원고의 실체적인 소유권을 방해하고 있는 상태의 배제를 구하는 소라고 볼 수 있으므로 (1)의 의견이 타당하다는 견해가 있다(사법발전재단 발행 '인지실무' P 309~315).

## 4. 등기권리자의 등기청구권의 행사

### 가. 등기청구권의 의의

등기는 등기권리자와 등기의무자가 공동으로 신청하는 것이 원칙(법 제23조 제1항)이므로 일방당사자가 등기신청에 협력을 거절하면 등기를 할 수 없게 된다. 따라서 등기제도의 원활한 운영을 위해 등기를 원하는 일방 당사자는 타방당사자에 대하여 등기신청에 협력할 것을 요구하는 등기청구권(登記請求權)을 갖는 것이 인정된다(민사집행법 제263조 제1항. 법 제23조 제4항).

즉, 등기청구권은 사인에게 등기신청에 필요한 협력을 구하는 사법상의 권리를 말한다. 등기청구권은 등기의무자에 대한 등기권리자의 의사표시로 행사되나, 등기청구권에

기한 판결에 의해 단독으로 등기를 신청할 수 있다(법 제23조 제4항). 등기에 관하여 의사의 진술을 명하는 판결이 확정된 때에는 그 판결로 의사를 진술한 것으로 본다(민사집행법 제263조 제1항).

## 나. 등기수취(인수)청구권

### (1) 등기수취(인수)청구권의 의의

등기의무자도 법률상의 소유자로서 부동산에 관한 공조공과(公租公課)등을 부담해야 하는 불이익을 면하기 위해 등기권리자에게 등기청구권을 행사할 수 있는데 이를 특히 '등기수취청구권(登記收取請求權)' 또는 '등기인수청구권(登記引受請求權)이라고 한다. 등기수취(收取)청구권이라 함은 등기권리자(예 : 매수인)가 자기이름으로 등기를 하지 아니함으로써 등기의무자(예 : 매도인)가 과세 등의 불이익을 받는 경우에 등기권리자에 대하여 등기의무의 이행을 수취할 것을 청구할 수 있는 권리이다.

### (2) 등기의무자에게 등기수취청구권을 인정한 취지

부동산등기법은 등기는 등기권리자와 등기무자가 공동으로 신청하여야 함을 원칙(법 제23조 제1항)으로 하면서도 법 제23조 제4항에서 '판결에 의한 등기는 승소한 등기권리자 또는 등기의무자만으로 신청할 수 있도록 규정'하고 있는바, 위 법조에서 승소한 등기권리자 외에 '승소한 등기의무자'도 단독으로 등기를 신청할 수 있게 한 것은 통상의 채권채무관계에서는 채권자가 수령을 지체하는 경우 채무자는 공탁 등에 의한 방법으로 채무부담에서 벗어날 수 있으나 등기에 관한 채권채무관계에 있어서는 이러한 방법을 사용할 수 없으므로, 등기의무자가 자기명의로 있어서는 안 될 등기가 자기명의로 있음으로 인하여 사회생활상 또는 법률상 불이익을 입을 우려가 있는 경우에는 소의 방법으로 등기권리자를 상대로 등기를 인수받아 갈 것을 구하고 그 판결을 받아 등기를 강제로 실현할 수 있도록 한 것이다(대판 2001. 2. 9. 2000다60708).

## 다. 등기청구권의 소멸시효여부(소극)

등기청구권(登記請求權)이 소멸시효(消滅時效)에 걸리는가하는 문제는 등기청구권의 성질을 어떻게 보느냐에 따라 다른 해답이 얻어진다. 즉 등기청구권을 채권적 청구권이라고 보게 되면 10년의 소멸시효에 걸리게 되나, 물권적 청구권으로 보게 되는 경우에는 소멸시효에 걸리지 않게 된다.

이에 관하여 판례는, 법률행위로 인한 등기청구권을 채권적 청구권이라고 보면서도 매수인이 매매 목적물을 인도받은 경우에는 다른 채권과는 달리 소멸시효에 걸리지 않는다(대판 1962. 5. 10. 4294, 1976. 11. 6. 76다148)고 했으며, 3자간 등기명의신탁에 의한 등기가 유예기간(대법원 판결에는 '유예기간'을 '유효기간'으로 잘못 표시하였는바, 이것은 '실명등기유예기간'으로 표시하는 것이 정확하다)의 경과로 무효가 된 경우에도 마찬가지로 적용되므로 그 경우 목적 부동산을 인도 받아 점유하고 있는 명의신탁자의 매도인에 대한 등기청구권 역시 소멸시효가 진행되지 않는다(대판 2013. 12. 12. 2013다26647)고 했다.

## 라. 소유권이전등기청구권에 대한 압류·가압류

소유권이전등기청구권에 대한 압류나 가압류는 채권에 대한 것이지 등기청구권의 목적물인 부동산에 대한 것은 아니고, 채무자와 제3채무자에게 결정을 송달하는 외에 현행법상 등기부에 이를 공시하는 방법이 없는 것으로서 당해 채권자와 채무자 및 제3채무자 사이에만 효력을 가지며, 압류나 가압류와 관계가 없는 제3자에 대하여는 압류나 가압류의 처분금지적 효력을 주장할 수 없으므로 소유권이전등기청구권의 압류나 가압류는 청구권의 목적물인 부동산 자체의 처분을 금지하는 대물적(代物的) 효력은 없다 할 것이고, 제3채무자나 채무자로부터 소유권이전등기를 넘겨받은 제3자에 대하여는 취득한 등기가 원인무효라고 주장하여 말소를 청구 할 수 없다(대판 1992. 11. 10. 92다4680 전원합의체판결).

## 5. 소장의 기재사항

## 가. 소장의 필요적 기재사항

소장(訴狀)이라 함은 소를 제기하기 위하여 원고가 제1심법원에 제출하여야 할 서면을 말한다(민소법 제248조). 즉 소의 제기는 소장이라는 서면을 작성하여 법원에 제출하는 방식에 의하는 것이 원칙이며, 이를 소장제출주의(訴狀提出主義)라고 한다.

소장에는 당사자와 법정대리인, 청구의 취지와 원인을 적어야 한다. 소장에는 준비서면에 관한 규정을 준용한다(민소법 제249조). 준비서면에는 다음 각 호의 사항을 적고, 당사자 또는 대리인이 기명날인 또는 서명한다(민소법 제274조 제1항).

## (1) 당사자 . 법정대리인 . 주민등록번호

당사자의 표시는 원고 또는 피고가 누구인가를 구별할 수 있는 정도로 동일성을 특정하여 기재하여야 한다. 자연인의 경우에는 성명, 주소, 법인 등의 경우에는 명칭이나 상호와 본점 또는 주된 사무소소재지를 표시한다. 당사자의 표시는 판결의 효력이 미치는 인적범위를 확정하고, 강제집행의 대상이 되는 자이므로 성명, 주민등록번호, 주소를 정확하게 기재하여 특정하여야 한다. 성명은 한글로 표시하고, 주민등록번호나 한자명을 괄호 안에 병기하여 표시한다.

등기의 말소(법 제57조) 또는 말소된 등기의 회복(법 제59조)을 소(訴)로서 청구하는 경우(민사집행법 제263조 제1항), 그 등기의 말소 또는 말소된 등기의 회복에 대하여 등기상 이해관계 있는 제3자가 있을 때에는 그 제3자를 '피고'로 지정(당사자 적격) 한 후 소장의 청구 취지에 제3자의 등기의 말소 또는 말소된 등기의 회복에 대한 '승낙의 의사표시'를 반드시 기재하여야 한다.

재판서 양식에 관한 예규(재일 2003-12. 2003. 9. 17. 재판예규 제930호)는 '민사 . 가사 . 행정 .

특허사건의 재판서 또는 화해 . 조정 . 포기 . 인낙조서 등에 있어서 기록상 당사자의 "주민등록번호"를 알 수 있는 경우에는 당사자의 한자 성명을 병기하지 아니하고 한글 성명 옆에 괄호하고 그 안에 주민등록번호를 기록한다(재판예규 3. 다.)'고 규정하고 있다. 재판장은 필요한 경우에는 원고 또는 신청인에게 당사자 쌍방의 주민등록표 등 . 초본의 제출을 명할 수 있다(동 예규 3. 라. (1).}.

부동산등기법상 등기권리자의 '주민등록번호'(또는 부동산등기용등록번호)는 등기사항이며(법 제48조 제2항 및 제3항), 등기신청인의 '주민등록번호'(또는 부동산등기용등록번호)는 등기신청서의 필요적 기재사항(규칙 제43조 제1항 2호 및 제2항)으로 규정되어 있다.

---

### - 기 재 례 -

1. 원고    김철수(661120-1183516)
          서울 서초구 서초동 123-5(우편번호 137-070)
          전화번호 525-2345

2. 피고    박만수(朴萬水, 주민등록번호        :        )
          주소 : 소재불명
          최후주소 서울 서초구 서초동 145-60

---

앞에서 본 바와 같이 부동산등기법상 등기신청인의 '주민등록번호'는 등기신청서(규칙 제43조 제1항 제2호) 및 등기기록(법 제48조 제2항 및 제3항)의 필요적 기재사항으로 규정되어 있으므로, 만일 등기신청서에 등기신청인의 주민등록번호를 기재하지 아니하면 그 등기신청은 '신청정보의 제공이 대법원 규칙으로 정한 방식에 맞지 아니한 경우(법 제29조 제5호)'에 해당하여 등기관이 각하하게 된다.

따라서 판결에 의한 등기의 집행(민사집행법 제263조 제1항, 법 제23조 제4항)을 위하여, 부동산등기에 관하여 의사의 진술을 구하는 소장의 당사자표시에는 당사자의 주민등록번호를 반드시 기재하여야 한다.

### (2) 대리인의 성명과 주소

### (3) 청구의 취지와 원인

#### (가) 청구의 취지

'청구(請求)의 취지(趣旨)'는 원고가 소로서 바라는 법률효과를 적는 소의 결론부분으로 판결의 주문에 대응하는 것으로서 원고가 어떠한 종류의 판결을 구 하는가 또 어떠한 내용과 범위의 판결을 구하는가를 표시하는 것이다.

등기의 말소(법 제57조) 또는 말소등기의 회복(법 제59조)을 구하는 청구에 있어 그 등기의 말소 또는 말소등기의 회복에 대하여 등기상 이해관계 있는 제3자가 있을 때에는 제3자를 피고로 지정함과 동시에 청구의 취지에 등기의 말소 또는 말소등기의 회복에 대한 제3자의 '승낙의 의사표시'를 하여야 하며, 이에 따라 판결주문에도 제3자의 말소나 회복등기에 대한 승낙의 의사표시가 명료히 표시되어 있어야 그 판결에 의한 등기의 집행(법 제23조 제4항. 민사집행법 제263조 제1항)을 할 수 있다.

피고에게 일정한 등기신청에 관한 의사의 진술을 명하는 판결이 확정된 때에는 그 판결로 의사를 진술한 것으로 본다(민사집행법 제263조 제1항). 이 경우 확정판결은 피고의 등기신청의사의 진술에 갈음함과 동시에 등기원인을 증명하는 서면(규칙 제46조 제1항 제1호)이 되어 원고는 단독으로 그 판결에 의한 등기를 신청할 수 있다(법 제23조 제4항).

부동산등기법상 등기신청서 및 등기부에는 부동산의 표시, 권리자, 등기목적, 등기원인 및 그 연월일 등을 기재하도록 되어 있으므로(법 제34조, 제40조, 제48조, 규칙 제43조) 등기에 관한 소장의 청구 취지에는 아래 예시와 같이 등기목적, 등기원인과 그 연월일 등을 정확히 기재하여야 한다.

# - 소장의 청구취지 기재례 -

## 1. 소유권이전등기

피고는 원고에게 별지목록기재부동산에 관하여 2015. 1. 25. 매매(또는 증여, 교환, 현물출자 등)를 원인으로 한 소유권이전등기절차를 이행하라. 또는

피고는 원고에게 별지목록기재부동산에 관하여 이 사건 소장 부본 송달일자 명의신탁해지를 원인으로 한 소유권이전등기절차를 이행하라. 또는

피고들은 원고에게 서울 서초구 서초동 235-1 대 600평방미터 중 각 3분의 1 지분에 관하여 2015. 3. 10. 매매를 원인으로 한 소유권이전등기절차를 각 이행하라.

## 2. 소유권이전등기의 말소 및 등기상 이해관계 있는 제3자의 승낙

별지목록기재 부동산에 관하여, 원고에게, 피고 갑(甲)은 서울남부지방법원 강서등기소 2002. 10. 20. 접수 제3445호로 경료 된 소유권이전등기의 말소등기절차를 이행하고, 피고 을(乙)은 소유권이전등기의 말소등기에 대한 승낙의 의사표시를 하라.

## 3. 가등기에 기한 소유권이전의 본등기

피고는 원고에게 별지목록기재 부동산에 관하여 서울중앙지방법원 관악등기소 2003. 1. 25. 접수 제2300호로 경료 된 가등기에 기하여 2003. 12. 15. 매매(2003. 12. 10. 매매예약완결)를 원인으로 한 소유권이전의 본등기절차를 이행하라'

## 4. 진정명의회복을 원인으로 한 소유권이전등기

피고는 원고에게 별지목록기재부동산에 관하여 진정명의회복을 원인으로 한 소유권이전등기절차를 이행하라.

## 5. 말소등기

피고는 원고에게 별지목록기재 부동산에 관하여 서울남부지방법원 강서등기소 2003. 4. 5. 접수 제6677호로 경료 된 근저당권설정등기에 대하여 2005. 5. 5. 해지를 원인으로 한 근저당권설정등기의 말소등기절차를 이행하라.

## 6. 말소등기와 등기상 이해관계 있는 제3자의 승낙

피고 갑은 별지목록기재부동산에 대한 서울 남부지방법원 강서등기소 2015년 1

월 20일 접수 제3568호로 경료 된 소유권이전등기의 말소절차를 이행하고, 피고 을은 위 소유권이전등기의 말소등기에 대하여 승낙의 의사표시를 하라.

7. 말소회복등기
피고는 원고에게 별지목록기재부동산에 관하여 서울남부지방법원 강서등기소 2005. 12. 20. 접수 제67788호로 말소등기 된 같은 등기소 2005. 1. 20. 접수 제4455호 근저당권설정등기의 회복등기절차를 이행하라.

8. 회복등기와 등기상 이해관계 있는 제3자의 승낙
피고 갑(甲)은 원고에게 별지목록기재 부동산에 관하여 서울 남부지방법원 영등포등기소 2005.10. 20. 접수 제44555호로 말소등기 된 같은 등기소2005. 3. 10. 22344호 근저당권 설정등기의 회복등기절차를 이행하고, 피고 을(乙)은 위 근저당권설정등기의 회복등기에 대한 승낙의 의사표시를 하라.

### (나) 청구원인

'청구원인(請求原因)'이라 함은 원고가 주장하는 청구의 취지를 보충하여 청구(소송물)를 특정함에 필요한 사실관계를 기재하는 것을 말한다. 청구원인은 이행의 소에 있어서는 소송물을 특정하는 역할을 한다. 등기원인의 무효로 인한 말소등기절차이행을 구하는 경우에는 말소대상등기를 특정하기 위하여 등기소, 등기접수연월일 및 접수번호 등을 기재하여야 한다. 원인무효를 이유로 한 소유권보존등기말소등기청구의 청구원인을 기재하면 아래와 같다.

### - 기 재 례 -

청구원인(등기의 말소청구) : 원고는 2015. 1. 25. 별지목록기재 건물에 관하여 관할 서초구청 제55789호로 건축허가를 받은 후 원고의 비용으로 건축공사를 완공하여 원시적으로 건물의 소유권을 취득하였습니다. 그런데 피고는 위 건물이 자신의

소유인양 건축허가서 등 관련문서를 위조 및 행사하여 서울남부지방법원 강서등기
소 2015. 3. 25. 접수 제3878호로 피고명의로 소유권보존등기를 경료 받았습니다.
따라서 피고명의의 소유권보존등기는 실체적 권리 없이 경료 된 원인무효의 등기이
므로 피고는 원고에게 위 소유권보존등기의 말소절차를 이행할 의무가 있다할 것입
니다.

(4) 사건의 표시

사건은 청구의 취지 및 청구의 원인과 함께 청구의 내용을 요약하여 표시하는 것으로
법원에서는 이에 기하여 사건명을 부여하고 사건을 분류하여 담당재판부에 사건을 배당
하게 된다(예 소유권이전등기, 소유권이전등기말소 등).

(5) 공격 또는 방어방법

(6) 상대방의 청구와 공격 또는 방어의 방법에 대한 진술

(7) 덧붙인 서류의 표시

(8) 작성한 날짜

(9) 법원의 표시

위 (마)호 및 (바)호의 사항에 대하여는 사실상 주장을 증명하기 위한 증거방법과 상
대방의 증거방법에 대한 의견을 함께 적어야 한다(민사소송법 제274조 제2항).

* 소장 및 판결에 당사자의 주민등록번호명시의 필요성 *

위와 같이 당사자의 '주민등록번호'는 소장의 필요적 기재사항이 아니나, 부동산등기
법상 등기권리자의 주민등록번호(또는 부동산등기용등록번호)는 등기사항이며(법 제48조

제2항 및 제3항), 등기신청인(공동신청의 경우에는 등기권리자 및 등기의무자)의 주민등록번호(또는 부동산등기용등록번호)는 등기신청서의 필요적 기재사항(규칙 제43조 제1항 제2호)으로 규정되어 있다.

허무인 명의등기의 방지를 위하여 부동산등기법 중 개정법률(1983. 12. 31. 법률 제3692호. 시행일 : 1984. 7. 1.)에 의하여 모든 등기에 등기권리자(개인에 한함)의 주민등록번호를 성명에 병기하도록 되었다. 따라서 1984. 7. 1. 이후 등기신청서에 등기신청인의 주민등록번호를 기재하지 아니하면 부동산등기법 제29조 제5호(신청정보의 제공이 대법원규칙으로 정한 방식에 맞지 아니한 경우) 또는 제7호(신청정보의 등기의무자의 표시가 등기기록과 일치하지 아니한 경우)에 해당하여 그 신청은 각하 되므로, 소장의 당사자표시에는 반드시 주민등록번호를 병기하여야 하며, 이에 따라 판결서에도 당사자의 주민등록번호가 명시되어야만 그 판결에 의한 등기를 집행할 수 있게 된다.

## 나. 등기신청서 및 등기부(등기기록)의 필요적 기재사항

### (1) 등기신청서의 필요적 기재사항

등기를 신청하는 경우에는 다음 각 호의 사항을 신청정보의 내용(신청서의 기재사항)으로 등기소에 제공하여야 한다(규칙 제43조 제1항).

### (가) 다음 각 목의 구분에 따른 부동산의 표시에 관한 사항

가) 토지 : 부동산등기법 제34조 제3호부터 제5호까지의 규정에서 정하고 있는 사항(즉, 소재와 지번, 지목, 면적)

나) 건물 : 부동산등기법 제40조 제1항 제3호와 제4호에서 정하고 있는 사항(즉, 건물의 소재, 지번 및 건물번호. 다만, 같은 지번위에 1개의 건물만 있는 경우에는 건물번호는 기록하지 아니한다. 건물의 종류, 구조와 면적, 부속건물이 있는 경우에는 부속건물의 종류, 구조와 면적도 함께 기록한다)

다) 구분건물 : 1동의 건물의 표시로서 소재 지번, 건물명칭 및 번호, 구조, 종류, 면적, 전유부분의 건물표시로서 건물번호, 구조, 면적, 대지권이 있는 경우 그 권리의 표시. 다만, 1동의 건물의 구조, 종류, 면적은 건물의 표시에 관한 등기나 소유권보존등기를 신청하는 경우로 한정한다.

### (나) 신청인의 성명 또는 명칭, 주소(또는 사무소 소재지) 및 주민등록번호(또는 부동산등기용 등록번호)

등기신청인(즉, 등기의무자 및 등기권리자)의 주민등록번호(또는 부동산등기용등록번호)는 등기신청서(규칙 제43조 제1항 제2호) 및 등기기록(법 제48조 제2항)의 필요적 기재사항이므로, 그 판결에 의한 등기의 집행을 위하여 부동산등기에 관하여 의사의 진술을 구하는 이행청구의 소장에는 당사자의 주민등록번호를 기재하여야{재판서 양식에 관한 예규(재일 2003-12, 2003. 9. 17. 재판예규 제930호. 3. 다)} 그 판결에 의한 등기의 집행을 할 수 있다.

### (다) 신청인이 법인인 경우에는 그 대표자의 성명과 주소

### (라) 대리인에 의하여 등기를 신청하는 경우에는 그 성명과 주소

### (마) 등기원인과 그 연월일

### 1) 등기원인 및 그 연월일의 의의

'등기원인'이라 함은 부동산에 관한 권리 또는 표시 등의 변동원인이 되는 법률행위(매매, 증여, 교환, 현물출자 등) 또는 법률사실(상속, 시효취득, 토지수용, 경매, 토지의 분할, 합병 등)을 말하며, '등기원인 연월일'은 등기원인인 법률행위 또는 법률사실의 성립 내지 효력이 발생한 일자를 말한다.

## 2) 등기신청서에 등기원인 또는 그 연월일을 기재하지 아니하는 경우

### 가) 소유권보존등기신청

부동산등기법 제65조에 따라 소유권보존등기를 신청하는 경우에는 법 제65조 각 호의 어느 하나에 따라 등기를 신청한다는 뜻을 신청정보의 내용으로 등기소에 제공하여야 한다. 이 경우 법제48조 제1항 제4호 및 규칙 제43조 제1항 제5호에도 불구하고 '등기원인과 그 연월일'을 갑구 또는 을구에 기록하거나 신청정보의 내용으로 등기소에 제공할 필요가 없다(법 제64조, 규칙 제121조 제1항 단서).

### 나) 진정명의회복을 원인으로 한 소유권이전등기신청

'진정명의회복을 원인으로 한 소유권이전등기'라 함은 이미 자기 앞으로 소유권을 표상하는 등기가 되어 있었거나 법률의 규정에 의하여 소유권을 취득한 자가 현재의 등기명의인을 상대로 "진정명의회복"을 등기원인으로 한 소유권이전등기절차의 이행을 명하는 판결을 받아 소유권이전등기를 신청하는 것을 말한다(대판 1990. 11. 27. 89다카12398 전원합의체판결).

등기권리자의 상속인이나 그 밖의 포괄승계인은 부동산등기법 제27조의 규정에 의하여 진정명의회복을 원인으로 한 소유권이전등기를 신청할 수 있으며, 이 경우 등기신청서에는 '등기원인일자'를 기재할 필요가 없다(등기예규 제1376호. 4).

### 다) 등기절차의 이행을 명하는 판결주문에 등기원인 등이 명시되지 아니한 경우

등기절차의 이행을 명하는 판결에 의하여 등기를 신청하는 경우에는 그 판결주문에 명시된 등기원인과 그 연월일을 기재한다. 등기예규는 등기절차이행을 명하는 판결주문에 등기원인과 그 연월일 이 명시되지 안한 경우 등기신청서에는 등기원인은 "확정판결"로, 그 연월일은 "판결 선고일"을 기재한다(등기예규 제 1383호. 4. 가. 2).)라고 규정하고 있다.

그러나 이행판결주문에 '등기원인'이 명시되지 아니한 경우에는 부동산등기법상 '등기원인 및 그 연월일'은 등기신청서 및 등기부의 필요적 기재사항(규칙 제43조 제1항 제5호 및 법 제

48조 제1항 제4호 참조)이며, 또한 등기원인이라 함은 부동산에 관한 권리변동의 원인이 되는 법률행위 또는 법률사실을 의미한다. 따라서 이러한 경우 등기원인의 표시는 '확정판결'이 아니라 판결 이유에 기재된 '법률행위 또는 법률사실'을 기재하도록 하는 것이 실체적 권리관계에 부합하는 등기제도의 이상을 구현하는 것으로 본다.

판례는 '등기권리자가 판결로써 등기신청을 함에는 판결주문에 등기원인이 명백히 되어야 신청절차가 가능할 것이며, 등기원인이라 함은 부동산의 권리득상(權利得喪)에 관한 법률사실 즉 법률행위를 지칭하는 것이니 소유권이전등기절차이행청구를 인용함에 있어 주문으로 원 ·피고 간에 합의에 인한 이전등기절자를 이행하라고한 것은 권리득상에 관한 당사자 간의 법률행위를 표시한 것이라고 할 수 없다(대판 1947. 4. 8. 4280민상16)고 했다.

### 라) 등기의 말소 또는 말소된 등기의 회복을 명하는 판결

등기예규는 기존등기의 등기원인이 부존재 내지 무효이거나 취소, 해제에 의여 소멸하였음을 이유로 말소등기 또는 회복등기를 명하는 판결에 의하여 등기를 신청하는 경우에 판결주문에 등기원인과 그 연월일이 명시되어 있지 아니한 경우 등기신청서에는 등기원인은 " 확정판결"로, 그 연월일은 "판결선고일"을 기재한다(등기예규 제1383호. 4. 가. 2). 가). (1).)고 규정하고 있으나, 이 경우에도 위에서 본바와 같이 판결이유에 기존등기의 말소원인이 명시되어 있으면 판결이유에 기재된 말소원인을 등기원인으로 기재하는 것이 실체적 권리관계에 부합하는 등기제도의 이상에 부합된다고 본다.

## (바) 등기의 목적

등기의 목적이란 신청하는 등기의 내용 내지 종류를 말 한다(예 : 소유권보존, 소유권이전, 소유권말소, 지상권설정 등).

**(사) 등기필 정보. 다만, 공동신청 또는 승소한 등기의무자의 단독신청에 의하여 권리에 관한 등기를 신청하는 경우로 한정한다.**

권리에 관한 등기를 신청하는 경우에는 등기필정보에 기재된 등기의무자의 등기필정보인 부동산고 유번호, 성명(명칭), 일련번호, 비밀번호를 신청서에 기재하여야 한다.

**(아) 등기소의 표시**

등기소의 설치와 관할 구역에 관한 규칙에 의한 관할 등기소를 기재하여야 한다.

**(자) 신청연월일**

**(차) 등기신청과 관련하여 부과된 의무사항**

취득세, 등록면허세, 지방교육세, 및 세액합계, 등기신청 수수료액 및 납부번호, 부동산별 국민주택채권 매입금액, 매입총액, 발행번호 등(부동산등기규칙 제44조, 제45조 제5항)을 기재하여야 한다.

## (2) 등기부(등기기록)의 필요적 기재사항

등기신청은 대법원규칙으로 정하는 등기신청정보(규칙 제43조)가 전산정보처리조직에 저장된 때 접수된 것으로 보며, 등기관이 등기를 마친 경우 그 등기는 접수한 때부터 효력을 발생한다(법 제6조).

**(가) 토지의 표시에 관한 등기**

부동산의 표시에 관한 등기사항 중 토지의 표시에 관한 등기사항은 다음과 같다. 등기관은 토지등기기록의 표제부에 1. 표시번호, 2. 접수연월일, 3. 소재와 지번, 4. 지목, 5. 면적, 6. 등기원인을 기록하여야 한다(법 제34조).

### (나) 건물의 표시에 관한 등기

건물의 표시에 관한 등기사항은 다음과 같다. 등기관은 등기기록의 표제부에 1. 표시번호, 2. 접수연월일, 3. 소재, 지번 및 건물번호. 다만, 같은 지번위에 1개의 건물만 있는 경우에는 건물번호는 기록하지 아니한다. 4. 건물의 종류, 구조와 면적, 부속건물이 있는 경우에는 부속건물의 종류, 구조와 면적도 함께 기록한다. 5. 등기원인, 6. 도면의 번호, 7. 등기할 건물이 구분건물인 경우에 등기관은 소재, 지번 및 건물번호대신 1동 건물의 등기기록의 표제부에는 소재와 지번, 건물명칭 및 번호를 기록하고 전유부분의 등기기록의 표제부에는 건물번호를 기록하여야 한다. 8. 구분건물에 '집합건물의 소유 및 관리에 관한 법률' 제2조 제6호의 대지사용권으로서 건물과 분리하여 처분할 수 없는 것(즉, 대지권)이 있는 경우에는 등기관은 1동의 건물의 등기기록에 표제부에 대지권의 목적인 토지의 표시에 관한 사항을 기록하고 전유부분의 등기기록의 표제부에는 대지권의 표시에 관한 사항을 기록하여야 한다(법 제40조 제1~3항).

### (다) 권리에 관한 등기

권리에 관한 등기라 함은 등기관이 갑구(소유권에 관한 사항을 기록하는 등기기록) 또는 을구(소유권 이외의 권리에 관한 사항을 기록하는 등기기록)에 권리(소유권, 지상권, 지역권, 전세권, 저당권, 권리질권, 채권담보권, 임차권)에 관한 등기를 하는 것을 말한다(법 제48조 제1항). 권리에 관한 등기의 기재사항에는 모든 권리의 등기에 공통적으로 적용되는 일반적 기재사항과 등기의 종유에 따른 특수한 기재사항으로 구분된다.

### 1) 일반적 기재사항

권리에 관한 등기의 일반적 기재사항(필요적 기재사항)은 다음과 같다. 등기관이 갑구 또는 을구에 권리에 관한 등기(즉, 소유권, 지상권, 지역권, 전세권, 저당권, 권리질권, 채권담보권, 임차권)를 할 때에는 1. 순위번호, 2. 등기목적, 3. 접수연월일 및 접수번호, 4. 등기원인 및 그 연월일, 5. 권리자{권리자의 성명(또는 명칭), 주민등록번호(또는 부동산등기용등록번호), 주소(또는 사무소소재지)}를 기록하여야 한다(법 제48조 제1~2항).

## 2) 특수한 기재사항

권리에 관한 등기의 특수한 기재사항(필요적 기재사항)은 다음과 같다.

### (라) 소유권보존등기

소유권보존등기를 신청하는 경우에는 부동산등기법 제65조 각 호의 어느 하나에 따라 등기를 신청한다는 뜻을 신청정보의 내용으로 등기소에 제공하여야 한다. 이 경우 부동산등기규칙 제43조 제1항 제5호(등기원인과 그 연월일)에도 불구하고 등기원인과 그 연월일은 신청정보의 내용으로 등기소에 제공할 필요가 없다(규칙 제121조 제1항).

### (마) 소유권의 일부이전

등기관이 소유권의 일부에 관한 이전등기를 할 때에는 이전되는 지분을 기하여야 한다. 이 경우등기원인에 민법 제268조 제1항 단서의 약정이 있을 때에는 그 약정에 관한 사항도 기록하여야 한다(법 제67조).

### (바) 거래가액의 등기

등기관이 주택법 제80조의2 제1항 및 부동산거래신고에 관한 법률 제3조 제1항에서 정하는 계약을 등기원인으로 한 소유권이전등기를 하는 경우에는 부동산등기규칙 제124조가 정하는 바에 따라 거래가액을 기록한다(법 제68조).

### (사) 용익권(用益權) 및 담보권(擔保權)의 등기사항

등기관이 용익권(지상권, 지역권, 전세권, 임차권)에 관한 등기 및 담보권(저당권, 근저당권, 저당권부채권에 대한 질권)의 등기를 할 때에는 부동산등기법 제48조에서 규정한 사항 외에 해당 등기에 관한 특수한 사항을 기록하여야 한다(부동산등기법 제69조 내지 제76조 참조).

## 6. 이 책의 서술체계

본서(本書)는 부동산등기법 및 부동산등기규칙을 기초로 하여 부동산등기를 체계적으로 종합하여 해설한 것이 아니라 부동산에 관련된 소송을 전제로 판결에 의한 등기(법 제23조 제4항 및 제65조 제2호. 민사집행법 제263조 제1항 등)를 중심으로 해설하였다.

민사소송사건 중에서 가장 난해하고 시간과 비용이 많이 소모되는 것이 '부동산등기에 관련된 소송'이라고 본다. 따라서 부동산등기에 관련된 소송에 있어 당사자의 정확한 지정 및 청구취지의 명확한 기재가 판결에 의한 등기의 신속, 정확한 집행을 위하여 요구되는 핵심부분이다.

부동산등기에 관하여 의사의 진술을 구하는 소장을 작성함에 있어 특히 주의를 요하는 것은 부동산등기법상 등기신청서 및 등기기록의 필요적 기재사항과 등기신청서의 첨부서면, 등기신청의 각하사유(법 제34조, 제40조, 제48조, 규칙 제43조, 규칙 제46조, 법 제29조 참조)등에 관한 정확한 이해라고 본다.

등기실무상 등기에 관하여 의사의 진술을 명하는 확정된 이행판결에 집행력이 없어 그 판결에 의한 등기의 집행이 불능(즉, 등기관의 등기신청에 대한 각하처분)으로 되는 사례(이른바 執行不能判決)가 많은바, 그 원인은 소장을 작성할 때 당사자(피고)표시를 잘못하거나 또는 청구의 취지를 잘못 기재하는 사례가 많으며, 법원에서도 이를 간과하고 그대로 판결함으로서 그 확정판결에 의한 등기신청이 각하되는 경우가 등기실무상 자주 발생하여 승소한 원고들로부터 법원이 원망의 대상이 되고, 더 나아가 사법부에 대한 불신의 요인이 되기도 한다.

이러한 집행불능판결을 예방하기 위하여 무엇보다도 등기에 관하여 의사의 진술을 구하는 소장을 작성함 있어 아래사항에 관하여 특히 주의를 요한다.

첫째, 피고의 정확한 지정(當事者適格問題)이다. 즉, 고유필수적 공동소송인 공유물분할소송, 합유 또는 총유부동산에 관한 소송의 경우 공유자 또는 그 구성원 전원이 공동으로 원고 또는 피고가 되지 않으면 당사자적격을 잃어 소가 부적법해진다. 또한 등기의 말소(법 제57조)나 말소등기의 회복(법 제59조)을 구하는 소송의 경우 등기의 말소 또는 회복에 대하여 등기상 이해관계 있는 제3자가 있는 경우에는 그 제3자의 등기의 말소 또는 말소등기의 회복에 대하여 승낙의 의사표시는 법률요건이므로(규칙 제46조 제1항 제3호 및 법 제29조 제9호 참조), 그 제3자를 반드시 피고로 지정하여야 한다.

둘째, 청구취지(請求趣旨)의 명확한 기재이다. 청구의 취지는 원고가 소(訴)로서 바라는 법률효과를 기재하는 소의 결론부분으로 판결의 주문에 대응하는 것으로서 원고가 어떠한 종류의 판결을 구 하는가 또는 어떠한 내용과 범위의 판결을 구하는가를 명확하게 기재하지 않으면 안 된다.

특히 등기에 관하여 의사(意思)의 진술(陳述)을 구하는 이행청구(履行請求) 중 등기의 말소 또는 말소등기의 회복을 구하는 경우 그 등기의 말소(법 제57조) 또는 말소등기의 회복(법 제59조)에 대하여 등기상 이해관계 있는 제3자가 있을 때에는 앞에서 본 바와 같이 그 제3자를 피고로 지정한 후 소장의 청구의 취지에 그 제3자의 등기의 말소 또는 말소등기의 회복에 대한 '승낙(承諾)의 의사표시(意思表示)'를 반드시 기재하여야하며, 판결 주문에도 청구취지와 같이 제3자의 승낙의 의사표시가 명시되어 있어야 그 판결에 의한 등기의 집행을 할 수 있게 된다(법 제23조 제4항).

따라서 본서에서는 등기에 관하여 의사의 진술을 구하는 소의 당사자적격문제, 청구의 취지 및 판결주문의 기재례 등을 민법 . 부동산등기법규 . 민사집행법 . 등기예규 . 부동산등기 기록례집 등 관련 자료를 근거로 사례별로 예시, 해설하여 본서가 '부동산소송의 길잡이'가 될 수 있도록 노력하였다.

제1장 '민사소송제도'에서는, 등기에 관하여 의사의 진술을 구하는 청구에 있어 등기청구권의 행사절차, 소장의 필요적 기재사항 중 집행불능판결과 관련하여 가장 중요한 사항인 당사자적격(當事者適格 : 등기의 말소나 말소된 등기의 회복청구에 있어 등기상 이해관계 있는 제3자를 피고로 지정하는 당사자 적격문제) 및 청구취지(請求趣旨 : 등기의 말소나 말소등기의 회복을 구함에 있어 등기상 이해관계 있는 제3자가 있을 때 그 제3자의 등기의 말소 또는 회복에 대한 승낙의 의사표시의 기재)의 정확한 기재방법 등을 사례별로 구분하여 예시하였다.

제2장 '부동산등기제도'에서는, 우리나라의 부동산등기제도의 내용으로 독일법주의인 형식주의(形式主義)를 취하여 등기는 부동산물권변동의 효력발생요건(效力發生要件 : 민법 제186조)이며, 물적편성주의(物的編成主義)에 의하여 1필의 토지 또는 1동의 건물을 기준으로 하여 하나의 부동산에 관한 용지를 사용하여 등기부를 편성하고 있으며(법 제15조), 등기신청을 심사하는 등기관의 심사방법에 관하여 법령이 규정하는 형식적 요건의 적법 여부만을 심사하도록 하는 형식적심사주의(形式的審査主義)를 취하여 등기신청을 부적법이라 하여 각하할 수 있는 경우를 형식적 한정적으로 규정하고 있는 점(법 제29조), 등기는 등기권리자와 등기의무자 쌍방의 공동신청(共同申請)에 의하는 것이 원칙이나 일방 당사자가 등기신청에 협력을 거절하면 등기를 할 수 없게 되므로 등기제도의 원활한 운영을 위하여 등기를 원하는 당사자는 타방 당사자에 대하여 등기신청에 협력할 것을 구하는 권리인 등기청구권(登記請求權)을 행사하여 승소한 등기권리자 또는 등기의무자가 단독으로 판결에 의한 등기신청(법 제23조 제4항)을 하는 절차 등을 상술하였다.

제3장 '판결에 의한 등기'에서는, 부동산등기법 제65조 제2호의 확정판결(판결의 종류를 불문함)에 의하여 소유권보존등기를 신청할 수 있는 자 및 그 등기절차, 부동산등기법 제23조 제4항의 판결(확정된 이행판결에 한함)에 의한 등기절차와 민사집행법 제263조 제1항의 규정에 의한 등기에 관하여 의사의 진술을 명한 확정된 이행판결 등에 관하여 해설하였다.

특히 부동산등기에 관련하여 피고에게 등기신청의사를 구하는 청구 중, 등기의 말소 또는 말소된 등기의 회복을 청구하는 경우 등기의 말소나 말소된 등기의 회복에 대하여 "등기상 이해관계 있는 제3자가 있을 때"에는 그 제3자를 피고로 지정한 후 소장의 청구 취지에 그 제3자의 승낙의 의사표시를 명시하여야 한다는 점을 자세히 해설하였다.

또한 등기의 말소 또는 말소된 등기의 회복을 명하는 이행판결의 주문에,

첫째 '등기의 말소'를 명하는 판결의 경우에 그 등기의 말소에 대하여 등기상 이해관계 있는 제3자가 있을 때에는 판결의 주문에 등기의 말소에 대한 그 제3자의 '승낙의 의사 표시'를 반드시 명시하여야 하는 점,

둘째 '말소된 등기의 회복'을 명하는 판결의 경우에도 말소된 등기의 회복에 대하여 등기상 이해관계 있는 제3자가 있을 때에는 판결의 주문에 말소된 등기의 회복에 대한 그 제3자의 '승낙의 의사표시'를 명시하여야만 그 판결에 의한 등기를 집행할 수 있는 점을 자세히 해설하였다.

**제4장 '집행불능판결(執行不能判決)'**에서는, 부동산등기에 관하여 의사의 진술을 명한 이행판결이 확정된 때에는 그 판결로 의사를 진술한 것으로 보므로(민사집행법 제263조 제1항), 승소한 원고는 그 확정판결을 등기원인을 증명하는 서면(규칙 제46조 제1항 제1호)으로 하여 단독으로 등기를 신청(법 제23조 제4항)하게 되는바, 이때 그 판결이 이른바 "집행불능 판결"에 해당되어 그 판결에 의한 등기신청이 부동산등기법 제29조(신청의 각하) 각 호의 어느 하나에 해당하여 등기관이 각하 하는 사례가 등기실무상 자주 발생하여 문제가 제기되고 있음을 지적함과 동시에 집행불능판결(執行不能判決)의 유형(類型)을 예시한 후 해당 집행불능판결에 의한 등기신청이 부동산등기법 제29조 각호의 어느 하나에 의하여 각하되는지에 관한 각하사유(却下事由) 및 집행불능판결의 예방책(豫防策), 집행불능판결과 관련하여 법관의 오판(誤判)과 국가배상책임(國家賠償責任)에 관한 대법원 판례 등을 해설하였다.

제5장 '부동산소유권(不動産所有權)의 시효취득(時效取得)'에서는, 부동산소송의 중요한 부분의 하나를 차지하는 부동산의 시효취득의 대상, 특히 占有取得時效)의 요건 및 효과 그 등기절차, 등기부취득시효(登記簿取得時效)의 요건 등에 관련된 대법원 판례를 선별하여 체계적으로 인용, 해설하였다.

제6장 '종중재산(宗中財産)의 관리(管理) 및 처분(處分)'에서는, 종중의 성립요건, 성격, 종중의 당사자능력 및 등기능력, 종중의 대표자선임방법 및 총회결의방법, 종중재산의 관리 및 처분절차, 종중의 부동산의 취득 및 처분에 관한 등기절차, 종중의 시효완성으로 인한 농지의 취득가부 등에 관련된 대법원 판례를 체계적으로 정리하여 인용하였다.

# 제2장
# 부동산등기제도

# 제2장 부동산등기제도

　부동산등기는 부동산물권변동의 공시방법으로서의 기능을 가지고 있다. 등기제도는 부동산물권변동을 외부에 공시하는 제도로서 이를 어떻게 조직하느냐는 부동산거래의 안전에 영향을 주는 바가 크다. 등기제도에 관한 각국의 법제(法制)는 독일법주의(獨逸法主義). 불란서법주의(佛蘭西法主義). 토렌스式 登記制度(Torrenssystem)의 3가지로 구분될 수 있다.

　첫째, 독일법주의는 공시방법을 물권변동의 성립요건 내지 효력발생요건으로 하여 물권행위와 등기가 있어야만 물권변동이 일어나는 것으로 하여 독일민법이 취하는 입법주의를 '형식주의(形式主義)' 또는 '독법주의(獨法主義)'라고 한다. 독일법주의의 특징은, 등기는 부동산물권변동의 성립 내지 효력발생요건이며, 등기관은 등기신청서를 심사함에 있어 실질관계를 심사할 권한인 '실질적 심사주의'를 취하고 있으며, 등기에는 '공신력'이 인정되며 등기부의 편성은 '물적편성주의(物的編成主義)'에 의하여 부동산을 표준으로 등기부를 편성하며, 물권의 정적상태(靜的狀態)를 등기한다. 즉 등기부에는 물권변동의 사실 그 자체를 기입하지 않고, 물권의 현재상태만을 기재한다.

　둘째, 불란서법주의는 의사표시만으로 물권변동이 일어나고 그 밖에 공시방법을 필요로 하지 않는다. 불란서민법이 취하는 입법주의를 '의사주의(意思主義) 또는 불법주의(佛法主義)라고 한다. 불란서법주의의 특징은, 등기는 부동산의 물권변동을 제3자에게 대항하는 요건에 지나지 않으며, 등기관이 등기신청서를 심사함에 있어 물권변동에 관하여 실질적 심사를 할 권한이 없고(형식적 심사주의). 등기에는 공신력이 없다. 등기부의 편성은 부동산을 표준으로 하는 것이 아니라 권리자를 표준으로 하는 인적편성주의(人的編成主義)에 의하며, 물권의 동적상태(動的狀態)를 등기한다. 즉 물권의 변동자체를 등기하며, 물권의 현재상태만을 등기하는 것이 아니다.

셋째, 토렌스식 등기제도는 영미법계의 여러 나라에서 채용하고 있으며, 종래의 등기제도 가운데서 가장 우수한 것으로 평가되어 있다. 그 특징은 부동산을 처음으로 등기하려면 등기소가 일정한 절차에 따라 그 부동산의 권리상태를 정사(精査), 확정한 후에 그 권리상태를 기재한 지권(地券)을 2통 작성하여 1통은 소유자에게 교부하고 다른 1통을 가지고 물적편성주의에 따라 편성하여 등기부로 한다. 부동산물권의 변동은 등기부에 등기하지 않으면 그 효력이 생기지 않으며, 등기관에게는 실질적심사권이 주어져 있다. 등기에는 공신력이 있으며, 그 결과 진정한 권리지가 부정한 등기로 말미암아 손해를 입은 때에는 국가가 이를 배상할 책임을 진다.

## 1. 우리나라의 부동산등기제도

조선부동산등기령(일정시대 1912년 조선총독부제령 제9호로 제정된 일본의 의용부동산등기법(依用不動産登記法)에 의하여 조선에 시행된 일본 부동산등기법인 의용부동산등기법이 일제 강점기는 물론 광복 후 군정기(軍政期를) 거쳐 대한민국 정부수립 후까지 효력을 유지해오다가 민법(1958. 2. 22. 법률 제471호)이 1960년 1월 1일부터 시행되자 이에 맞추어 부동산등기법(不動産登記法 1960. 1. 1. 법률 제536호)이 같은 날 제정 공포되어 즉시 시행에 들어감으로서 조선부동산등기령이 폐지되었다.

부동산등기법은 부동산(민법 제99조 제1항)거래의 안전을 보호하기 위하여 부동산에 관한 권리관계를 공시하는 부동산등기에 관한 사항을 규정하고 있다. 부동산등기는 부동산의 표시와 소유권, 지상권, 지역권, 전세권, 저당권, 권리질권, 채권담보권, 임차권의 보존, 이전, 설정, 변경, 처분의 제한 또는 소멸에 대하여 한다(법 제3조).

부동산등기법은 제1장 총칙, 제2장 등기소와 등기관, 제3장 등기부, 제4장 등기절차, 제5장 이의, 제6장 보칙, 부칙으로 편성되어 있다.

등기의 목적물은 (1) 부동산등기법에 의한 토지 · 건물, (2) 축사의 부동산등기에 관한 특례법에 의한 개방형 축사, (3) 공장 및 광업재단저당법에 의한 공장재단 및 광업재단, (4) 입목에 관한 법률에 의한 입목이 있다.

한편 우리나라의 부동산등기제도는 물적편성주의(物的編成主義)에 의하므로(법 제15조) 독일법주의와 대강은 비슷하나, 등기에 공신력(公信力)이 없고, 등기관에게 형식적심사권(形式的審査權)만 인정되는 점(법 제29조)에서는 프랑스주의와 같다.

## 2. 부동산등기의 의의

부동산등기는 부동산거래의 안전을 위하여 부동산(토지와 건물)에 관한 물권(소유권, 지상권, 지역권, 전세권, 저당권, 권리질권, 채권담보권, 임차권)의 변동(물권의 발생, 변경, 소멸)을 공시하는 제도로서 등기관이라는 국가기관이 법정절차에 따라 등기부라는 공적장부에 기재하는 것 또는 기재 그 자체를 말한다. 부동산에 관한 법률행위로 인한 물권의 득실변경(得失變更)은 등기하여야 그 효력이 생긴다(민법 제186조).

구민법에 있어서는 부동산에 관한 물권의 변동은 그 등기를 하지 아니하면 이로써 제3자에게 대항(對抗)할 수 없었던 것이고, 신민법에서는 부동산에 관한 법률행위로 인한 물권변동은 등기하여야 그 효력(效力)이 생기는 것이다(대판 1962. 1. 25. 4294 민재항686).

## 3. 물권행위와 공시방법(등기)

물권(物權)이란 특정한 물건(민법 제 98조)을 직접 지배하여 이익을 얻는 배타적인 권리를 말하는 것으로서, 재산권이며, 지배권이며, 절대권이다. 민법상 물권은 점유권과 본권(本權)으로 나누어지고, 본권은 다시 소유권과 제한물권(制限物權)으로 분류된다. 제한물권은 용익물권(用益物權)과 담보물권(擔保物權)으로 구분되며, 용익물권에는 지상권 · 지역권 · 전세권이 있으며, 담보물권에는 유치권 · 질권 · 저당권이 있다.

물권행위(物權行爲)란 물권변동(物權變動 : 물권의 발생 · 변경 · 소멸을 말함)을 목적으로 하는 의사표시를 요소로 하는 법률행위(法律行爲란 일정한 법률효과의 발생을 목적으로 하나 다수의 의사표시 및 기타요건으로 성립된 것으로서 법률요건의 가장 중요한 예이며, 의사표시의 태양에 따라 단독행위·계약·합동행위로 구분된다)를 말하는 것으로서, 물권행위에 의해서는 곧 물권변동이 발생하므로 이행의 문제가 생기지 않는다.

## 가. 공시의 원칙

공시(公示)의 원칙(原則)이란 부동산 물권에 관한 거래의 안전을 위하여 부동산에 관한 물권의 득실변경은 언제나 외부에서 인식할 수 있는 표상 즉 공시방법인 '등기(登記)'를 갖추어야 한다는 원칙이다(민법제186조).

물권에는 배타성(排他性)이 있기 때문에 어떤 부동산에 관여 어떤 사람이 하나의 물권을 취득하면 다른 사람은 그것과 양립할 수 없는 내용의 물권을 취득할 수 없게 된다. 여기서 물권의 귀속과 그 내용, 즉 물권의 현상을 외부에서 인식할 수 있는 일정한 표상에 의하여 공시하는 것이 필요하게 된다. 이것이 '공시제도(公示制度)' 내지 '공시방법(公示方法)'이며, 부동산물권에 관하여는 등기, 동산물권에 관하여는 점유를 각 공시방법으로 인정하고 있다.

물권의 변동은 언제나 외부에서 인식할 수 있는 어떤 표상 즉 공시방법(등기)을 수반하여야 한다는 원칙을 공시의 원칙이라고 한다. 우리민법은 공시의 원칙을 실현하기 위하여 공시방법을 갖추지 않으면 제3자에 대한 관계에 있어서는 물론 당사자 사이에서도 물권변동은 생기지 않는 것으로 하고 있다.

부동산물권에 관하여는 등기라는 공시방법이 인정되어 공시의 원칙은 거의 완전히 그 기능을 다하고 있다. 공시의 원칙에 관한 입법주의로는 대항요건주의(對抗要件主義)와 성립요건주의(成立要件主義)가 있다.

### (1) 대항요건주의

대항요건주(對抗要件主義)의란 물권행위가 있으면 당사자 사이에서는 물권변동이 일어나지만 공시방법을 갖추지 않으면 그 물권변동을 제3자에게 대항(對抗)하지 못한다는 입법주의이다. 대항요건주의는 프랑스 민법에서 유래한다.

### (2) 성립요건주의

성립요건주의(成立要件主義)는 공시방법을 갖추지 않으면 그 물권행위가 있어도 제3자에 대한 관계에서는 물론 당사자 사이에서도 물권변동(物權變動)이 일어나지 않는다는 입법주의이다. 성립요건주의는 독일 민법에서 유래한다.

## 나. 공신의 원칙

공신(公信)의 원칙(原則)이라 함은 실제로는 권리관계가 없음에도 불구하고 권리관계가 있는 것같이 생각되는 사실이 있는 경우에 그 외형을 믿고 거래를 한 자를 보호하고 실제로 권리관계가 있는 것과 같은 법률효과를 인정하려고 하는 법률원칙을 말한다.

평온 . 공연하게 동산을 양수한 사람이 선의로 과실 없이 그 동산을 점유한 경우에는 양도인이 정당한 소유자가 아니더라도 양수인은 그 동산의 소유권을 취득한다는 선의취득제도(민법 제249조 이하)가 있다.

공신의 원칙은 거래의 안전을 보호하는 반면에 진실의 권리자에게는 불이익이 된다. 우리민법이 부동산물권의 변동에 관하여 공신의 원칙을 인정하지 아니한 것은 바로 이 점이 문제가 되기 때문이다.

## 4. 우리나라의 부동산등기제도의 내용

### 가. 형식주의

형식주의(形式主義 또는 成立要件主義)라 함은 당사자의 의사표시, 즉 부동산에 관한 물권행위만으로는 물권변동이 일어나지 않고, 그 밖에 등기라는 공시방법을 갖춘 때에 비로소 물권변동이 일어나는 입법주의를 말하는바, 독일 민법이 취하고 있는 태도이다.

형식주의에 의하면 (1) 물권변동을 일으키는 의사표시, 즉 물권행위는 그것이 단독행위인 때는 물론 계약에 의하는 경우에도 채권만을 발생하게 하는 보통의 계약, 즉 원인행위인 채권행위와 구별되며, 이를 물권적합의(物權的合意)라고 한다. (2) 물권변동이 일어나기 위해서는 물권행위 외에 등기를 필요로 한다(민법 제186조).

부동산등기제도는 부동산에 관한 일정한 권리의 득실변경을 등기부에 기록하여 공시하는 것으로 부동산에 관한 거래를 하는 자가 뜻하지 않은 손해를 입지 않도록 함과 동시에 부동산에 관한 거래의 안전과 신속을 그 이상으로 한다.

우리민법은 구법시대에 "의사주의"(意思主義 : 물권의 변동, 특히 물권의 이전이나 설정이 법률행위로 인하여 행하여지는 경우에 당사자의 의사표시만으로 물권변동이 일어나는 것으로 하는 입법주의를 말 한다)를 따르고 있었으나 현행 민법은 "형식주의"(形式主義 : 의사표시만으로는 물권변동의 효력이 발생하지 않고, 그 밖에 부동산물권에 관하여는 등기라는 공시방법을 갖추어야만 효력이 발생하는 것으로 하는 입법주의를 말한다)를 채용(민법 제186조)하고 있으므로 부동산에 관한 물권변동은 등기라는 공시방법을 갖추어야만 일어나게 된다.

### 나. 물적 편성주의(物的編成主義)

물적편성주의(物的編成主義)라 함은 각 토지 또는 건물을 기준으로 하여 하나의 부동산에 관한 용지를 사용하여 등기부를 편성하는 방식을 말한다(법 네15조). 이에 반하여 부동산의 소유자를 기준으로 각자에게 한 용지로 등기부를 편성하는 방식을 '인적편성주의(人的編成主義)'라고 한다. 인적편성주의는 프랑스에서, 물적편성주의는 독일 · 스위스를 비롯한 다수국가에서 행하여지고 있다.

우리나의 부동산등기부는 물적편성주의(법 제15조)에 의거하고 있으므로 등기부를 편성할 때에는 1필의 토지 또는 1개의 건물에 대하여 1개의 등기기록을 둔다. 다만, 1동의 건물을 구분한 건물에 있어서는 1동의 건물에 속하는 전부에 대하여 1개의 등기기록을 사용한다. 등기기록에는 부동산의 표시에 관한사항을 기록하는 표제부와 소유권에 관한 사항을 기록하는 갑구(甲區) 및 소유권 외의 권리에 관한 사항을 기록하는 을구(乙區)를 둔다(법 제15조).

우리나라의 등기부는 물적 편성주의에 의거하고 있다(법 제15조). 따라서 1필의 토지나 1동의 건물에 대하여 1등기용지를 사용하고, 그것이 1책으로 편철되어 등기부가 되고 일반의 열람을 위하여 제공되고 있다. 따라서 이미 등기된 토지에 대하여는 그 등기의 유무효를 불문하고 그 등기가 말소되지 않는 한 그 토지의 전부 또는 일부에 대하여 새로운 보존등기를 할 수 없다(대판 1969. 8. 26. 69다820).

부동산등기법 제15조에서 1부동산 1용지주의(一不動産 一用紙主義)를 채택하고 있는 결과로서 이른바 2중등기(二重登記)가 허용되지 않는다고 하는 것은 등기수리단계에 있어서의 절차법상의 요건에 지니지 않는다고 이해하여야 할 것이므로 현실적으로 동일부동산에 관하여 등기명의인을 달리하여 중복하여 보존등기가 이루어지고 또 이것이 그대로 존속하여 소송절차에서 서로 그 등기의 효력을 다투는 경우에 있어서는 법원으로서는 그 실체적 관계에 들어가서 어느 것이 진실한 소유권에 기하여 이루어진 것인가를 확정함으로써 그 유, 무효를 결정하는 것이 옳다(대판 1978. 12. 26. 77다2427).

하나의 부동산에 관하여 등기부용지를 달리하여 '동일인명'의로 소유권보존등기가 중복되어 있는 경우에는 1물1용지주의(一物一用紙主義)를 채택하고 있는 부동산등기법상 시간적으로 뒤에 경료 된 중복등기(重複登記)는 그것이 실체관계 부합여부를 가릴 것 없이 무효이다(대판 1981. 11. 18. 81다1340).

동일 부동산에 관하여 '등기명의인을 달리하여' 중복된 소유권보존등기가 마쳐진 경우, 먼저 이루어진 소유권보존등기가 원인무효로 되지 않는 한 뒤에 된 소유권보존등기는 실체적 권리관계에 부합하는 여부를 불문하고 무효이다(대판 1996. 4. 23. 95다11184).

동일한 토지에 관하여 소유명의를 달리한 보존등기가 중복하여 이루어지고 소송절차에서 서로 그 등기의 효력을 다투는 경우에는 법원으로서는 그 중 어느 등기가 실체적 권리관계에 부합하는 것인가를 확정하여 이를 가려내야 한다(대판 1987. 3. 10. 84다카2131).

### 다. 공동신청주의

공동신청주의(共同申請主義)란 어떤 등기로 인하여 불이익을 받는 자(登記義務者)와 이익을 받는 자(登記權利者)가 공동으로 등기를 신청하도록 하는 입법주의다(법 제23조 제1항).

등기는 당사자 간의 법률행위로 인한 부동산에 관한 물권변동의 효력을 발생시키기 위한 것이므로 등기권리자와 등기의무자 또는 그 대리인이 등기소에 출석하여 이를 신청하여야 하는데, 이것을 공동신청(共同申請)의 원칙(原則)이라 한다.

부동산등기법은 등기는 법률에 다른 규정이 없는 경우에는 등기권리자와 등기의무자가 공동으로 신청한다(법 제23조 제1항)고 하여 공동신청주의(共同申請主義)를 채택하고 있다. 공동신청주의는 쌍방 당사자가 공동으로 등기신청을 함으로써 등기의 진정을 담보하는 제도이다.

## 라. 형식적 심사주의

부동산등기제도는 부동산에 관한 물권변동 및 물권상태의 적정한 공시를 그 이상으로 하므로 등기는 실체적 권리관계에 부합하여야 한다. 이러한 등기제도의 이상을 위하여 부동산등기법은 등기관에게 등기신청에 대한 심사권을 부여하고 있다(법 제29조).

등기관이 등기신청서를 받은 때에는 접수번호의 순서에 따라 신청에 관한 모든 사항을 조사하여야 하고, 그 결과에 따라 신청에 따른 등기를 할 것인가 또는 각하할 것인가(법 제29조)를 결정하여 등기사무를 처리하여야 한다(법 제11조 제3항).

이와 같은 등기관의 등기사무의 처리과정을 등기신청에 대한 심사 또는 조사라고 하며, 이러한 등기관의 등기신청에 대한 심사권한의 범위에 관한 입법주의에 형식적 심사주의(形式的 審查主義)와 실질적 심사주의(實質的 審查主義)가 있으며, 부동산등기법은 형식적 심사주의를 채택하고 있다(법 제29조).

### (1) 형식적 심사주의와 실질적 심사주의

등기신청을 심사하는 등기관의 심사범위에 관하여, 등기법령이 정하는 형식적인 요건의 적법여부만을 심사하도록 하는 '형식적 심사주의(形式的 審查主義)'와 등기법령이 정하는 절차상의 적법여부에 관한 형식적 요건뿐만 아니라 그 외에 실체법상의 적법여부인 권리의 실체관계와의 일치여부도 심사할 수 있도록 하는 '실질적 심사주의(實質的 審查主義)'가 있다.

실질적 심사주의는 등기의 진정을 기할 수는 있지만 등기절차의 지연을 초래하는 단점이 있다. 우리나라의 부동산등기법은 형식적 심사주의를 취하여 등기의 신청을 부적법이라 하여 각하할 수 있는 경우를 형식적 한정적으로 규정하고 있다(법 제29조).

형식적 심사주의에 의한 경우 부실등기의 발생가능성이 상대적으로 크므로 등기의 공신력을 인정하기 어렵다는 단점이 있는 반면, 등기사무의 신속한 처리가 가능하다는 장점이 있다.

등기신청이 있는 경우 등기관은 당해 등기원인의 실질적 요건을 심사함이 없이 다만, 그 외의 형식적 요건만을 심사하여 그것이 구비되어 있으면 가사 실질적 등기원인에 하자가 있더라도 그 등기신청을 받아들여 등재하여야 함은 법 제55조(현행법 제29조)에 의하여 명백하고 등기원인의 형식적 요건의 흠결이 있었으나 등기관의 잘못으로 등기신청을 수리하여 등재한 경우라 하더라도 법 제55조(현행법 제29조) 제1호 및 제2호 사유에 해당하는 때에는 등기관이 직권으로 말소할 수 있다(대법원 1966. 7. 25. 66마108).

## (2) 등기신청서류에 대한 심사의 기준시기(基準時期)

등기관이 부동산등기법 제55조(현행법 제29조)에 의하여 등기신청서류에 대한 심사를 하는 경우 심사의 기준시는 바로 등기부에 '기재(등기의 실행)'하려고 하는 때인 것이지 등기신청 서류의 제출시가 아니다(대법원 1989. 5. 29. 87마820). 등기관은 접수번호의 순서에 따라 등기 사무를 처리하여야 한다(법 제11조 제3항).

## (3) 판결에 의한 등기신청과 등기관의 형식적 심사범위

### (가) 원칙

확정판결을 근거로 하는 등기신청에 의한 경우에는 그 등기절차를 명한 확정판결이 당연 무효인 여부의 점은 등기관으로서는 심사할 수 없다(대법원 1968. 7. 8. 67마1128). 판결에 의한 등기를 신청하는 경우(법 제65조 제2호. 법 제23조 제4항) 등기관은 원칙으로 판결주문에 나타난 등기할 부동산의 표시, 등기권리자와 등기의무자 및 이행의 대상인 등기의 내용이 등기신청서와 부합하는지를 심사하는 것으로 족하다.

판례도 '등기관은 등기신청에 대하여 실체법상의 권리관계와 일치여부를 심사할 실질적 심사권한은 없고 오직 신청서 및 그 첨부서류와 등기부에 의하여 등기요건의 충족여부를 심사할 형식적 심사권한밖에 없는 것이어서 그 밖의 필요에 응하여 다른 서면의 제출을 받거나 관계인의 진술을 구하여 이를 조사할 수 는 없다(대법원 1990. 10. 29. 90마772)'고 하여 등기관의 심사대상은 신청서 및 그 첨부서류와 등기부에 한정되며, 그 이외의 자료는 심사대상이 아님을 명백히 함과 동시에 형식적 심사주의를 취하고 있다.

### (나) 예외

다음 각 호의 경우 에는 등기관이 판결이유를 고려하여 등기신청에 대한 심사를 하여야 한다(등기예규 제1383호. 6. 나).

### 1) 가등기에 기한 본등기

소유권이전등기가 가등기에 기한 본등기인 경우 그 가등기가 매매예약에 의한 소유권이전청구권가등기인지, 대물반환예약에 의한 소유권이전담보가등기인지를 가리기 위하여 판결이유를 보는 경우

### 2) 명의신탁해지를 원인으로 소유권이전등기를 명한 판결

명의신탁해지를 원인으로 소유권이전등기절차를 명한 판결의 경우 그 명의신탁이 부동산실권리자명의등기에 관한 법률에서 예외적으로 유효하다고 보는 상호명의신탁, 배우자 또는 종중에 의한 명의신탁인지 여부를 가리기 위한 경우

명의신탁해지를 원인으로 하여 소유권이전등기절차이행을 명하는 판결에 의한 등기신청이 있는 경우에 그 명의신탁이 부동산실권리자명의등기에 관한 법률에서 정한 명의신탁약정의 범위에서 제외되는 경우(동법 제2조 제1호 단서 나호의 상호명의신탁) 또는 특례(동법 제8조의 종중. 배우자. 종교단체, 제11조 제1항 단서)에 해당하지 않으면서 판결문상의 사건번호로 보아 위 법률소정의 유예기간(1995.7. 1.~1996. 6. 30.)이 지난 후에 소를 제기하였음을 알 수 있거나(동법 제11조 제4항), 판결주문 또는 이유 중의 판단으로 볼 때 명의신탁약정일이 위 법률의 시행일(1995. 7. 1.) 이후인 경우에는 등기관은 이를 각하하여야 한다(등기선례 제8권 361항).

### 3) 상속을 원인으로 소유권이전등기를 명한 판결

상속을 증명하는 정보 또는 이를 증명함에 족한 정보(규칙 제49조)와 관계법령에 기한 상속인의 범위(민법 제1000조 제1항) 및 법정상속분(민법 제1009조)의 인정은 등기관의 형식적 심사권한의 범위 내이다. 따라서 위와 같은 정보와 관계법령에 의하여 인정되는 정당한 상속인의 범위 및 상속지분과 다른 내용으로 상속등기를 신청하는 경우에 등기관으로서는 신청내용(상속분)이 그 상속재산과 관련한 소송의 확정판결의 내용과 일치하더라도 그 등기신청을 각하(법 제29조)하여야 한다.

등기신청인이 산정한 상속분이 그 상속재산을 둘러싼 소송에서도 받아들여져 판결로써 확정된바 있다 하더라도 상속등기신청에 대하여 등기관이 부동산등기법 제55조(현행법 제29조) 소정의 서면만에 의하여 형식적 심사를 함에 있어서는 위 확정판결의 기판력이 미칠 여지가 없다. 등기원인이 상속인 때 부동산등기법 제46조가 신청서에 첨부하도록 한 상속을 증명하는 시, 구, 읍, 면장의 서면 또는 이를 증명함에 족한 서면의 조사에 기한 상속분의 산정은 등기관의 형식적 심사권한의 범위 내라 할 것이다(대법원 1990. 10. 29. 90마772, 1995. 2. 22. 94마2116).

상속재산을 둘러싼 소송의 확정판결에 상속관계에 대한 설시가 있다 하더라도 그 부분이 등기관에 대한 어떤 기속력이 인정되는 것은 아니어서, 등기관으로서는 형식적 심사권의 범위 내에서 적법하게 그 확정판결이 구부동산등기법 제46조 소정의 상속을 증명함에 족한 서면인지 여부를 심사할 뿐만 아니라, 제출된 서면을 종합하여 객관적으로 상속인의 범위 및 상속지분을 판단할 수 있는 것이고, 그러한 형식적 심사에 필요한 서면을 신청서에 첨부하지 않았다면 부동산등기법 제55조(현행법 제29조) 제8호(현행법 제9호)에 따라 등기신청을 각하하여야 한다(대법원 1995. 1. 20. 94마535).

### 4) 판결에 의한 등기신청과 등기관의 형식적 심사시의 주의의무의 정도

#### 가) 등기관의 주의의무

등기관은 등기신청에 대하여 실체법상의 권리관계와 일치하는 여부를 심사할 실질적 권한은 없고 오직 신청서류와 등기부에 의하여 등기요건에 합당하는 여부를 심사할 형식적 심사권한밖에 없으나, 등기관으로써의 통상의 주의를 기울이면 제출된 등기권리증 등이 진정하게 작성된 것이 아님을 식별할 수 있음에도 불구하고 이를 간과 하였다면 이는 그 형식적 심사권을 행사함에 있어서 지켜야 할 주의의무를 위반한 것이다(대판 1989. 3. 28. 87다카2470).

#### 나) 등기관의 판결서의 기재사항에 대한 심사여부(소극)

판결서를 첨부서면으로 한 등기신청을 접수한 등기관으로써는 등기신청에 필요한 서면이 모두 제출되었는지의 여부, 그 서면자체에 요구되는 형식적 사항이 구비되었는지 여부, 특히 확정된 판결서의 당사자 및 주문의 표시가 등기신청의 적법함을 뒷받침하고 있는지 여부 등을 제출된 서면과 등기부의 상호 대조 등의 방법으로 모두 심사한 이상 흠결이 있거나 조잡하게 기재되어 있는 등 그 외형과 작성방법에 비추어 위조된 것이라고 쉽게 의심할 만한 객관적 상황도 존재하지 않는 경우, 등기관이 판결서의 기재사항 중 신청된 등기의 경료와 직접적으로 관련되어 있는 것도 아니고, 그 기재방법의 차이로 인하여 판결의 효력에 어떠한 영향도 주지 않는 기재사항까지 일일이 검토하여 그것이 재판서 양식에 관한 예규 및 일반적인 작성관행 등에서 벗어난 것인지 여부를 파악한 다음 이를 토대로 그 위조여부에 관하여 보다 자세한 확인을 하여야 할 주의의무가 있다고는 할 수 없다(대판 2005. 2. 25. 2003다13048).

## 마. 성립요건주의

### (1) 부동산에 관한 법률행위로 인한 물권의 득실변경

구민법에 있어서는 부동산에 관한 물권의 변동은 그 등기를 하지 아니하면 이로써 제3

자에게 대항할 수 없었던 것이고 신민법에 있어서는 부동산에 관한 법률행위로 인한 물권변동은 등기를 하여야 그 효력이 생기는 것이다(대법원 1962. 1. 25 4294 민재항686).

민법은 등기의 효력에 관하여 성립요건주의를 취하고 있다. 민법 제186조는 '부동산에 관한 법률행위로 인한 물권의 득실변경은 등기하여야 그 효력이 생긴다'라고 규정하여 부동산물권변동에 관하여 성립요건주의(成立要件主義)를 채택하였다.

등기는 물권의 효력발생요건(效力發生要件)이고 존속요건(存續要件)은 아니어서 등기가 원인 없이 말소된 경우에는 그 물권의 효력에는 아무런 영향이 없고, 그 회복등기가 마쳐지기 전이라도 말소된 등기의 등기명의인은 적법한 권리자로 추정되므로 원인 없이 말소된 등기의 효력을 다투는 쪽에서 그 무효사유를 주장, 입증하여야 한다(대판 1997. 9. 30. 95다39526).

## (2) 등기를 요하지 아니하는 부동산 물권취득

상속, 공용징수, 판결, 경매 기타 법률의 규정에 의한 부동산에 관한 물권의 취득은 등기를 요하지 아니한다. 그러나 등기를 하지 아니하면 이를 처분하지 못한다(민법 제187조). 민법 제187조에 의하여 물권을 취득하였더라도 이를 다시 민법 제186조의 규정에 따라 처분하려면, 미리 물권의 취득을 등기하고 그 후에 처분에 따르는 등기를 하여야 한다. 따라서 민법 제187조에 의한 등기 없이 물권을 취득하였더라도 그 취득에 따른 등기를 하지 않는 한 그 물권을 처분할 수 없다.

민법 제187조는 부동산에 관한 물권의 '취득'이라고 하지만, 비단 취득에 한하지 않고 널리 부동산물권의 변동을 모두 포함한다고 해석하여야 한다. '법률의 규정에 의한 물권변동'이라고 하는 것은, 직접으로 어느 법의 조문의 규정에 의한다는 뜻이 아니라, 법률행위로 인한 것이 아닌, 즉 당사자의 의사(意思)에 기하여 효력이 생기는 것이 아닌 경우를 말하는 것이다.

즉, 법률의 규정에 의한 물권변동이란 등기를 하여야 효력이 생기는 것이 아닌 경우를 말하는 것이다. '법률행위'로 인한 부동산물권의 변동은 등기를 하여야 효력이 생기는데(민법 제186조) 반하여, '법률의 규정'에 의한 부동산물권의 변동은 등기 없이도 효력이 생기는 것이다.

### (가) 상속의 경우

상속은 피상속인의 사망에 의하여 상속인이 피상속인에 속하였던 모든 재산상의 지위(또는 권리의무)를 포괄적으로 승계하는 것을 말한다(민법 제997조). 상속은 피상속인의 재산상의 지위의 승계로 보는 것이 타당하므로 상속인은 상속이 개시된 때로부터 피상속인의 재산에 관한 포괄적 권리의무를 승계한다. 그러나 피상속인의 일신(一身)에 전속(專屬)한 것은 그러하지 아니하다(민법 제1005조). 상속이외의 포괄 승계는 모두 이에 해당한다(대판 1970. 6. 30. 70다 568). 상속에 의한 등기는 등기권리자가 단독으로 신청한다(부동산등기법 제23조 제3항).

### (나) 공용징수의 경우

공용징수(公用徵收)는 공익사업(공익사업을 위한 토지 등의 취득 및 보상에 관한 법률 제4조)을 위하여 국민의 특정 재산권을 법률의 힘에 의하여 강제적으로 취득하는 것이다. 공용징수에는 사업시행자와 토지 등 소유자의 협의에 의하여 성립하는 '협의수용'(協議收用 : 제16조)과 협의가 성립되지 아니하거나 협의를 할 수 없을 때에는 관할 토지수용위원회의 재결로 성립하는 '재결수용'(裁決收用 : 동법 제28조)이 있다.

사업시행자는 수용의 개시일(開始日)에 토지나 물건의 소유권을 취득하며, 그 토지나 물건에 관한 다른 권리는 이와 동시에 소멸한다(동법 제45조 제1항). 수용에 의하여 물권변동이 일어나는 시기는 수용의 개시일로, 그것이 부동산 물권인 경우에도 본조에 의거하여 등기를 요하지 않는다. 수용으로 인한 소유권이전등기는 부동산등기법 제23조 제1항에도 불구하고 등기권리자가 단독으로 신청한다(부동산등기법 제99조 제1항. 부동산 등기규칙 제156조).

### (다) 판결의 경우

### 1) 판결에 의한 부동산물권의 취득

판결에 의한 부동산물권의 취득이라 함은 판결의 효력으로서 직접 물권변동을 일으키는 경우를 말하는 것으로 실제법상의 형성(形成)의 판결{예 : 사해적(詐害的) 물권행위를 취소하는 판결(민법 제406조), 공유물분할의 판결(민법 제269조 제1항), 상속재산분할의 판결(민법 제1013조 제2항)등}에 한한다.

### 2) 민법 제187조의 판결의 의미

민법 제187조에서의 이른바 판결(判決)이라 함은 판결자체에 의하여 부동산물권취득이 효력이 발생하는 경우를 말하는 것이고, 당사자 사이에 이루어진 어떠한 법률행위를 원인으로 하여 소유권이전등기절차의 이행을 명하는 것과 같은 내용의 판결 또는 소유권이전의 약정을 내용으로 하는 화해조서는 이에 포함되지 않는다(대판 1965. 8. 17. 64다1721. 1970. 6. 30. 70다568).

'민법 제187조의 판결'은 판결자체에 의하여 부동산 물권 취득의 효력이 발생하는 경우를 말하는 것이고, 당사자 사이의 법률행위를 원인으로 하여 부동산소유권이전등기절차의 이행을 명하는 것과 같은 판결은 이에 포함되지 아니하므로, 인낙조서가 확정판결과 동일한 효력이 있다고 하더라도 증여를 원인으로 한 소유권이전등기절차의 이행청구에 대하여 인낙한 것이라면 그 부동산의 취득에는 등기를 요한다(판결 1998. 7. 28. 96다50025).

### 3) 민법 제 민법 제187조의 등기를 하지 아니하면 처분하지 못한다는 의미

민법 제187조가 법률행위에 의하지 아니하는 동조 소정의 사유로 인한 부동산에 관한 물권의 취득은 등기를 요하지 아니하나 그 '등기를 하지 아니하면 이를 처분하지 못 한다'고 규정하고 있음은 본조 본문에 의하여 등기 없이 취득한 부동산물권을 처분하려면 우선 자기명의에의 등기를 경료 하여야 한다는 원칙을 규정한 것이니 자기명의에의 등기 없이 부동산물권을 처분한 경우에는 새로운 취득자는 부동산물권을 취득 못한다는 것뿐이고 그 처분행위의 채권적 효력마저도 무인하는 취지가 아니다(대판 1977. 3. 22. 76다2058).

### (라) 경매의 경우

민법 제187조에서 말하는 경매(競賣)는 공경매(公競賣)를 의미한다. 공경매에는 민사집행법의 강제집행절차에 의한 '강제경매(强制競賣)'(민사집행법 제80조)와 민사집행법 제3편에 규정된 '담보권(擔保權)의 실행 등을 위한 경매'(임의경매, 민사집행법 제264조)가 있다.

강제경매(强制競賣)는 압류한 부동산 그 자체를 매각하여 그 매각대금으로 변제에 충당하는 방법에 의한 강제집행이다. 임의경매(任意競賣)에는 저당권 등 담보권의 실행으로서 행하여지는 것과 민법, 상법 그 밖의 법률의 규정에 의하여 재산의 보관 또는 관리, 가격보존 등의 목적으로 그 목적물을 현금화 하는 것이다.

민사집행법은 담보권의 실행 등을 위한 경매에 관한 제3편을 신설하여 몇 가지 특별한 규정을 둔 외에는 임의경매에 관한 절차에도 강제경매에 관한 규정을 준용하도록 하여 집행절차의 통일을 기하였다.

소유권취득의 시기는 부동산의 경우, 임의경매에 있어서는 경락인(매수인)이 경락대금을 완납한 때이지만, 강제경매에 있어서는 경락(매각)허가결정이 확정한 때라고 하는 것이 판례이다(학설, 판례 주석민법(上)251면).

매각대금이 지급되면 법원사무관 등은 매각허가결정의 등본을 붙여 다음 각 호의 등기를 촉탁하여야 한다(민사집행법 제144조 제1항).

1. 매수인 앞으로 소유권을 이전하는 등기

2. 매수인이 인수하지 아니한 부동산의 부담에 관한 기입을 말소하는 등기

3. 민사집행법 제94조 및 제139조 제1항의 규정에 따른 경매개시결정등기를 말소하는 등기


### (마) '기타 법률의 규정'에 의한 부동산에 관한 물권변동

민법 제187조가 예시하고 있는 경우 이외에도 '법률의 규정에 의한 물권변동'의 예로는, 물건의 생성으로 인한 물권의 취득{건물을 신축하여 소유권을 취득한 경우에는 등기 없이도 그 소유권을 누구에게나 주장할 수 있다(대판 1965. 4. 6. 65다113)}, 혼동(민법 제191조), 피담보채권의 소멸로 인한 담보물권의 소멸(민법 제369조), 법정지상권(민법 제305조, 제366조), 법정저당권(민법 제649조), 대위로 인한 저당권 등의 이전(민법 제368조, 제399조, 제482조, 제484조) 등이 있다.


## 바. 공신력의 불인정

등기의 공신력(公信力) 또는 공신(公信)의 원칙(原則)이라 함은 물권의 존재를 추측케 하는 표상, 즉 공시방법(부동산물권변동의 등기)을 신뢰해서 거래를 한 자가 있는 경우, 비록 그 공시방법이 진실한 권리관계에 일치하고 있지 않더라도 마치 그 공시(등기)된 대로의 권리가 존재하는 것처럼 다루어서 그 자의 신뢰를 보호해야 한다는 원칙을 말한다. 공신의 원칙을 인정하는 근거는 부동산거래의 안전을 보호함에 있는 것이다.

공시방법(부동산물권변동의 등기)은 실체관계와 부합하지 않을 수가 있는데(예 무효인 매매계약에 기하여 소유권이전등기가 경료 된 경우) 이러한 공시방법을 신뢰한 자를 보호하는 제도가 공신의 원칙이다.

우리민법은 부동산에 관하여 공신의 원칙을 채택하지 않고, 동산에 관한여도 도품(盜品)·유실물(遺失物)을 제외한 거래물건에 관해서만 이를 인정하고 있다(민법 제249조 이하).

이에 비하여 독일 민법은 동산과 부동산 모두에 관하여 공신의 원칙을 채용하고 있으며, 프랑스 민법은 동산에 관하여만 이를 채택하고 있다. 우리민법은 프랑스 민법의 태도를 따른 것으로, 신뢰보호(信賴保護) 내지 거래보호(去來保護) 보다는 진정한 권리보호(權利保護)를 우선시키고 있다.

등기를 하게 되면 물권변동의 효력이 발생하는 것 이외에 등기는 그에 대응하는 실체적 권리관계가 유효히 존재하는 것으로 추정(推定)된다. 추정의 효과는 등기부상의 권리관계가 진정한 것으로 다루어진다는 것뿐이므로 반대의 증거에 의하여 이 추정을 뒤집을 수 도 있으나 이 경우 그 입증책임은 그 추정을 번복할 것을 주장하는 사람에게 그 추정이 번복될 사유를 주장 입증할 책임이 있다.

## (1) 공신의 원칙

공신(公信)의 원칙(原則)이란 등기부에 공시된 권리내용이 진정한 권리관계와 다르다 하더라도 그 공시를 신뢰하여 거래한 당사자를 보호하기 위하여 공시된 대로의 권리가 존재하는 것으로 보는 원칙이다. 공신의 원칙을 인정하게 되면 물권 거래의 안전은 보호되지만 진정한 권리자가 희생된다.

등기의 추정력과 관련하여 문제되는 것은 등기에 공신력을 인정할 것인가의 여부이다. 등기의 공신력(公信力)이라 함은 어떤 부동산등기를 신뢰하여 거래한 자가 있는 경우에 비록 그 등기가 진실한 권리관계에 합치하지 않는 것이더라도 그 자의 신뢰가 보호되는 등기의 효력을 말한다.

공신(公信)의 원칙(原則)을 인정하면 물권거래의 안전은 보호되는 반면 진정한 권리자는 기득(旣得)의 권리를 박탈당하게 된다. 따라서 공신의 원칙은 동적안전(動的安全). 정적안정(靜的安全) 중 어느 쪽을 보호하여야 할 것인가를 검토하여 전자가 중요시되는 경우에 한해 인정될 수 있다.

독일민법의 경우에는 명문으로 등기의 공신력이 인정되고 있으나(독일민법 제1138조), 우리민법은 이를 인정하지 않고 있다. 등기의 공신력이 인정되지 않는 현행 등기제도 하에서는 등기기재에 부합하는 실체상의 권리관계가 존재함을 전제로 그 등기의 유효성이 인정된다(대판 1969. 6. 10. 68다199).

예컨대 甲이 서류를 위조하여 乙소유의 부동산을 丙에게 매각, 이전한 경우에 그 부동산이 甲소유의 것이라고 등기를 믿은 丙은 확정적으로 소유권을 취득한다고 볼 수 있는지 여부의 문제이다. 이 경우 등기에 공신력을 인정한다면 丙은 확정적으로 소유권을 취득하게 될 것이나, 우리법제상으로는 등기관이 등기신청에 관하여 실질적 심사권이 없다는 이유 등으로 등기에 공신력을 인정하지 않고 있다. 따서 위의 경우 丙은 乙의 부동산 반환청구에 응하지 않으면 아니 된다. 따라서 어떤 부동산에 관한 甲앞으로의 소유권이전등기가 원인 없는 무효의 등기로서 甲이 적법하게 소유권을 취득할 수 없는 이상, 위 甲으로부터 선의로 그 부동산을 乙이 매수하였다하여 소유권을 취득할 근거가 없다(대판 1965. 9. 28. 65다736).

## (2) 부동산거래와 선의취득여부(소극)

우리나라 부동산등기제도는 공신의 원칙을 채택하지 않고 있다는 것이 통설·판례(대판 1980. 3. 11. 80다49 등)이다. 따라서 등기부의 기재를 신뢰하여 거래를 하였더라도 그 상대방이 진정한 권리자가 아닌 경우에는 그 물권은 취득하지 못하게 된다. 우리민법은 부동산거래에 관하여는 선의취득제도(善意取得制度)를 채택하지 않음으로써 진정한 권리자를 보호하고 있다.

다만 부동산등기법에서 등기의 말소를 신청하는 경우에 그 말소에 대하여 등기상 이해관계 있는 제3자가 있을 때에는 그 제3자의 승낙이 있어야 한다(법 제57조 제1항)고 규정함으로써 말소 대상인 등기를 믿고 거래한 자의 등기상 권리를 보장하고 있다.

## 5. 등기신청절차

### 가. 공동신청의 원칙

　등기는 당사자의 신청 또는 관공서의 촉탁에 따라 하며(법 제22조 제1항), 법률에 다른 규정이 없는 경우에는 등기권리자와 등기의무자가 공동으로 신청(법 제23조 제1항)한다고 규정하여 공동신청(共同申請)의 원칙(原則)을 선언하고 있다.

### 나. 예외(단독신청에 의한 등기)

　공동신청에 의하지 않더라도 등기의 진정을 보장할 수 있는 특별한 사정이 있는 경우 또는 등기의 성질상 공동신청이 불가능한 경우에는 단독신청이 허용된다. 공동신청주의는 모든 등기신청에 적용되는 것은 아니고 권리에 관한 등기(법 제48조 제1항의 갑구 또는 을구의 권리에 관한 등기를 의미함)에 관한 것이 원칙이며, 소유권보존등기, 소유권보존등기의 말소등기, 상속 등 포괄승계에 따른 등기, 판결에 의한 등기, 부동산 및 등기명의인표시의 변경이나 경정등기, 신탁재산에 속하는 부동산의 신탁등기는 등기명의인, 등기권리자, 수탁자 등이 단독으로 신청한다(법 제23조 제2~8항).

## 6. 등기청구권

### 가. 등기청구권과 등기신청권

등기는 등기관리자와 등기의무자의 공동신청에 의하는 것이 원칙이므로, 일방당사자가 등기신청에 협력을 거절하면 등기를 할 수 없게 되므로 등기제도의 원활한 운영을 위하여 등기를 원하는 당사자는 등기신청에 협력을 거절하는 당사자에 대하여 등기신청에 협력할 것을 요구하는 권리, 즉 등기청구권을 행사하는 것이 인정된다(민사집행법 제263조 제1항).

등기의 말소를 신청하는 경우(법 제57조 제1항) 또는 말소된 등기의 회복을 신청하는 경우(법 제59조)에 그 말소 또는 회복에 대하여 등기상 이해관계 있는 제3자가 있을 때에는 제3자의 승낙이 있어야 한다. 이 경우 '등기의무자'가 그 등기의 말소나 회복신청에 협력을 거절하거나, '등기상 이해관계 있는 제3자'가 등기의 말소나 말소된 등기의 회복에 대한 승낙을 거절할 경우 등기권리자는 누구를 상대로 등기청구권을 행사할 것인가가 문제된다.

등기신청권(登記申請權)과 구별되는 개념으로 등기청구권(登記請求權)이 있는데, 등기청구권은 등기신청에 협력을 거절하는 당사자에 대하여 등기신청에 협력할 것을 청구하는 권리로서, 사인이 다른 사인에 대하여 등기에 필요한 협력을 요구하는 '사법상(私法上)의 권리'(민사집행법 제263조 제1항 참조)라는 점에서 구별된다.

### (1) 등기청구권. 등기권리자. 등기의무자

등기청구권(登記請求權)이란 등기권리자가 등기의무자에 대하여 등기의 신청에 협력할 것을 청구하는 권리이다. 등기는 당사자 쌍방의 공동신청('공동신청의 원칙'이라고 한다. 법 제23조 제1항)에 의하여 행하여지는 것이 원칙이며, 일방 당사자가 등기신청에 협력을 거절하면 등기를 할 수 없게 되므로 등기제도의 원활한 운영을 꾀하기 위하여 물권변동의 요건인 등기를 원하는 일방 당사자는 타방 당사자에 대하여 등기신청에 협력할 것을 요구하는 권리 즉 '등기청구권'을 인정하는 것이 필요하다.

등기청구권을 가지는 자가 '등기권리자(登記權利者)'이고, 등기청구권에 응할 의무를 부담하는 자가 '등기의무자'(登記義務者)이다.

등기청구권은 등기권리자와 등기의무자가 공동으로 등기신청을 하여야 할 경우에 필요한 것인 점에서, 등기권리자가 단독으로 신청할 수 있는 경우에 특히 의미를 가지는 등기신청권(登記申請權)과 구별된다. 등기청구권은 실체법상의 권리로서 등기권리자가 등기의무자에게 등기신청의 의사표시에 갈음하는 이행판결(민사집행법 제263조 제1항 의사표시의무의 집행 참조)을 소구(訴求)할 수 있는 권리이다.

등기청구권에 기하여 등기권리자가 등기의무자를 상대로 한 소송에서 일정한 내용의 등기절차를 이행할 것을 명하는 판결이 확정되면 그 판결로 등기의무자가 등기신청을 한 것으로 간주되므로(민사집행법 제263조 제1항) 승소한 등기권리자는 그 확정판결을 등기원인증서로 하여 단독으로 등기신청을 할 수 있다(법 제23조 제4항. 민사집행법 제263조).

## (2) 매수인의 등기청구권의 소멸시효여부(소극)

부동산매수인의 등기청구권도 형식주의를 취하고 있는 현행 민법 하에서는 채권적 청구권이라고 해석되나 매수인이 매매목적물을 인도(명도)받은 경우에는 다른 채권과는 달리 소멸시효에 걸리지 않는다고 해석함이 타당하다(대판 1976. 11. 6. 76다148 전원합의체판결).

이러한 법리는 3자간 등기명의신탁에 의한 등기가 유효기간(본 판례의 '유효기간'은 부동산 실권리자명의등기에 관한 법률 제11조 제1항의 '유예기간'으로 표시하는 것이 타당하다고 본다)의 경과로 무효인 경우에도 마찬가지로 적용된다. 따라서 그 경우 목적부동산을 인도 받아 점유하고 있는 명의신탁자의 매도인에 대한 소유권이전등기청구권 역시 소멸시효가 진행되지 않는다(대판 2013. 12.12. 2013다26647).

## 나. 등기수취청구권

### (1) 승소한 등기의무자의 등기신청

종래 등기권리자(예 : 매수인)가 등기를 하지 아니하고 방치한 경우에 등기의무자(예 : 매도인)가 등기권리자를 상대로 등기를 넘겨가도록 청구할 수 있는지 여부가 '등기수취청구권'의 문제로 논의되었다.

이와 관련하여 승소한 등기의무자(원고인 매도인)가 단독으로 판결에 의한 등기를 신청할 수 있도록 개정하였다. 즉 부동산등기법 중 개정법률(1991. 12. 14 법률 제4422호)에 의하여 '판결에 의한 등기는 승소한 등기권리자 또는 등기의무자만으로 이를 신청할 수 있다'{구부동산등기법 제29조(현행법 제23조 제4항)}고 개정하였다.

### (2) 등기수취청구권

등기권리자가 등기를 하지 아니하고 방치한 경우에 등기의무자가 등기권리자를 상대로 등기를 넘겨가도록 청구할 수 있는 권리가 이른바 '등기수취청구권'(登記收取請求權)이다. 등기수취청구권이라 함은 등기권리자가 자기 이름으로 등기를 하지 아니함으로써 등기의무자가 과세 등의 불이익을 받는 경우에 등기의무자가 등기권리자에 대하여 등기의무의 이행을 수취할 것을 소(訴)의 방법으로 청구할 수 있는 권리(登記收取請求權, 登記引受請求權, 逆方向의 登記請求權이라고도 한다)이다.

### (3) 등기수취청구권을 인정한 취지

부동산등기법은 등기는 등기권리자와 등기의무자가 공동으로 신청하여야 함을 원칙으로 하면서도 제29조에서 '판결에 의한 등기는 승소한 등기권리자 또는 등기의무자만으로' 신청할 수 있도록 규정하고 있는바, 위 법조에서 승소한 등기권리자 외에 등기의무자도 단독으로 등기를 신청할 수 있게 한 것은 통상의 채권채무관계에서는 채권자가 수령을 지체하는 경우 채무자는 공탁 등에 의한 방법으로 채무부담에서 벗어날 수 있으나 등기에 관한 채권채무관계에 있어서는 이러한 방법을 사용할 수 없으므로, 등기의무자가 자기명의로 있어서는 안 될 등기가 자기명의로 있음으로 인하여 사회생활상 또는 법상 불이익을 입을 우려가 있는 경우에는 소의 방법으로 등기권리자를 상대로 등기를 인수받아 갈 것을 구하고 그 판결을 받아 등기를 강제로 실현할 수 있도록 한 것이다(대판 2001. 2. 9. 2000다60708).

## 다. 등기의 말소청구

### (1) 말소의 대상이 되는 등기

말소의 대상이 되는 등기는 기존의 어떤 등기의 등기사항 전부가 '부적법'한 것이어야 하며, 말소등기의 대상이 되는 부적법의 원인은 원시적인 것(신청착오 또는 원인무효 등)이든 후발적인 것(채무변제로 인한 저당권 소멸, 존속기간의 만료로 인한 지상권소멸 등)이든 실체적 부적법(등기원인의 무효, 취소, 해제 등)뿐만 아니라 절차적 부적법(중복등기, 관할위반의 등기 등)도 포함한다.

말소의 대상이 될 수 있는 등기는 소유권 또는 소유권 이외의 권리에 관한 등기이든 그 종류에 제한이 없으나 현재 효력이 있는 등기이어야 하며, 말소등기를 다시 소멸시키기 위한 말소등기 즉, 말소등기의 말소등기는 허용되지 않으며 이러한 경우에는 말소회복등기를 하여야 한다(법 제59조 규칙 제118조).

말소등기도 일반적인 권리등기와 같이 등기권리자와 등기의무자의 공동신청에 의한 것이 원칙(법 제23조 제1항)이나 등기의무자가 말소등기신청에 협력하지 않을 때에는 의사표시에 갈음하는 확정된 이행판결을 받아 승소한 등기권리자가 단독으로 등기의 말소를 신청할 수 있다(법 제23조 제4항, 민사집행법 제263조 제1항).

등기의무자의 소재불명으로 인하여 공동으로 등기의 말소를 신청할 수 없는 경우에는 민사소송법에 따라 공시최고를 신청할 수 있으며, 이 경우에 제권판결이 있으면 등기권리자가 그 사실을 증명하여 단독으로 등기의 말소를 신청할 수 있다(법 제56조).

소유권에 관하여 순차적으로 각 등기가 경료 된 경우, 후(後)순위 등기의 말소가 가능한지에 관계없이 전(前)순위 등기의 말소절차를 명할 수 있다(대판 1995. 10. 12. 94다47483).

## (2) 원인무효등기의 말소청구권자(원고적격)

원고가 피고에 대하여 피고 명의로 마쳐진 소유권보존등기의 말소를 구하려면 먼저 원고에게 그 말소를 청구할 수 있는 권원이 있음을 적극적으로 주장·입증하여야 하며, 만일 원고에게 이러한 권원이 있음이 인정되지 않는다면 설사 피고 명의의 소유권보존등기가 말소되어야 할 무효의 등기라고 하더라도 원고의 청구를 인용할 수 없다(대판 1999. 2. 26. 98다17831. 소유권이전등기말소).

### (가) 부동산의 매수인

부동산을 매수하였다 하더라도 아직 소유권이전등기를 경료하지 아니한 자는 그 부동산에 대한 원인무효등기의 말소를 청구할 수 없다(대판 1963. 3. 7. 63다3).

### (나) 부동산 매수인의 대위에 의한 말소청구

부동산을 정당히 매수하고 그 대금을 완불한 매수인은 현행 민법상 그 이전등기를 받기 전에는 물권의 변동이 생기지 아니하나 등기청구권이라는 채권적 청구권에 의하며 소유자인 매도인을 대위하여 목적부동산에 관한 원인무효의 등기의 말소등기청구를 할 수 있다(대판 1965. 2. 16. 64다1630).

## (3) 등기말소 또는 회복청구의 상대방(피고적격)

등기는 등기권리자와 등기의무자의 공동신청에 의하는 것이 원칙이므로, 일방당사자가 등기신청에 협력을 거절하면 등기를 할 수 없게 되므로 등기제도의 원활한 운영을 위하여 등기를 원하는 당사자는 등기신청에 협력을 거절하는 당사자에 대하여 등기신청에 협력할 것을 요구하는 권리, 즉 등기청구권을 행사하는 것이 인정된다(민집법 제263조 제1항).

등기의 말소를 신청하는 경우(법 제57조 제1항) 또는 말소된 등기의 회복을 신청하는 경우(법 제59조)에 그 말소 또는 회복에 대하여 등기상 이해관계 있는 제3자가 있을 때에는 제3자의 승낙이 있어야 한다. 이 경우 '등기의무자'가 그 등기의 말소나 회복신청에 협력을 거절하거나, '등기상 이해관계 있는 제3자'가 등기의 말소나 말소된 등기의 회복에 대한 승낙을 거절할 경우 등기권리자는 누구를 상대로 등기청구권을 행사할 것인가가 문제된다.

### (가) 등기의 말소청구의 상대방

#### 1) 등기명의인 또는 그 포괄승계인

등기명의자 아닌 자를 상대로 등기말소를 청구하는 것은 당사자적격을 그릇한 위법이 있다(대판 1962. 2. 15. 4294 민상 454). '등기의무자' 즉, 등기부상의 형식상 그 등기에 의하여 권리를 상실하거나 기타 불이익을 받을 자(등기명의인이거나 그 포괄승계인)가 아닌 자를 상대로 한 등기의 말소절차이행을 구하는 소는 당사자 적격이 없는 자를 상대로 한 부적법한 소이다(대판 1994. 2. 25. 93다39225, 1994. 9. 27. 94다25032).

#### 2) 종전 소유자의 근저당권설정등기의 말소청구

근저당권이 설정된 후 그 부동산의 소유권이 제3자에게 이전된 경우에는 현재의 소유자가 피담보채무의 소멸을 원인으로 그 근저당권설정등기의 말소를 청구할 수 있음은 물론 근저당권설정자인 종전의 소유자도 피담보채무의 소멸을 이유로 하여 그 근저당권설정등기의 말소를 청구할 수 있다(대판 1994. 1. 25. 93다16338. 전원합의판결).

### (나) 말소된 등기의 회복청구의 상대방(등기의 말소당시의 소유자)

불법하게 말소된 것을 이유로 한 근저당권설정등기 회복등기청구는 그 등기 말소당시의 소유자를 상대로 하여야 한다(대판 1969. 3. 18. 68다1617).

## 라. 진정명의회복을 원인으로 한 소유권이전등기청구

### (1) 진정명의회복을 위한 소유권이전등기청구의 의의

진정한 등기명의회복을 위한 소유권이전등기청구라 함은 이미 자기 앞으로 소유권을 표상하는 등기가 되어 있었거나 법률에 의하여 소유권을 취득한 자가 진정한 등기명의를 회복하기 위한 방법으로 현재의 등기명의인을 상대로 그 '등기의 말소를 구하는 것에 갈음'하여 '진정한 등기명의회복을 원인으로 한 소유권이전등기절차의 이행'을 직접 청구하는 것을 말한다. 진정명의회복을 원인으로 한 소유권이전등기는 그 실질이 소유권에 기한 방해배제청구이다.

진정한 소유자가 아닌 사람이 등기부상 소유명의자로 등기되어 있는 경우에 부진정한 등기명의자의 '등기를 말소하는 대신' 부진정한 현재의 등기명의자로부터 진정한 소유자 앞으로 소유권이전등기를 함으로써 진정한 소유자의 등기명의회복을 할 수 있는가의 문제에 대하여 긍정설, 부정설, 제한적 긍정설이 있으나 대법원은 1990. 11. 27. 89다카12398 전원합의체판결이래 긍정설을 취하고 있다.

'이미 자기 앞으로 소유권을 표상하는 등기'가 되어 있었거나 '법률에 의하여 소유권을 취득한 자'가 진정한 등기명의를 회복하기 위한 방법으로는 현재의 등기명의인을 상대로 그 등기의 말소를 구하는 외에 "진정한 등기명의회복"을 원인으로 한 소유권이전등기절차의 이행을 직접구하는 것도 허용되어야 한다(대판 1990. 11. 27. 89다카12398 전원합의체판결).

위 판결에서 '법률에 의하여 소유권을 취득한 자'라는 표현보다는 '법률의 규정에 의하여 부동산에 관한 물권을 취득한 자'(예 : 상속, 공용징수, 판결, 경매 등)로 표현하는 것이 정확한 표현으로 본다.

### (2) 소유권에 기한 방해배제청구권

"진정한 등기명의의 회복을 위한 소유권이전등기청구"는 이미 자기 앞으로 소유권을 표상하는 등기가 되어 있었거나 법률에 의하여 소유권을 취득한 자가 진정한 등기명의 회복을 위한 방법으로 현재의 등기명의인을 상대로 그 '등기의 말소를 구하는 것에 갈음' 하여 허용되는 것인데, 말소등기에 갈음하여 허용되는 '진정한 등기명의의 회복을 원인으로 한 소유권이전등기청구권'과 '무효등기의 말소청구권'은 어느 것이나 진정한 소유자의 등기명의를 회복하기 위한 것으로서 실질적으로 그 목적이 동일하고, 두 청구권 모두 "소유권에 기한 방해배제청구권(妨害排除請求權)"으로서 그 법적 근거와 성질이 동일하므로, 비록 전자는 이전등기, 후자는 말소등기의 형식을 취하고 있다고 하더라도 그 '소송물은 실질상 동일한 것'으로 보아야 하고, 따라서 소유권이전등기 말소청구소송에서 패소확정판결을 받았다면 그 기판력은 그 후 제기된 진정명의회복을 원인으로 한 소유권이전등기청구소송에도 미친다(대판 2001. 9. 20. 99다37894 전원합의체판결).

진정명의회복을 원인으로 한 소유권이전등기청구권과 무효등기의 말소청구권은 진정한 소유자의 등기명의를 회복하기 위한 것으로서 그 목적이 동일하고 두 청구권 모두 소유권에 기한 방해배제청구권으로서 그 법적 근거와 성질이 동일하므로, 공유자 중 한 사람은 공유물에 경료 된 원인무효의 등기에 관하여 각 공유자에게 해당 지분별로 진정명의회복을 원인으로 한 소유권이전등기를 이행할 것을 단독으로 청구할 수 있다(대판 2005. 9. 29. 2003다40651).

## (3) 진정명의회복을 원인으로 한 소유권이전등기절차

등기권리자의 상속인이나 그 밖의 포괄승계인은 부동산등기법 제27조의 규정에 의하여 진정명의회복을 원인으로 한 소유권이전등기를 신청할 수 있다. 위 등기를 신청하는 경우 신청서에 등기원인일자를 기재할 필요가 없으며, 토지거래허가증 및 농지취득자격증명의 제출을 요하지 아니한다. 위 등기를 신청하는 경우 취득세는 지방세법 제11조 제1항의 규정에 따라 납부하여야 하며, 국민주택채권은 주택법 제68조, 같은 법 시행령 제95조의 규정에 따라 부동산 소유권이전등기에 요구되는 액수를 매입하여야 한다(등기예규 제1376호).

## 소유권이전등기신청(진정명의회복)

| 접 수 | 년 월 일 | 처 리 인 | 등기관 확인 | 각종 통지 |
|---|---|---|---|---|
| | 제      호 | | | |

| 부동산의 표시 |
|---|
| 서울 특별시 서초구 서초동 100<br>대 300㎡<br><br><br>- 이상 - |

| 등기원인과 그 연월일 | 진정명의회복 |
|---|---|
| 등 기 의 목 적 | 소 유 권 이 전 |
| 이 전 할 지 분 | |

| 구분 | 성      명<br>(상호·명칭) | 주민등록번호<br>(등기용등록번호) | 주   소 (소 재 지) | 상속분 | 지   분<br>(개인별) |
|---|---|---|---|---|---|
| 등기의무자 | | | | | |
| 등기권리자 | | | | | |

| 시가표준액 및 국민주택채권매입금액 | | | |
|---|---|---|---|
| 동산 표시 | 부동산별 시가표준액 | 부동산별 국민주택채권매입금액 | |
| 1. 주 택 | 금           원 | 금 | 원 |
| 2. | 금           원 | 금 | 원 |
| 3. | 금           원 | 금 | 원 |
| 국 민 주 택 채 권 매 입 총 액 | | 금 | 원 |
| 국 민 주 택 채 권 발 행 번 호 | | | |
| 취득세(등록면허세) 금       원 | | 지 방 교 육 세  금 | 원 |
| | | 농어촌특별세  금 | 원 |
| 세 액 합 계 | 금 | | 원 |
| 등 기 신 청 수 수 료 | 금 | | 원 |
| | 납부번호 : | | |

첨 부 서 면

| | |
|---|---|
| 1. 취득세(등록면허세)영수필확인서        1통<br>1. 토지대장등본                각 1통<br>1. 주 민 등 록 등 본              2통 | 1. 판 결 정 본 ( 검 인 )        1통<br>1. 판 결 확 정 증 명          1통<br>1. 위 임 장                 1통<br>1. 등기신청수수료 현금영수필 확인서 1통 |

년    월    일

위 신청인                    (전화:      )

(또는)위 대리인              (전화:      )

지방법원                  귀중

진정한 등기명의의 회복 <등기 기록례>

| 【 갑    구 】 (소유권에 관한 사항) | | | | |
|---|---|---|---|---|
| 순위번호 | 등 기 목 적 | 접 수 | 등 기 원 인 | 권 리 자 및 기 타 사 항 |
| 3 | 소유권 이전 | 2012년 1월 15일<br>제350호 | 진정명의회복 | 소유자 최민국 680703 - 1562316<br>서울특별시 마포구 마포대로 25 |

## 바. 매수인의 소유권이전등기청구권의 성질(채권적 청구권)

### (1) 채권적 청구권

신민법하의 부동산에 관한 매매에 있어서는 등기가 없는 한 소유권을 취득하지 못하므로 그 매수인은 소유권을 전제로 한 물권적 청구권에 의하여 소유권이전등기를 청구할 수 없으나 매매계약에 따라 물권을 이전하라는 채권적 청구권에 의하여 소유권의 이전등기를 청구할 수 있다(대판 1962. 5. 10. 4294 민상 1232).

### (2) 매수인이 인도받은 부동산에 관한 등기청구권의 시효소멸여부(소극)

부동산 매수인의 등기청구권도 형식주의를 취하고 있는 현행민법 하에서는 채권적 청구권이라고 해석되나 매수인이 매매목적물을 인도(명도)받은 경우에는 다른 채권과는 달리 소멸시효에 걸리지 않는다고 해석함이 타당하다(대판 1976. 11. 6. 76다148 전원합의체판결).

## 7. 등기의 효력

## 가. 물권변동의 효력

### (1) 등기의 효력발생요건

부동산에 관한 법률행위(法律行爲)로 인한 물권(物權)의 득실변경(得失變更)은 등기하여야 그 효력이 발생한다(민법 제186조). 구민법은 등기를 단지 물권변동의 효력을 제3자에게 주장하는 대항요건(對抗要件)으로 규정하였으나, 현행민법은 등기를 물권변동의 효력발생요건(效力發生要件)으로 삼고 있다.

등기는 물권의 효력발생요건(效力發生要件)이고 효력존속요건(效力存續要件)은 아니므로 물권에 관한 등기가 원인 없이 말소된 경우에도 그 물권의 효력에는 아무런 영향을 미치지 않는다(대판 1988. 10. 25. 87다카1232).

### (2) 중간생략등기의 효력

부동산등기법은 물권변동의 과정과 물권변동이 있게 된 원인의 모습을 그대로 반영하여 등기하는 것을 그 이상(理想)으로 하나 경우에 따라서는 물권변동의 중간 과정이 생략 되는 중간생략등기(中間省略登記)가 있다. 예컨대, 甲이 그 소유부동산을 乙에게 매도하고 乙은 자기명의로 이전등기를 함이 없이 그 부동산을 다시 丙에게매도하여 직접 丙명의로 소유권이전등기가 되는 경우이다. 이 등기가 바로 중간생략등기인데 통설(通說) 판례(判例)는 그 유효성을 인정하고 있다.

### (3) 부동산등기특별조치법 제2조의 규정

부동산등기특별조치법 제2조는 '부동산의 소유권이전을 내용으로 하는 계약을 체결한 자는 계약의 당사자가 서로 대가적인 채무를 부담하는 경우에는 반대급부의 이행이 완료된 날부터 60일 이내에 소유권이전등기를 신청하여야 하며(동조 제1항), 이 경우에 부동산의 소유권을 이전 받을 것을 내용으로 하는 계약을 체결한 자가 반대급부의 이행이 완료된 날 "후" 그 부동산에 대하여 다시 제3자와 소유권이전을 내용으로 하는 계약이나 제3자에게 계약 당사자의 지위를 이전하는 계약을 체결하고자 할 때에는 그 제3자와 계약을 체결하기 전에 먼저 체결된 계약에 따라 소유권이전등기를 신청하여야 하며(동조 제2항), 제1항의 경우에 부동산의 소유권을 이전 받을 것을 내용으로 하는 계약을 체결한 자가 제1항 각호에 정하여진 날 "전"에 그 부동산에 대하여 다시 제3자와 소유권이전을 내용으로 하는 계약을 체결한 때에는 먼저 체결 된 계약의 반대급부의 이행이 완료되거나 계약의 효력이 발생한 날부터 60일 이내에 먼저 체결된 계약에 따라 소유권이전등기를 신청하여야 한다'(동조 제3항)라고 규정하고 있다.

## 나. 등기의 추정력

### (1) 등기의 추정력의 의의

등기를 하게 되면 물권변동의 효력이 생기는 것 이외에 등기는 일반적으로 추정적 효력(推定的 效力)이 있다. 즉, 어떤 등기가 있으면 그에 대응하는 실체적 권리관계가 유효(有效)히 존재하는 것으로 추정(推定)된다.

등기의 추정력(推定力)이란 부동산물권변동을 공시하는 등기가 존재하는 경우에 형식적으로 존재하는 그 등기 자체에 의하여 공시되는 권리가 그 등기명의인에게 있는 것으로 추측되어지는 효력이 있다는 것을 말한다.

우리나라 민법에는 등기의 추정력을 명문으로 규정한 것은 없으나 학설, 판례가 이것을 인정하고 있다. 부동산등기에 이와 같은 추정력을 인정하는 근거는 일반적으로 등기의 기재가 실체법상의 권리관계와 일치 될 개연성(蓋然性)이 높다는 실질적 근거를 들고 있다(蓋然性說).

추정의 효과는 등기부상의 권리관계가 진정(眞正)한 것으로서 다루어진다는 것뿐이므로 반대의 증거에 의하여 추정을 뒤집을 수도 있다. 그러나 이 경우 그 입증책임(立證責任)은 등기원인의 무효를 주장하는 자가 부담하여야 한다.

등기가 '실체관계(實體關係)'에 부합한다고 하는 것은 그 등기절차에 어떤 하자가 있다고 하더라도 진실한 권리관계와 합치한다는 것을 말하며, 그 등기원인이 매매로서 매매대금이 전부 지급되지 아니하였다면, 그 대금완불 전에 미리 소유권이전등기를 하기로 하는 특약이 없는 한, 그 등기로써 실체관계에 부합한다고 할 수 없다(대판 94. 6. 28. 93다55777). 등기는 물권의 효력발생요건이고 효력존속요건은 아니므로 물권에 관한 등기가 원인 없이 말소된 경우에도 그 물권의 효력에는 아무런 영향을 미치지 않는다(대판 1988. 10. 25. 87다카1232, 1988. 12. 27. 87다카2431).

회복등기기간 내에 회복등기를 하지 못하였더라도 등기멸실 당시의 소유자는 그 부동산에 대한 소유권을 상실하는 것이 아니다(대판 1970. 3. 10. 70다150). 민법시행 이전에 이미 법률행위로 인한 물권의 득실변경에 관한 등기가 경료 된 경우에는 비록 그 등기부가 멸실되었다 하더라도 민법 부칙 제10조 제1항이 적용될 여지가 없으며, 등기부 멸실 당시의 소유자가 회복등기기간 내에 회복등기를 하지 않았다하여 소유권을 상실하는 것은 아니다(대판 1981. 12. 22. 78다2278, 1994. 11. 11. 94다4933, 1996. 3. 12. 95다46166).

## (2) 등기의 추정력의 번복

부동산소유권의 득실변경에 관하여 법률이 규정하는 등기가 되어 있는 경우에는 등기된 권리의 변동은 일응 유효하게 되었다는 추정을 받는 것으로 그와 같은 권리의 부존재나 무효를 주장하는 자는 스스로 그것을 입증하여야 한다(1965. 3. 9. 64다1826, 1976. 10. 26. 76다1658).

일반농지의 소유권이전등기 등에 관한 특별조치법(실효)에 의한 소유권이전등기는 동법 소정의 적법한 절차에 의하여 이루어진 것이라고 추정되므로, 그 등기의 말소를 소구하려면, 그 등기의 원인증서나 등기필증에 갈음하는 동법 소정의 보증서 및 확인서 등이 허위로 작성되었거나 기타 어떤 사유로 인하여 그 등기가 동법에 의하여 적법하게 이루어진 것이 아니라는 것을 주장 입증하여야 하는 것이고(대판 1979. 12. 11. 79다973. 1982. 9. 14. 82다카233, 1987. 10. 13. 86다카2928 전원합의체판결, 1987. 11. 10. 87다카63), 이 주장 입증의 책임은 등기의 무효를 주장하는 쪽에 있다(대판 1991. 3. 27. 91다3741).

등기의 추정력을 번복하기 위한 입증의 정도는 등기의 기초가 된 보증서나 확인서의 실체적 기재내용이 진실이 아님을 의심할 만큼 증명되어야 하며, 그와 같은 입증이 없는 한 그 등기의 추정력은 번복되지 아니한다(대판 2004. 3 .26. 2003다60549, 205 4. 29. 2005다2189).

부동산소유권이전등기 등에 관한 특별조치법에 의하여 소유권이전등기가 경료 된 경우 그 등기는 일반적으로는 그 법에 규정된 절차에 따라 적법하게 된 것으로서 실체적 권리관계에도 부합하는 등기로 추정되는 것이나, 그 등기의 기초가 된 위 특별조치법상의 보증서나 확인서가 허위로 작성된 것이라든지 그 밖의 다른 어떤 사유로 인하여 그 등기가 위 특별조치법에 따라 적법하게 된 것이 아니라는 점이 주장 입증되면 그와 같은 추정은 번복된다(대판 1993. 9. 14. 93다12268).

### (3) 추정력의 복멸에 관한 입증책임

부동산등기가 있는 경우에는 등기된 권리의 변동은 유효하게 성립되었다는 추정을 받게 되므로 부존재를 주장하는 자가 이를 입증하여야 그 추정이 번복되는 것이다(대판 1962. 1. 18. 4294민상329). 등기는 등기관이 법률의 규정에 따라 하는 것인 만큼 등기가 있을 때에는 적법하게 된 등기라고 추정되는 것이며 따라서 등기가 적법하게 된 것이 아니라고 주장하는 사람은 적법하지 아니하다는 그 사실을 입증할 책임이 있다(대판 1962. 4. 12. 4294 민상1560). 즉, 등기원인의 무효를 주장하는 자는 그 원인사실을 주장하고 이를 입증할 책임이 있다(대판 1967. 1. 24. 66다1998).

부동산에 관한 회복등기에 전등기의 접수일자, 접수번호 및 원인일자가 불명으로 나와 있는 것만으로는 그 등기절차에 있어 전등기의 권리증이나 이에 대치되는 공문서가 제출되지 아니한 것이라고 볼 수 없을뿐더러 멸실등기의 회복등기가 등기부에 기재된 이상, 이는 특별한 사정이 없는 한, 등기관에 의하여 적법하게 처리된 것이라고 추정된다(대판 1979. 11. 13. 79다1550, 1990. 11. 27. 90다카18637).

### (4) 소유권보존등기의 추정력

토지소유권보존등기는 그 소유권보존 이외의 권리변동사항이 진실하다는 점에 관하여서는 추정력이 없다할 것이나 토지소유권이 진실하게 보존되어 있는 사실에 관하여서는 추정력이 있다(대판 1965. 4. 20. 65다199). 소유권보존등기 명의자가 전소유자로부터 이를 양도받은 것이라고 주장하고 있는데 전소유자는 이를 부인하고 있다면 보존등기의 추정력은 깨어진다(대판 1975. 6. 10. 74다375).

소유권보존등기의 추정력은 그 보존등기명의인 이외의 자가 당해 토지를 사정(査定) 받은 것으로 밝혀지면 깨어지는 것이며(대판 1995. 4. 28. 94다23524), 건물에 대한 소유권등기 는 건물의 실체와 부합되어야 하는 것이므로 가공적인 건물에 대한 소유권보존등기는 법률상 등기의 효력이 없다(대판 65. 8. 17. 64다1721 카1657).

보존등기와 그 실제건물 사이에 구조, 평수, 소재지번에 관하여 다소 차이가 있지만 사 회관념상 동일성 또는 유사성이 있다고 인식될 수 있는 정도라면 그 보존등기는 위 건물 에 대한 등기로서 유효하다(대판 91.3.24. 80다2862).

건물에 관한 보존등기가 어떤 건물을 공시하는 효력이 있는 유효한 등기가 되기 위하 여는 그 등기상의 표시와 이에 의하여 공시하려는 당해 건물의 실제상의 상태간의 동일 성 또는 적어도 유사성이 있다고 인식될 수 있어야 하므로 등기상의 표시건물과 당해 실 제 건물 간에 그 소재 지번이나 건물의 종류, 구조, 면적 등에 관하여 중대한 차이가 있어 양자 간에 도저히 동일성 또는 유사성조차 인식될 수 없는 것이면 등기는 무효이다(대판 87. 6. 9. 86다카977 공1987, 1130).

## (5) 소유권이전등기의 추정력

부동산의 소유권이전등기는 적법하게 경료 된 것이고 그 등기내용 대로의 소유권취득 이 유효하게 성립되었다고 추정되며(대판 1969. 10. 14. 69다1185, 1972. 10.10. 72다1352, 1983. 11. 22. 83다카894), 소유권이전등기가 경료 되어 있는 경우에는 그 등기명의자는 제3자에 대해서 뿐만 아니라 그 전소유자에 대해서도 적법한 등기원인에 의하여 소유권을 취득한 것으로 추정되며 (대판 1982. 6. 22. 81다791, 1997. 12. 12. 97다40100), 위조된 소유권이전등기서류에 의한 등기라도 진정한 권리상태와 부합하면 그 등기를 무효라 할 수 없다(대판 68. 4. 30. 68다182 카1164).

## (6) 등기가 원인 없이 말소된 경우의 효력

등기는 물권의 효력발생요건이고 존속요건은 아니어서 등기가 원인 없이 말소된 경우에는 그 물권의 효력에 아무런 영향이 없고, 그 회복등기가 마쳐지기 전이라도 말소된 등기의 등기명의인은 적법한 권리자로 추정되므로 원인 없이 말소된 등기의 효력을 다투는 쪽에서 그 무효사유를 주장, 입증하여야 한다(대판 1997. 9. 30. 95다39526).

## (7) 가등기의 추정력

가등기의 추정력에 관하여는 이것을 긍정하는 견해도 있으나, 가등기는 가등기의 원인이 되는 권리관계자체의 공시를 목적으로 하는 것이고, 그 기재가 권리 또는 법률관계와 합치될 개연성이 적다는 이유로 가등기의 추정력을 부정하는 견해가 통설이다.

소유권이전청구권의 보전을 위한 가등기가 있다하여 반드시 소유권이전등기를 할 어떤 계약관계가 있었던 것이라고 단정할 수 없으므로 소유권이전등기를 청구할 어떤 법률관계가 있다고 추정되지 아니한다(대판 1979. 5. 22. 79다239).

## (8) 멸실 회복등기의 추정력

부동산등기부에 소유권이전등기가 경료 되어 있는 경우 그 등기명의자는 등기원인에 의하여 적법한 소유권을 취득한 것으로 추정 받고, 회복등기도 별다른 사정이 없는 한 등기관에 의하여 적법하게 수리되어 처리된 것으로 추정되는 것이므로 그 등기명의자는 등기원인에 의하여 적법한 소유권을 취득한 것으로 추정을 받으므로(대판 1985. 4. 9. 84다카 2107), 그와 같은 등기의 추정력에 관한 법리는 그 소유권이전등기가 등기부멸실 후의 회복등기절차에 의하여 이루어진 경우에도 마찬가지로 적용된다.

멸실에 의한 회복등기가 등기부에 기재되었다면 별다른 사정이 없는 한 이는 등기관에 의하여 적법하게 수리되고 처리된 것이라고 추정함이 타당하며, 전등기의 접수연월일 및 번호란이 "불명"으로 기재되어 있거나 또는 각 공란으로 되어 있다고 하더라도 특별한 사정이 없는 한 멸실 회복등기의 실시요강에 따라 등기관이 토지대장등본 등 전등기의 권리를 증명할 공문서가 첨부된 등기신청서에 의하여 적법하게 처리한 것이라고 추정된다(대판 1978.12. 26. 78다1238, 1979. 11. 13. 79다1550, 1980. 10. 14. 80다1795, 1981. 11. 24. 80다3286, 1984. 12. 26. 81다505, 1990. 11. 27. 90다카18637, 1995. 12. 26. 95다28601, 28618, 2003. 12. 12. 2003다44615, 44622).

멸실 회복등기의 추정력은 회복등기가 된 당해 부동산에 대하여만 미치는 것일 뿐 그 부동산이 분할되기 전의 원래의 부동산에서 분할 된 다른 부동산에 대하여 까지 미치는 것은 아니다(대판 1996. 10. 29. 96다19338).

동일 부동산에 관하여 등기명의인을 달리하여 중복된 소유권보존등기가 경료 된 경우에는 먼저 된 소유권보존등기가 원인무효가 되지 아니하는 한 나중 된 소유권보존등기는 1부동산1용지주의를 채택하고 있는 현행 본법 아래에서는 무효라고 해석함이 상당하고, 동일 부동산에 관하여 중복된 소유권보존등기에 터잡아 등기명의인을 달리하는 각 소유권이전등기가 경료 된 경우에 등기의 효력은 소유권보존등기의 선후에 의하여 판단할 것이 아니고 각 소유권이전등기의 바탕이 된 소유권보존등기의 선후를 기준으로 판단하여야 하며, 그 이전등기가 멸실회복으로 인한 이전등기라 하여 달리 볼 것은 아니고, 한편 동일 부동산에 관하여 하나의 소유권보존등기가 경료 된 후 이를 바탕으로 순차로 소유권이전등기가 경료 되었다가 그 등기부가 멸실된 후 등기명의인을 달리하는 소유권이전등기의 각 회복등기가 중복하여 이루어진 경우에는 중복등기의 문제는 생겨나지 않고 멸실 전 먼저 된 소유권이전등기가 잘못 회복등재된 것이므로 그 회복등기 때문에 나중 된 소유권이전등기의 회복등기가 무효로 되지 아니하는 것이지만, 동일부동산에 관하여 등기명의인을 달리하여 멸실회복에 의한 각 소유권이 전등기가 중복등재 되고 각 그 바탕이 된 소유권보존등기가 동일등기인지 중복등기인지, 중복등기라면 각 소유권보존등기가 언제 이루어졌는지가 불명인 경우에는 위 법리로는 중복등기의 해소가 불가능하므로 이러한 경우에는 적법하게 경료 된 것으로 추정되는 각 회복등기 상호간에는 각 '회복등기일자의 선후'를 기준으로 우열을 가려야 한다(대판 2001. 2. 15. 99다66915. 전원합의체판결).

## (9) 허무인으로 부터 이어받은 소유권이전등기의 추정력

허무인으로 부터 등기를 이어 받은 소유권이전등기는 원인무효라 할 것이어서 그 등기명의자에 대한 소유권추정은 깨뜨려 진다(대판 1985. 11. 12. 84다카2494).

## (10) 등기의 추정력에 관련된 사항

### (가) 토지조사부나 임야조사부의 소유자란 등재의 추정력

일정 대정년도에 있었던 토지의 사정은 소유권의 원시취득의 효력이 있다(대판 1983. 10. 25. 83도2118). 토지조사부나 임야조사부에 소유자로 등재되어 있는 자는 재결에 의하여 사정(査定)내용이 변경되었다는 등의 반증이 없는 이상 토지의 소유자로 사정받고 그 사정이 확정된 것으로 추정된다(대판 1986. 6. 10. 84다카1773. 전원합의체판결, 1989. 10. 24. 88다카9852. 9869, 1990. 5. 22. 89다카22777, 1993. 10. 12. 93다30037).

토지의 사정을 받은 자는 그 토지를 원시적으로 취득하므로, 사정을 이유로 소유권을 취득하였음을 주장하는 자는 그 사정사실 외에 사정 이전의 토지취득경위까지 입증할 필요는 없다(대판 1998. 9. 8. 98다13686, 1999. 10. 22. 99다35911).

### (나) 가옥대장상 소유명의자의 소유권추정여부(소극)

가옥대장상 소유명의자라 하여 반드시 가옥에 대한 실체법상 소유권이 인정된다고 할 수 없다(대판 1974. 10. 8. 74다1316, 1983. 2. 22. 82도2616).

### (다) 지세명기장 및 임야세명기장의 권리추정력 유무

임야세명기장이나 지세명기장은 임야대장이나 토지대장과 같이 법령에 따라 소유권변동에 따른 등기가 있으면 그 소관청에 이를 통지하도록 하여 이에 의하여 소유권변동을 기재하는 관계대장도 아니고, 다만 조세부과의 행정목적을 위하여 작성된 문서에 불과하므로 임야세명기장이나 지세명기장상의 납세의무자의 변경이 있다하여 그 납세의무자 앞으로 목적부동산에 관한 소유권이전등기까지 마쳐졌다고 단정할 수는 없다(1987. 7. 25. 88다카23278, 23285, 1984. 1. 24. 83다카1726, 1992. 6. 26. 92다12216, 1994. 10. 28. 93다60991).

따라서 지세명기장이나 임야세명기장은 행정목적으로 작성된 문서에 불과하고 소유권 변동에 따른 사항을 등재하는 대장이 아니므로 권리추정의 효력은 인정되지 아니한다.

## (11) 특별조치법상의 등기의 추정력

### (가) 특조법에 의한 등기의 추정력

임야소유권이전등기 등에 관한 특별조치법이나 부동산소유권이전등기 등에 관한 특별조치법에 의하여 이루어진 소유권보존등기 또는 소유권이전등기는 실체적 권리관계에 부합하는 등기로 추정되고 위 법소정의 보증서 및 확인서가 허위 또는 위조된 것이라는 특단의 사정에 관한 주장 입증이 없는 한 그 추정력은 유지된다(대판 1988. 9. 13. 87다카331).

위와 같은 특별조치법에 의한 소유권이전등기를 경료 함에 있어 제출된 보증서의 내용이 사실에 반하는 허위인 것이라면 이에 의하여 이루어진 소유권이전등기는 원인무효의 등기이다(대판 1988. 10. 25. 87다카1234).

### (나) 특조법에 의한 등기의 추정력의 번복

특별조치법에 의한 등기는 부동산등기법과는 구별되는 간이한 절차와 요건에 의하여 등기가 경료 될 수 있도록 규정하고 있으므로 특조법에 의한 등기는 부동산등기법에 의한 등기에 비하여 그 추정력이 약하고 따라서 쉽게 추정력이 복멸될 수 있는 것으로 해석하는 것이 타당하다고 본다.

부동산소유권이전등기 등에 관한 특별조치법에 의하여 소유권이전등기가 경료 된 경우 그 등기는 일반적으로 그 법에 규정된 절차에 따라 적법하게 된 것으로서 실체적 권리관계에 부합하는 등기로 추정되는 것이나, 그 등기의 기초가 된 위 특별조치법상의 보증서나 확인서가 허위로 작성된 것이라든지 그 밖의 다른 어떤 사유로 인하여 그 등기가 위 특별조치법에 따라 적법하게 된 것이 아니라는 점이 주장 입증되면 그와 같은 추정은 번복된다(대판 1993. 9. 14. 93다12268).

### (다) 특별조치법에 의한 등기의 추정력을 번복하기 위한 입증의 정도

구 부동산소유권이전등기에 관한 특별조치법(1977. 12. 31. 법률 제3094호, 실효)에 의한 등기는 같은 법 소정의 적법한 절차에 따라 마쳐진 것으로서 실체관계에 부합하는 등기로 추정되므로 등기의 말소를 소구하는 자에게 적극적으로 추정을 번복시킬 주장·입증책임이 있지만, 등기의 기초가 된 보증서나 확인서의 실체적 기재 내용이 진실이 아님을 의심할 만큼 증명이 있는 때에는 등기의 추정력은 번복된 것으로 보아야 하고 이러한 보증서 등의 허위성 입증정도가 법관이 확신할 정도가 되어야만 하는 것은 아니다(대판 1997. 10. 16. 95다7029 전원합의체).

판례는 특조법에 의한 등기는 같은 법 소정의 적법한 절차에 따라 마쳐진 것으로서 실체적 권리관계에도 부합하는 등기로 추정되는 것이므로, 그 추정의 번복을 구하는 당사자로서는 그 등기의 기초가 된 보증서가 위조 내지 허위로 작성되었다든지 그 밖의 사유로 적법하게 등기된 것이 아니라는 것을 주장, 입증하여야 하고, 등기의 추정력을 번복하기 위한 보증서의 '허위성의 입증정도'는 그 실체적 기재내용이 진실이 아님을 의심할 만큼 증명하는 것으로 족하고 '법관이 확신할 정도'가 되어야 하는 것은 아니다(대판 1994. 3. 11. 93다57490, 1994. 10. 21. 93다12176, 2001. 4. 13. 2001다4903).

수복지역 내 소유자미복구토지의 복구등록과 보존등기에 관한 특별조치법(폐)에 의한 소유권보존등기의 기초가 된 보증서의 실체적 기재내용이 진실이 아님을 의심할 만큼 증명된 것으로 보아 그 등기의 추정력을 인정한 원심판결을 파기한 사례가 있다(대판 2001. 4. 13. 2001다4903).

# 제3장
# 판결에 의한 등기

# 제3장 판결에 의한 등기

등기는 법률에 다른 규정이 없는 경우에는 등기권리자와 등기의무자가 공동으로 신청한다(부동산등기법 제23조 제1항)고 규정하여 공동신청의 원칙을 채택하고 있다. 따라서 등기의무자가 등기신청에 협력하지 않는다면 등기권리자는 해당 등기에 따른 효력(물권의 변동, 대항력 등)을 생기게 할 수 없고 나아가서 등기제도의 원활한 운영을 꾀할 수 없게 된다. 이 경우 등기를 원하는 일방 당사자가 타방 당사자에 대하여 등기신청에 협력할 것을 요구할 수 있는 실체법상의 권리 즉 "등기청구권(登記請求權)"이 인정된다.

이러한 등기청구권을 갖는 자가 실체법상 '등기권리자'이며 그에 응할 의무를 지는 자가 실체법상 '등기의무자'이다.

등기청구권은 공동신청에 의하는 권리에 관한 등기를 신청함에 있어서 등기의무자의 등기신청의사의 진술을 갈음하는 판결(민법 389조 2항 참조)을 소구할 수 있는 권리이다. 등기청구권에 기하여 등기권리자가 등기의무자를 상대로 한 소송에서 일정한 내용의 등기절차를 이행할 것을 명하는 판결이 확정되면 그것으로써 등기의무자가 등기신청을 한 것으로 간주되므로(민법 263조), 승소한 등기권리자는 그 확정판결에 의하여 단독으로 등기신청을 할 수 있다(부동산등기법 제23조 제4항).

'판결에 의한 등기'라 함은 미등기의 토지 또는 건물에 대하여 확정판결에 의하여 자기의 소유권을 증명하는 자가 확정판결정본을 등기원일을 증명하는 서면으로 소유권보존등기를 신청(법 제65조 제2호)하거나, 부동산등기에 관하여 등기의무자의 등기신청의사의 진술에 갈음하는 확정판결을 받은 승소한 등기권리자 또는 등기의무자가 그 판결을 등기원인을 증명하는 서면으로 하여 단독으로 등기를 신청하는 것을 말 한다(법 제23조 제4항 및 민사집행법 제263조).

'부동산등기법 제65조 2호의 소유권을 증명하는 판결'은 보존등기신청인의 소유임을 확정하는 내용의 것으로 그 판결은 소유권확인판결에 한하는 것은 아니며, 형성판결이나 이행판결이라도 그 이유 중에서 보존등기신청인의 소유임을 확정하는 내용의 것이면 이에 해당한다.

부동산등기법 제23조 제4항의 판결은 등기신청절차의 이행을 명하는 '이행판결'이어야 하며(다만 공유물분할판결의 경우에는 예외로 한다), 화해조서, 인낙조서, 화해권고결정, 민사조정조서, 조정에 갈음하는 결정, 가사조정조서, 조정에 갈음하는 결정 등의 내용에 등기의무자의 등기신청에 관한 의사표시의 기재가 있는 경우에는 등기권리자가 단독으로 등기를 신청할 수 있다.

등기의무자가 부동산에 관하여 매매를 원인으로 한 소유권이전등기신청에 협력하지 아니하여 매수인인 등기권리자가 매도인인 등기의무자를 상대로 소유권이전등기절차이행을 명하는 확정판결을 받아 등기권리자가 단독으로 등기를 신청하는 경우 또는 부동산에 관하여 소유권이전등기가 경료 되었으나 그 등기원인의 무효, 취소 또는 해제 등으로 인하여 소유권이전등기의 말소등기절차이행을 명하는 확정판결을 받은 등기권리자가 단독으로 소유권이전등기의 말소를 신청하는 경우와 같다.

# 제1절 판결에 의한 소유권보존등기

소유권보존등기는 새로이 등기용지를 개설함으로써 그 부동산을 등기부상 확정하고 이후는 그에 대한 권리변동은 모두 보존등기를 시발점으로 하여 하게 되는 까닭에 등기가 실체법상의 권리관계와 합치할 것을 보장하는 관문이며 따라서 그 외의 다른 보통등기에 있어서와 같이 당사자 간의 상대적 사정만을 기초로 하여 이루어질 수 없고, 물권의 존재 자체를 확정하는 절차가 필요하다(대판 1987. 5. 26. 86다카2518).

## 1. 소유권보존등기의 신청인

미등기의 토지 또는 건물에 관한 소유권보존등기는 다음 각 호의 어느 하나에 해당하는 자가 신청할 수 있다(법 제65조).

### 가. 대장(토지, 임야 또는 건축물 대장)에 최초의 소유자로 등록되어 있는 자 또는 그 상속인, 그 밖의 포괄승계인(법 제65조 제1호)

자기명의로 소유권보존등기를 신청할 수 있는 자는 토지대장, 임야대장 또는 건축물대장에 '최초의 소유자'로 등록되어 있는 자 또는 그 상속인, 그 밖의 포괄승계인이다. 미등기 토지를 대장에 신규 등록하는 경우 대장소관청에서 토지의 소유자를 조사, 등록하므로 대장상 '최초의 소유자'로 등록된 자는 그 토지의 원시취득자(原始取得者)가 되므로 이를 진정한 소유자로 보아 그 명의로 소유권보존등기를 신청할 수 있다.

미등기 부동산을 '매수한 자'는 직접 그 명의로 소유권보존등기를 신청할 수 없으며, 먼저 대장에 최초의 소유자로 등록된 자의 명의로 소유권보존등기를 한 다음 자기명의로 소유권이전등기신청을 하여야 한다(대법원 1985. 12. 16. 85마798, 등기예규 제1483호 2. 가. (3).).

부동산등기법 제65조 제1호에의 '그 밖의 포괄승계인'에 '포괄적 유증을 받은 자'가 포함된다(대법원 2013. 1. 25. 2012마1206).

## 나. 확정판결에 의하여 자기의 소유권을 증명하는 자(법 제65조 제2호)

부동산등기법 제130조(현행법 제65조) 제2호 소정의 판결은 그 내용이 신청인에게 소유권이 있음을 증명하는 확정판결이면 족하고, 그 종류에 관하여 아무런 제한이 없어 반드시 확인판결이야아 할 필요는 없고, 이행판결이든 형성판결이든 관계가 없으며, 또한 화해조서 등 확정판결에 준하는 것도 포함된다(대판 1994. 3. 11. 93다57704).

미등기건물에 대한 소유권보존등기를 신청함에 있어서 소유권을 증명하는 서면으로 판결을 첨부할 경우, 그 판결은 건축물대장상 '소유자로 등록되어 있는 자'를 상대로 한 소송에서 당해 건물이 보존등기신청인의 소유임을 확정하는 내용의 것이어야 하므로, 건축허가명의자를 상대로 하여 소유권을 확인하는 판결은 위 건물의 소유권을 증명하는 판결의 범위에 표함 될 수 없다(등기선례 제3권 261항, 등기예규 제192항).

## 다. 수용으로 인하여 소유권을 취득하였음을 증명하는 자(법 제65조 제3호)

사업시행자는 수용의 개시일(開始日)에 수용의 대상인 토지나 물건의 소유권을 취득하며, 그 토지나 물건에 관한 다른 권리는 이와 동시에 소멸한다(공익사업을 위한 토지 등의 취득 및 보상에 관한 법률 제45조 제1항).

미등기 토지를 수용한 사업시행자는 토지수용을 원인으로 하여 소유권 보존등기를 신청할 수 있고, 이 경우 일반적인 첨부서면 외에 등기원인을 증명하는 서면으로 토지수용위원회의 재결서등본과 보상을 증명하는 서면으로 공탁서원본(또는 보상금수령영수증)을 첨부하여야 한다(등기선례 제7권 제143항).

## 라. 특별자치도지사, 시장, 군수 또는 구청장의 확인에 의하여 자기의 소유권을 증명하는 자(건물의 경우로 한정한다. 법 제65조 제4호)

건물의 경우 토지와는 달리 '특별자치도지사, 시장, 군수 또는 구청장의 확인'을 소유권을 증명하는 정보로 제공하여 소유권보존등기를 신청할 수 있다. 부동산등기법 제65조 제4호의 규정에 의한 확인에 의하여 자기의 소유권을 증명하는 자가 건물의 소유권보존등기를 신청할 수 있다고 한 것은 최소한 건축물대장이 생성되어 있음을 전제로 한 것이며, 건축물대장이 생성되어 있지 않은 건물에 대하여 위 확인에 의하여 소유권을 증명하여 소유권보존등기를 신청할 수 있다는 의미는 아니다.

이와는 달리 현행 등기예규 제1483호는 건축물대장이 없는 건물에 대하여도 시장 등의 확인에 의하여 건물의 소유권보존등기를 할 수 있는 경우를 규정하고 있고, 등기실무도 마찬가지로 처리되고 있다{법원행정처 발행 부동산등기실무 제2권 204면(3)}.

소유권보존등기는 부동산등기법 제65조에 규정된 신청권자가 단독으로 신청할 수 있으므로 공동신청을 전제로 하는 등기권리자·등기의무자(법 제23조 제1항)가 문제되지 않는다.

## 2. 부동산등기법 제65조 제2호의 판결

토지(임야) 대장 또는 건축물대장에 소유권자가 아닌 자가 최초의 소유자로 등록되어 있거나 등기기록에 등기되어 있는 경우 '진정한 소유자'는 대장 또는 등기기록상의 소유자(소유자 사망의 경우 그 상속인)를 상대로 그 부동산에 대한 소유권이 자기에게 있음을 증명하는 판결을 받아 소유권보존등기를 신청할 수 있다(법 제65조 제2호).

여기서 말하는 판결은 미등기부동산에 대한 소유권을 증명하는 서면으로서의 판결을 의미하는 것으로서 보존등기신청인의 소유임을 확정하는 내용의 판결이면 족하고 반드시 확인판결이어야 할 필요는 없으며(대판 1994. 3. 11. 93다57704), 형성판결이나 이행판결이라도 그 이유 중에서 보존등기 신청인의 소유임을 확정하는 내용의 것이면 이에 해당하며, 조정조서, 화해조서 등 확정판결에 준하는 것도 포함된다(등기예규 제1483호. 3. 다.).

구 부동산등기법 제130조에 비추어 볼 때 부동산에 관한 소유권 보존등기를 함에 있어 토지대장등본 또는 임야대장등본에 의하여 소유자임을 증명할 수 없다면 판결에 의하여 소유권을 증명하여 소유권보존등기를 할 수밖에 없고, 더욱이 대장 소관청인 국가기관이 그 소유를 다투고 있다면 이와 같은 판결을 얻기 위한 소송은 국가를 상대로 제기할 수 있다(대판 93. 4. 27. 93다5727, 5734, 2001. 7. 10. 99다34390).

## 가. 판결의 상대방(피고적격)

판결의 상대방은 '소유권보존등기를 신청할 수 있는 자'를 상대방으로 하여 승소판결을 받아야 한다. 부동산등기법 제65조 제2호의 소유권을 증명하는 '판결'(판결과 동일한 효력이 있는 화해조서, 제소전화해조서, 인낙조서, 조정조서를 포함한다)은 다음 각 호에 해당하는 자를 대상으로 한 것이어야 한다.

### (1) 대장상 최초의 소유자로 등록되어 있는 자(상속인)

토지(임야)대장 또는 건축물대장상에 '최초의 소유자'로 등록되어 있는 자 또는 그 상속인, 그 밖의 포괄승계인(대장상 소유자 표시에 일부 오류가 있어 대장상 소유자 표시를 정정등록 한 경우의 정정등록 된 소유명의인을 포함한다)을 상대로 소유권이 자기에게 있음을 증명하는 판결을 받아야 한다.

미등기 부동산에 관하여는 대장상(토지, 임야 또는 건축물) 소유자로 등록되어 있는 자가 보존등기신청을 할 수 있으므로(법 제65조 제1호), 미등기 부동산은 대장상 '최초의 등록명의자'를 상대로 하여야 한다. 등기부가 멸실 되었으나 등기부상 소유자로서 멸실회복등기 기간 내에 회복등기를 신청하지 못한 자와 미등기토지의 지적공부상 "국"으로부터 소유권이전등록을 받은 자는 대장상 소유권이전등록을 받았어도 직접 자기명의로 소유권보존등기를 신청할 수 있으므로 이들을 상대방으로 할 수 있다.

### (2) 지적공부상 국(國)으로부터 소유권이전등록을 받은 자

미등기토지의 지적공부상 '국가로부터 소유권이전등록을 받은 자'를 상대방으로 하여 소유권확인을 청구할 수 있다.

대장상 소유권이전등록을 받았다 하더라도 물권변동에 관하여 형식주의를 취하고 있는 현행 민법상 소유권을 취득했다고 할 수 없으므로 '대장상 소유권이전등록을 받은 자'는 자기 앞으로 바로 보존등기는 신청할 수는 없으며, 대장상 최초의 소유명의인 앞으로 보존등기를 한 다음 이전등기를 하여야 한다(대판 2009. 10. 15. 2009다48633).

### (3) 국가

토지(임야)대장상의 소유자 표시란이 공란으로 되어 있거나 소유자 표시에 일부 누락이 있어 '대장상의 소유자'를 특정할 수 없는 경우에는 '국가'를 상대방으로 하여 소유권확인을 구할 수 있다.

### (가) 국가를 상대로 한 토지소유권 확인청구가 이익이 있는 경우

대장(토지대장. 임야대장)상 등록명의자가 없거나 등록명의자가 누구인지 알 수 없을 때(등록명의인의 성명 또는 주소가 불명인 경우)에는 '국가'를 상대방으로 소유권확인판결을 받아야 한다. 다만, 대장상 또는 등기부상 명의인이 분명한 경우에도 국가가 등기 또는 등록명의자인 제3자의 소유를 부인하면서 계속 '국가소유'를 주장하는 등 특별한 사정이 있는 경우에는 국가를 상대방으로 하여 확인을 구할 이익이 있다(대판 1994. 12. 2. 93다58738).

'국가'를 상대로 한 토지소유권확인청구는 그 토지가 미등기이고 토지대장이나 임야대장에 등록명의자가 없거나 등록명의자가 누구인지 알 수 없을 때와 그 밖에 국가가 등기 또는 등록명의자인 제3자의 소유를 부인하면서 계속 국가소유를 주장하는 등 특별한 사정이 있는 경우에 한하여 그 확인의 이익이 있다(대판 2009. 10. 15. 2009다48633, 2001. 7. 10. 99다34390).

### (나) 대장에 소유권을 이전받은 자는 등재되어 있으나 최초의 소유자가 누락된 경우

미등기 토지에 관한 토지대장에 소유권을 이전받은 자로 등재되어 있으나 '최초의 소유자'는 등재되어 있지 않은 경우, 위 토지대장상 소유권이전등록을 받은 자에게 국가를 상대로 토지소유권확인청구를 할 확인의 이익이 있다(대판 2009. 10. 15. 2009다48633).

### (다) 토지대장상 최초의 소유자를 알 수 없는 경우

토지의 경우 그 토지대장상 '최초의 소유자'가 누구인지를 모를 경우에는 '국가'를 상대로 소유권확인을 구하여야 한다. 구부동산등기법 제130조(현행법 제65조 제2호)에 비추어 볼 때 부동산에 관한 소유권보존등기를 함에 있어 토지대장등본 또는 임야대장등본에 의하여 소유자임을 증명할 수 없다면, 판결에 의하여 그 소유권을 증명하여 소유권보존등기를 할 수 밖에 없는 것이고, 더욱이 대장 소관청인 국가기관이 그 소유를 다투고 있다면 이와 같은 판결을 얻기 위한 소송은 국가를 상대로 제기할 수 있다(대판 1993. 4. 27. 93다5727, 5734, 1994. 3. 11. 93다57704, 1994. 12. 2. 93다58738, 1995. 7. 25. 95다14817, 2001. 7. 10. 99다34390).

### (라) 국가를 상대로 한 미등기 건물의 소유권확인판결의 법 제65조 제2호의 판결에 해당여부(소극)

건물의 경우 가옥대장이나 건축물관리대장의 비치, 관리업무는 당해 '지방자치단체'의 고유사무로서 국가사무라고 할 수 없는데다가 당해 건물의 소유권에 관하여 '국가'가 이를 특별히 다투고 있지도 아니하다면, 국가는 그 소유권귀속에 관한 직접 분쟁의 당사자가 아니어서 이를 확인해 주어야 할 지위에 있지 않으므로, 국가를 상대로 미등기건물의 소유권확인을 구하는 것은 그 확인의 이익이 없어 부적법하다. 미등기 건물에 관하여 국가를 상대로 한 소유권확인판결을 받는다고 하더라도 그 판결은 부동산등기법 제131조 제2호(현행법 제65조 제2호)에 해당하는 판결이라고 볼 수 없어 이를 근거로 소유권보존등기를 신청할 수 없다(대판 1999. 5. 28. 99다2188).

## (4) 보존등기가 되어 있는 토지(보존등기의 명의인)

소유권보존등기가 되어 있는 토지에 대해서는 그 '등기명의인'이 상대방이 된다. 이미 소유권보존등기가 마쳐진 토지에 관하여 그 명의인을 상대로 소유권보존등기말소판결을 얻은 경우 그 판결에 신청인의 소유임을 확인하는 내용이 있으면 그 판결에 의하여 보존등기를 말소한 후 자기명의로 새로이 보존등기를 신청할 수 있다(등기선례 제6권 178항).

## (5) 지방자치단체(미등기 건물)를 상대로 한 판결

"건축물대장이 작성되어 있지 아니한 건물"이거나 건축물대장의 소유자 표시란이 공란이거나 소유자 표시에 일부 누락이 있어 대장상 '최초의 소유자'를 확정할 수 없는 미등기 건물에 관하여는 국가를 상대방으로 하여 소유권확인의 판결을 받을 수 없고(대판 1995. 5. 12. 94다20464. 등기선례 요지집 제5권 255항), 건축물대장의 비치·관리업무의 소관청인 '지방자치단체'를 상대로 하여 당해 건물이 자신의 소유임을 확인하는 내용의 확정판결을 받아 그 명의로 소유권보존등기를 신청할 수 있다(대판 1994. 3. 11. 93다57704. 등기선례 요지집 제6권 122항).

건축물대장상의 소유자 표시란이 공란이거나 소유자 표시에 일부 누락이 있어 대장상의 소유자를 확정할 수 없는 미등기건물에 대하여 갑이 시장, 군수, 구청장을 상대로 하여 당해 건물이 그의 소유임을 확인하는 내용의 확정판결을 받았다면 갑은 그 판결정본을 첨부하여 그 명의의 소유권보존등기를 신청할 수 있다(등기선례 제6권 122항).

## 3. 부동산등기법 제65조 제2호의 판결에 해당여부

확정판결에 의하여 자기의 소유권을 증명하는 자는 미등기의 토지 또는 건물에 관한 소유권보존등기를 신청할 수 있다(법 제65조 제2호). 부동산등기법 제65조 제2호의 '소유권을 증명하는 판결'은 소유권확인판결에 한정되는 것은 아니며, 형성판결이나 이행판결이라도 그 이유 중에서 보존등기신청인의 소유임을 확정하는 내용의 것이면 이에 해당된다.

### 가. 신청인에게 소유권이 있음을 증명하는 확정판결

부동산등기법 제65조 제2호의 판결은 소유권을 증명하는 서면으로서의 판결을 의미하는 것으로서 보존등기신청인의 소유임을 확정하는 것이어야 한다. 그러나 구부동산등기법 제130조 제2호(현행법 제65조 제2호)의 판결은 그 내용이 신청인에게 소유권이 있음을 증명하는 확정판결이면 족하고, 그 종류에 관하여 아무런 제한이 없어 반드시 확인판결이어야 할 필요는 없고, 이행판결이든 형성판결이든 관계가 없으며, 또한 화해조서 등 확정판결에 준하는 것도 포함된다(대법원 1990. 10. 29. 90마772 결정, 대판 1994. 3. 11. 93다57704).

### 나. 형성판결 . 이행판결

형성판결이나 이행판결이라도 그 '이유 중에서 보존등기신청인의 소유임을 확정'하는 내용의 것이면 부동산등기법 제65조 제2호의 판결에 해당하며, 조정조서, 화해조서 등 확정판결에 준하는 것도 포함한다. 다만 판결이유에서 소송 당사자가 아닌 제3자의 소유임이 설시된 경우에는 그 제3자는 판결의 효력을 받는 자가 아니므로 그 판결에 의하여 자기명의로 소유권보존등기를 신청할 수 없다.

### 다. 의제자백판결

이행판결이 '의제자백판결'(민사소송법 제150조)인 경우 이러한 판결도 법 제65조 제2호의 판결에 포함되느냐에 관하여, 판결이유에 보존등기신청인의 소유임을 확인하는 내용이 없음으로 이에 포함되지 않는다는 견해가 있으나 의제자백의 경우에도 보존등기신청인의 소유권이 명시적으로 확인된 경우와 달리 취급할 이유가 없으므로 이에 포함된다고 볼 것이다.

## 라. 보존등기의 말소를 명한 판결에 의한 소유권보존등기

소유권보존등기의 말소청구소송을 제기하여 승소확정판결(판결이유 중에 당해 부동산이 보존등기 신청인의 소유임을 확정하는 내용이어야 함)을 받은 자 또는 그 상속인은 위 판결을 소유권을 증명하는 서면으로 하여 자기 앞으로의 소유권보존등기를 신청할 수 있다(등기선례 요지집 제3권 253항, 제4권 199항, 제5권 220항, 6권 178항, 제7권 124항).

甲이 등기부상 소유자 乙을 상대로 하여 토지소유권보존등기말소의 승소판결을 받았고, 그 판결이유에서 甲이 토지소유자의 상속인임이 인정되었다면, 甲은 위 판결에 의하여 자기명의로 위 토지에 대한 소유권보존등기를 신청할 수 있다(등기선례 제7권 항).

미등기 부동산이 공동소유인 경우 공유자 중 1인은 공유물의 보존행위로서 공유자 전원을 위하여 소유권보존등기를 신청할 수 있으므로 상속인 중 일부인 甲이 국가를 상대로 제기한 소유권보존등기 말소판결의 이유 중에서 그 부동산이 甲을 포함한 공동상속인 乙과 丙의 '상속재산이라는 사실'과 '구체적 상속분'이 기재되어 있다면 甲은 위 판결에 의하여 단독으로 소유권보존등기의 말소 및 甲을 포함한 乙과 丙 전원명의의 소유권보존등기를 신청할 수 있다. 이 경우 소유권보존등기신청서에는 피상속인과 상속인의 제적등본 기타 가족관계등록사항별증명서 등의 '상속을 증명하는 서면'을 별도로 첨부할 필요가 없으나 판결이유 중에 그 부동산이 피상속인의 소유였다는 사실만이 기재되어 있거나 상속인과 상속분이 구체적으로 기재되어 있지 않은 경우에는 상속을 증명하는 서면을 첨부하여야 한다(등기선례 제8권 105항).

## 4. 판결에 의한 등기

### 가. 등기에 관하여 의사의 진술을 명한 판결의 주문

판결의 주문(主文)은 소송의 결론부분으로서 청구의 취지에 대응하는 것으로 소 또는 상소에 대한 법원의 응답(應答)을 나타내는 항목이므로, 판결의 기판력, 형성력, 집행력을 명확하게 나타내도록 간결하게 표시하여야 한다.

제1심의 판결에 있어서 주문은 원고의 청구를 인용 또는 기각하거나 혹은 소를 부적법하다고 하여 각하하는 것이고, 상급심의 판결에 있어서는 상소를 인정 또는 기각하거나 상소를 부적법한 것으로 각하하는 것이 된다.

주문은 판결의 기판력, 형성력, 집행력을 명확하게 나타내도록 간결하게 표시하여야하므로, 이행판결의 주문에는 특히 '협의의 강제집행'을 고려하여야 하며, 확인소송에서 원고승소의 판결을 하는 주문에는 권리관계를 특정할 수 있게 표시하여야 하며, 형성판결의 주문은 형성되는 권리관계를 명확히 표시하여야 한다.

### (1) 판결주문에 명시될 사항

등기에 관하여 의사의 진술을 명한 이행판결이 확정된 때에는 그 판결로 의사를 진술한 것으로 보므로(민사집행법 제263조 제1항). 등기절차의 이행을 명하는 판결주문의 형태는 '피고(등기의무자)는 원고(등기권리자)에게 별지목록기재 부동산(등기할 부동산의 표시)에 관하여 2015년 1월 25일(등기원인일자) 매매(등기원인)를 원인으로 한 소유권이전등기절차(등기목적)를 이행하라'와 같이 등기신청의사를 명확히 진술하는 것이어야 한다.

위와 같이 등기에 관하여 의사의 진술을 명하는 이행판결에는 등기권리자와 등기의무자, 등기의 대상인 부동산의 표시, 등기목적, 등기원인과 그 연월일 등 등기신청서(규칙 제

43조 제1항) 및 등기기록(법 제34조, 제40조, 제48조)의 필요적 기재사항이 명시되어 있어야 그 판결에 의한 등기의 집행(법 제23조 제4항)을 할 수 있다.

등기에 관하여 의사의 진술을 명하는 판결은, 그 판결이 확정된 때에 등기 신청의사표시를 한 것으로 의제되므로, 등기에 관한 의사표시의 내용을 특정할 수 있는 범위 내에서 이를 명기(明記)하여야 그 판결에 의한 등기를 집행(법 제23조 제4항)할 수 있다.

## (2) 등기의 말소 또는 말소된 등기의 회복을 명하는 판결의 경우

### (가) 등기의 말소

등기의 말소를 신청하는 경우에 그 말소에 대하여 등기상 이해관계 있는 제3자가 있을 때에는 제3자의 승낙이 있어야 한다(법 제57조 제1항). 따라서 등기의 말소를 신청할 경우 그 말소에 대하여 등기상 이해관계 있는 제3자가 임의로 승낙을 하지 않을 때에는 그 제3자를 상대로 등기의 말소에 대한 승낙의 의사표시를 구하는 소를 제기하여 판결을 받아야 한다.

등기의 말소를 명하는 판결의 주문에는 '원고에게 피고 甲은 별지목록기재부동산에 관하여 서울남부지방법원 강서등기소 2005년 12월 5일 접수 제65889호로 경료 된 소유권이전등기(말소대상등기의 표시)의 말소등기절차를 이행하고, 피고 乙은 위 소유권이전등기의 말소등기에 대하여 승낙의 의사표시를 하라'고 명시되어야 한다.

### (나) 말소된 등기의 회복

말소 된 등기의 회복을 신청하는 경우에 등기상 이해관계 있는 제3자가 있을 때에는 그 제3자의 승낙이 있어야 한다(법 제59조). 따라서 말소된 등기의 회복을 신청하는 경우 그 등기의 회복에 대하여 등기상 이해관계 있는 제3자가 임의로 승낙을 하지 아니할 경우에는 그 제3자를 상대로 등기의 회복에 대하여 승낙의 의사표시를 구하는 소를 제기하여야 한다.

말소된 등기의 회복을 명하는 판결의 주문에는 '피고 甲은 원고에게 별지목록기재부동산에 관하여 서울 남부지방법원 강서등기소 2015년 12월 25일 접수 제8997호로 말소등기(말소된 등기의 표시)된 같은 등기소 2015년 1월 30일 접수 제1588호 근저당권설정등기의 회복등기절차(회복할 등기의 표시)를 이행하고, 피고 乙은 원고에게 별지목록 기재부동산에 관하여 같은 등기소 2015년 12월 25일 접수 제8997호로 말소등기 된2015년 1월 30일 접수 제1588호 근저당권설정등기의 회복등기에 대하여 승낙의 의사표시를 하라'와 같이 '말소된 등기' 및 '회복할 등기'를 구체적으로 명시하여야만 그 판결에 의한 등기를 집행할 수 있다.

## 나. 확인판결

확인판결이라 함은 확인의 소(원고가 법원에 대하여 다툼이 있는 권리·법률관계의 존재·부존재의 확정을 요구하는 소)가 제기된 경우에 법원이 하는 판결로서 권리 또는 법률관계의 존부를 확인하여 선언하는 것을 말한다.

소유권, 상속권 등의 절대권 자체에 대한 확인이나 임대차관계 등의 포괄적인 권리관계 또는 법률상의 지위에 대하여 확인을 선언하는 판결 등이 그 예이다. 따라서 매매계약이 무효라는 확인판결에 의하여 소유권이전등기의 말소등기를 신청할 수 없고(선례 1-494), 소유권확인판결에 의하여 소유권이전등기를 신청하거나(선례 4-217), 통행권확인 판결에 의하여 지역권설정등기를 신청할 수 없다(선례 7-322).

◆ **확인판결의 주문례**

서울특별시 00구 00동 000번지 대 000평방미터가 원고의 소유임을 확인한다.

## 다. 이행판결

이행판결이라 함은 이행의 소(원고가 법원에 대하여 피고에게 일정한 급부의 이행을 청구할 수 있는 법적지위를 주장하여 급부의 이행을 명하는 판결을 구하는 소)에 있어서 원고의 청구가 이유 있는 경우에 이행을 명하는 판결을 말한다. 이행판결은 피고에 대한 이행명령을 포함하고 있으므로 집행권원이 되어 집행력이 발생한다.

◈ 이행판결의 주문례

> 피고는 원고에게 서울특별시 ○○구 ○○동 ○○번지 대 000평방미터에 관하여 0000년 00월 0일 매매(또는 증여, 교환 등)를 원인으로 한 소유권이전등기 절차를 이행하라.

## 라. 형성판결

형성판결이라 함은 형성의 소(원고가 법원에 대하여 피고에 대한 특정내용의 형성을 구할 수 있는 지위가 있음을 주장하여 그 형성을 선고하는 판결을 구하는 소, 즉 판결에 의한 법률관계의 변동을 요구하는 소)가 제기된 경우에 법원이 하는 판결로서, 실체법상의 형성권 또는 형성요건의 존재를 확인하는 것과 함께 그에 터 잡은 권리관계의 변동을 선언하는 것을 말한다.

◈ 형성판결의 주문례

> 서울특별시 ○○구 ○○동 00번지 대 5,000평방미터 중 별지도면표시 1, 2, 5, 6, 1의 각 점을 순차 연결한 (가) 부분 3,000평방미터를 원고의 소유로, 같은 도

면 표시2, 3, 4, 5, 2의 각 점을 순차 연결한 선내 (나)부분 2,000 평방미터를 피고의 소유로 분할한다. 또는

서울특별시 ○○구 ○○동 000번지 대 0000평을 별지도면표시 가, 나, 다, 라, 가의 각 점을 순차로 연결한 선내 (가) 부분 000평, 같은 도면표시 마, 바, 사, 아, 마의 각 점을 순차로 연결한 선내 (나)부분 000평, 같은 도면표시 자, 차, 카, 타, 자의 각 점을 순차로 연결한 선내 (다)부분 000평으로 각 분할하여 (가)부분 000평을 원고의, (나)부분 000평을 피고 甲의, (다)부분 000평을 피고 乙의 각 소유로 한다.

## 5. 판결에 의한 소유권보존등기 신청절차

확정판결에 의하여 자기의 소유권을 증명하는 자는 미등기의 토지 또는 건물에 관한 소유권보존등기를 신청할 수 있다(부동산등기법 제65조 제2호).

## 가. 판결에 의한 소유권보존등기신청서의 기재사항

판결에 의하여 미등기 부동산에 대한 소유권보존등기를 신청하는 경우에는 아래와 같이 부동산등기규칙 제43조 각항의 사항을 등기신청서에 기재하여야 한다.

### (1) 부동산의 표시에 관한 사항(규칙 제43조 제1항 1호)

등기의 '표제부에 표시된 부동산'에 관한 권리관계의 표시가 유효한 것이 되기 위하여는 우선 그 표시가 실제의 부동산과 동일하거나 사회 관념상 그 부동산을 표시한 것으로 인정될 정도로 유사하여야 하고, 그 동일성 내지 유사성여부는 토지의 경우에는 지번과 지목, 지적에 의하여 판단하여야 한다(대판 2001. 3. 23. 2000다51285).

### (가) 토지

토지라 함은 일정한 범위에 걸친 지면(地面)에 정당한 이익이 있는 범위 내에서 그 수직(垂直)의 상하(공중과 지하)를 포함하는 것을 말한다(민법 제212조). 토지는 원래 연속되어 구분성을 갖지 않기 때문에, 인위적으로 그 지표(地表)에 선을 그어 경계로 삼고 구획되며, 지적공부인 토지대장·임야대장에 등록된다.

등록된 각 구역은 독립성이 인정되며, 한필마다 지번을 붙이고, 그 개수는 필(筆)로서 계산된다. 물권변동에 관한 형식주의를 취하는 현행 민법 하에서는 등기를 하여야만 물권변동이 생기는데(민법 제186조), 토지의 일부에 대한 등기는 인정되지 아니한다(부동산등기법 제15조).

토지의 보존등기신청서에는 토지의 소재와 지번, 지목, 면적을 기재하여야 한다(규칙 제43조 제1항 1호 가목).

### (나) 건물

건물이라 함은 토지에 정착하고 있는 건조물로서 토지와는 완전히 독립한 별개의 부동산을 말하며, 토지등기부와는 별개로 건물등기부를 두고 있다(민법 제99조 제1항, 부동산등기법 제14조 제1항). 우리나라에서는 건물은 토지와 완전히 독립한 별개의 부동산이다. 따라서 토지와 별개로 권리의 객체가 되며, 그에 관한 물권의 득실변경은 원칙적으로 등기하여야 효력이 생긴다(민법 제186조).

'독립된 부동산으로서의 건물'이라고 함은 최소한의 기둥과 지붕 그리고 주벽이 이루어지면 법률상 건물이라고 할 수 있다(대판 1996. 6. 14. 94다53006, 2001. 1. 16. 200다51872, 2003. 5. 30. 2002다21592. 21608).

1) 일반건물 : 건물의 보존등기신청서에는 건물의 소재, 지번 및 건물번호(다만, 같은 지번 위에 1개의 건물만 있는 경우에는 건물번호는 기재하지 아니한다), 건물의 종류, 구조와 면적, 부속건물이 있는 경우에는 부속건물의 종류, 구조와 면적을 기재한다(규칙 제43조 제1항1호 나목).

2) 구분건물 : 1동의 건물의 표시로서 소재, 지번, 건물명칭 및 번호, 구조, 종류, 면적, 전유부분의 건물의 표시로서 건물번호, 구조, 면적, 대지권이 있는 경우 그 권리를 표시하여야 한다.

## (2) 등기신청인(규칙 제43조 제1항 2~4호)

등기신청인의 성명(또는 명칭), 주소(또는 사무소 소재지) 및 주민등록번호(또는 부동산등기용등록번호), 신청인이 법인인 경우에는 그 대표자의 성명과 주소, 대리인에 의하여 등기를 신청하는 경우에는 그 성명과 주소를 기재하여야 한다.

## (3) 신청근거규정

### (가) 등기원인과 그 연월일의 생략

부동산등기법 제65조에 따라 소유권보존등기를 신청하는 경우에는 '법 제65조 각호의 어느 하나에 따라 등기를 신청한다는 뜻'을 신청서에 기재하여야 한다. 이 경우 부동산등기규칙 제43조 제1항 제5호에도 불구하고 '등기원인과 그 연월일'은 기재할 필요가 없다(규칙 제43조 제1항 5호, 규칙 제121조 제1항 후단).

따라서 등기관이 소유권보존등기를 할 때에는 부동산등기법 제 48조 제1항 제4호에도 불구하고 소유권보존등기의 등기사항으로 '등기원인과 그 연월일'을 등기부에 기록하지 아니한다(법 제64조).

### (나) 신청근거규정의 기재

확정판결에 의하여 자기의 소유권을 증명하는 자가 소유권보존등기를 신청하는 경우에는 등기신청서에 등기원인과 그 연월일의 기재에 가름하여 신청근거규정으로 '부동산등기법 제65조 제2호'라고 표시하여야 한다(법 제64조, 규칙 제121조 제1항).

### (4) 등기의 목적(규칙 제43조 제1항 6호)

등기의 목적은 소유권보존등기라고 기재한다.

### (5) 기타 기재사항

등기소의 표시, 신청연월일, 시가표준액, 국민주택채권의 매입금액, 매입총액, 발행번호, 등록세, 교육세, 세액합계, 등기신청 수수료액 등을 기재한다.

## 나. 판결에 의한 소유권보존등기신청서의 첨부서면

판결에 의한 소유권보존등기신청서에는 다음 각 호의 서면을 첨부서면을 첨부하여야 한다(부동산등기규칙 제46조).

### (1) 확정판결정본의 첨부 및 판결서의 검인여부(소극)

확정판결에 의하여 자기의 소유권을 증명하는 자가 소유권보존등기를 신청하는 경우(법 제65조 제2호)에는 등기원인을 증명하는 서면으로 확정판결정본을 첨부하여야 한다(규칙 제46조 제1항 1호).

부동산등기법 제65조 제2호의 판결에 의한 소유권보존등기는 판결자체에 의하여 부동산물권취득의 형성적 효력이 발생하는 것이며, 당사자 사이의 법률행위를 원인으로 하여 부동산소유권이전등기절차의 이행을 명하는 것과 같은 내용의 판결이 아니므로 판결에 의하여 소유권보존등기를 신청하는 경우에는 부동산등기특별조치법 제3조 제1항의 규정에 의한 '검인'의 대상이 되지 아니하는 것으로 보아야 한다.

부동산등기특별조치법은 부동산거래에 대한 실체적 권리관계에 부합하는 등기를 신청 하도록 하기 위하여 '계약'을 원인으로 소유권이전등기를 신청할 때 '계약연월일, 대금 및 그 지급일자 등 지급에 관한 사항, 계약의 조건이나 기한' 등에 관한 사항에 대하여 시장 등의 검인을 받도록 하였기 때문이다.

### (2) 토지대장등본(임야대장 또는 건축물 관리대장등본)

등기를 하고자 하는 토지대장 또는 임야대장이나 건축물관리대장을 첨부한다(규칙 제121조 제2항).

### (3) 주민등록표등(초)본

신청인의 주소를 증명하기 의한 서면으로 신청인의 주민등록표 등본 또는 초본을 첨부하여야 한다(규칙 제46조 제1항 6호).

### (4) 기타 첨부서면

등록세 영수필확인서, 위임장 등을 첨부한다(법 제29조 10호, 11호, 규칙 제46조 제1항 5호).

## 토지소유권보존등기신청

| 접 수 | 년 월 일 | 처 리 인 | 등기관 확인 | 각종 통지 |
|---|---|---|---|---|
| | 제     호 | | | |

| 부동산의 표시 |
|---|
| 서울특별시 서초구 서초동 ○○○<br>대 100㎡<br><br><br>이        상 |

| 등기의 목적 | 소유권 보존 |
|---|---|

| 신청 근거 규정 | 부동산등기법 제65조 제2호 |
|---|---|

| 구분 | 성 명<br>(상호 · 명칭) | 주민등록번호<br>(등기용등록번호) | 주   소(소재지) | 지 분<br>(개인별) |
|---|---|---|---|---|
| 신청인 | 이 대 백 | 000000-0000000 | 서울특별시 서초구<br>서초동 ○○○ | |

| 시가표준액 및 국민주택채권매입금액 | | |
|---|---|---|
| 부동산의 표시 | 부동산별 시가표준액 | 부동산별<br>국민주택채권매입금액 |
| 1. 토 지 | 금                      원 | 금                      원 |
| 2. | 금                      원 | 금                      원 |
| 3. | 금                      원 | 금                      원 |
| 국민주택채권매입총액 | | 금                      원 |
| 국민주택채권발행번호 | | |

| 등록세 | 금            원 | 교육세 | 원 |
|---|---|---|---|

| 세액합계 | 금                                원 |
|---|---|
| 등기신청수수료 | 금                                원 |

첨 부 서 면

| | | <기 타> |
|---|---|---|
| • 등록세영수필확인서 | 1통 | • 판결정본               1통 |
| • 토지대장등본 | 1통 | |
| • 주민등록표등(초)본 | 1통 | • 판결확정증명서        1통 |
| • 신청서부본 | 1통 | |

2014년  5월  1일


위 신청인        이 대 백 ㉑        (전화 :              )
(또는) 위 대리인                    (전화 :              )


서울중앙 지방법원등기과   귀중

# 제2절 부동산등기법 제23조 제4항의 판결에 의한 등기

## 1. 판결에 의한 등기의 개념

등기는 법률에 다른 규정이 없는 경우에는 등기권리자와 등기의무자가 공동으로 신청한다(법 제23조 제1항). 따라서 등기의무자가 등기신청에 협력하지 않는다면 등기권리자는 물권변동을 일어나게 할 수 없고 나아가서 등기제도의 원활한 운영을 꾀할 수 없게 된다. 여기서 등기를 원하는 일방당사자가 타방 당사자에 대하여 등기신청에 협력할 것을 요구할 수 있는 실체법상의 권리인 '등기청구권(登記請求權)'이 인정된다.

이러한 등기청구권을 갖는 자가 실체법상 '등기권리자'(登記權利者)이며, 그에 응할 의무를 지는 자가 실체법상 등기의무자(登記義務者)이다. 등기청구권은 공동신청에 의하는 권리에 관한 등기를 신청함에 있어서 등기의무자의 등기신청의사의 진술을 갈음하는 판결(민법 제389조 제2항)을 소구(訴求)할 수 있는 권리(민사집행법 제263조 제1항)이다.

등기청구권에 기하여 등기권리자가 등기의무자를 상대로 한 소송에서 일정한 내용의 등기절차를 이행할 것을 명하는 판결이 확정되면 그것으로써 등기의무자가 등기신청을 한 것으로 간주되므로(민사집행법 제263조 제1항), 승소한 등기권리자 또는 등기의무자는 그 확정판결에 기하여 단독으로 등기신청을 할 수 있다(법 제23조 제4항).

이와 같이 등기를 원하는 당사자의 일방이 등기신청에 협력을 거부하는 상대방을 피고로 하여 등기신청의 의사표시를 갈음하는 의사의 진술을 명하는 판결을 받아 그 확정판결을 등기원인을 증명하는 서면으로 하여 단독으로 등기신청을 하는 것을 "판결에 의한 등기"(법 제23조 제4항)라고 한다.

판결에 의한 등기신청의 경우에 등기권리자의 단독신청을 인정한 것은 확정판결에 의하여 실체적 권리관계에 부합하는 등기의 진정성이 보장되기 때문이다. 의사표시를 할 것을 목적으로 하는 채권에 있어서는 채무자로 하여금 현실적으로 의사표시를 시킬 필요 없이 그 의사표시가 노리는 법률효과를 발생시켜 버리면 이러한 채권의 목적은 달성된다.

이리하여 법률은 이러한 종류의 채권의 집행에 있어서는 그 이행을 명한 판결이 확정된 때에는 그 판결로 의사를 진술한 것으로 간주하고, 간접강제에 의한 강제집행절차를 생략하고 있다(민사집행법 제263조 제1항).

부동산등기법 제23조 제4항은 '판결에 의한 등기는 승소한 등기권리자 또는 등기의무자가 단독으로 신청 한다'고 하였는데 이 취지는 등기의무자에 대하여 등기절차를 이행하도록 명한 확정된 이행판결에 의하여 등기를 신청하는 것이므로 등기의무자의 협력이 불필요하다고 본 것이다.

판결에 의한 등기란 확정판결('부동산등기법 제65조 제2호의 소유권을 증명하는 판결'은 보존등기신청인의 소유임을 확정하는 내용의 것으로 그 판결은 소유권확인판결에 한하는 것은 아니며, 형성판결이나 이행판결이라도 그 이유 중에서 보존등기신청인의 소유임을 확정하는 내용의 것이면 이에 해당하나, '부동산등기법 제23조 제4호의 판결'은 등기신청절차의 이행을 명하는 확정된 이행판결만을 의미한다)을 등기원인을 증명하는 서면으로 하여, 미등기부동산에 대한 소유권보존등기를 신청하거나(법 제65조 제2호) 또는 부동산등기에 관하여 등기신청의 의사표시를 갈음하는 확정된 이행판결을 받은 승소한 등기권리자 또는 등기의무자가 단독으로 판결에 의한 등기를 신청하는 것을 말한다(법제23조 제4항, 민사집행법 제263조 제1항).

## 2. 부동산등기법 제23조 제4항의 판결의 요건(확정된 이행판결)

법제23조 제4항의 판결은 등기신청절차의 이행을 명하는 확정(민집법 제263조 제1항 참조)된 이행판결이어야 하며 주문의 형태는 '피고는 원고에게 별지목록 기재부동산에 관하여 2014년 1월 25일 매매(증여, 교환 등)를 원인으로 한 소유권이전등기절차를 이행하라' 또는 '원고에게 피고 갑은 별지목록기재 부동산에 관하여 서울 남부지방법원 강서등기소 2014년 1월 5일 접수 제3050호로 마친 소유권이전등기의 말소등기절차를 이행하고, 피고 을은 위 소유권이전등기의 말소등기에 대하여 승낙의 의사표시를 하라'와 같이 등기신청의사를 진술하는 것이어야 한다.

위 판결에는 등기권리자, 등기의무자, 신청 대상인 등기의 내용(등기의 목적), 등기원인과 그 연월일 등 "등기신청서 및 등기부의 필요적 기재사항"이 명시되어 있어야 한다.

등기신청서에 필수적으로 기재하여야 할 사항(규칙 제43조)이 판결주문에 명시되지 아니한 경우에 그 판결에 의해 등기를 신청할 수 없다. 예컨대 근저당권설정등기를 명하는 판결주문에 필수적 기재사항인 채권최고액이나 채무자(법 제75조 제2항 1, 2호)가 명시되지 아니한 경우, 전세권설정등기를 명하는 판결주문에 필수적 기재사항인 전세금이나 전세권설정의 범위(법 제72조 제1항 1, 2호)가 명시되지 아니한 경우 등이 그러하다.

## 3. 부동산등기법 제23조제4항의 판결에 준하는 집행권원

민사집행법 제263조 제1항의 집행권원은 확정된 이행판결이나 이와 동일한 효력을 가지는 화해조서, 인낙조서, 화해권고결정, 민사조종조서, 조정에 갈음하는 결정, 가사조정조서, 조정에 갈음하는 결정 등도 그 내용에 등기의무자의 등기신청에 관한 의사표시의 기재가 있는 경우에는 등기권리자가 단독으로 등기를 신청할 수 있다.

중재판정(중재법 제35조, 제37조) 또는 외국판결(민사소송법 제217조)에 의한 등기신청은 집행판결을 첨부하여야만 단독으로 등기를 신청할 수 있다(민사집행법 제26조 제1항, 부동산등기법 제23조

제4항).

## 4. 의사표시의무판결에 가집행선고의 가부(소극)

재산권의 청구에 관한 판결에는 원칙적으로 가집행의 선고를 하여야 한다(민소 213조 1항). 그러나 등기절차의 이행을 명하는 판결은 재산권의 청구(민소법 제213조)에 관한 판결이지만, 의사의 진술을 명하는 판결은 그 판결이 '확정된 때'에 비로소 의사를 진술한 것으로 간주되므로(민집 263조 1항), 만일 가집행선고부 판결(민소법 제213조)에 의한 등기를 허용할 경우 그 판결이 상소심에서 취소된 때에는 부동산 거래의 안전을 해칠 수 있으므로 부동산등기에 관하여 의사의 진술을 명하는 판결에는 가집행선고를 붙일 수 없다.

### 가. 가집행선고의 의의

가집행선고라 함은 미확정의 종국판결에 관하여 확정판결과 동일한 집행력을 인정하여 그 판결의 내용을 실현시키기 위한 것으로서 판결의 확정 전에 특히 집행력을 부여하는 형성판결을 말한다. 가집행선고가 인정되기 위해서는 (i) 재산권상의 청구에 관한 미확정판결이어야 하며, (ii) 직접 강제집행이 가능하여야 하고 (iii) 가집행선고를 붙이지 않아야 할 상당한 이유가 없어야 한다. 가집행선고는 법원의 직권 또는 당사자의 신청에 의해 담보를 제공할 것을 조건으로 또는 무조건적으로 종국판결의 주문 중에 선고하여야 한다(민소법 제231조).

### 나. 의사표시 의무판결에 가집행선고의 가부(소극)

의사표시 의무판결은 그 확정으로써 비로소 그 의사의 진술을 한 것으로 간주되므로(민사집행법 제263조 제1항) 성질상 그 판결이 확정되기 전에 그 의제의 효과를 발생시키지는 못한다. 즉 의사표시의무의 판결에는 가집행선고(민사소송법 제213조)를 붙이지 못한다.

따라서 가집행선고 있는 소유권이전등기 절차이행판결에 의한 등기신청이 있는 경우에도 그 등기신청서에 첨부된 판결이 확정판결이 아니면 등기관은 부동산등기법 제29조 제9호(등기신청에 필요한 서면인 "판결확정증명서"를 첨부하지 않은 때)에 의하여 이를 각하하여야 한다.

등기에 관하여 의사의 진술을 명한 이행판결에 가집행선고를 부한 판결을 등기원인증서로 하여 등기신청을 하는 사례가 있으나 이 경우에는 그 판결이 확정되지 아니하였으므로 부동산등기법 제29조 제9호(등기신청에 필요한 서면인 확정증명서를 첨부하지 아니함)에 의하여 각하된다.

## 5. 의사표시의무판결의 집행과 강제집행정지의 허부(소극)

### 가. 강제집행정지의 의의

강제집행의 정지라 함은 법률상의 이유로 인하여 강제집행절차를 개시할 수 없거나 또는 속행하지 못하는 것을 말한다. 가집행선고가 있는 판결은 선고에 의하여 즉시 집행력이 발생하므로, 이를 정지시키려면 별도의 신청에 의한 강제집행정지의 결정(민사집행법 제49조)을 받아야한다.

### 나. 의사의 진술을 명하는 판결의 집행에 대한 강제집행정지의 허부(소극)

#### (1) 광의(廣義)의 집행(執行)

강제집행은 채무자의 의사에 반하여 강제력을 행사하여 의무의 내용을 실현하는 것이나 국가의 강제력을 사용함이 없이 재판에 의하여 그 내용에 적합한 상태를 실현하는 경우가 있다. 즉 등기절차를 명하는 확정된 이행판결(민사집행법 제263조 제1항)을 등기원인증서(규칙 제46조 제1항 1호)로 한 등기신청(법 제23조 제4항)에 의하여 등기부에 일정한 사항을 기재하는 것은 재판의 반사적 효력으로 행하여지는 것에 불과하며 국가의 강제력의 행사에 의한 이행청구권과는 관계가 없으므로 강제집행에는 해당하지 아니하나 이것은 재판에 기한 국가의 행위라는 점에서 유사한 점이 있기 때문에 '광의(廣義)의 집행(執行)'이라고 한다(대법원 2000. 5. 24. 98마1839 결정, 2000. 5. 24. 99그82 결정, 2000. 5. 30. 2000그37 결정).

## (2) 의사의 진술을 명하는 판결에 강제집행정지의 허부(소극)

부동산의 소유권이전등기절차 또는 등기의 말소와 같은 피고의 의사의 진술을 명하는 판결에 대하여는 집행기관이 관여하는 현실적인 강제집행절차가 존재할 수 없으므로 이에 대한 강제집행정지는 허용되지 아니하므로(대법원 1959. 12. 7. 4292민신14, 1970. 6.9. 70마851, 1971. 6.9. 70마851) 등기관은 강제집행정지결정에 구애됨이 없이 등기신청을 받아드려 등기 기입을 할 수 있다(대법원 1979. 5. 22. 77마427).


## 6. 판결서 등의 검인에 대한 특례

### 가. 계약서에 대한 검인제도

부동산거래에 대한 실체적 권리관계에 부합하는 등기를 신청하도록 하여 건전한 부동산 거래질서를 확립함을 목적으로 부동산등기특별조치법을 제정하여 '계약을 원인'으로 소유권이전등기를 신청할 때에는 당사자, 목적부동산, 계약연월일, 대금 및 지급일자 등이 기재된 계약서에 검인신청인을 표시하여 부동산의 소재지를 관할하는 시장, 구청장, 군수 등의 검인을 받아 관항등기소에 이를 제출하도록 하였다(부동산등기 특별조치법 제3조 제1항).

### 나. 판결서 등에 대한 검인

등기원인을 증명하는 서면이 집행력 있는 판결서(여기의 판결은 법 제23조 제4항의 확정된 이행판결로서 부동산등기 특별조치법 제2조 제1항에 의한 계약을 원인으로 소유권이전등기절차이행을 명한 판결을 말하며, 법 제65조 제2호의 판결은 이에 해당되지 아니하는 것으로 보아야 한다) 또는 판결과 같은 효력을 갖는 조서인 때에는 판결서 등에 부동산등기특별조치법 제3조 제1항의 규정에 따라 부동산의 소재지를 관할하는 시장, 구청장, 군수의 검인을 받아 제출하여야 한다. 시장 등이 검인을 한 때에는 판결서 등의 사본 2통을 작성하여 1통은 보관하고 1통은 부동산의 소재지를 관할하는 세무서장에게 송부하여야 한다(부동산등기특별조치법 제3조 제2항, 제3항).

## 7. 부동산등기법 제23조 제4항의 판결에 의한 등기신청인

### 가. 승소한 등기권리자 또는 등기의무자

등기청구권에 기하여 등기권리자가 등기의무자를 상대로 한 소송에서 부동산등기에 관하여 일정한 내용의 등기절차를 이행할 것을 명하는 판결이 확정되면 그것으로서 등기의무자가 등기신청을 한 것으로 간주되므로(민사집행법 제263조 제1항) 승소한 등기권리자 또는 승소한 등기의무자는 그 확정판결을 등기원인증서로 하여 등기신청을 할 수 있다(법 제23조 제4항).

### 나. 판결에 의한 등기의 성질

판결에 의한 등기는 승소한 등기권리자 또는 등기의무자가 단독으로 확정판결을 등기원인증서로 단독으로 등기를 신청하여(법 제23조 제4항) 판결주문에 표시된 관념적인 권리를 현실적인 권리(등기부에 기재 즉 등기의 집행)로 승화시키는 것을 말한다.

### (1) 승소한 등기권리자

승소한 등기권리자는 단독으로 판결에 의한 등기를 신청 할 수 있다(법 제23조 제4항). 승소한 등기권리자에는 적극적 당사자인 원고뿐만 아니라 피고나 당사자 참가인도 포함된다.

'승소한 등기권리자'는 소송당사자만을 의미하므로 소송당사자가 아닌 자는 판결이나 조정 등에서 등기권리자나 등기의무자로 기재되었다 하더라도 단독으로 등기신청을 할 수 없다. 승소한 등기권리자만이 판결에 의한 등기신청을 할 수 있으므로 등기의무자에 해당하는 '패소한 당사자'는 그 판결에 기하여 직접 등기권리자 명의의 등기신청을 하거나 승소한 등기권리자를 대위하여 등기신청을 할 수 없다. 승소한 등기권리자가 승소판결의 변론종결 후 사망하였다면, 상속인이 상속을 증명하는 서면을 첨부하여 직접 자기 명의로 등기를 신청 할 수 있다.

## (2) 승소한 등기의무자의 등기신청

구법 제29조는 판결에 의한 등기는 승소한 등기권리자 또는 등기의무자만으로 이를 신청할 수 있다고 규정하였고, 현행법 제23조 제4항은 판결에 의한 등기는 승소한 등기권리자 또는 등기의무자가 단독으로 신청 한다고 각 규정하고 있는바, 여기서 판결에 의한 등기는 "승소한 등기의무자"가 단독으로 신청 한다고 한 것은 종래 학설로 인정되던 이른바 등기수취(인수)청구권{登記收取(引受)請求權}을 명문으로 규정한 것이다.

"승소한 등기의무자"라 함은 등기를 하지 아니하고 방치하는 등기권리자(예; 부동산의 매수인)를 상대로 등기를 넘겨 가도록 하는 재판을 하여 승소판결을 받은 등기의무자(예 : 부동산의 매도인)를 말한다.

부동산등기법 제23조 제4항의 규정에 의한 승소한 등기의무자의 단독신청은 실체법상 등기의무자가 등기권리자를 상대로 등기를 인수받아 갈 것을 소로서 청구하고 그 판결을 받아 등기를 강제로 실현하는 것이다.

### - 판 례 -

**등기의무자가 등기권리자를 상대로 등기를 인수받아 갈 것을 구할 수 있는지 여부 (적극)**

본법은 등기는 등기권리자와 등기의무자가 공동으로 신청하여야 함을 원칙으로 하면서도 제29조(현행법 제23조 제4항)에서 '판결에 의한 등기는 승소한 등기권리자 또는 등기의무자만으로' 신청할 수 있도록 규정하고 있는바, 위 법조에서 승소한 등기권리자 외에 등기의무자도 단독으로 등기를 신청할 수 있게 한 것은, 통상의 채권 · 채무관계에서는 채권자가 수령을 지체하는 경우 채무자는 공탁 등에 의한 방법으로 채무부담에서 벗어날 수 있으나 등기에 관한 채권·채무관계에서 있어서는 이러한 방법을 사용할 수 없으므로, 등기의무자가 자기 명의로 있어서는 안 될 등기가 자기 명의로 있음으로 인하여 사회생활상 또는 법상 불이익을 입을 우려가 있는 경우에는 소의 방법으로 등기권리자를 상대로 등기를 인수 받아 갈 것을 구하고 그 판결을 받아 등기를 강제로 실현할 수 있도록 한 것이다(대판 2001. 2. 9. 2000다60708).

## (3) 패소한 당사자의 판결에 의한 등기신청 가부(소극)

판결에 의한 등기는 '승소'한 등기권리자 또는 등기의무자만으로 이를 신청할 수 있으므로(법 제23조 제4항) 승소판결을 받은 甲이 그 판결에 의한 등기신청을 하지 아니하는 경우에 '패소'한 乙이 그 판결에 기하여 직접 등기를 신청하거나 대위신청을 할 수는 없으므로, 등기의무자인 乙은 등기권리자인 甲을 상대로 등기를 인수받아 갈 것을 구하는 별도의 소송을 제기하여 그 승소판결에 의하여 등기를 신청하여야 한다.

승소한 등기의무자가 단독으로 권리에 관한 등기를 신청하는 경우에는 등기필증(등기필정보)을 등기소에 제출하여야 한다(법 제50조 제2항 후단. 규칙 제43조 제1항7호 단서).

◈ **등기수취(인수)청구의 소의 청구취지 및 판결주문의 기재례**

피고는 원고로부터 별지목록 기재부동산에 관하여 0000년 0월 0일 매매(또는 증여, 교환 등)를 원인으로 한 소유권이전등기신청절차를 수취(인수)하라.

## (4) 승소한 등기권리자의 상속인

승소한 등기권리자가 승소판결의 변론종결 후에 사망하였다면, 그의 상속인이 상속을 증명하는 서면(규칙 제49조)을 첨부하여 직접 자기명의로 판결에 의한 등기(상속등기 생략)

를 신청할 수 있다(등기예규 제1383호. 3. 나).

## 다. 공유물분할판결에 의한 경우

### (1) 공유물분할의 의의

공유물분할은 공유관계 소멸원인 중 하나이다. 각 공유자는 언제든지 공유물의 분할을 청구하여 공유관계를 종료 시킬 수 있다(민법 제 268제1항). 즉 공유물분할은 자유이다. 그러나 공유자 사이의 계약으로 일정한 한도 내에서 분할의 자유를 제한하는 것은 인정된다.

따라서 5년을 넘지 않는 한도에서 분할하지 않을 것을 약정할 수 있으며(민 268 ① 단서), 그 부분할계약은 경신할 수 있으나, 그 기간은 경신한 날부터 5년을 넘지 못한다(민 268 ②). 각 공유자의 분할청구권은 일종의 형성권이라는 것이 통설의 견해이다.

공유물분할에는 '협의에 의한 분할'과 '재판에 의한 분할'이 있다. 분할의 방법에 관하여 협의가 성립하지 않은 때에는 공유자가 법원에 분할을 청구할 수 있다(민 269 ①). 분할의 소는 분할을 청구하는 공유자가 다른 전원을 상대로 하여 제기하는 형성의 소이다(통설·판례).

### (2) 공유물분할의 소

공유물분할의 소(訴)라 함은 공유자가 공유물의 분할을 청구할 수 있는 경우에 공유자간에 분할에 관한 협의가 조정되지 않기 때문에 재판상의 분할을 구하는 소송임을 말한다. 이 소는 다른 공유자 전원을 피고로 하여 제기함을 요하는 '고유 필수적 공동소송'이다.

이 소는 공유자 간에 상호의 지분의 확정을 청구하는 점에서 소송사건이지만, 분할방법을 정하는 점은 성질상 비송사건으로서 "형식상 형성소송"에 속한다(민 269 ①). 법원의 판결에 의하여 고유물이 분할되는 경우를 재판상의 분할이라고 한다.

재판상의 분할의 경우에 있어서도 그 분할의 방법은 현물분할을 원칙으로 한다. 그러나 현물분할이 불가능하거나 분할로 인하여 현저히 그 가액이 감소될 염려가 있는 때에는 법원은 공유물의 경매를 명할 수 있다(민 269 ②). 경매를 명한 경우 그 대금을 분할하여야 한다.

## (3) 공유물의 분할청구 및 분할의 방법

물건이 지분에 의하여 수인의 소유로 된 때에는 공유로 하며(민법 제262조 제1항), 공유자는 공유물의 분할을 청구할 수 있다(민법 제268조 제1항). 공유물의 분할의 방법에 관하여 협의가 성립되지 아니한 때에는 공유자는 법원에 그 분할을 청구할 수 있다(민법 제269조 제1항).

### (가) 공유물분할의 대상

민법 제268조가 규정하는 공유물의 분할은 공유자 상호간의 지분의 교환 또는 매매를 통하여 공유의 객체를 단독소유권의 대상으로 하여 그 객체에 대한 공유관계를 해소하는 것을 말하므로 분할의 대상이 되는 것은 어디까지나 공유물에 한한다(대판 2002. 4. 12. 2002다 4580).

### (나) 공유물분할의 자유와 재판에 의한 공유물분할의 방법

공유는 물건에 대한 공동소유의 한 형태로서 물건에 대한 1개의 소유권이 분량적으로 분할되어 여러 사람에게 속하는 것이므로 특별한 사정이 없는 한 각 공유자는 공유물의 분할을 청구하여 기존의 공유관계를 폐지하고 각 공유자 간에 공유물을 분배하는 법률관계를 실현하는 일방적인 권리를 가지는 것이며(공유물분할의 자유), 공유물의 분할은 당사자 간에 협의가 이루어지는 경우에는 그 방법을 임의로 선택할 수 있으나 협의가 이루어지지 아니하여 재판에 의하여 공유물을 분할하는 경우에는 법원은 '현물'로 분할하는 것이 원칙이고, 현물로 분할 할 수 없거나 현물로 분할을 하게 되면 현저히 그 가액이 감소될 염려가 있는 때에는 비로소 물건의 '경매'를 명할 수 있다(대판 1991. 11. 12. 91다

27228).

공유물분할의 소에 있어서 법원은 공유관계나 그 객체인 물건의 제반 사정을 종합적으로 고려하여 합리적인 방법으로 지분비율에 따른 분할을 명하여야 하는 것이고, 여기서 '지분비율'이란 원칙적으로 지분에 따른 가액(교환가치)의 비율을 말하는 것이므로, 법원은 분할대상 목적물의 현상이나 위치, 이용 상황이나 경제적 가치가 균등하지 아니할 때에는 원칙적으로 경제적 가치가 지분비율에 상응하도록 조정하여 분할을 명하여야 하는 것이다(대판 1999. 6. 11. 99다6746).

재판에 의하여 공유물을 분할하는 경우에 법원은 현물로 분할하는 것이 원칙이므로, 불가피하게 대금분할을 할 수 밖에 없는 요건에 관한 객관적·구체적인 심리 없이 단순히 공유자들 사이에 분할의 방법에 관하여 의사가 합치하고 있지 않다는 등의 주관적·추상적인 사정에 터 잡아 함부로 대금분할을 명하는 것은 허용될 수 없다(대판 2009. 9. 10. 2009다40129, 40226).

공유물의 분할은 공유자 간에 협의가 이루어지는 경우에는 그 방법을 임의로 선택할 수 있으나 협의가 이루어지지 아니하여 재판에 의하여 공유물을 분할하는 경우에는 법원은 '현물'로 분할하는 것이 원칙이고, 현물로 분할할 수 없거나 현물로 분할을 하게 되면 현저히 그 가액이 감손될 염려가 있는 때에는 비로소 물건의 '경매'를 명하여 대금분할을 할 수 있는 것이므로, 위와 같은 사정이 없는 한 법원은 각 공유자의 지분 비율에 따라 공유물을 현물 그대로 수개의 물건으로 분할하고 분할된 물건에 대하여 각 공유자의 단독소유권을 인정하는 판결을 하여야 하는 것이며, 그 분할의 방법은 당사자가 구하는 방법에 구애받지 아니하고 법원의 재량에 따라 공유관계나 그 객체인 물건의 제반 상황에 따라 공유자의 지분 비율에 따른 합리적인 분할을 하면 된다(대판 2004. 7. 22. 2004다10183, 10190).

공유물분할의 소는 형성의 소로서 공유자 상호간의 지분의 교환 또는 매매를 통하여 공유의 객체를 단독 소유권의 대상하는 자가 구하는 방법에 구애받지 아니하고 자유로운 재량에 따라 공유관계나 그 객체인 물건의 제반 상황에 따라 공유자의 지분비율에 따른 합리적인 분할을 하면 된다(대판 2004. 10. 14. 2004다30583).

### (다) 현물분할이 불가능한 경우 법원의 직권경매 및 불공평한 분할의 위법성

공유물의 현물분할이 불가능하거나 부적(不適)하다고 인정한 때에는 법원은 직권으로 경매를 명할 수 있다(대판 1968. 3. 26. 67다2455, 2456). 본건 공유부동산의 분할방법에 관하여 당사자 간에 협의가 성립 안 되고 공유물의 위치에 따른 가격차이가 있어 현물분할이 곤란함을 엿볼 수 있는 이 사건에 있어서 위 부동산을 경매에 부쳐 그 대금을 지분비율에 의하여 배당함은 정당하다(대판 1973. 1. 30. 72다1800).

### (라) 공유물에 대한 불공평한 분할의 위법성

공유재산의 면적, 위치, 사용가치, 가격, 공유자의 실제 점유위치 등을 제대로 고려하지 않고 심히 불공평하게 공유물의 분할방법을 결정한 것은 위법이다(대판 1969. 12. 29. 68다2425).

### (마) 공유물분할과 전원의 참여

공유물의 분할은 협의에 의한 분할이거나 재판상의 분할이거나를 막론하고 공유자 전원이 분할절차에 참여하여야 하며(대판 1968. 5. 21. 68다414, 415), 공유대지를 공유자 중 1인의 혐의 없이 분할 한 경우 그 공유물분할은 법률상 효력이 없다(대판 1968. 6. 25. 68다647).

## (4) 공유물분할판결에 의한 등기신청인(소송당사자)

공유물분할판결이 확정되면 그 소송당사자는 원·피고인지 여부에 관계없이 그 확정판결을 첨부하여 등기권리자 단독(법 제23조 제4항)으로 공유물분할을 원인으로 한 지분이전등기를 신청할 수 있다(등기예규 제1383호. 3. 다, 등기선례 제4권 221항.).

## 라. 채권자대위권에 의한 등기

채권자는 민법 제404조에 따라 채무자를 대위(代位)하여 등기를 신청할 수 있으며(법 제28조 제1항), 등기관이 법 제28조 제1항 또는 다른 법령에 따른 대위신청에 의하여 등기를 할 때에는 대위자의 성명 또는 명칭, 주소 또는 사무소 소재지 및 대위원인을 기록하여야 한다.

### (1) 채권자대위권의 의의

채권자대위권(債權者代位權이)라 함은 채권자가 자신의 권리를 보전하기 위하여 채무자의 권리를 행사할 수 있는 것을 말하며(민법 제404조), 이는 실체법상의 권리로서 일종의 법정 재산관리권(法定 財産管理權)이라고 본다.

채권자대위권은 채무자가 그 권리를 행사하지 아니하는 경우에 한하여 자기채권의 보전을 위하여 행사 할 수 있다(대판 1969. 2. 25. 68다2352, 2353). 채권자대위권을 행사함에는 원칙적으로 채무자의 무자력(無資力)을 그 요건으로 하며, 무자력인지의 여부는 사실심의 변론종결 당시를 표준으로 하여 결정되어야 하고, 그 입증책임은 채권자가 진다.

판례는 예외적으로 다음과 같은 경우에는 채무자의 무자력을 요하지 않고 특정의 채권을 보전하기 위하여 대위권의 행사를 인정하고 있다. 즉 채무자가 하여야 할 등기절차를 채권자가 대위해서 행사할 수 있으며(대판 1962. 5. 10. 62다138), 채권자대위권에 의한 상속등기(대법원 1964. 4. 3. 63마54), 부동산 매수인의 목적부동산에 관한 원인무효등기의 대위에 의한 말소청구(대판 1965. 2. 16. 64다1630)를 할 수 있다.

## (2) 채권자대위권의 행사요건

채권자대위권은 채무자가 그 권리를 행사하지 아니하는 경우에 한하여 자기채권의 보전을 위해 행사할 수 있다(대판 1969. 2. 25. 68다2352, 2353).

채권자대위권은 채권자가 채무자에 대한 자기의 채권을 보전하기 위하여 필요한 경우에 채무자의 제3자에 대한 권리를 대위행사 할 수 있는 권리를 말하는 것으로서, 이때 보전되는 채권은 보전의 필요성이 인정되고 이행기가 도래한 것이면 족하고, 그 채권의 발생원인이 어떠하던 대위권을 행사함에는 아무런 방해가 되지 아니하며, 또한 채무자에 대한 채권이 제3채무자에게 까지 대항할 할 수 있는 것임을 요하는 것도 아니라 할 것이므로, 채권자대위권을 재판상 행사하는 경우에 있어서도 채권자는 그 채권의 존재사실 및 보전의 필요성, 기한의 도래 등을 입증하면 족한 것이며, 채권의 발생원인사실 또는 그 채권이 제3채무자에게 대항할 수 있는 채권이라는 사실까지 입증할 필요는 없다(대판 1988. 2. 23. 87다카961).

## (3) 채권자대위권의 대상(목적)

특정물에 관한 채권에 있어서는 채무자가 그 채권을 행사지 아니하는 경우에 채권보존의 필요가 있다고 인정함이 타당하다. 부동산에 관한 소유권이전등기절차 이행청구의 채권은 민법 제404조 소정의 채권자의 채권에 해당한다(대판 1957. 6. 27. 4289민상485, 486).

채권자대위권은 채무자가 제3채무자에 대한 권리를 스스로 행사하지 않는 경우에 한하여 할 수 있는 것이고, 채무자가 이미 그 권리를 행사한 때에는 그 권리를 대위행사 할 수 없다(1975. 7. 8. 75다529,530). 채권자취소권도 채권자가 채무자를 대위하여 행사하는 것이 가능하다(대판 2001. 12. 27. 2000다73049).

등기신청권은 채권자대위권의 목적(법 제28조)이 될 수 있으므로(대판 1962. 5. 10. 62다138), 채권자대위권에 의한 상속등기를 거부할 수 없다(대법원 1964. 4. 3. 63마54). 부동산을 정당히 매수하고 그 대금을 완불한 매수인은 현행 민법상 그 이전등기를 받기 전에는 물권의 변동이 생기지 아니하나 등기청구권이라는 채권적 청구권에 의하여 소유자인 매도인을 대위하여 목적부동산에 관한 원인무효등기의 말소등기청구를 할 수 있다(1965. 2. 16. 64다1630).

### (4) 채권자대위권행사의 객체가 될 수 있는 권리

채권자대위권은 채권자가 자기의 채권을 보전하기 위하여 채무자에게 속한 권리를 행사하는 것이며 그 권리가 채무자의 일신에 전속하는 권리 또는 압류를 불허하는 권리와 같이 채권의 담보가 될 수 없는 성질의 것이 아닌 이상 대위권행사의 객체가 될 수 있고, 그 권리에 동시이행의 항변권이 부착된 권리라 하여도 관계없다(대판 1965. 5. 25. 65다265, 266).

### (5) 채권자대위소송에 의한 확정판결의 효력이 채무자에게 미치는지 여부 (적극)

채권자가 채권자대위권을 행사하는 방법으로 제3채무자를 상대로 소송을 제기하여 판결을 받은 경우에 어떠한 사유로 인하였던 채무자가 채권자대위권에 의한 소송이 제기된 사실을 알았을 경우에는 그 확정 판결의 효력은 채무자에게도 미친다(대판 1975. 5. 13. 74다1664, 전원합의체판결).

### (6) 채권자대위권에 의한 등기신청

채권자는 민법 제404조에 따라 채무자를 대위(代位)하여 등기를 신청할 수 있다(부동산등기법 제28조 제1항). 등기관이 부동산등기법 제28조 제1항 또는 다른 법령에 따른 대위신청에 의하여 등기를 할 때에는 대위자의 성명 또는 명칭, 주소 또는 사무소 소재지 및 대위원인을 기록하여야 한다(동법 제28조 제2항). 대위등기신청서의 기재사항 및 첨부서면에 관한 사항은 부동산등기규칙 제50조에 규정되어 있다.

## (7) 채권자 대위권에 의한 대위등기의 신청요건

등기는 등기권리자와 등기의무자의 공동신청에 의함이 원칙(법 제23조 제1항)이나 예외로 등기신청권자가 아니면서 법률에 의하여 등기신청권자를 대위하여 자기 이름으로 피대위자 명의의 등기를 신청할 수 있는 경우가 있는바, 이를 대위등기신청(代位登記申請)이라 한다(법 제28조, 규칙 제50조).

등기신청권도 채권자대위의 객체인 권리가 될 수 있으므로 채권자는 자기채권(등기청구권과 같은 특정채권)의 실현을 위하여 채무자가 가지는 등기신청권을 자기의 이름으로 행사하여 채무자 명의의 등기를 신청할 수 있다(법 제28조). 채권자가 대위등기 할 수 있는 등기의 종류(보존등기, 이전등기, 말소등기, 변경등기 등)에는 특별한 제한이 없다.

채권자의 대위등기신청의 요건은 아래와 같다.

### (가) 채무자에게 등기신청권이 있을 것

채권자대위에 의한 등기는 채권자가 채무자의 등기신청권을 대위행사 하는 것이므로 그 전제로 채무자의 등기신청권이 있어야 한다. 따라서 채무자에게 등기신청권이 없으면 대위등기를 할 수 없다.

### (나) 채무자에게 유리한 등기일 것

채권자대위권은 채무자의 책임재산을 보전하기 위하여 채무자의 관여 없이 행해지는 것이므로 대위로 신청할 수 있는 등기는 채무자의 권리에 이익을 가져오는 등기와 채무자에게 불리하지 않는 등기에 한정된다. 따라서 채권자는 채무자가 등기권리자의 지위에 있는 경우에만 그 등기신청권을 대위할 수 있고, 채무자가 등기의무자의 지위에 있는 경우에는 대위할 수 없다. 다만 부동산표시의 변경(경정)등기 또는 등기명의인 표시의 변경(경정)등기와 같이 채무자에게 불리하지 아니한 등기는 대위신청 할 수 있다(부동산등기실무 Ⅰ권 180면.).

### (다) 대위의 기초가 되는 채권(피보전채권)이 있을 것

채권자가 등기신청을 대위하기 위해서는 대위자가 피대위자에 대하여 채권을 가져야 한다. 피보전채권은 채권적 청구권이건 물권적 청구권이건 묻지 않는다. 대위의 기초인 피보전채권이 금전채권인 경우에는 채권자 대위의 일반원칙에 따라 채무자의 무자력(無 資力)이 요구되나 대위의 기초인 권리가 특정채권인 때에는 당해 권리의 발생원인인 법률관계의 존재를 증명하는 서면(예 : 매매계약서 등)을, 금전채권일 때에는 금전채권증서(예 : 금전소비대차계약서 등)를 첨부하면 등기관은 무자력 여부를 심사하지 않고 등기신청을 수리하도록 하였다(등기예규 제1432호. 3.).

채권자가 채무자를 대위하여 등기를 신청하는 경우 채무자로부터 채권자 자신으로의 등기를 동시에 신청하지 않더라도 이를 수리하여야 한다. 등기관이 등기를 완료한 때에는 대위신청인 및 피대위자에게 등기완료통지를 하여야 한다(등기예규 제1432호. 4. 가. 다.).

## (8) 취득시효완성과 대위등기

취득시효완성으로 인한 소유권이전등기청구권자는 채권적 권리를 가진 것에 불과하므로 시효취득자가 그 등기를 하기 전에 소유명의인으로부터 먼저 소유권이전등기를 넘겨받은 제3자에 대하여는 시효취득을 주장할 수 없다. 다만 위 제3자명의 등기가 원인무효의 등기라면 취득시효완성 당시의 소유자에 대하여 가지는 소유권이전등기청구권을 기초로 원인무효인 등기의 말소를 구함과 아울러 위 소유자에게 취득시효완성을 원인으로 한 소유권이전등기를 구할 수 있다(대판 1993. 9. 14. 93다12268).

## (9) 채권자가 제3채무자를 상대로 채무자를 대위하여 등기절차이행을 명하는 판결을 받은 경우

### (가) 채권자 등의 판결에 의한 등기의 대위신청

채권자가 제3채무자를 상대로 채무자를 대위하여 등기절차의 이행을 명하는 판결을 받은 경우 채권자는 부동산등기법 제28조에 의하여 채무자의 대위신청인으로서 그 판결에 의하여 단독으로 등기를 신청할 수 있으며, 채권자대위소송에서 채무자가 채권자대위소송이 제기된 사실을 알았을 경우에는 채무자 또는 제3채권자도 채권자가 얻은 승소판결에 의하여 단독으로 등기를 신청할 수 있다(등기예규 제1383호. 3. 라).

### (나) 채권자대위권에 의한 등기절차

부동산등기법 제28조에 따라 대위에 의한 등기를 신청하는 경우에는 다음 각 호의 사항을 신청서에 기재하여야 하며, 대위원인을 증명하는 서면을 등기소에 제출하여야 한다(규칙 제50조).

1. 피대위자의 성명(또는 명칭), 주소(또는 사무소 소재지) 및 주민등록번호(또는 부동산등기용등록번호)
2. 신청인이 대위자라는 뜻
3. 대위자의 성명(또는 명칭)과 주소(또는 사무소 소재지)
4. 대위원인

등기관이 부동산등기법 제28조 제1항 또는 다른 법령에 따른 대위신청에 의하여 등기를 할 때에는 대위자의 성명 또는 명칭, 주소 또는 사무소 소재지 및 대위원인을 기록하여야 한다(법 제28조 제2항).

## [사 례]

### 서울지방법원

### 판 결

사    건     2003가단23227 소유권이전등기말소

원    고     삼풍제지 주식회사

　　　　　서울 도봉구 창동 224

　　　　　대표이사 ○ ○ ○

　　　　　소송대리인 법무법인 ○○

　　　　　담당변호사 ○ ○ ○

피    고 1. 신 ○ ○

　　　　　서울 ○○구 ○○동 ○○○

　　　　　등기부상 주소 서울 ○○구 ○○동 ○○○

　　　　　소송대리인 법무법인 ○○

　　　　　담당변호사 ○ ○ ○

　　　　2. 이 ○ ○

　　　　　현재 소재불명

　　　　　최후주소 서울 ○○구 ○○동 ○○○

　　　　　등기부상 주소 서울 ○○구 ○○동 ○○○

변론종결   2003. 11. 25.

판결선고   2003. 12. 23.

### 주 문

1. 별지 목록 기재 각 부동산에 관하여,

　　가. 피고 신○○은 피고 이○○에게 인천지방법원 부천지원 1978. 11. 9. 접수
　　　　제47510호로 마친 각 소유권이전청구권가등기(별지 서식 2 참조) 및 같은
　　　　지원 1981. 7. 31. 접수 제22021호로 마친 각 소유권이전등기(별지 서식
　　　　1)의 각 말소등기절차를 이행하고,

나. 피고 이○○은 원고에게 1978. 10. 10. 대물변제약정을 원인으로 한 각 소유
　　　　권이전등기(별지 서식 3)절차를 이행하라.
2. 소송비용은 피고들의 부담으로 한다.


청 구 취 지

주문과 같다.


이 유 (생 략)

## 소유권이전등기말소등기신청

| 접 수 | 년 월 일<br><br>제      호 | 처 리 인 | 등기관 확인 | 각종 통지 |
|---|---|---|---|---|
| | | | | |

| 부동산의 표시 |
|---|
| 1. 경기도 부천시 원미구 ○○동 46-6          대 100㎡<br>2. 위 지상<br>   연와조 세멘와즙 평가건주택 1동<br>   건평 16평 3홉<br>   세멘부럭조 스라브즙 평가건변소 1동<br>   건평 3홉 |

| 등기원인과 그 연월일 | 2003년 12월 23일 서울지방법원의 확정판결 |
|---|---|
| 등 기 의 목 적 | 소유권이전등기말소 |
| 말 소 할 등 기 | 1981년 7월 31일 접수 제22021호로 경료된 소유권이전등기 |
| 대 위 원 인 | 1978. 10. 10. 대물변제약정을 원인으로 한 소유권이전등기를 받아야할 채권보전 |

| 구<br>분 | 성 명<br>(상호·명칭) | 주민등록번호<br>(등기용등록번호) | 주 소 (소 재 지) |
|---|---|---|---|
| 등<br>기<br>의<br>무<br>자 | 신 ○ ○<br>(피고 1) | 생 략 | 생 략 |
| 등<br>기<br>권<br>리<br>자 | 이 ○ ○<br>(피고 2) | 생 략 | 생 략 |

| | | | |
|---|---|---|---|
| 등 록 세 | 금 | | 원 |
| 교 육 세 | 금 | | 원 |
| 세 액 합 계 | 금 | | 원 |
| 등 기 신 청 수 수 료 | 금 | | 원 |

| 첨 부 서 면 | |
|---|---|
| 1. 판결정본 및 확정증명          통<br>1. 등록세영수필확인서 및 통지서     통<br>1. 위임장                통<br>1. 이해관계인이 있는 때 : 승낙서등  통 | <기타> |

2011년    9월    20일


　　　　위 대위등기 신청인    ○○물산(주)  (전화 :        )
　　　　대표이사 : ○○○
　　　　(또는)위 대리인     법무사 최○○  (전화 :        )


인천지방법원 부천지원 등기과 귀중

## 가등기말소등기신청

| 접 수 | 년 월 일 | 처 리 인 | 등기관 확인 | 각종 통지 |
|---|---|---|---|---|
| | 제      호 | | | |

| 부동산의 표시 |
|---|
| 1. 경기도 부천시 원미구 ○○동 46-6            대 100㎡<br>2. 위 지상<br>　　연와조 세멘와즙 평가건주택 1동<br>　　건평 16평 3홉<br>　　세멘부럭조 스라브즙 평가건변소 1동<br>　　건평 3홉 |

| 등기원인과 그 연월일 | 2003년 12월 23일 서울지방법원의 확정판결 |
|---|---|
| 등 기 의 목 적 | 가등기말소 |
| 말소할 등기의 표시 | 1978년 11월 9일 접수 제47510호로 경료 된 가등기 |
| 대 위 원 인 | 1978. 10. 10. 대물변제약정을 원인으로 한 소유권이전등기를 받아야 할 채권보전 |

| 구분 | 성 명<br>(상호·명칭) | 주민등록번호<br>(등기용등록번호) | 주 소 (소재지) |
|---|---|---|---|
| 등기의무자 | 신 ○○<br>(피고 1) | 생 략 | 생 략 |
| 등기권리자 | 이 ○○<br>(피고 2) | 생 략 | 생 략 |

| | | |
|---|---|---|
| 등 록 세 | 금 | 원 |
| 교 육 세 | 금 | 원 |
| 세 액 합 계 | 금 | 원 |
| 등 기 신 청 수 수 료 | 금 | 원 |

첨 부 서 면

| | |
|---|---|
| 1. 판결정본및확정증명　　　　　통<br>1. 등록세영수필확인서　　　　　통<br>1. 위임장　　　　　　　　　　　통<br>1. 이해관계인이 있는 때 : 승낙서등　통 | &lt;기타&gt; |

2011년　　9월　　20일


위 대위등기 신청인　　○○물산(주)　(전화 :　　　　)

대표이사 : ○○○

(또는)위 대리인　　법무사 ○○○　(전화 :　　　　)

인천지방법원 부천지원 등기과 귀중

[별지 서식 3]

## 소유권이전등기신청

| 접 수 | 년 월 일 | 처 리 인 | 등기관 확인 | 각종 통지 |
|---|---|---|---|---|
| | 제    호 | | | |

| 부동산의 표시(거래신고일련번호/거래가액) |
|---|
| 1. 경기도 부천시 원미구 약대동 46-6    대 100㎡<br>2. 위 지상<br>　　연와조 세멘와즙 평가건주택 1동<br>　　건평 16평 3홉<br>　　세멘부럭조 스라브즙 평가건변소 1동<br>　　건평 3홉 |

| 등기원인과 그 연월일 | 1978년 10월 10일 대물변제 |
|---|---|
| 등 기 의 목 적 | 소유권 이전 |
| 이 전 할 지 분 | |

| 구 분 | 성 명<br>(상호·명칭) | 주민등록번호<br>(등기용 등록번호) | 주 소 (소재지) |
|---|---|---|---|
| 등 기 의 무 자 | 이 ○ ○<br>(피고 2) | 생 략 | 생 략 |
| 등 기 권 리 자 | 삼풍물산<br>대표이사 ○○○<br>(원고) | 생 략 | 생 략 |

| 시가표준액 및 국민주택채권매입금액 | | |
|---|---|---|
| 부동산 표시 | 부동산별 시가표준액 | 부동산별<br>국민주택채권매입금액 |
| 1. | 금             원 | 금             원 |
| 2. | 금             원 | 금             원 |
| 3. | 금             원 | 금             원 |
| 국 민 주 택 채 권 매 입 총 액 | 금                 원 | |
| 국 민 주 택 채 권 발 행 번 호 | | |
| 취득세(등록면허세)  금        원 | 지방교육세  금             원 | |
| 세   액   합   계 | 금                 원 | |
| 등 기 신 청 수 수 료 | 금                 원 | |
| | 은행수납번호 : | |

<table>
<tr><td colspan="2" align="center">첨 부 서 면</td></tr>
<tr>
<td>
1. 판결정본 및 확정증명(전건원용)   통<br>
1. 등록세영수필확인서 및 통지서     통<br>
1. 토지·임야·건축물대장           통<br>
1. 법인등기부등본                 통
</td>
<td>
1. 위임장                          통<br><br>
〈기 타〉
</td>
</tr>
</table>

2011년   9월   20일

　　　위 신청인       삼풍○○(주)    (전화 :        )

　　　대표이사 : ○○○

　　　(또는)위 대리인    법무사 ○○○    (전화 :        )


인천지방법원 부천지원 등기과 귀중

## 마. 사해행위취소판결에 의한 등기

채권자취소권은 채무자가 채권자를 해함을 알면서 자기의 일반재산을 감소시키는 행위를 한 경우에 그 행위를 취소하여 채무자의 재산을 원상회복시킴으로써 모든 채권자를 위하여 채무자의 책임재산을 보전하는 권리이나, 사해행위 이후에 채권을 취득한 채권자는 채권의 취득 당시에 사해행위취소에 의하여 회복되는 재산을 채권자의 공동담보로 파악하지 아니한 자로서 민법 제407조에 정한 사해행위취소와 원상회복의 효력을 받는 채권자에 포함되지 아니한다(대판 2009. 6. 23. 2009다18502).

### (1) 채권자취소권의 의의

채권자취소권은 채무자가 채권자를 해함을 알면서 자기의 일반재산을 감소시키는 행위를 한 경우에 그 행위를 취소하여 채무자의 재산을 원상회복시킴으로써 모든 채권자를 위하여 채무자의 책임재산을 보전하는 권리이다(민법 제406조).

채권자취소권의 대상이 되는 사해행위는 채무자의 총재산에 감소를 초래함으로써 채권자를 해하는 채무자의 재산적 법률행위를 말하므로 채무자의 총재산에 감소를 초래하지 않는 경우에는 사해행위라 할 수 없다(대판 1982. 5. 25. 80다1403).

### (2) 사해의사의 의미

채권자취소권의 주관적 요건인 채무자가 채권자를 해함을 안다는 이른바 채무자의 악의, 즉 사해의사는 채무자의 재산처분 행위에 의하여 채권자의 채권을 완전하게 만족시킬 수 없게 된다는 사실을 인식하는 것을 의미하고, 그러한 인식은 일반 채권자에 대한 관계에서 있으면 충분하고 특정의 채권자를 해한다는 인식이 있어야 하는 것은 아니다 (대판 1998. 5. 12. 97다57320).

사해행위의 취소의 대상이 되는 법률행위는 채권자를 해하는 것이라야 하며 "채권자를 해한다"함은 채무자의 재산적 법률행위로 말미암아 채무자의 적극재산이 채무의 총액보다 적게 되는 경우를 말하는 것이므로 채무자의 재산적 법률행위로 말미암아 채무자의 채무총액이 적극재산의 총액을 초과한다는 것이 확정되지 아니하고서는 채무자에게 채권자를 해하는 법률행위가 있었다고 단정할 수 없다(대판 1976. 11. 23. 75다1686).

### (3) 사해행위취소의 소의 피고적격

사해행위의 취소는 악의의 수익자(受益者)나 전득자(轉得者)에 대하여서만 할 수 있고 채무자에 대하여서는 행사할 수 없으므로 채무자를 상대로 한 취소청구는 부적법하다(대판 1967. 12. 26. 67다1839, 2004. 8. 30. 2004다21923).

### (4) 이혼에 의한 재산분할의 사해행위 여부

채무자가 이혼을 하면서 배우자에게 재산분할로 일정한 재산을 양도하는 재산분할이 상당한 정도를 벗어나는 과대한 것이라고 인정할 만한 특별한 사정이 없는 한 사해행위로서 취소되어야 할 것은 아니고, 다만 상당한 정도를 벗어나는 초과부분에 대하여는 사해행위에 해당하여 취소의 대상으로 될 수 있을 것이나, 이 경우에도 취소되는 범위는 그 상당한 정도를 초과하는 부분에 한정하여야 하고, 이에 대한 입증책임은 채권자에게 있다(대판 2000. 9. 29. 2000다25569).

### (5) 채무자의 대물변제와 사해행위 여부

채무자의 재산이 채무의 전부를 변제하기에 부족한 경우에 채무자가 그의 유일한 재산을 어느 특정 채권자에게 대물변제로 제공하여 양도한 행위는 다른 특별한 사정이 없는 한 다른 채권자들에 대한 관계에서 사해행위가 된다(대판 2005.11. 10. 2004다7873).

### (6) 사해행위취소의 효력

사해행위취소의 효력은 상대적이기 때문에 소송당사자인 채권자와 수익자 또는 전득자 사이에만 발생할 뿐 소송의 상대방이 아닌 제3자에게는 아무런 효력을 미치지 아니한다(대판 2001. 5. 29. 99다9011, 2005. 11. 10. 2004다49532).

### (7) 수익자를 상대로 사해행위취소판결을 받은 채권자의 등기신청

수익자를 상대로 사해행위취소판결을 받은 채권자는 채무자를 대위하여 단독으로 등기를 신청할 수 있다. 이 경우 등기신청서의 등기권리자란에는 "채무자 000 대위신청인 채권자 000"로 기재하고, 등기의무자란에는 "수익자 000"를 기재한다.

## 8. 판결에 의한 등기신청서의 기재사항

등기절차의 이행을 명하는 판결에 의하여 등기를 신청하는 경우에는 등기신청서의 일반적 기재사항인 부동산등기규칙 제43조 각 항의 부동산의 표시에 관한 사항, 등기신청인, 등기원인과 그 연월일, 등기의 목적, 등기필정보(다만 공동신청 또는 승소한 등기의무자의 단독신청에 의하여 권리에 관한 등기를 신청하는 경우로 한정한다), 등기소의 표시, 신청연월일 등을 기재하여야 한다.

### 가. 부동산의 표시에 관한 사항

판결에 의한 등기신청서에는 부동산등기규칙 제43조 제1항 제1호의 부동산의 표시에 관한 사항(즉, 토지, 건물, 구분건물)을 신청정보의 내용으로 등기소에 제공하여야 한다.

### 나. 신청인(등기권리자와 등기의무자)

등기신청서에는 신청인의 성명(또는 명칭), 주소(또는 사무소 소재지), 및 주민등록번(또는 부동산등기용등록번호), 신청인이법인인 경우에는 그 대표자의 성명과 주소를 기재하여야 한다. 허무인 명의등기의 방지를 위하여 부동산등기법 중 개정법률(1983. 12. 31. 법률 제3692호)에 의하여 모든 등기에 등기권리자(개인에 한함)의 주민등록번호를 성명에

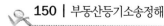

병기(시행일 : 1984. 7. 1)하도록 하였다.

판결에 의한 등기의 신속, 정확한 집행을 위하여 등기신청서 중 등기의무자 표시란에 피고의 주민등록번호와 현주소 이외에 등기부에 기재된 피고의 주소(등기부상의 주소)를 병기하는 것이 필요하므로 등기원인증서인 판결서에 '피고의 주민등록번호와 등기부상의 주소'가 명시될 필요가 있다.

## 다. 이행판결의 등기원인과 그 연월일

### (1) 등기원인 및 그 연월일의 의의

'등기원인'이란 부동산에 관한 권리 또는 표시 등의 변동원인이 되는 법률행위(매매, 증여, 교환 등) 또는 법률사실(상속, 경매, 시효취득, 토지수용, 토지의 분할 또는 합병, 건물의 증축 등)을 말한다.

소유권이전등기에 있어서 등기원인이라고 함은 등기를 하는 것 자체에 관한 합의가 아니라 등기를 하는 것을 정당하게 하는 실체법상의 원인을 뜻하는 것으로서, 등기를 함으로써 일어나게 될 권리변동의 원인행위나 그의 무효, 취소, 해제 등을 가리킨다(대판 1999. 2. 26. 98다50999).

등기원인이라 함은 등기를 하는 것을 정당하게 하는 즉 권원(權原)을 말한다. 등기원인은 매우 다양하며, 부동산에 관한 권리 또는 표시 등의 변동원인이 되는 법률행위 및 법률사실을 포함한다.

'법률행위'는 의사표시의 태양에 따라 단독행위, 계약, 합동행위로 구분된다. '법률사실'이란 법률효과를 발생케 하는 원인으로서 필요하고도 충분한 사실의 총체인 법률요건을 구성하는 개개의 사실을 말한다(예 : 상속, 경매, 토지의 분합, 건물의 증축, 수용, 시효취득 등).

'등기원인의 연월일'이란 등기원인인 법률행위 또는 법률사실의 성립 내지 효력이 발생한 일자를 말한다. 법률행위에 제3자의 허가, 승낙 등이 그 효력발생요건일 때에는 그 허가일이, 법률행위가 시기부 또는 조건부일 경우에는 그 시기의 도래일 또는 조건의 성취일이 등기원인의 연월일이 된다.

## (2) 이행판결에 의한 등기신청의 경우 판결주문에 '등기원인과 그 연월일'이 명시 되지 않은 경우

등기예규 제1383호(4. 가. 2).)는 '등기절차의 이행을 명하는 판결주문에 등기원인과 그 연월일이 명시되어 있지 아니한 경우 등기신청서에는 등기원인은 "확정판결"로, 그 연월일은 "판결 선고일"을 기재한다'고 하였으며, 등기예규 제1408호{4. 바. (1)}는 '가등기상 권리가 매매예약에 의한 소유권이전청구권일 경우, 판결주문에 매매예약 완결일자가 있으면 그 일자를 등기원인일자로 기재하여야 하고, 판결주문에 매매예약 완결일자가 기재되어 있지 아니한 때에는 등기원인은 "확정판결"로, 등기원인일자를 그 확정판결의 "선고연월일"로 기재하여야 한다'고 했다.

### (가) 등기원인과 그 연월일의 정확한 기재를 요하는 이유

등기원인이라 함은 부동산에 관한 권리변동의 원인이 되는 법률상의 원인 즉 권원으로서 법률행위(매매, 증여, 교환, 공유물분할, 대물변제, 현물출자 등)에 한하지 않고, 그 밖의 법률사실(협의상 이혼에 따른 재산분할, 시효취득, 수용, 상속, 진정한 등기명의회복 등)이 되기도 한다.

등기원인의 성립을 증명하는 서면이 바로 '등기원인을 증명하는 서면'{ 현행법상 '등기원인을 증명하는 정보'(법제46조 제1항 제1호. 제29조 8호)}로서 등기를 신청할 때에는 반드시 그 서면의 첨부를 요하고 있으며(규칙 제46조 제1항 1호), 이것을 첨부하지 아니한 경우에는 부동산등기법 제29조 제9호에 의하여 각하된다.

등기신청서에 등기원인을 증명하는 서면을 제출케 하는 이유는 등기관으로 하여금 '등기원인의 존부'에 대한 심사를 가능케 함으로써 '등기의 진정'을 보장하려는데 있다.

따라서 위 등기예규(등기예규 제1383호 및 제1408호)가 등기절차의 이행을 명하는 확정판결 (등기의 말소를 명한 판결을 포함한다)을 등기원인을 증명하는 서면으로 하여 등기신청을 한 경우 또는 판결에 의하여 가등기에 의한 본등기 신청의 경우 그 판결주문에 '등기원인과 그 연월일' 또는 '매매예약 완결일자'가 기재되어 있지 아니한 경우, 등기신청서에 등기원인을 "확정판결"로, 그 연월일을 "판결 선고일"로 기재하여야 한다는 것은 실체적 권리관계에 부합하는 법률행위 내지 법률사실과 부합하지 아니하므로 문제가 있다고 본다.

위와 같은 경우 등기관은 등기신청의 수리여부를 결정할 것이 아니라 등기원인과 그 연월일을 등기의 실체적 권리관계에 부합하도록 구체적으로 등기원인인 법률행위의 종류 또는 법률사실의 내용 및 그 성립일자를 특정하도록 보정을 명(등기신청인은 위 보정에 따른 판결경정결정신청을 함)하여 그에 따라 등기의 수리여부를 결정하는 것이 "등기원인과 그 연월일"을 등기신청서(규칙 제43조 제1항 5호, 제46조 제1항 제1호, 등기예규 제1334호 별표 양식 제2-1호 이하) 및 등기부(법 제34조 제6호, 제40조 제5호, 제48조 제1항 제4호, 단 제64조 참조)의 필요적 기재사항으로 규정한 부동산등기법규의 취지에 부합하는 것으로 본다.

### (나) 판례

판례는 '소유권이전등기절차이행을 명하는 판결주문에 등기원인의 기재 요부'에 관하여 '등기권리자가 판결로써 등기신청을 이천(履踐)함에는 판결주문에 등기원인이 명백히 되어야 신청절차가 가능할 것이며, 등기원인이라 함은 부동산의 권리득상에 관한 법률사실 즉 법률행위를 지칭하는 것이니 소유권이전등기절차이행청구를 인용함에 있어 주문으로 원·피고간 합의에 인한 이전등기절차를 이행하라고 한 것은 권리득상에 대한 법률행위를 표시한 것이라고 할 수 없다(대판 1947. 4. 8. 4280 民上 16)'고 하였다.

## (3) 소유권보존등기의 경우

부동산등기법 제65조에 따라 소유권보존등기를 신청하는 경우에는 법 제65조 각 호의 어느 하나에 따라 등기를 신청한다는 뜻(신청근거 규정)을 신청서에 기재하여야 한다. 이 경우 부동산등기규칙 제43조 제1항 5호에도 불구하고 '등기원인과 그 연월일'을 기재할 필요가 없다(규칙 제121조 제1항). 진정명의회복을 등기원인으로 한 소유권이전등기 신청서에도 '등기원인 일자'를 기재할 필요가 없다(등기예규 제1376호 4항).

## (4) 권리의 등기의 등기원인의 경정가부(적극)

일반적으로 권리의 등기에서 등기원인의 경정은 허용되고, 부동산표시의 변경이나 경정의 등기는 부동산등기법 제23조 제5항에 의하여 소유권의 등기명의인이 단독으로 신청할 수 있고, 등기명의인표시의 변경이나 경정의 등기는 제6항에 의하여 해당 권리의 등기명의인이 단독으로 신청할 수 있으나, 등기원인을 경정하는 등기는 위 각 표시의 변경이나 경정에 해당하지 않으므로 단독신청에 의한 경우에는 단독신청으로, 공동신청에 의한 경우에는 공동으로 신청하여야 한다. 소유권이전등기의 등기원인을 증여에서 매매로 경정하는 절차는, 공동신청에 의한 소유권이전등기의 경우 쌍방이 공동으로 등기원인을 경정하는 등기를 신청할 수 있고, 상대방이 이를 거부하는 경우에는 그를 상대로 경정등기절차이행을 명하는 판결을 받아 단독으로 신청할 수 있다(대판 2013. 6. 27. 2012다118549).

## (5) 등기절차의 이행을 명하는 판결의 등기원인과 그 연월일

### (가) 이행판결(履行判決)

판결에 의한 등기신청의 경우 등기절차의 이행을 명하는 이행판결에 의한 경우 판결주문에 명시된 등기원인과 그 연월일을 기재하며, 판결주문에 등기원인과 그 연월일이 명시되지 않은 경우(기존등기의 등기원인이 부존재 내지 무효이거나 취소, 해제에 의하여 소멸하였음을 이유로 말소등기 또는 회복등기를 명하는 판결인 경우)에는 등기신청서에는 등기원인은 '확정판결'로, 그 연월일은 '판결 선고일'을 기재한다(등기예규 제1383호 4. 가. 2).

### (나) 형성판결(形成判決)

권리변경의 원인이 판결 자체, 즉 형성판결인 경우 등기원인은 판결에서 행한 형성처분(예 : 공유물분할)을 기재하고, 그 연월일은 판결확정일을 기재한다(예 : 공유물분할 판결의 경우 등기원인은 '공유물분할'로, 그 연월일은 '판결확정일'을 기재하며, 사해행위취소판결의 경우 등기원인은 '사해행위취소'로, 그 연월일은 판결확정일을 기재하며, 재산분할심판의 경우 등기원인은 '재산분할'로, 그 연월일은 '심판확정일'을 기재한다(등기예규 제1383호 4. 나).

### (다) 화해조서(和解調書)

화해조서·인낙조서·화해권고결정 등에 등기신청에 관한 의사표시의 기재가 있고 그 내용에 등기원인과 그 연월일의 기재가 있는 경우 등기신청서에는 그 연월일을 기재한다.

화해조서 등에 등기신청에 관한 의사표시의 기재가 있으나 그 내용에 등기원인과 그 연월일의 기재가 없는 경우 등기원인은 '화해', '인낙', '화해권고결정' 등으로, 그 연월일은 '조서기일', 또는 '결정 확정일'을 기재한다(등기예규 제1383호 4. 다).

## 라. 등기의 목적

등기의 목적이라 함은 신청하는 등기의 내용 내지 종류를 말 한다(법 제48조 제1항 2호·규칙 제43조 제1항 6호). 등기관이 갑구 또는 을구에 권리에 관한 등기를 할 때에는 등기의 목적을 기록하여야 한다(법 제48조 제1항 2호). 등기의 목적은 소유권이전, 소유권 일부이전, 공유물분할로 인한 소유권일부이전 등으로 기재한다.

## 9. 판결에 의한 등기신청서의 첨부서면

판결에 의하여 등기를 신청하는 경우에는 등기신청서의 일반적 첨부서면인 부동산등기규칙 제46조 각항의 서면 외에 다음 각 호의 서면을 제출하여야 한다.

### 가. 판결정본 및 확정증명서

판결에 의한 등기를 신청함에 있어 등기원인증서로서 그 판결이 확정되었음을 증명하는 판결정본 및 확정증명서를 첨부하여야 한다(부동산등기규칙 제46조 제1항 1호).

#### (1) 등기원인증서(확정판결 정본 및 확정증명서)

등기원인증서에는 등기의 목적인 부동산의 표시와 그 권리에 관한 등기원인과 그 연월일을 비롯한 기타 등기사항 그리고 당사자인 등기권리자와 등기의무자의 표시가 기재되어 있어야 한다. 이러한 기재가 모두 기재되어 있지 아니한 서면은 여기서 말하는 등기원인증서의 하나로 볼 수 없다.

판결에 의하여 등기를 신청함에 있어 등기원인증서로서 판결정본과 그 확정증명서를 첨부하여야 하며(따라서 등기에 관하여 의사의 진술을 명하는 판결에는 가집행선고를 할 수 없다), 조정조서, 화해조서 또는 인낙조서를 등기원인증서로 첨부하는 경우에는 확정증명서를 첨부할 필요가 없으며, 조정에 갈음하는 결정정본 또는 화해권고결정정본을 등기원인증서로서 첨부하는 경우에는 확정증명서를 첨부(송달증명서는 첨부할 필요가 없다)하여야 한다(등기예규 제1383호 5. 가).

#### (2) 판결서 등의 검인

'계약'을 원인으로 '소유권이전등기'를 신청하는 경우에 등기원인을 증명하는 서면이 집행력 있는 판결서(법 제23조 제4항의 판결을 의미함) 또는 판결과 같은 효력을 갖는 조서인 때에는 판결서 등에 부동산의 소재지를 관할하는 시장, 구청장, 군수의 검인을 받아 관할 등기소에 이를 제출하여야 한다(부동산등기특별조치법 제3조 제2항, 제3항).

따라서 매각(강제·임의경매), 공매를 원인으로 한 소유권이전등기 및 계약의 일방 당사자가 국가 또는 지방자치단체인 경우의 소유권이전등기(등기예규 제1419호 1. 가), 토지 수용을 원인으로 한 소유권이전등기신청(등기선례 3권 501항), 유증을 원인으로 한 소유권이 전등기, 매매계약해제로 인한 소유권이정등기 말소등기신청서의 등기원인증서인 해제증 서는 검인을 받을 필요가 없다.

## 나. 집행문

### (1) 집행문의 의의

집행문(執行文)이라 함은 집행권원{執行權原이란 실체법상의 청구권의 존재와 범위 를 표시하고 법률상 집행력을 인정한 공문서로서 구법에서는 채무명의(債務名義)라고 하였는데 민사집행법 제56조에서 집행권원이라고 하였다}의 집행력(執行力이란 확정판 결이 가지는 중요한 효력으로서 좁은 의미로는 이행판결의 내용인 이행의무를 강제집행 에 의하여 실시할 수 있는 효력을 말하며, 넓은 의미로는 강제집행이외의 방법으로 판결 의 내용에 적합한 상태를 실현할 수 있는 효력을 말한다)의 현존 또는 집행력의 내용을 공증하기 위하여 법원사무관 등이 집행권원의 정본 말미에 부기하는 공증문서를 말한다.

집행문은 판결이 확정되거나 가집행의 선고가 있는 때에 한하여 부여하며, 판결을 집 행하는 데에 조건이 붙어 있어 그 조건이 성취되었음을 채권자가 증명하여야 하는 때에 는 이를 증명하는 서류를 제출하여야만 집행문을 내어준다(동법 제30조).

집행문에는 '이 정본은 피고 아무개 또는 원고 아무개에 대한 강제집행을 실시하기 위 하여 원고 아무개 또는 피고 아무개에게 준다'라고 기재되며, 법원사무관 등이 집행문에 기명날인하여야 한다(민집법 제29조).

## (2) 집행문의 종류

집행문의 종류에는 '단순집행문'(집행권원이 단순한 경우 즉 조건이 붙어 있지 않고 집행권원에 기재된 당사자 이외의 제3자에게 승계되지 아니한 경우), '조건성취집행문' (조건이 붙어 있는 집행권원에서 조건성취가 되었을 때에 내어주는 집행문), '승계집행문'(집행권원에 표시된 당사자 이외의 사람을 채권자 또는 채무자로 하는 강제집행에 있어서, 그 승계가 법원에 명백한 사실이거나 승계사실을 증명서로 증명한 때에 한하여 법원사무관 등이나 공증인이 내어주는 집행문)의 세 가지가 있다.

## (3) 의사의 진술을 명한 판결과 집행문의 요부

의사표시를 명하는 판결은 그 확정시에 채무자의 의사표시가 있는 것으로 보기 때문에(민집법 제263조 제1항) 판결에 의한 등기를 신청서에는 판결정본과 그 확정증명서를 첨부하면 되며 집행문을 부여받을 필요가 없음이 원칙이다.

## (4) 등기절차이행을 명한 판결의 집행에 집행문의 첨부를 요하는 경우(예외)

등기절차의 이행을 명하는 판결이 선이행판결, 상환이행판결, 조건부이행판결인 경우에는 집행문을 첨부하여야 한다. 다만 등기절차의 이행과 반대급부의 이행이 각각 독립적으로 기재되어 있다면 그러하지 아니하다(등기예규 제1383호 4. 나).

따라서 원고의 금원 지급의무와 피고의 소유권이전등기절차 이행의무가 동시이행관계에 있는 것이 아닌 경우에는 그 판결에 의하여 원고 명의로의 소유권이전등기를 신청함에 있어 집행문을 부여받을 필요가 없다.

## (5) 승계집행문

확정판결의 효력은 당사자, 변론종결 후의 승계인(변론종결 없이 한 판결의 경우에는 판결선고 후의 승계인) 또는 그를 위하여 청구의 목적물을 소지한 사람에 대하여 미치므로(민사소송법 제218조 제1항), 판결의 확정 기타 집행권원의 성립 후에 '당사자의 승계'가 있는 경우 승계인을 위하여 또는 승계인에 대하여 집행하기 위해서는 승계집행문을 부여받아야 한다(민사집행법 제31조).

### (가) 승계집행문의 의의

승계집행문이라 함은 판결에 표시된 채권자의 승계인을 위하여 또는 채무자의 승계인에 대하여 집행하는 경우에 부여되는 집행문을 말한다(민집법 제31조). 승계집행문은 그 승계가 법원에 명백한 사실이거나 증명서로서 이를 증명한 때에 한하여 부여할 수 있다(민사집행법 제31조).

### (나) 승계집행문을 부여하는 사례

당사자의 승계가 이루어진 경우에는 등기절차의 이행을 명하는 확정판결의 변론종결 후 그 판결에 따른 등기신청 전에 등기의무자인 피고 명의의 등기를 기초로 한 제3자 명의의 새로운 등기가 경료 된 경우로서 제3자가 민사소송법 제218조 제1항의 변론을 종결한 뒤의 승계인에 해당하여 위 판결의 기판력이 그에게 미친다는 이유로 원고가 제3자에 대한 승계집행문(민사집행법 제31조)을 부여 받은 경우에는 원고는 그 제3자 명의의 등기의 말소등기와 판결에서 명한 등기를 단독으로 신청 할 수 있으며, 위 각 등기는 동시에 신청하여야 한다(등기예규 제1383호 5. 다).

소유권이전등기말소청구의 예고등기{부동산등기법전부개정법률(2011. 4. 12. 법률 제10580호)에 의하여 예고등기제도는 폐지되었다}가 경료 된 후 원고가 승소확정판결에 의하여 말소등기를 신청하는 경우에 등기상 이해관계 있는 제3자가 있는 때에는 그 판결의 기판력이 그에게 미치지 아니하는 한 그의 승낙서 또는 이에 대항할 수 있는 재판의 등본을 첨부하여야 하나 위 제3자가 민사소송법 제218조 제1항에서 말하는 변론종결 후의 승계인에 해당하여 위 판결의 기판력이 제3자에게 미칠 때에는 원고는 승계집행문을 부여받아 제3자의 등기를 말소신청 할 수 있다(등기선례 제8권 98항, 101항).

甲이 乙을 상대로 소유권이전등기의 말소청구의 소를 제기하여 승소확정판결(1968. 1. 23자 판결확정)을 받았으나 그 변론 종결 후에 丙이 乙로부터 소유권이전등기를 경료(1994. 1. 20. 소유권이전등기)받은 경우 甲이 丙에 대한 승계집행문을 받는 다면 丙 명의의 소유권이전등기의 말소등기를 신청할 수 있을 것이나 그 말소등기의 신청은 乙 명의의 소유권이전등기의 말소등기신청과 동시에 하여야 한다(등기선례 요지집 제4권 482항).

토지에 관하여 원인무효를 이유로 한 소유권보존등기 말소청구에서 그 토지의 특정일부에 대하여 승소판결이 확정된 후 토지 전부에 관하여 근저당권설정등기가 경료 된 후 피고로부터 근저당권설정등기를 경료 받은 자는 변론종결 후의 승계인에 해당된다 할 것이므로 원고는 확정된 일부말소판결 및 근저당권자에 대한 승계집행문을 첨부하여 소유권보존등기 및 근저당권설정등기의 말소등기신청을 할 수 있다.

甲이 乙을 상대로 소유권이전등기의 말소를 명하는 판결과 임차인 丙을 상대로 건물명도를 명하는 판결이 각 확정되었으나 그 확정판결의 사실심 변론종결 후에 丁명의의 가압류등기가 경료 된 경우 甲이 丁에 대한 승계집행문을 부여 받아 가압류등기의 말소신청을 할 수 있다.

- 판 례 -

소송계속 중 어느 일반 당사자의 사망에 의한 소송절차 중단을 간과하고 변론이 종결되어 판결이 선고된 경우에는 그 판결은 소송에 관여할 수 있는 적법한 수계인의 권한을 배제한 결과가 되는 절차상 위법은 있지만 그 판결이 당연 무효라 할 수는 없고, 다만 그 판결은 대리인에 의하여 적법하게 대리되지 않았던 경우와 마찬가지로 보아 대리권 흠결을 이유로 상소 또는 재심에 의하여 그 취소를 구할 수 있을 뿐이므로, 이와 같이 사망한 자가 당사자로 표시된 판결에 기하여 사망자의 승계인을 위한 또는 사망자의 승계인에 대한 강제집행을 실시하기 위하여는 민사소송법 제481조를 준용하여 승계집행문을 부여함이 상당하다(대법원 1998. 5. 30. 98그7).

## 다. 주소를 증명하는 서면

등기를 신청하는 경우에는 등기권리자(새로 등기명의인이 되는 경우로 한정한다)의 주소 및 주민등록번호를 증명하는 서면을 제출하여야 한다. 다만 소유권이전등기를 신청하는 경우에는 등기의무자의 주소를 증명하는 서면을 제출하여야 한다(규칙 제46조 제1항 6호).

### (1) 소유권이전등기신청

판결에 의하여 등기권리자가 단독으로 소유권이전등기를 신청할 때는 등기권리자의 주소를 증명하는 서면만을 제출하면 된다(규칙 제46조 제1항 6호). 판결문상의 피고의 주소가 등기부상의 등기의무자의 주소와 다른 경우에는 동일인임을 증명할 수 있는 자료로서 주소에 관한 서면을 제출하여야 한다. 다만 판결문상에 기재된 피고의 주민등록번호와 등기부상에 기재된 등기의무자의 주민등록번호가 동일하여 동일인임을 인정 할 수 있는 경우에는 그러하지 아니하다(등기예규 제1383호 5. 라. 1).

### (2) 대위(代位) 보존등기신청

원고가 미등기 부동산에 관하여 그 소유자를 피고로 하여 소유권이전등기절차이행을 명하는 판결을 받은 후 피고를 대위(代位)하여 소유권보존등기를 신청하는 경우에는 그 보존등기명의인인 피고의 주소를 증명하는 서면을 제출하여야 한다. 이 경우 피고의 주민등록이 주민등록법 제20조 제5항에 의하여 말소된 때에는 말소된 주민등록등본을 첨부하고 그 최후 주소를 주소지로 하여 피고 명의의 소유권보존등기를 신청할 수 있다(등기예규 제1383호 5. 라. 2).

## 라. 제3자의 허가서 또는 등기상 이해관계 있는 제3자의 승낙서

등기를 신청하는 경우에는 부동산등기규칙 제46조 제1항 각호의 서면인 등기원인을 증명하는 서면, 등기원인에 대하여 제3자의 허가, 동의, 승낙이 필요한 경우에는 이를 증명하는 서면, 등기상 이해관계 있는 제3자의 승낙이 필요한 경우에는 이를 증명하는 서면 또는 이에 대항 할 수 있는 재판이 있음을 증명하는 서면 등 을 등기소에 제출하여야 한다.

그러나 등기원인을 증명하는 서면이 집행력 있는 판결인 경우에는 부동산등기규칙 제46조 제1항 제2호의 '등기원인에 대하여 제3자의 허가, 동의 또는 승낙이 필요한 경우에는 이를 증명하는 서면'을 제출할 필요가 없다. 다만, 등기원인에 대하여 행정관청의 허가·동의 또는 승낙을 받을 것이 요구되는 때에는 그러하지 아니하다(규칙 제46조 제3항).

판결에 의하여 말소등기(법 제57조)나 말소회복등기(법 제59조, 규칙 제118조)를 신청하는 경우 등기상 이해관계 있는 제3자의 승낙서 등의 제출은 면제되지 않는다. 예컨대 소유권이전등기의 말소등기절차를 이행하라는 판결을 받았다 하더라도 말소 대상인 이전등기에 기하여 설정된 근저당권자의 승낙서 등을 제출하지 않는다면 그 소유권이전등기도 말소할 수 없다.

## (1) 제3자의 허가서 등의 생략

신청대상인 등기에 제3자의 허가서(농지취득 자격증명, 토지거래 허가증, 외국인의 토지취득 허가증 등)등이 필요한 경우에도 그러한 서면의 제출은 요하지 않는다(규칙 제46조 제3항). 다만, 등기원인에 대하여 행정관청의 허가, 동의 또는 승낙 등을 받을 것이 요구되는 때에는 해당 허가서 등의 현존사실이 그 판결서에 기재되어 있는 경우에 한하여 허가서 등의 제출의무가 면제된다.

## (2) 예외(소유권이전등기신청)

### (가) 행정관청의 허가서 등의 첨부

"소유권이전등기"를 신청할 때에는 해당 허가서 등의 현존사실이 판결서 등에 기재되어 있다 하더라도 행정관청의 허가 등을 증명하는 서면을 반드시 제출하여야 한다(부동산등기특별조치법 제5조 제1항, 등기예규 제1383호 5. 마.).

피상속인이 신탁한 부동산에 대하여 상속인들이 신탁계약해지를 원인으로 한 소유권이전등기소송을 제기하여 승소판결을 받은 경우, 그 판결에 의한 소유권이전등기시에는 상속인들 명의의 농지취득자격증명을 첨부하여야 한다(등기선례 요지집 제5권 718항. 727항).

농지에 대하여 명의신탁해지를 원인으로 한 소유권이전등기절차의 이행을 명하는 판결을 받았다고 하더라도 그 판결에 의하여 소유권이전등기를 신청하는 경우에는 농지취득자격증명을 첨부하여야 한다(등기선례 요지집 제5권 717항).

### (나) 농지취득자격증명 및 토지거래허가서를 첨부할 필요가 없는 경우

농지에 대하여 취득시효완성, 공유물분할약정, 진정한 등기명의 회복을 원인으로 한 소유권이전등기를 명한 승소판결을 받은 경우에는 농지취득자격증명을 첨부할 필요가 없다(농지법 제8조 제1항. 제3호 및 동법시행령 제6조 제1호, 등기선례 요지집 제5권 733항. 등기예규 제1415호 3. 나).

쌍방이 이혼하고 각자 소유의 특정 부동산을 이전하여 주기로 하는 화해조서에 의하여 소유권이전등기신청을 하는 경우에는 토지거래허가서 등을 첨부할 필요가 없다(등기선례 요지집 제3권 249항).

유류분반환을 원인으로 한 소유권이전등기절차 이행의 조정결정이 확정된 경우 그 조정결정에 의한 소유권이전등기신을 할 때에는 농지취득자격증명을 첨부할 필요가 없다(등기선례 요지집 제5권741항).

## 마. 등기필증(등기필 정보)

등기권리자와 등기의무자가 공동으로 권리에 관한 등기를 신청하는 경우에 신청인은 그 신청정보와 함께 부동산등기법 제50조 제1항에 따라 통지받은 등기의무자의 등기필정보를 등기소에 제공하여야 한다. 승소한 등기의무자가 단독으로 권리에 관한 등기를 신청하는 경우에도 또한 같다(법 제50조 제2항).

　승소한 등기권리자가 단독으로 판결에 의하여 등기를 신청하는 경우에는 등기의무자의 권리에 관한 등기필증(등기필 정보)을 제공할 필요가 없으나 '승소한 등기의무자'가 단독으로 등기를 신청할 때에는 그의 권리에 관한 등기필 정보를 제공하여야 한다(법 제50조 제2항 후단, 규칙 제43조 제1항 7호).

　등기필증을 멸실하여 첨부할 수 없는 경우에는 부동산등기규칙 제111조에 의하여 확인서면이나 공증서면 중 하나를 제출하여야 한다(법 제51조, 규칙 제111조).

# 확인서면

| 등 기 할<br>부동산의<br>표 　 시 | | | | |
|---|---|---|---|---|
| 등기의무자 | 성 　 명 | | 등기의 목적 | |
| | 주민등록번호 | | | |
| | 주 　 소 | | | |
| 첨부서면 | 주민등록증사본·여권사본·자동차운전면허증사본 | | | |
| 특기사항 | | | | |
| 우 무 인 | | | | |

　위 첨부서면의 원본에 의하여 등기의무자 본인임을 확인하고 부동산등기법 제49조 2항의 규정에 의하여 이 서면을 작성합니다.


　　　　　　　　　　　　　　　　　년　　　월　　　일



　　　　　　　　　　　　법무사　　　　㉑

## [판 례]

등기필증 멸실의 경우, 법무사의 위임인 본인 여부 확인에 있어서 요구되는 주의의무의 정도 : 부동산등기법 제49조, 법무사법 제25조의 각 규정의 취지에 의하면 등기필증 멸실의 경우 법무사 등이 하는 부동산등기법 제49조 소정의 확인은 원칙적으로 등기관이 수행하여야 할 확인 업무를 등기관에 갈음하여 행하는 것이므로, 법무사 등은 등기신청을 위임하는 자와 등기부상의 등기의무자로 되어 있는 자가 동일인인지의 여부를 그 직무상 요구되는 주의를 다하여 확인하여야 할 의무가 있고, 법무사가 위임인이 본인 또는 대리인임을 확인하기 위하여 주민등록증이나 인감증명서를 제출 또는 제시하도록 하여 특별히 의심할 만한 사정이 발견되지 아니하는 경우에는 그 증명서만으로 본인임을 확인할 수 있을 것이나, 그와 같은 확인과정에서 달리 의심할 만한 정황이 있는 경우에는 가능한 여러 방법을 통하여 본인 여부를 한층 자세히 확인할 의무가 있다(대판 2000. 7. 28. 99다63107).

# 소유권이전등기신청(진정명의회복)

| 접 수 | 년 월 일 | 처 리 인 | 등기관 확인 | 각종 통지 |
|---|---|---|---|---|
| | 제 호 | | | |

| 부동산의 표시 | |
|---|---|

1. 서울 특별시 서초구 서초동 100
    대 300㎡
2. 서울 특별시 서초구 서초동 100
    시멘트 벽돌조 슬래브지붕 2층 주택
    1층 100㎡
    2층 100㎡

- 이상 -

| 등기원인과 그 연월일 | 2007년 9월 1일 매매 |
|---|---|
| 등 기 의 목 적 | 소 유 권 이 전 |
| 이 전 할 지 분 | |

| 구분 | 성 명<br>(상호·명칭) | 주민등록번호<br>(등기용등록번호) | 주 소<br>(소 재 지) | 지 분<br>(개인별) |
|---|---|---|---|---|
| 등기의무자 | 이 대 백 | 73○○○○-1○○○○○○ | 서울특별시 ○○구 ○○동 200 | |
| 등기권리자 | 김 갑 동 | 48○○○○-1○○○○○○ | 서울특별시 ○○구 ○○동 9 | |

| 시가표준액 및 국민주택채권매입금액 | | |
|---|---|---|
| 부동산 표시 | 부동산별 시가표준액 | 부동산별 국민주택채권매입금액 |
| 1. 주 택 | 금          원 | 금                        원 |
| 2. | 금          원 | 금                        원 |
| 3. | 금          원 | 금                        원 |
| 국 민 주 택 채 권 매 입 총 액 | 금                                        원 | |
| 국 민 주 택 채 권 발 행 번 호 | | |
| 세 액 합 계 | 금                                        원 | |
| 등 기 신 청 수 수 료 | 금                                        원 | |

| 등기의무자의 등기필정보 | | |
|---|---|---|
| 부동산 고유번호 | 0000-0000-00000 | |
| 성명(명칭) | 일련번호 | 비밀번호 |
| | | |

| 첨 부 서 면 | |
|---|---|
| · 취득세(등록면허세)영수필확인서      1통<br>· 토지·임야·건축물대장등본      각 1통<br>· 주민등록표등(초)본      각 1통 | · 판 결 정 본 ( 검 인 )      1통<br>· 판 결 확 정 증 명      1통 |

년      월      일

위 신청인                    (전화:      )

(또는)위 대리인                (전화:      )

지방법원              귀중

## 10. 판결에 의한 등기와 등기관의 심사권

등기의 목적은 부동산에 관한 물권 변동을 공시하는 것이므로 등기는 실체적 권리관계와 부합하여야 한다. 이를 위하여 부동산등기법은 등기관에게 등기신청에 대한 심사권을 부여하고 있다(법 29조). 등기관이 신청서를 받은 때에는 지체 없이 신청에 관한 모든 사항을 조사하여야하고, 조사 결과 신청에 따른 등기를 할 것인가, 보정을 명할 것인가 또는 신청을 각하할 것인가를 결정해야 한다. 등기사무 처리에 있어서 이와 같은 결정을 하는 과정을 등기신청에 관한 등기관의 심사 또는 신청서의 조사라고 한다.

등기관의 등기신청서에 관한 심사권(審査權)이란 등기부에 허위의 등기가 행하여지는 것을 막고 실체관계와 부합하는 등기가 이루어지도록 등기관이 신청의 적법 여부를 심사할 수 있는 권한을 말한다. 등기관의 심사권한의 범위에 관한 입법주의에는 '형식적 심사주의'와 '실질적 심사주의'가 있으며, 부동산 등기법은 형식적 심사주의(形式的 審査主義)를 채택하고 있다(법 제29조).

## 가. 형식적 심사주의

### (1) 등기관의 심사대상

등기관은 등기신청에 대하여 실체법상의 권리관계와의 일치 여부를 심사할 실질적 심사권은 없고 오직 신청서 및 그 첨부서류와 등기부에 의하여 등기요건의 충족여부를 심사할 형식적 심사권한 밖에는 없는 것이어서 그 밖에 필요에 응하여 다른 서면의 제출을 받거나 관계인의 진술을 구하여 이를 조사할 수 는 없다(대법원 1990. 10. 29. 90마772, 1995. 1. 20. 94마535).

### (2) 등기신청서류에 대한 심사의 기준시기

등기관이 본조에 의하여 등기청구서류에 대한 심사를 하는 경우 심사의 기준 시는 바로 등기부에 기재(登記의 實行)하려고 하는 때인 것이지 등기신청서류의 제출시가 아니다(대법원 1989. 5. 29. 87마820).

### (3) 상속등기신청에 대한 등기공무원의 심사에 확정판결의 기판력이 미치는 여부

등기신청인이 산정한 상속분이 그 상속재산을 둘러싼 소송에서도 받아들여져 판결로써 확정된 바 있다 하더라도 상속등기신청에 대하여 등기관이 본법 소정의 서면만에 의하여 형식적 심사를 함에 있어서는 위 확정판결의 기판력이 미칠 여지가 없다.

등기원인이 상속인 때 부동산등기법 제46조가 신청서에 첨부하도록 한 상속을 증명하는 시, 구, 읍, 면의 장의 서면 또는 이를 증명함에 족한 서면의 조사에 기한 상속분의 산정은 등기공무원의 형식상 심사권한의 범위 내라 할 것이다(대법원 1990. 10. 29. 90마772).

### (4) 등기공무원의 심사권한과 주의의무

등기공무원은 등기신청에 대하여 실체법상의 권리관계와 일치하는 여부를 심사할 실질적 심사권한은 없고 오직 신청서류와 등기부에 의하여 등기요건에 부합하는 여부를 심사할 형식적 심사권한 밖에 없으나, 등기공무원으로서의 통상의 주의를 기울이면 제출된 등기권리증 등이 진정하게 작성된 것이 아님을 식별할 수 있음에도 불구하고 이를 간과하였다면 이는 그 형식적 심사권한을 행사함에 있어서 지켜야할 주의의무(注意義務)를 위반한 것이다(대판 89. 3. 28. 87다카2470).

### 나. 확정판결에 대한 등기관의 심사범위

확정판결을 근거로 하는 등기신청에 의한 경우에는 그 등기절차를 명한 확정판결이 당연 무효인 여부의 점은 등기관으로서는 심사할 수 없다(대법원 1968. 7. 8. 67마1128). 신청인이 확정판결에 기하여 소유권이전등기를 신청하고 있는 경우에는 등기관이 부동산실권리자명의등기에 관한 법률 제8조 제2호의 특례에 해당하는지 여부에 관하여 다시 심사를 하여 명의신탁약정 및 그 명의신탁등기의 유·무효를 가리는 것은 등기관의 형식적 심사권의 범위를 넘어서는 것이어서 허용될 수 없다(대법원 2002. 10. 28. 2001마1235).

## 다. 판결서의 기재사항에 관한 등기관의 심사

### (1) 등기관의 실질적 심사권한 유무(소극) 및 위조된 서면에 의한 등기신청을 수리한 등기관의 과실이 인정되는 경우

등기관은 등기신청에 대하여 부동산등기법상 그 등기신청에 필요한 서면이 제출되었는지 여부 및 제출된 서면이 형식적으로 진정한 것인지 여부를 심사할 권한을 갖고 있으나 그 등기신청이 실체법상의 권리관계와 일치하는지 여부를 심사할 실질적인 심사권한은 없으므로, 등기관으로서는 오직 제출된 서면 자체를 검토하거나 이를 등기부와 대조하는 등의 방법으로 등기신청의 적법 여부를 심사하여야 할 것이고, 이러한 방법에 의한 심사 결과 형식적으로 부진정한, 즉 위조된 서면에 의한 등기신청이라고 인정될 경우 이를 각하하여야 할 직무상의 의무가 있다고 할 것이지만, 등기관은 다른 한편으로 대량의 등기신청사건을 신속하고 적정하게 처리할 것을 요구받기도 하므로 제출된 서면이 위조된 것임을 간과하고 등기신청을 수리한 모든 경우에 등기관의 과실이 있다고는 할 수 없고, 위와 같은 방법의 심사과정에서 등기업무를 담당하는 평균적 등기관이 보통 갖추어야 할 통상의 주의의무만 기울였어도 제출 서면이 위조되었다는 것을 쉽게 알 수 있었음에도 이를 간과한 채 적법한 것으로 심사하여 등기신청을 각하하지 못한 경우에 그 과실을 인정할 수 있다(대판 2005. 2. 25. 2003다13048).

### (2) 판결에 의한 등기신청과 등기관의 심사시 주의의무의 정도

판결서를 첨부서면으로 한 등기신청을 접수한 등기관으로서는 등기신청에 필요한 서면이 모두 제출되었는지 여부, 그 서면 자체에 요구되는 형식적 사항이 구비되었는지 여부, 특히 확정된 판결서의 당사자 및 주문의 표시가 등기신청의 적법함을 뒷받침 하고 있는지 여부 등을 제출된 서면과 등기부의 상호 대조 등의 방법으로 모두 심사한 이상 그 형식적 심사의무를 다하였다고 할 것이고, 위 판결서에 법률이 정한 기재 사항이 흠결되어 있거나 조잡하게 기재되어 있는 등 그 외형과 작성방법에 비추어 위조된 것이라고 쉽게 의심할 만한 객관적 상황도 존재하지 않는 경우, 등기관이 판결서의 기재사항 중 신청된 등기의 경료와 직접적으로 관련되어 있는 것도 아니고, 그 기재방법의 차이로 인하여 판결의 효력에 어떠한 영향도 주지 않는 기재사항까지 일일이 검토하여 그것이 재판서 양식에 관한 예규 및 일반적인 작성관행 등에서 벗어난 것인지 여부를 파악한 다음 이를 토대로 그 위조여부에 관하여 보다 자세한 확인을 하여야 할 주의의무가 있다고는 할 수 없다(등기신청의 첨부서면으로 제출된 판결서가 위조된 것으로서 그 기재사항 및 기재형식이 일반적인 판결서의 작성방식과 다르다는 점만을 근거로 판결서의 진정 성립에 관하여 자세한 확인절차를 하지 않은 등기관의 직무상의 주의의무위반을 이유로 국가배상책임을 인정한 원심판결을 파기환송 한 사례)(대판 2005. 2. 25. 2003다13048).

### (가) 원칙

판결에 의한 등기를 하는 경우 등기관은 원칙적으로 판결 주문에 나타난 등기권리자와 등기의무자 및 이행의 대상인 등기의 내용이 등기신청서와 부합하는지를 심사하는 것으로 족하다(등기예규 제1383호 6. 가).

### (나) 예외

다음 각 호의 경우에는 예외적으로 등기관이 판결이유를 고려하여 신청에 대한 심사를 하여야 한다.

1) 소유권이전등기가 가등기에 기한 본등기인지를 가리기 위하여 판결이유를 보는 경우
2) 명의신탁해지를 원인으로 소유권이전등기를 명한 판결의 경우 그 명의신탁이 부동산 실권리자명의등기에 관한 법률에서 예외적으로 유효하다고 보는 상호명의신탁, 배우자 또는 종중에 의한 명의신탁인지 여부를 가리기 위한 경우
3) 상속인의 범위 및 상속지분의 심사

확정판결에 상속관계에 대한 설시가 있다 하더라도 그 부분에 등기관에 대한 어떤 기속력이 인정되는 것은 아니어서 등기관으로서는 형식적 심사권의 범위 내에서 적법하게 그 확정판결이 부동산등기법 제46조 소정의 상속을 증명함에 족한 서면인지 여부를 심사할 뿐만 아니라 제출된 서면을 종합하여 객관적으로 상속인의 범위 및 상속지분을 판단할 수 있고 그러한 형식적 심사에 필요한 서면을 신청서에 첨부하지 않았다면 법 제55조 8호에 따라 등기신청을 각하하여야 한다(대결 1995. 1. 20. 94마535).

## 11. 판결에 의한 등기의 집행

부동산등기에 관하여 의사(意思)의 진술(陳述)을 청구한 원고가 승소하여 피고의 등기신청의 의사표시(意思表示)에 갈음하는 판결이 확정된 때에는 피고가 특정한 등기신청의사의 진술을 한 것으로 간주되므로(민사집행법 제263조 제1항) 원고는 그 판결을 첨부하여 그 판결에서 명한 특정한 등기를 단독으로 신청할 수 있다(법 제23조 제4항).

위의 판결은 민사집행법 제263조 제1항의 의사의 진술 중에서도 '등기신청의사의 진술을 명한 이행판결(履行判決)'만을 의미하여, 확인판결(確認判決)이나 형성판결(形成判決)은 이에 포함되지 아니한다.

### 가. 광의(廣義)의 집행행위(執行行爲)

민사집행법 제263조 제1항은 '의사의 진술을 명한 판결이 확정된 때에는 그 판결로 의사를 진술한 것으로 본다'고 규정하여, 부동산등기에 관하여 등기신청의 의사표시를 갈음하는 의사의 진술을 명한 판결의 확정으로 피고가 특정한 등기신청의사의 진술을 한 것으로 간주하고, 간접강제에 의한 강제집행절차를 생략하고 있다(민사집행법 제263조 제1항. 민법 제389조 제2항 전단).

의사의 진술을 명한 판결이 확정된 때에는 그 판결로 '의사(意思)를 진술'한 것으로 본다(민집법 제263조 제1항)는 취지는 등기신청의 의사표시의무를 명한 판결은 그 확정으로 등기신청의사의 진술을 한 것으로 간주되는 것을 의미하는 것인지 판결주문에 기재된 내용이 '등기부에 기입'된 것을 의미하는 것이 아니다.

판결에 의한 등기의 집행이라 함은 확정판결정본을 등기원인증서로 하여 등기신청을 한 후 등기관의 심사에 따라 판결주문에 기재된 내용을 '등기부에 기입'하는 것을 의미하기 때문이다(민집법 제293조 제1항 참조).

법 제23조 제4항 전단에서 판결에 의한 등기는 '승소한 등기권리자 또는 등기의무'자가 단독으로 신청한다고 하여 판결로 인한 등기는 승소한 등기권리자 또는 등기의무자(등기수취청구권의 행사)만으로 신청할 수 있게 하였는데 이 취지는 등기의무자에 대하여 등기절차를 이행하도록 명한 이행판결에 의하여 신청하는 것이므로 등기의자의 협력이 불필요하다고 본 것이다.

등기절차를 명하는 확정된 이행판결(민사집행법 제263조 제1항)을 등기원인증서로 한 등기신청(법 제23조 제4항)에 의하여 등기부에 일정한 사항을 기재하는 것은 재판의 반사적 효력으로 행하여지는 것에 불과하며 국가의 강제력의 행사에 의한 이행청구권과는 관계가 없으므로 강제집행에 해당하지 아니하나 이것은 재판에 기한 국가의 행위라는 점에서 유사한 점이 있기 때문에 '광의(廣義)의 집행(執行)'이라고 한다(대법원 1996. 3. 12. 95마528 결정, 2000. 5. 24. 98마1839 결정, 2000. 5. 24. 99그82 결정, 2000. 5. 30. 2000그37 결정).

## 나. 협의(狹義)의 집행(執行)

민사집행의 의의에 관하여 민사집행은 '좁은 의미'에서는 강제집행, 담보권실행을 위한 경매, 민법·상법 그 밖의 법률의 규정에 의한 경매, 즉 형식적 경매 등 세 가지의 절차를 말하고, '넓은 의미'에서는 위 세 가지와 보전처분의 절차까지 합한 네 가지 절차를 말한다(李時潤 著 제6판 新民事執行法 3면).

의사표시의무의 협의의 집행의 완료시기에 관하여 원고가 승소하여 피고(등기신청의 의사표시를 갈음하는)의 의사의 진술을 명하는 판결이 선고된 때에는 그 판결이 확정됨으로써 피고가 특정한 등기신청의사의 진술을 한 것으로 간주되므로(민사집행법 제263조), 판결확정과 동시에 협의의 집행은 완료 된다(법원행정처 발행 부동산등기실무 1권 315면)는 견해가 있으나 의문이다.

판결에 의한 등기는 승소한 등기권리자 또는 등기의무자가 단독으로 신청할 수 있으며(법 제23조 제4항), 이 경우 판결은 피고의 등기신청의사의 진술에 갈음하는 동시에 등기원인을 증명하는 서면(규칙 제46조 제1항 1호)의 기능을 하여 원고가 등기신청서에 그 확정판결정본을 등기원인증서로 첨부하여 관할등기소에 등기신청을 한 후 등기관의 심사를 거쳐 '등기부(등기기록)에 기입(기록)'한 후 등기사무를 처리한 등기관이 누구인지 알 수 있는 '조치를 한 때'에 그 등기는 효력을 발생하며(법 제6조 제2항, 제11조 제4항 참조) 이로서 판결에 의한 등기의 집행이 완료된다.

따라서 의사의 진술을 명하는 판결이 선고된 때에는 그 판결의 확정과 동시에 '협의(狹義)의 집행(執行)은 완료 된다'는 견해에 동의할 수는 없다. 판결에 의한 '등기의 집행'이라 함은 원고가 확정판결정본을 등기원인증서로 하여 등기신청을 한 후 등기관의 심사에 따라 판결주문에 기재된 내용을 '등기부(등기기록)에 기입(기록)'하는 것을 의미하기 때문이다.

등기신청의 의사표시를 갈음하는 의사의 진술을 명하는 판결이 선고된 때에는 그 판결이 확정됨으로써 피고가 특정한 등기신청의사의 진술을 한 것으로 간주되는 규정(민집 263조)을 근거로 '판결확정'과 동시에 '협의의 집행'은 완료 된다는 위 견해에는 아래와 같은 이유로 찬성할 수 없다.

## (1) 등기신청의 접수시기

등기는 신청인이 부동산등기규칙 제43조 제1항 각호의 사항이 기재된 신청서에 규칙 제46조 각항의 규정에 의한 서면을 첨부하여 관할 등기소에 신청하여 그 신청정보가 전산정보처리조직에 저장된 때에 '접수'된 것으로 본다(법 제6조 제1항).

등기신청의 접수효과 발생 시기 및 등기의 완성시기에 관하여 판례는 등기신청의 접수효과는 등기공무원이 신청서를 받았을 때에 발생하며 등기는 등기사항을 기입하고 날인함으로써 완성되고 그 날인이 누락되었다하여 그 등기가 무효가 된다고는 할 수 없다(77. 10. 31. 77마262)고 하였다.

## (2) 등기의 효력발생시기

### (가) 등기사무를 처리한 등기관이 누구인지를 알 수 있는 조치를 한때

등기관은 등기사무를 전산정보처리조직을 이용하여 등기부에 등기사항을 기록하는 방식으로 처리하여야 한다(법 제11조 제2항). 등기관은 접수번호의 순서에 따라 등기사무를 처리하여야 하며, 등기관이 등기사무를 처리한 때에는 '등기사무를 처리한 등기관이 누구인지 알 수 있는 조치'를 하여야 한다(법 제11조 제3항, 4항).

등기관이 등기를 마친 경우 그 등기는 접수한 때부터 효력을 발생하며(법 제6조 제2항), 부동산등기법 제6조 제2항에서 '등기관이 등기를 마친 경우'라 함은 부동산등기법 제11조 제4항의 규정에 의하여 등기관이 등기사무를 처리한 후 그 '등기사무를 처리한 등기관이 누구인지 알 수 있는 조치'를 한 때를 의미하며 여기서 '조치'는 구법상의 등기관의 '날인'에 해당 한다.

구부동산등기법은 표시란에 등기를 함에는 신청서 접수의 연월일 등을 기재하고 등기관이 날인하여야 하며, 사항란에 등기를 함에는 신청서 접수의 연월일 등을 기재하고 등기관이 '날인'하여야 한다고 규정(구법 제57조)하였으나 개정법에서는 등기사무를 전산정보

처리조직을 이용하여 등기부에 등기사항을 기록하는 방식으로 처리하므로 등기관이 등기사무를 처리한 때에는 '전자서명'을 함으로써 '등기사무를 처리한 등기관이 누구인지 알 수 있는 조치'를 한 경우 그 등기는 접수한 때부터 효력을 발생하는 것으로 본다(구법 제177조의4 제2항, 법 제6조 제2항).

위와 같이 '등기의 효력발생시기'(법 제6조 제2항)는 등기신청인(법 제23조)이 규칙 제43조 각항의 사항을 기재한 등기신청서에 규칙 제46조 각항의 서면을 첨부한 등기신청서를 관할등기소에 제출(접수)하여 등기관이 이를 심사하여 적법한 것으로 판단하여 등기사무를 처리(등기기록에 이를 기록)한 후 그 등기사무를 처리한 등기관이 누구인지를 알 수 있는 '조치'를 한 때(법 제11조 제4항)이며, 이로서 등기의 집행은 완료되는 것이다.

### (나) 의사의 진술을 명하는 판결과 협의의 집행이 완료되는 시기

판례는 등기신청의 접수효과는 등기관이 신청서를 받았을 때 발생하며, 등기는 등기부에 등기사항을 기입하고 날인(날인은 구법상의 교합인의 날인을 의미하며 현행법 제11조 제4항의 등기관이 등기사무를 처리한 때에는 등기사무를 처리한 등기관이 누구인지 알 수 있는 '조치'를 하여야 한다는 규정에서 조치를 의미함)함으로써 완성되고 그 날인이 누락되었다하여 그 등기가 무효가 된다고 할 수 없다(대결 1977. 10. 31. 77마262)고 하였다.

따라서 '피고의 등기시청의 의사표시를 갈음하는 의사의 진술을 명하는 판결의 확정과 동시(그 확정판결을 등기원인증서로 하여 등기신청을 하지 아니한 상태)에 협의의 집행이 완료 된다'는 견해(이시윤 저 : 제6판 신민사집행법 490면 도표2-12 의사표시 의무<등기 등 집행>)에는 찬동할 수 없다.

의사의 진술을 명한 확정판결을 등기원인증서로 하여 등기부에 일정한 사항을 기재하는 것은 의사표시의무의 집행으로서 '광의의 집행행위'에 속하는 것으로 보나(대법원 2000. 5. 24. 98마1839, 2000. 5. 24. 99그82, 2000. 5. 30. 2000그37), 위와 같이 의사의 진술을 명하는 '판결의 확정'과 동시에 승소한 등기권리자 또는 등기의무자의 등기신청행위가 없는 상태에서

'협의의 집행'이 완료된다고 볼 수 있는지(확정판결을 등기원인증서로 한 등기신청이 없는 경우)는 의문이다.

왜냐하면 부동산의 매매에 있어 매도인의 매매의 목적이 된 권리이전의무와 매수인의 대금지급의무는 특별한 규정이나 관습이 없으면 동시에 이행(민법 제568조)하여야 하나 당사자 쌍방 간에 매매계약이 성립된 사실자체만으로(매매계약서를 등기원인증서로 하여 등기신청을 하지 아니한 경우) 매매를 원인으로 한 소유권이전등기의 효력을 인정할 수 없는 것과 마찬가지이기 때문이다.

### 다. 판결에 의한 등기신청인

부동산등기법 제23조 제4항의 판결은 채무자의 등기소에 대한 등기신청의 의사표시를 갈음하는 것이므로, 부동산등기에 관하여 특정한 등기신청의 의사표시를 할 것을 명한 판결은 확정된 '이행판결'만을 의미하며(민사집행법 제263조 제1항), 확인판결이나 형성판결은 이에 포함되지 아니하는 것으로 보아야 한다.

판결에 의한 등기는 승소한 등기권리자 또는 등기의무자가 단독으로 신청한다(부동산등기법 제23조 4항). 매매계약이 무효라는 확인판결에 의하여 소유권이전등기의 말소를 신청할 수 없으며(등기선례 제1권 494항), 소유권확인판결에 의하여 소유권이전등기를 신청하거나(등기선례 제4권 217항) 통행권확인판결에 의하여 지역권설정등기를 할 수 없다(등기선례 제7권 322항).

다만 형성판결 중 공유물분할판결의 경우는 예외이다. 공유물분할판결의 주문에는 특정한 등기절차의 이행을 명하는 내용이 없지만 각 공유자는 원·피고에 관계없이 그 판결을 첨부하여 공유물분할등기(지분이전등기)를 신청할 수 있다(등기선례 제3권 556항).

## 소유권이전등기신청(판결)

| 접 수 | 년 월 일 | 처 리 인 | 등기관 확인 | 각종 통지 |
|---|---|---|---|---|
| | 제 호 | | | |

### 부동산의 표시

1. 서울특별시 서초구 서초동 ○○○
       대 100㎡
2. 서울특별시 서초구 서초동 ○○○
       시멘트 벽돌조 슬래브지붕 2층 주택
           1층 100㎡
           2층 100㎡

이 상

| 등기원인과 그 연월일 | 2014년 9월 1일 매매(판결주문의 등기원인이 매매인 경우) |
|---|---|
| 등 기 의 목 적 | 소유권 이전 |
| 이 전 할 지 분 | |

| 구 분 | 성 명 (상호·명칭) | 주민등록번호 (등기용등록번호) | 주 소(소재지) | 지 분 (개인별) |
|---|---|---|---|---|
| 등기의무자 | 이 ○○ | | 서울특별시 ○○구 ○○동 000 | |
| 등기권리자 | 김 ○○ | | 서울특별시 ○○구 ○○동 ○○ | |

| 시가표준액 및 국민주택채권매입금액 | | |
|---|---|---|
| 부동산 표시 | 부동산별 시가표준액 | 부동산별 국민주택채권매입금액 |
| 1. 주　택 | 금　　　　　　　원 | 금　　　　　　　원 |
| 2. | 금　　　　　　　원 | 금　　　　　　　원 |
| 3. | 금　　　　　　　원 | 금　　　　　　　원 |
| 국 민 주 택 채 권 매 입 총 액 | | 금　　　　　　　원 |
| 국 민 주 택 채 권 발 행 번 호 | | |

| 등록세 | 금　　　　원 | 교육세 | 금　　　　원 |
|---|---|---|---|

| 세　액　합　계 | 금　　　　　　　원 |
|---|---|
| 등 기 신 청 수 수 료 | 금　　　　　15,000원 |

| 등기의무자의 등기필정보 | | |
|---|---|---|
| 부동산고유번호 | 1102-2006-000000 | |
| 성명(명칭) | 일련번호 | 비밀번호 |
| 이 ○○ | | |

| 첨 부 서 면 | |
|---|---|
| • 등록세영수필확인서　　　　1통<br>• 토지·건축물대장등본　　　각1통<br>• 주민등록등(초)본　　　　　각1통 | 〈기 타〉<br>• 판결정본(검인)　　　　1통<br>• 확정증명　　　　　　　1통 |

2014년　10월　1일

위　신　청　인　　　　　김 ○○　㊞　(전화 :　　　　　)

(또는)위　대리인　　　　　　　　　　　(전화 :　　　　　)

서울중앙 지방법원　등기과　귀중

## 라. 등기의 말소 또는 말소등기의 회복을 명하는 판결에 명시될 사항

### (1) 등기의 말소를 명하는 판결주문에 명시될 사항

등기의 말소를 신청하는 경우에 그 말소에 대하여 등기상 이해관계 있는 제3자가 있을 때에는 제3자의 승낙이 있어야 한다(법 제57조 제1항).

따라서 등기의 말소를 명하는 판결(부동산등기법 제57조 제1항) 주문은,

(1) "피고는 원고에게 별지목록기재 부동산에 관하여 ○○지방법원 ○○등기소 0000년 0월 0일 접수 제000호로 경료 된 소유권이전등기의 말소등기절차를 이행하라"

또는

(2) "피고 甲은 별지목록기재 부동산에 대한 ○○지방법원 ○○등기소 0000년 0월 0일 접수 제000호로 경료 된 소유권이전등기의 말소등기절차를 이행하고, 피고 乙(등기의 말소에 대하여 부동산등기법 제57조 제1항의 등기상 이해관계 있는 제3자가 있는 경우)은 위 소유권이전등기의 말소등기에 대하여 승낙의 의사를 표시하라"

와 같이 등기의 말소에 대한 '제3자의 승낙의 의사표시'가 명시되어 있어야 그 판결에 의한 등기의 집행을 할 수 있다.

등기의 말소를 명하는 판결주문에는 등기원인과 그 연월일은 기재하지 아니하므로, 위 판결에 의한 등기신청서에는 등기원인은 '확정판결'로, 그 연월일은 '판결 선고일'을 기재하고, 등기부(갑구)에는 등기목적은 '0번 소유권이전등기말소'로, 등기원인은 '0000년 0월 0일 확정판결'로 등기관이 기재한다.

## 소유권이전등기말소등기신청

| 접 수 | 년 월 일<br>제    호 | 처 리 인 | 등기관 확인 | 각종 통지 |
|---|---|---|---|---|

### 부동산의 표시

1. 서울특별시 서초구 서초동 100
        대 100㎡

이    상

| 등기원인과 그 연월일 | 2014년 9월 1일 확정판결 |
|---|---|
| 등 기 의 목 적 | 소유권이전등기말소 |
| 말 소 할 등 기 | 2010년 3월 2일 접수 제4168호로 경료한 소유권 이전등기 |

| 구<br>분 | 성 명<br>(상호·명칭) | 주민등록번호<br>(등기용등록번호) | 주 소 (소 재 지) | 지분<br>(개인별) |
|---|---|---|---|---|
| 등<br>기<br>의<br>무<br>자 | 이 ○○ | | 서울특별시 ○○구<br>○○동 ○○○ | |
| 등<br>기<br>권<br>리<br>자 | 김 ○○ | | 서울특별시 ○○구<br>○○동 ○○○ | |

| 등 록 세 | 금 | 원 |
|---|---|---|
| 교 육 세 | 금 | 원 |
| 세 액 합 계 | 금 | 원 |
| 등 기 신 청 수 수 료 | 금 | 원 |

| 첨 부 서 면 | |
|---|---|
| • 등록세영수필확인서          통 | **&lt;기타&gt;**<br>• 판결정본 및 확정증명      각 1통 |

2014년  10월  1일


위 신청인        김 ○○    ㉐   ( 전화 :              )
(또는)위 대리인                ( 전화 :              )


서울중앙 지방법원                            등기과    귀중

## (2) 말소등기의 회복을 명하는 판결주문에 명시될 사항

말소된 등기의 회복을 신청하는 경우에 등기상 이해관계 있는 제3자가 있을 때에는 그 제3자의 승낙이 있어야 한다(법 제59조).

따라서 말소된 등기의 회복(부동산등기법 제59조)을 명하는 판결의 주문은 "피고는 원고에 게 별지목록기재 부동산에 관하여 서울 중앙지방법원 강남등기소 2008년 10월 20일 접수 제4500호로 말소등기 된 같은 등기소 2008년 5월 15일 접수 제8000호 소유권이전 등기의 회복등기절차를 이행하라" 또는

말소된 등기의 회복에 대하여 등기상 이해관계 있는 제3자가 있을 때에는 말소된 등기의 회복에 대한 그 제3자의 승낙의 의사표시를 하여야 하므로 판결의 주문에는 아래와 같이 그 제3자의 승낙의 의사표시를 명백히 하여야 한다.

"피고 甲은 원고에게 별지목록기재 부동산에 관하여 서울 중앙지방법원 강남등기소 1998년 10월 18일 접수 제3000호로 말소등기 된 같은 등기소 1997년 3월 23일 접수 제2000호 소유권이전등기의 회복등기절차를 이행하고, 피고 乙(등기상 이해관계 있는 제3자)은 원고에게 별지목록기재 부동산에 관하여 서울 중앙지방법원 강남등기소 1998년 10월 18일 접수 제3000호로 말소등기 된 같은 등기소 1997년 3월 23일 접수 제2000호 소유권이전등기의 회복등기에 대하여 승낙의 의사를 표시하라"와 같이 제3자의 말소된 등기의 회복에 대한 '승낙의 의사표시'를 진술하는 내용이 명시되어 있어야 그 판결에 대한 등기를 집행할 수 있다.

그러나 이 경우에도 말소등기와 같이 등기원인과 그 연월일은 기재하지 아니하며, 등기신청서에는 등기원인은 "확정판결"로, 그 연월일은 "판결선고일"을 기재한다.

등기부(갑구)에는 등기목적은 '0번 00000등기회복'으로, 등기원인은 '0000년 0월 0일 ○○지방법원의 확정판결'과 같이 등기관이 기재한다.

## 토지소유권이전 말소회복등기신청

| 접 수 | 년 월 일<br><br>제        호 | 처 리 인 | 등기관 확인 | 각종 통지 |
|---|---|---|---|---|
|  |  |  |  |  |

| ① 부동산의 표시 |
|---|
| 생   략 |

| 등기원인과 그 연월일 | 2011년 0월 0일 확정판결 |
|---|---|
| 등 기 의 목 적 | 소유권이전등기의 회복 |
| 회복할 등기 | 0000년 0월 0일 접수 제○○호로 말소된 소유권 이전등기 |

| 구<br>분 | 성 명 | 주민등록번호 | 주 소 (소재지) |
|---|---|---|---|
| 등<br>기<br>의<br>무<br>자 | ○○○ |  |  |
| 등<br>기<br>권<br>리<br>자 | ○○○ |  |  |

| 등 록 면 허 세 | 금 | 원 |
|---|---|---|
| 지 방 교 육 세 | 금 | 원 |
| 세 액 합 계 | 금 | 원 |
| 등 기 신 청 수 수 료 | 금 | 원 |
| | 은행수납번호 : | |

| 첨 부 서 면 | |
|---|---|
| 1. 판결정본 및 확정증명서        각1통<br>1. 등기상 이해관계 있는 제3자의 승낙서<br>    또는 이에 대항할 수 있는 재판의 등본      통<br>1. 등기필증      통<br>1. 등록세영수필확인서 및 통지서      통<br>1. 위임장      통 | |

년 월 일


위 신청인      ○ ○ ○   ㉑   (전화 :        )
             ○ ○ ○   ㉑   (전화 :        )
(또는)위 대리인 법무사     ○ ○ ○   (전화 :      )


    ○○지방법원                 등기과   귀중

## 마. 부동산등기법 제65조 제2호의 판결 및 제23조 제4항의 판결의 차이

### (1) 부동산등기법 제65조 제2호의 판결(판결의 종류불문)

판결에 의한 등기는 승소한 등기권리자 또는 등기의무자가 단독으로 신청하며(법 제23조 제4항), 확정판결에 의하여 자기의 소유권을 증명하는 자는 미등기의 토지 또는 건물에 관한 소유권보존등기를 신청할 수 있다(법 제65조 제2호).

구부동산등기법 제130조 제2호(현행법 제65조 제2호)의 판결은 그 내용이 신청인에게 소유권이 있음을 증명하는 확정판결이면 족하고, 그 종류에 관하여 아무런 제한이 없어 반드시 확인판결이어야 할 필요는 없고, 이행판결이든 형성판결이든 관계가 없으며, 또한 화해조서 등 확정판결에 준하는 것도 포함 한다(대법원 1971. 11. 12. 71마657,대판 1994. 3. 11. 93다57704).

### (2) 부동산등기법 제23조 제4항의 판결

부동산등기법 제23조 제4항(구법 제29조)의 판결의 범위에 관하여 이 판결은 채무자의 등기소에 대한 등기신청의 의사표시를 갈음하는 것이므로(민사집행법 제263조 제1항 참조) 특정한 등기신청의 의사표시를 할 것을 명하는 이행판결만을 의미한다는 견해(판례 및 등기실무)와 부동산등기법 제23조 제4항의 문언상 반드시 이행판결로만 해석하여야 할 이유가 없고 등기의 진정이 보장되기만 하면 당사자 간의 실질적 권리관계에 대한 확인 내지 형성판결도 포함된다는 견해가 있다.

부동산등기법 제23조 제4항의 판결은 민사집행법 제263조 제1항의 의사의 진술 중에서도 '등기신청의사의 진술을 명한 판결'만을 의미한다고 보아야 한다. 따라서 부동산등기법 제23조 제4항의 판결은 의사의 진술을 명하는 확정된 '이행판결'만을 의미하며, 확인판결이나 형성판결은 이에 포함되지 아니한다. 다만 형성판결 중 공유물분할판결(민법 제269조 제1항)의 경우는 예외이다.

따라서 확정된 '이행판결'만을 의미하는 부동산등기법 제23조 제4항의 판결과 '판결의 종류를 불문'하는 동법 제65조 제2호의 판결에 의한 소유권보존등기신청을 혼동하지 않도록 주의하여야 한다.

### (3) 의사의 진술을 명한 판결에 가집행선고 또는 강제집행정지의 가부(소극)

의사의 진술을 명하는 판결은 그 판결이 확정된 때에 그 의사를 진술한 것으로 보므로<sub>(민사집행법 제263조 제1항)</sub> 부동산등기법 제23조 제4항의 판결은 확정된 이행판결만을 의미한다.

민사집행법 제263조 제1항은 '의사의 진술을 명한 판결이 확정된 때에는 그 판결로 의사를 진술한 것으로 본다'고 하여 부동산등기에 관하여 의사의 진술을 명하는 판결은 확정되어야 집행력이 생기기 때문에 가집행선고를 붙일 수 없다.

가집행선고부 판결에 의한 등기를 허용할 경우 그 판결이 상소심에서 취소된 때에는 부동산거래의 안전을 해하게 되므로 부동산등기에 관하여 의사의 진술을 명하는 판결에는 가집행선고를 붙일 수 없다. 따라서 확정되지 아니한 '가집행선고가 붙은 판결'에 의하여 등기를 신청한 경우 등기관은 그 신청을 각하하여야 한다(법 제29조 제9호).

또한 부동산의 소유권이전등기 또는 등기의 말소와 같은 의사의 진술을 명한 판결에 대하여는 집행기관이 관여하는 현실적인 강제집행절차가 존재할 수 없으므로 이에 대한 강제집행은 허용되지 아니하므로(대법원 1970. 6. 9. 70마851) 등기관은 '강제집행정지결정'에 구애됨이 없이 등기신청을 받아드려 등기기입을 할 수 있다(대법원 1979. 5. 22. 77마427).

### 바. 법 제23조 제4항의 판결에 준하는 집행권원

### (1) 화해 또는 인낙조서, 화해권고결정 등

확정판결과 동일한 효력이 있는 화해조서(민소 제220조), 인낙조서(민소 제220조), 화해권고결정(민소 제225조, 제231조), 민사조정조서(민조 제29조), 조정에 갈음하는 결정(민조 제34조), 가사조정조서(가소 제59조) 등도 그 내용에 등기의무자의 등기신청에 관한 의사표시의 기재가 있는 경우에는 판결에 준하여 등기권리자가 단독으로 등기를 신청할 수 있다(법 제23조 제4항).

중재판정 또는 외국판결에 의한 등기신청은 집행판결(민사집행법 제26조, 제27조)을 첨부하여야만 단독으로 등기를 신청 할 수 있다.

## (2) 소외인에 대한 화해의 효력여부(소극)

### (가) 기판력의 의의

기판력(既判力)이라 함은 민사소송법상 판결의 효력 중 소송물(訴訟物이란 민사소송에 있어서 심판의 대상이 되는 기본단위 즉 소송의 객체를 말한다)에 관하여 행하여진 판단의 효력으로서, 판결이 확정되면 당사자는 후에 동일사항에 대한 별소(別訴)로서 반대사실을 주장하여 이미 확정된 판결의 판단을 다툴 수 없고(不可爭), 법원도 전판결과 모순 저촉되는 판단을 할 수 없는(不可反) 구속력을 말한다.

### (나) 기판력의 주관적 범위

기판력이 미치는 인적범위(人的範圍)로서, 기판력은 당사자 간에 한하여 생기고, 제3자에게는 미치지 않는 것이 원칙이다(민사소송법 제218조 제1항). 예외적으로 기판력이 당사자 이외의 제3자에게 미치는 경우가 있지만, 이것은 법률에 특별한 규정이 있는 경우에 한하는 것으로, 변론종결 후의 승계인(동법 제218조 제1항), 청구의 목적물의 소지자(동법 제218조 제1항), 제3자의 소송담당의 경우 권리귀속주체(동법 제218조 제3항. 예 : 회생사건의 관리인, 선정자, 유언집행자가 받은 판결의 상속인 등)에게 그 효력이 있다.

### (다) 소외인(訴外人)에 대한 화해의 효력

원고가 소외인에게 소유권이전등기절차를 이행한다는 내용이 포함된 재판상 화해가 성립되었어도 화해의 효력이 소외인에게는 미치지 아니하므로 위 화해조서에 의한 소유

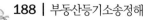

권이전등기를 신청할 수 없다(등기선례 제4권 202항).

피고가 원고 甲, 소외인 乙, 丙에게 각 3분의1 지분에 관하여 소유권이전등기를 이행한다는 내용이 포함된 재판상 화해가 성립되었다고 하더라도 화해조서 상에 당사자로 되어 있지 아니한 이상 화해의 효력이 소외인 乙, 丙에게는 미치지 아니하므로(민소법 제218조 제1항 참조) 乙, 丙은 화해에 의하여 단독으로 지분이전등기를 신청할 수는 없다(등기선례 제7권 110항).

### (라) 공정증서의 집행권원에 해당여부(소극)

#### 1) 집행권원의 의의

집행권원(執行權原)이라 함은 일정한 사법상의 급부청구권의 존재 및 범위를 표시하고 강제집행에 의해 이를 실현시키는 집행력을 법률상 인정하는 공적문서를 말한다. 구법에서는 '채무명의(債務名義)'라고 하는데, 신법에서 독일의 원문에 충실하게 '집행권원(執行權原)'이라 하였다.

#### 2) 각종 집행권원

집행권원의 대표적인 것은 법원의 확정된 종국판결이나 가집행선고가 있는 종국판결이다(민사집행법 제24조). 외국판결에 기초한 강제 집행과 중재판정에 기초한 강제집행은 우리나라 법원에서 집행판결로 그 적법함을 선고한 때에 한하여 이를 행할 수 있다(동법 제26조 제1항, 중재법 제37 제1항).

그 밖에 집행권원으로 항고로만 불복할 수 있는 재판, 가집행의 선고가 내려진 재판, 확정된 지급명령, 공증인이 일정한 금액의 지급이나 대체물 또는 유가증권의 일정한 수량의 급여를 목적으로 하는 청구에 관하여 작성한 공정 증서로서 채무자가 강제 집행을 승낙한 취지가 적혀 있는 것, 소송상 화해, 청구의 인낙 등 그 밖에 확정 판결과 같은 효력을 가지는 것이 있다(민사집행법 제56조).

### 3) 공정증서의 집행권원에 해당여부(소극)

공증인 작성의 공정증서는 채무의 목적이 일정한 금액의 지급이나 대체물 또는 유가증권의 일정한 수량의 급여를 목적으로 하는 청구에 관하여 작성한 공정증서로서 채무자가 강제집행을 승낙한 취지가 적혀 있는 때에 한하여 집행력이 인정되므로(민사집행법 제56조 4호) 설령 부동산에 관한 등기신청의무를 이행하기로 하는 조항이 공정증서에 기재되어 있다하더라도 등기권리자는 이 공정증서에 의하여 단독으로 등기를 신청할 수 없다(등기예규 제1383호 2. 다.3).

## 사. 확정판결의 소멸시효여부 및 판결에 의한 등기신청기간

### (1) 시효제도

시효라 함은 일정한 사실 상태가 일정한 기간 계속되는 경우에 그 사실상태가 진실의 권리관계와 일치하는가의 여부를 따지지 않고 그대로 그것을 존중하여 권리관계로 만들어 그것에 따른 권리의 득실을 생기게 하는 법률요건이다.

시효에는 취득시효와 소멸시효의 두 가지가 있다. 어떤 사람이 권리자인 것 같은 사실상태가 오랫동안(즉, 시효기간)계속한 경우에 그것을 근거로 하여 그 사람이 과연 진실한 권리자인가 아닌가를 묻지 않고 처음부터 그 사람이 진실한 권리자였다고 인정해 버리는 제도가 '취득시효'이다.

이에 대하여 어떤 사람이 채무를 부담하지 않은 것 같은 사실상태가 오랫동안(즉, 시효기간) 계속한 경우에 그 외관을 근거로 하여 그 사람이 과연 진실로 채무를 부담하지 않은 것인지 여부를 묻지 않고 그 사람이 처음부터 채무를 부담하지 않았다고 인정해 버리는 제도가 '소멸시효'이다.

## (2) 판결에 의하여 확정된 채권의 소멸시효

판결에 의하여 확정된 채권은 단기의 소멸시효에 해당하는 것(즉 민법 제163조, 제164조)이라도 그 소멸시효는 10년으로 한다(민법 제165조 제1항). '판결에 의한 확정된 채권'이라 함은 예컨대 1천만 원의 외상대금채권에 관한 이행판결이 확정된 경우의 그 1천만 원의 채권이 그 예이다.

## (3) 판결에 의한 등기신청기간

등기절차의 이행을 명하는 확정판결을 받았다면 그 확정시기에 관계없이, 즉 확정 후 10년이 경과하였다 하더라도 그 판결에 의한 등기신청(부동산등기법 제23조 제4항)을 할 수 있다(등기예규 제1383호 2. 가. 라.).

판결이 확정된 후 10년이 경과하여 소멸시효완성(민법 제165조 제1항 참조)의 의심이 있다하더라도 형식적 심사권만 있는 등기관으로서는 시효의 중단여부 등을 알 수 없으므로 판결에 의한 등기를 수리하여 등기하여야 한다. 따라서 등기절차의 이행을 명하는 확정판결을 받았다면 그 확정시기에 관계없이, 즉 판결확정 후 10년이 경과하였다 하더라도 그 판결에 의한 등기신청을 할 수 있다(등기예규 제1383호 2. 라. 등기선례 제1권 181항).

원인무효로 인한 소유권이전등기말소의 확정판결과 그 등기를 기초로 그 소송의 사실심 변론 종결 후에 경료 된 등기의 명의인들에 대하여 받은 승계집행문을 첨부하여 위 소유권이전등기 및 변론종결 후의 승계인들 명의의 등기의 말소신청을 한 때에는, 그 신청이 위 판결의 확정 후 10년을 경과한 것이라 하더라도 등기관은 이를 수리하여 등기를 하여야 한다(등기선례 제1권 179항). 왜냐하면 등기말소청구권은 그 성질이 소유권에 기한 방해배제청구권(妨害排除請求權)으로서 소멸시효의 대상이 아니기 때문이다.

판례는 부동산 매수인의 등기청구권도 형식주의를 취하고 있는 현행 민법 하에서는 채권적 청구권이라고 해석되나 매수인이 매매목적물을 인도(명도)받은 경우에는 다른 채권과는 달리 소멸시효에 걸리지 않는다고 해석함이 타당하다(대판 1976. 11. 6. 76다148 전원합의체판결)고 하였으며, 이러한 법리는 3자간 등기명의신탁에 의한 등기가 유효기간(여기서 '유효기간'이라는 표현은 실명등기의 '유예기간'으로 표사하는 것이 타당하다고 봄)의 경과로 무효로 된 경우에도 마찬가지로 적용된다. 따라서 그 경우 목적부동산을 인도받아 점유하고 있는 명의신탁자의 매도인에 대한 소유권이전등기청구권 역시 소멸시효가 진행되지 않는다(대판 2013. 12.12. 2013다26647).

## 아. 판결주문 중의 일부만의 등기신청가부(적극)

판결의 내용 중 일부 만에 대한 등기신청도 원칙적으로 가능하다. 따라서 1필의 토지 전부에 대하여 소유권이전등기절차이행을 명한 확정판결을 등기원인을 증명하는 서면으로 첨부하여 그 토지의 3분의 1지분에 대한 소유권이전등기를 신청할 수 있고(등기선례 제6권113항), 판결정본 상에 표시된 토지가 사실심의 변론종결 이전에 이미 분할되었다면 판결경정에 의하여 대장상의 표시와 일치시킨 다음 분필등기(원고의 대위신청)를 거쳐 소유권이전등기를 신청하여야 하며 그 경우 위 판결정본에 기하여 분할 후의 어느 한 토지에 대하여만 이전등기를 신청할 수도 있다(등기선례 제3권 263항).

판결주문에서 소유권말소등기절차 및 소유권이전등기절차를 명한 경우, 소유권이전등기를 신청하지 않은 채 소유권말소등기만을 신청할 수 있다. 즉 등기부상 甲으로부터 乙에게로 소유권이전등기가 경료 되었는데, 丙이 甲과 乙을 상대로 한 소송에서 "(1) 피고 乙은 피고 甲에게 소유권이전등기의 말소등기절차를 이행하라. (2) 피고 甲은 원고 丙에게 소유권이전등기절차를 이행하라"는 취지의 판결을 받은 경우, 원고 丙의 채권자 丁은 원고 丙을 대위하여 위 판결의 제2항에 따른 피고 甲으로부터 원고 丙으로의 소유권이전등기를 신청하지 않은 채, 원고 丙과 피고 甲을 대위하여 위 판결의 제1항에 따른 피고 乙명의의 소유권등기에 대한 말소등기만을 신청할 수 있다(등기선례 제6권 150항).

# 제3절 민사집행법 제263조의 의사의 진술을 명한 판결

## 1. 의사표시를 할 것을 목적으로 하는 채권의 집행

채무자가 임의로 채무를 이행하지 아니한 때에는 채권자는 그 강제이행을 법원에 청구할 수 있으며, 그 채무가 법률행위를 목적으로 한 때에는 채무자의 의사표시(意思表示)에 가름할 재판을 청구할 수 있다(민법 제389조 제1~2항).

의사표시(意思表示)를 할 것을 목적으로 하는 채권에 있어서는 채무자로 하여금 현실적으로 의사표시를 시킬 필요 없이 그 의사표시가 목적하는 법률효과를 발생시켜 버리면 이러한 채권의 목적은 달성된다.

채무자로 하여금 현실적으로 의사표시를 할 것을 집행권원에 의하여 강요하려면 성질상 간접강제(間接强制)의 방법에 의할 수밖에 없다. 그러나 의사표시의 이행을 구하는 판결의 최종목적이 그 '법률효과의 발생'에 있다면 굳이 간접강제의 방법에 호소할 것이 아니라 관념적(觀念的)인 법률효과(法律效果)의 발생만을 의제하면 집행의 목적은 달성되는 것이다.

이리하여 법률은 이러한 종류의 채권의 집행에 있어서는 그 집행권원인 인낙조서의 작성이나 그 이행판결의 '확정'으로서 '의사표시(意思表示)'의 진술이 있은 것으로 간주하고 간접강제에 의한 강제집행절차를 생략하고 있다(민사집행법 제263조, 민법 제389조 제1항 전단).

민사집행법 제263조의 규정에 의하여 그 의사표시를 한 것과 마찬가지의 효력이 생기는 것은 그러한 법률효과의 발생을 선고하는 형성판결의 성질상 그러한 것이 아니고 어디까지나 "이행판결(履行判決)의 집행력(執行力)"에 관하여 법이 특별규정을 둔 것이라고 보아야 한다.

부동산등기법 제23조 제4항이 "판결에 의한 등기는 승소한 등기권리자 또는 등기의무자가 단독으로 신청 한다"고 규정한 취지는 등기의무자에 대하여 등기절차를 이행하도록 명한 이행판결에 의하여 등기신청을 하는 것이므로 등기의무자의 '협력'이 불필요하다고 본 것이다.

등기권리자에게 매매를 원인으로 한 부동산소유권이전등기절차를 이행하라는 의무에는 매도인(등기의무자)으로서 등기소에 대하여 소유권이전등기를 신청하는 의사표시 이외에 매도인(등기의무자)이 그 부동산을 매수인(등기권리자)에게 매도한다는 의사표시의무를 당연히 포함하고 있다.

## 2. 민사집행법 제263조의 집행권원(확정된 이행판결)

민사집행법 제263조에 의하여 채무자의 의사표시가 있는 것으로 보게 되는 판결 그 밖의 재판은 확정된 '이행판결'이나 이행을 명하는 재판이어야 하며 확인의 재판이나 형성의 재판은 이에 해당되지 않으며, 이러한 재판은 확정되면 기판력(既判力)이 발생하는 것이어야 한다.

또한 그 재판상 의사표시(意思表示)의 내용이 집행권원(執行權原)에서 명확히 특정되는 것이어야 한다. 따라서 '등기신청의무'에 있어서는 등기할 부동산의 표시(부동산등기법 제34조, 제40조), 등기원인과 그 연월일(동법 제48조 제1항 4호), 등기목적(동법 제48조 제1항 2호) 등이 집행권원에서 명료하게 표시되어 있어야 하며 불분명한 점이 있으면 그 집행권원에 기초한 등기의 집행은 불능이 된다.

민사집행법 제263조의 집행권원에는 확정된 이행판결이나 이것과 동일한 효력을 가지는 화해조서 및 인낙조서(민사소송법 제220조) 등이며, 화해권고결정, 민사조정조서, 조정에 갈음하는 결정, 가사조정조서 등도 그 내용에 등기의무자의 등기신청에 관한 의사표시(意思表示)의 기재가 있는 경우에는 이에 해당된다. 민사집행법 제263조 제1항의 규정은 인낙조서와 이행판결만을 들고 있으나 그것은 예시적인 표현이고 그 밖의 집행권원을 배제하는 취지는 아니다.

## 3. 의사표시 의무판결에 가집행선고의 가부(소극)

### 가. 가집행선고의 의의

가집행선고(假執行宣告)라 함은 미확정의 종국판결에 관하여 확정판결과 동일한 집행력을 인정해서 판결의 내용을 실현시키기 위한 것으로서 판결의 확정 전에 특히 집행력을 부여하는 형성판결(形成判決)을 말한다(민소법 제213조).

가집행선고는 판결의 확정 전에 미리 집행할 수 있어 승소자의 신속한 권리실현에 이바지하며, 패소자가 강제집행의 지연만을 노려 남상소하는 것을 억제하는 기능을 한다. 가집행선고는 선고 시부터 즉시 효력이 발생하고 판결에 대한 상소에 의하여 그 효력이 소멸되지는 않지만, 당사자는 판결에 대한 항소로써 가집행선고에 대하여 불복을 신청할 수 있다.

상소심에서 가집행선고 자체나 본안의 판결을 변경하는 판결의 선고가 있을 경우에는 가집행선고는 효력을 잃게 된다. 본안판결이 변경되었을 때 가집행선고에 의하여 행해진 집행은 부당이득(不當利得)이 되고 집행으로 인하여 패소자에게 손해가 발생하였을 경우에는 손해배상책임(損害賠償責任)이 발생한다.

### 나. 의사표시 의무판결에 가집행선고의 가부(소극)

의사표시의무판결(意思表示義務判決)은 그 확정으로써 의사의 진술을 한 것으로 간주(민집법 제263조 제1항)되므로 성질상 그 판결이 확정되기 전에 그 의제의 효과를 발생시키지는 못한다. 즉 의사표시의무의 판결에는 가집행선고(假執行宣告)를 붙이지 못한다.

따라서 가집행선고 있는 소유권이전등기절차이행판결에 의하여 등기신청이 있을 때라도 등기신청서에 첨부된 판결이 확정판결이 아니면 각하(등기신청에 필요한 서면인 판결확정증명서를 첨부하지 아니함을 이유로 등기신청을 각하함)하여야 한다(부동산등기법 제29조 제9호·등기예규 제1383호. 2. 나.).

## 4. 판결에 의한 등기의 집행과 강제집행정지의 허부(소극)

### 가. 강제집행 및 강제집행의 정지의 의의

강제집행(强制執行)이란 사법상의 의무를 이행하지 않는 자에 대하여, 국가의 강제권력으로 그 의무의 이행을 실현하는 작용이나 절차를 말한다. 의사표시를 할 것을 목적으로 하는 채권에 관하여는 판결의 확정에 의해 의사표시를 한 것으로 간주한다(민사집행법 제263조 제1항).

강제집행(强制執行)의 정지(停止)라 함은 법률상의 이유로 인하여 강제집행절차를 개시할 수 없거나 또는 속행하지 못하는 것을 말한다. 강제집행은 민사집행법 제49조 각 호의 어느 하나에 해당하는 서류(집행할 판결 또는 그 가집행을 취소하는 취지나, 강제집행을 허가하지 아니하거나 그 정지를 명하는 취지 또는 집행처분의 취소를 명한 취지를 적은 집행력 있는 재판의 정본 등)를 제출한 경우에 정지하거나 제한하여야 한다.

### 나. 의사의 진술을 명한 판결에 대한 강제집행정지의 가부(소극)

등기관이 확정된 이행판결에 기하여 등기부에 일정한 사항을 기입하는 것은 광의(廣義)의 집행(執行)으로 볼 수 있으나 그 판결내용의 실현을 위하여 등기의무자(피고)에게 직접강제를 가하는 행위가 아니므로 등기관은 집행기관이 아니다.

따라서 부동산의 소유권이전등기절차 또는 등기의 말소나 말소등기의 회복과 같은 피고의 의사의 진술을 명하는 판결에 대하여는 집행기관이 관여하는 현실적인 강제집행절차가 존재할 수 없으므로 이에 대한 강제집행정지는 허용되지 아니한다.

근저당권설정등기의 말소와 같은 피고의 의사진술을 명하는 판결에 대하여는 집행기관이 관여할 필요가 없는 것이므로 그 집행정지는 허용되지 않으며(대판 1959. 12. 7. 4292민신 14), 부동산의 소유권이전등기절차이행청구를 인용하는 판결이 확정되면 등기권리자는 동 확정판결에 기하여 단독으로 등기신청을 할 수 있는 것이며 집행기관이 이에 관여할 수 없는 것이니 설사 위 확정판결에 대하여 재심의 소가 제기되었다 하더라도 본법 제473조(현행법 제500조)는 적용되지 않는다(대법원 1971. 6. 9. 70마851).

조건부 의사진술을 명하는 재판은 그 조건이 성취되어 집행문이 부여될 때 의사를 진술한 것과 동일한 효력이 발생하고 집행기관이 관여하는 현실적인 강제집행절차가 존재할 수 없으므로 강제집행의 정지도 있을 수 없으니 등기관은 강제집행정지결정에 구애됨이 없이 등기신청을 받아들여 등기기입을 할 수 있다(대법원 1979. 5. 22. 77마427).

# 제4장
# 집행불능판결

# 제4장 집행불능판결

## 1. 집행불능판결의 의의

민사집행법 제263조 제1항의 규정에 의한 의사표시의무의 집행 중 등기신청에 관한 의사표시를 구하는 소장을 작성하는 원고, 변호사, 법무사 등이 소장의 청구취지를 잘못 기재{예: 등기의 말소(부동산등기법 제57조 제1항 참조) 또는 말소 된 등기의 회복(동법 제59조 참조)을 구하는 소송의 경우, 등기의 말소 또는 말소된 등기의 회복에 대하여 '등기상 이해관계 있는 제3자'가 있음에도 불구하고 그 제3자의 등기의 말소나 회복에 대한 '승낙의 의사표시'를 누락한 경우}하거나 당사자를 잘못 지정한 경우(예 : 고유필수적 공동소송으로 보는 공유물분할, 합유 부동산, 총유부동산에 관한 소송에서 등기부상의 소유자인 공유자나 합유자 등의 일부를 당사자에서 누락하거나 등기상 이해관계 있는 제3자를 피고로 지정하지 아니하여 당사자 적격을 잃게 되는 경우 등)가 있다.

위와 같이 등기의 말소(법 제57조 제1항) 또는 말소된 등기의 회복(법 제59조)을 청구함에 있어 등기상 이해관계 있는 제3자를 피고에서 누락하거나 고유필수적 공동소송인 중 일부를 누락한 경우{예 : 공유물분할 소송,(대판 2001. 7. 10. 99다31124) 합유 부동산에 관한 소송,(대판 1996. 12. 10. 96다23238) 총유 부동산에 관한 소송(대판 1995. 9. 5. 95다21303, 2005. 9. 15. 2004다44917)}에 피고의 경정신청(민사소송법 제260조) 또는 공동소송인의 추가신청(동법 제68조)절차를 밟지 아니하거나 법원이 위와 같은 소장의 흠결을 간과하고 청구취지에 따라 원고의 청구를 인용하는 판결을 하는 사례가 있다.

이 경우 원고는 위 확정판결을 등기원인증서로 하여 등기신청을 할 경우 등기관은 부동산등기법 제29조 각호의 어느 하나에 해당함을 이유로 그 등기신청을 각하하게 된다. 이와 같이 부동산등기에 관하여 의사(意思)의 진술을 명한 확정판결에 집행력(執行力)이 없어 그 판결에 의한 등기의 집행이 불능으로 되는 판결을 "집행불능판결"(執行不能判決)이라고 한다.

부동산등기에 관하여 의사(意思)의 진술을 명한 확정된 이행판결을 등기원인을 증명하는 서면으로 하여 등기신청을 한 경우 그 신청이 법 제29조 각 호의 1에 해당하는 사유로 인하여 등기관이 이를 각하하게 되는 사례가 자주 발생하고 있는 바, 이와 같이 부동산등기에 관한 의사의 진술을 명한 확정판결에 집행력(執行力)이 없어 그 판결에 의한 등기의 집행(법 제23조 제4항)이 불능으로 되는 판결을 집행불능판결(執行不能判決)이라고 한다.

부동산 등기에 관하여 의사(意思)의 진술을 명한 판결(등기절차이행을 명하는 판결)은 그 재판상 의사표시의 내용이 집행권원(판결주문)에 명확히 특정되어야 하므로 부동산등기에 관하여 의사의 진술을 명한 판결의 주문에는 등기신청서(부동산등기규칙 제43조) 및 등기기록(부동산등기법 제48조)의 필요적 기재사항인 부동산의 표시, 등기권리자와 등기의무자, 등기의 목적, 등기원인과 그 연월일 등이 판결서에 명료하게 표시되어 있어야 하고, 그것이 불분명한 경우 판결의 경정결정(민소법 제211조)을 받지 못하면 그 판결에 의한 등기의 집행은 불능이 된다.


## 2. 판결의 집행력

판결의 집행력(執行力)이라 함은 판결주문에서 채무자에게 명하여진 이행의무(履行義務)를 국가의 집행기관을 통하여 강제적으로 실현시킬 수 있는 효력을 말한다. 이것은 통상적으로 사용되고 있는 집행력의 의미이며, 이를 협의(狹義)의 집행력(執行力)이라고 한다.

'확인판결(確認判決)'은 소송의 목적인 권리 또는 법률관계의 존부 또는 증서의 진부를 확정하는 것이어서 집행력이 없으며, '형성판결(形性判決)'은 권리 또는 법률관계의 변동을 생기게 할 뿐이므로 집행력이 없다. 다만 확인 또는 형성판결에 부수하여 하는 소송비용의 재판에는 집행력을 인정할 여지가 있다.

협의(狹義)의 집행력(執行力)에 대하여 강제집행의 방법이 아닌 타의 방법에 의하여 판결의 내용에 적합한 상태를 실현시키는 효력을 '광의(廣義)의 집행력(執行力)'이라고 한다. 예를 들면 판결내용에 따라 가족관계 등록부의 정정(가족관계의 등록 등에 관한 법률 제 107조) 또는 등기의 기재를 말소(부동산등기법 제57조)하거나 말소등기의 회복을 신청하는 것(부동산등기법 제59조) 등이다.

이 효력은 기판력의 반사적 효과에 의한 것이고, 확인판결이나 형성판결에도 인정된다. 보전처분을 취소하는 판결에도 가집행선고를 붙이면 광의의 집행력이 생긴다(학설 판례 주석민사소송법 456면).

# 제1절 집행불능판결의 유형

부동산등기법 제23조 제4항에 의한 판결 등 집행권원을 등기원인을 증명하는 서면으로 등기신청을 한 경우 그 판결이 집행불능판결에 해당되어 등기관이 법 제29조 각호의 1에 해당함을 이유로 등기신청을 각하하는 집행불능판결, 즉 부동산등기신청에 관한 의사표시를 명한 확정된 이행판결이 기판력은 있으나 집행력이 없어 그 판결에 의한 등기의 집행이 불능으로 되는 이른바 '집행불능판결의 유형(類型)'은 다음과 같다.

## 1. 등기신청의사(登記申請意思)의 진술을 명한 판결

'의사(意思)의 진술을 명한 판결'이 확정된 때에는 그 판결로 의사를 진술한 것으로 본다(민사집행법 제263조 제1항). 의사표시(意思表示)를 할 것을 목적으로 하는 채권에 있어서 채무자로 하여금 현실적으로 의사표시를 시킬 필요 없이 그 의사표시가 노리는 법률효과를 발생시켜버리면 이러한 채권의 목적은 달성된다.

이리하여 법률은 이러한 종류의 채권의 집행에 있어서는 그 집행권원(執行權原)인 이행판결(履行判決)의 확정으로서 의사의 진술이 있는 것으로 간주하고, 간접강제(間接强制)에 의한 강제집행절차를 생략하고 있다(민사집행법 제263조, 민법 제389조 제1항 전단).

부동산등기법 제23조 제4항의 규정에 의하면 판결에 의한 등기는 '승소한 등기권리자 또는 등기의무자'가 단독으로 신청한다고 하였는바, 그 취지는 등기의무자에 대하여 등기절차를 이행하도록 명한 이행판결에 의하여 등기를 신청하는 것이므로 등기의무자의 협력이 불필요하다고 본 것이다.

이 경우 판결은 피고의 등기신청의사(登記申請意思)의 진술에 갈음 하는 동시에 등기원인을 증명하는 서면(부동산등기규칙 제46조 제1항 1호)의 기능을 하여(대판 1989. 10. 24. 89다카10552) 원고는 단독으로 등기신청을 할 수 있다(법 제23조 제4항).

확정된 이행판결을 등기원인을 증명하는 서면(부동산등기규칙 제46조 제1항 1호)으로 등기신청을 할 경우 그 판결이 이른바 집행불능판결(執行不能判決)에 해당되어 등기관이 부동산등기법 제29조에 의하여 각하하는 사례가 자주 발생하는바, 그 유형(類型)은 아래와 같다.

## 가. 부동산등기에 관하여 의사(意思)의 진술(陳述)을 명한 판결

부동산등기에 관하여 등기신청의사(登記申請意思)의 진술을 명한 판결이 확정된 때에는 그 판결로 의사를 진술한 것으로 보므로(민사집행법 제263조 제1항), 민사집행법 제263조 제1항의 판결은 의사의 진술 중에서도 등기신청의사의 진술을 명한 확정된 이행판결(履行判決)만을 의미한다고 보아야 한다.

따라서 부동산등기법 제23조 제4항의 판결은 등기신청의사의 진술을 명하는 확정된 '이행판결(履行判決)'만을 의미하며, 확인판결(確認判決)이나 형성판결(形成判決)은 이에 포함되지 아니한다.

### (1) 등기에 관하여 의사의 진술을 명한 이행판결에 명시될 사항

부동산에 관하여 등기신청의사의 진술을 명한 판결이 확정된 때에는 그 판결로 의사를 진술한 것으로 본다(민집법 제263조 제1항). 등기신청의사의 진술을 명한 확정된 이행판결의 주문에 등기의 대상인 부동산의 표시 또는 등기권리자와 등기의무자의 표시 . 등기원인과 그 연월일 . 등기의 목적 등이 잘못 기재되거나, 등기의 말소(법 제57조 제1항) 또는 말소된 등기의 회복(법 제59조)에 대하여 등기상 이해관계 있는 제3자의 등기의 말소나 말소된 등기의 회복에 대한 승낙의 의사표시가 누락된 경우, 의사의 진술을 명한 판결의 대상인 등기가 사건이 등기할 것이 아닌 경우(법 제29조 제2호), 가집행선고부 판결에 의한 등기신청인 경우 등에는 등기관이 부동산등기법 제29조 각호의 어느 하나에 해당하여 그 신청을 각하(법 제29조)하게 된다.

이와 같이 등기에 관하여 의사(意思)의 진술을 명한 확정된 이행판결이 집행력(執行力)이 없어 그 판결에 의한 등기신청이 각하되는 판결을 이른바 "집행불능판결(執行不能判決)"이라고 한다.

따라서 부동산에 관하여 등기신청의사의 진술을 명하는 이행판결에는 아래예시와 같은 등기신청서 및 등기부(등기기록)의 '일반적 기재사항' 및 '특수한 기재사항"이 판결주문에 명확히 기재되어야 등기권리자인 원고가 단독으로 그 판결에 의한 등기를 신청할 수 있다(법 제23조 제4항).

### (가) 일반적 기재사항

부동산등기에 관하여 의사의 진술을 명한 판결에는 등기신청서(부동산등기규칙 제43조 제1항 참조) 및 등기부(부동산등기법 제40조, 제48조 참조)의 일반적 기재사항인 부동산의 표시에 관한 사항(규칙 제43조 제1항 제1호), 등기신청인에 관한 사항(규칙 제43조 제1항 제2호, 제3호), 등기의 원인과 그 연월일 및 등기의 목적(규칙 제43조 제1항 제5호, 제6호) 등이 명확히 표시되어 있어야 한다.

등기에 관하여 의사의 진술을 명한 판결에 명시될 사항 중 등기부 및 등기신청서의 필요적 기재사항을 상술하면 아래와 같다.

### 1) 부동산의 표시

등기신청서에는 부동산등기규칙 제43조 제1항 제1호의 부동산의 표시에 관한 사항을 정확히 기재하여야 한다. '부동산의 표시에 관한 사항'이라 함은 다음과 같다.

즉, 토지의 경우에는 소재와 지번. 지목. 면적, 건물의 경우 : 소재, 지번, 건물번호, 건물의 종류, 구조와 면적을 표시하며, 구분건물의 경우에는 1동의 건물의 표시로서 소재, 지번. 건물명칭 및 번호. 구조. 종류. 면적, 전유부분의 건물의 표시로서 건물번호, 구조,

면적, 대지권이 있는 경우 그 권리의 표시를 하여야 한다.

판결서에 표시된 부동산의 표시가 등기부와 일치하지 아니할 경우 판결의 경정허가(민
소법 제211조)를 받지 못하면 그 판결에 의한 등기의 집행을 할 수 없게 된다.

### 2) 등기신청인의 표시(등기권리자와 등기의무자)

판결에 의한 등기신청서에는 등기신청인 즉, 등기권리자와 등기의무자의 성명(또는
명칭), 주소(또는 사무소 소재지), 주민등록번호(또는 부동산등기용등록번호)를 기재하
여야 하며(규칙 제43조 제1항 2호), 등기관이 등기부의 갑구 또는 을구에 권리에 관한 등기를
할 때에는 권리자의 성명(또는 명칭)외에 주민등록번호(또는 부동산등기용등록번호)
주소(또는 사무소 소재지)를 함께 기록하여야 하므로(법 제48조 제1항 1호 및 제2항-제4항) 판결
서에는 등기권리자의 성명, 주민등록번호, 주소를 명백히 기재하여야 한다.

부동산등기법 제29조 제7호에 의하여 '등기신청서의 등기의무자의 표시가 등기기록
과 일치하지 아니한 경우'에는 등기관이 부동산등기법 제29조 제7호에 의하여 등기관이
등기신청을 각하하므로 판결에 의한 등기의 집행을 위하여 판결서에는 등기의무자인 피
고의 성명, 현주소 이외에 '주민등록번호'와 '등기부상의 주소'를 병기함으로서 판결문상
의 피고와 등기상의 소유자인 등기의무자의 동일성을 인정할 수 있도록 하는 것이 필요
하다.

### 3) 등기원인과 그 연월일의 표시

'등기원인'이라 함은 등기를 하는 것을 정당하게 하는 실체법상의 원인을 뜻하는 것으
로 등기를 함으로써 일어나게 될 권리변동의 원인행위인 법률행위(예 : 매매. 증여. 교환
등) 또는 법률사실(예 : 상속. 경매. 시효취득. 토지수용 등)을 말하며, '등기원인 연월일'
이란 등기하는 것을 정당하게 하는 실체법상의 권리변동의 원인행위인 법률행위 또는
법률사실의 성립일자를 의미한다.

등기원인 및 그 연월일은 등기원인을 증명하는 정보(규칙 제46조 제1항 제1호), 등기신청서(규칙 제43조 제1항5호) 및 등기기록(법 제34조 6호, 법 제40조 제1항 5호 및 법 제48조 제1항4호. 규칙 제43조 제1항 5호)의 필요적 기재사항이므로 판결 주문에 명확히 기재되어야 그 판결에 의한 등기의 집행을 할 수 있다.

### 4) 등기목적의 표시

등기신청서 및 등기기록에는 등기의 목적(법 제48조 제1항 제2호 및 규칙 제43조 제1항 제6호 참조)을 필요적으로 기재하여야 한다. 등기의 목적이란 신청하는 등기의 내용 내지 종류를 말한다(예 : 소유권보존등기, 소유권이전등기, 소유권이전청구권가등기, 저당권말소 등).

## (나) 특수한 기재사항

등기신청의사의 진술을 명한 이행판결의 주문에는 위 (가)항에 명시된 등기부 및 등기신청서의 일반적 기재사항 이외에 아래와 같은 특수한 기재사항이 명시되어 있어야 그 판결에 의한 등기신청을 할 수 있다.

### 1) 등기의 말소

#### 가) 등기의무자 및 등기상 이해관계 있는 제3자가 등기의 말소에 협력하지 않는 경우

등기의 말소를 신청하는 경우에 그 말소에 대하여 등기상 이해관계 있는 제3자가 있을 때에는 제3자의 승낙이 있어야 한다(법 제57조 제1항). 등기의 말소도 다른 등기신청과 같이 등기권리자와 등기의무자가 공동으로 신청하는 것이 원칙이나 등기의무자가 등기의 말소신청에 협력하지 않을 때에는 등기권리자는 등기의무자를 상대로 의사표시(즉 등기의 말소)에 갈음하는 판결을 받아(민사집행법 제263조 제1항) 승소한 등기권리자로서 단독으로 등기의 말소를 신청할 수 있다(법 제23조 제4항).

등기권리자는 등기의 말소신청에 협력을 거부하는 등기의무자를 상대로 원인무효의 등기의 말소청구와 함께 등기의 말소에 대하여 등기상 이해관계 있는 제3자가 있을 때 그 제3자가 등기의 말소에 대하여 승낙을 하지 않을 경우에는 그 제3자를 상대로 등기의 말소에 대한 승낙의 의사표시를 청구하여야 한다.

### 나) 소장의 당사자표시 및 청구취지의 기재사항

등기의무자 및 등기상 이해관계 있는 제3자가 등기의 말소에 협력하지 않는 경우 등기권리자는 소장의 '당사자 표시란'에 등기의무자를 제1피고로, 등기상 이해관계 있는 제3자를 제2피고로 각 지정한 후 '청구취지란'에 등기의무자인 제1피고를 상대로 한 원인무효인 등기의 말소청구와 함께 제3자인 제2피고를 상대로 등기의 말소에 대한 승낙의 의사표시를 각 청구함으로서 소장의 당사자표시 및 청구취지를 명확히 하여야 한다.

### 다) 판결서에 명시될 사항

등기의 말소를 명하는 판결의 주문에도 소장의 청구취지와 같이 등기의무자의 등기의 말소에 대한 의사표시와 함께 제3자의 등기의 말소에 대한 승낙의 의사표시가 각 표시되어 있어야만 비로소 그 판결에 의한 등기의 집행을 할 수 있다.

(등기의 말소에 대하여 등기상 이해관계 있는 제3자가 있을 때의 소장의 청구취지 및 판결주문의 기재례에 관하여는 이 책 "p.242, 246-청구취지 및 판결주문의 기재례"참조)

### 2) 말소된 등기의 회복

### 가) 등기의무자 및 등기상 이해관계 있는 제3자가 말소된 등기의 회복에 협력하지 않는 경우

말소된 등기의 회복을 신청하는 경우에 등기상 이해관계 있는 제3자가 있을 때에는 그 제3자의 승낙이 있어야 한다(법 제59조). 말소 된 등기의 회복에 있어서 말소된 원등기가 공동신청으로 된 것인 때에는 그 회복등기도 공동신청에 의함이 원칙이나 등기의무자가 말소된 등기의 회복신청에 협력하지 않을 때에는 등기권리자는 등기의무자를 상대로 말소된 등기의 회복에 대한 의사표시에 갈음하는 판결을 받아(민사집행법 제263조 제1항) 승소한 등기권리자로서 단독으로 말소된 등기의 회복을 신청할 수 있다(법 제23조 제4항).

등기권리자는 말소된 등기의 회복에 협력을 거부하는 등기의무자를 상대로 말소된 등기의 회복청구와 함께 말소된 등기의 회복에 대하여 등기상 이해관계 있는 제3자가 있을 때에는 그 제3자를 상대로 말소된 등기의 회복에 대한 승낙의 의사표시를 청구하여야 한다.

### 나) 소장의 당사자표시 및 청구취지의 기재사항

등기권리자는 소장의 '당사자표시란'에 등기의무자를 제1피고로, 등기상 이해관계 있는 제3자를 제2피고로 지정한 후 소장의 '청구취지란'에 등기의무자인 제1피고를 상대로 말소된 등기의 회복청구와 함께 제3자인 제2피고를 상대로 말소된 등기의 회복에 대한 승낙의 의사표시를 각 청구함으로서 소장의 당사자표시와 청구취지를 명확히 기재하여야 한다.

### 다) 판결서에 명시될 사항

말소된 등기의 회복을 명하는 판결의 주문에도 소장의 청구취지와 같이 등기의무자의 말소된 등기의 회복에 대한 의사표시와 함께 등기상 이해관계 있는 제3자의 말소된 등기의 회복에 대한 승낙의 의사표시가 각 명시되어 있어야만 그 판결에 의하여 말소된 등기의 회복신청을 할 수 있다(법 제23조 제4항).

(말소된 등기의 회복에 대하여 등기상 이해관계 있는 제3자가 있는 경우의 소장의 청구취지 및 판결주문의 기재례에 관하여는 아래 이책 "p.253-청구취지 및 판결주문의 기재례"참조).

## 나. 토지의 분할을 명함이 없는 판결의 집행불능판결에 해당여부(소극)

1필지의 토지의 특정일부에 대하여 소유권이전등기의 말소를 명하는 판결을 받은 등기권리자는 그 판결에 따로 '토지의 분할'을 명하는 주문재가 없더라도 그 판결에 기하여 등기의무자를 대위하여 그 특정된 일부에 대한 분필등기절차를 마친 후 소유권이전등기를 말소할 수 있으므로 토지의 분할을 명함이 없이 1필지의 토지의 일부에 관하여 소유권이전등기의 말소를 명한 판결을 집행불능판결이라 할 수 없다(등기예규 제639호).

## (1) 판결주문에 "분할하여"라는 표시를 누락한 것이 판결경정의 대상인지 여부(소극)

1필지의 토지의 일부에 대한소유권이전등기절차를 이행하기 위하여서는 이전할 부분에 대한 분필등기절차를 당연히 거치게 되는 것이므로 1필지의 토지를 분할하여 그 부분에 대한 소유권이전등기절차를 이행하라는 청구취지의 기재 중 '분할하여'라는 부분은 그 토지일부에 대한 소유권이전등기절차이행의 당연한 방법을 불필요하게 기재한 것에 불과한 것이어서 위 청구를 인용하는 경우에는 판결주문에 그 토지 일부에 대한 소유권이전등기절차의 이행을 명하는 것으로 족하고 "분할하여"라는 표시를 빠뜨렸다하여 판결에 위산, 오기 기타 이에 유사한 오류가 있다할 수 없고 청구의 일부에 대한 재판을 탈루(脫漏)한 것도 아니라고 할 것이다(대법원 1987. 7. 16. 87그24).

## (2) 토지의 분할신청절차

토지소유자는 다음 각 호의 경우에는 토지의 분할을 신청할 수 있다(측량, 수로 조사 및 지적에 관한 법률 제79조 제1항, 동법 시행령 제65조 제1항).

1. 소유권이전, 매매 등을 위하여 필요한 경우
2. 토지 이용상 불합리한 지상경계를 시정하기 위한 경우
3. 관계법령에 따라 토지분할이 포함된 개발행위허가 등을 받은 경우
4. 지적공부에 등록된 1필지의 일부가 형질변경 등으로 용도가 변경된 경우에는 용도가 변경된 날로부터 60일 이내에 지적소관청에 토지의 분할을 신청하여야 한다(동법 제79조 제2항).

토지소유자가 동법 제79조에 따라 토지의 분할을 신청할 때에는 분할사유를 적은 신청서에 국토교통부령으로 정하는 서류를 첨부하여 지적소관청에 제출하여야 한다. 이 경우 동법 제79조 제2항에 따라 1필지의 일부가 형질변경 등으로 용도가 변경되어 분할을 신청할 때에는 동법 시행령 제67조 제2항에 따른 지목변경신청서를 함께 제출하여야 한다(동법 시행령 제65조 제2항).

## 2. 판결에 의한 소유권보존등기

소유권보존등기라 함은 미등기의 부동산에 관하여 그 소유자의 신청에 의해 처음으로 행해지는 소유권 등기를 말한다. 어떤 부동산에 관하여 보존등기를 하면 그 부동산을 위하여 등기용지가 새로이 개설되고 이후 그 부동산에 관한 권리변동은 모두 그 보존등기를 기초로 하여 행해지게 된다.

'확정판결에 의하여 자기의 소유권을 증명하는 자'는 그 확정판결을 등기원인을 증명하는 서면(법 제65조 제2호)으로 하여 승소한 등기권리자로서 단독으로 미등기의 토지 또는 건물에 관한 소유권보존등기를 신청할 수 있다(법 제23조 제4항). 이것을 '판결에 의한 소유권보존등기'라고 한다.

법 제65조 제2호의 판결은 대장(토지, 임야, 건축물)상에 최초의 소유자로 등록되어 있는 자 또는 그 상속인, 미등기토지의 지적공부상 국가로부터 소유권이전등록을 받은 자, 토지(임야)대장상의 소유자 표시란이 공란으로 되어 있거나 소유자 표시에 일부 누락이 있어 대장상의 소유자를 특정할 수 없는 경우에 국가를 상대로 하여 미등기의 토지 또는 건물에 관하여 자기의 소유권을 증명하는 자가 단독으로 등기를 신청할 수 있는 것을 말한다.

위 판결은 보존등기신청인의 소유임을 확정하는 내용의 것이면 소유권확인판결에 한하는 것은 아니며, 형성판결이나 이행판결이라도 그 이유 중에서 보존등기신청인의 소유임을 확정하는 내용의 것이면 위 판결에 해당한다.

### 가. 등기신청서의 기재사항

미등기 부동산에 관하여 확정판결에 의하여 자기의 소유권을 증명하는 자가 소유권보존등기를 신청하는 경우 그 등기신청서에는 등기할 부동산의 표시, 등기신청인의 성명,

주소, 주민등록번호, 등기의 목적, 신청근거규정 등을 기재하여야 한다(규칙 제43조, 제121조 제1항).

## (1) 신청근거규정의 명시(등기원인과 그 연월일의 기재 생략)

등기관이 갑구 또는 을구에 권리에 관한 등기를 할 때에는 등기원인과 그 연월일을 기록하여야 하나(법 제48조 제1항 4호), 소유권보존등기를 할 때에는 등기원인과 그 연월일을 기록하지 아니하는 대신(법 제64조) 부동산등기법 제65조 각호의 어느 하나에 따라 등기를 신청한다는 뜻(판결에 의한 보존등기신청의 경우에는 신청근거 규정으로 '부동산등기법 제65조 제2호'로 표시함)을 신청정보의 내용으로 등기소에 제공하여야 한다(규칙 제121조 제1항).

등기를 신청하는 경우에는 등기신청서에 '등기원인과 그 연월일'을 기재하여야 하나(규칙 제43조 제1항 5호), 소유권보존등기신청서에는 등기원인은 기재할 필요가 없으므로(법 제64조, 규칙 제121조 제1항 후단) 소유권취득의 원인은 등기부에 공시(公示)되지 아니한다.

## (2) 판결서에 명시될 사항

### (가) 부동산 및 등기권리자의 표시

판결에 의한 부동산의 소유권보존등기(법 제65조 제2호)에 있어 부동산의 표시에 관한 사항(소재와 지번, 지목과 면적, 건물의 종류, 구조, 번호, 구분건물의 대지권의 표시 등)과 등기권리자의 표시에 관한 사항(성명, 주소, 주민등록번호 등)은 부동산등기법상 등기신청서(규칙 제43조 제1항 1호 가목, 나목. 2호) 및 등기부의 필요적 기재사항(부동산의 표시 : 법 제34조 제3호~ 제5호, 제40조 제1항 제3호, 제4호. 권리자의 표시 : 제48조 제1항 5호, 제2항~제4항)이므로 판결서상의 당사자의 표시 또는 주문(부동산의 표시)에 이를 명백히 기재하여야 그 판결에 의한 등기의 집행을 할 수 있다.

### (나) 판결경정

판결에 의한 소유권보존등기신청의 경우에 판결서의 당사자(고유필수적 공동소송의 당사자 일부의 누락) 또는 주문의 기재 중 등기할 부동산 및 등기신청인(권리자)의 표시에 관한 사항 중 일부가 누락되었거나 착오 기재가 있을 때에는 그 판결의 경정허가결정(민사소송법 제211조)을 받지 못하면 그 판결에 의한 등기의 집행은 불능으로 된다.

## 나. 등기신청서의 첨부서면

미등기의 토지 또는 건물에 관하여 확정판결에 의하여 자기의 소유권을 증명하는 자가 소유권보존등기를 신청하는 경우에는 등기신청서에 판결정본 및 확정증명서, 대장(토지, 임야, 건축물)등본, 주민등록표등(초)본, 등록세 영수필 확인서 등을 첨부하여야 한다(규칙 제46조, 제121조 제2항).

## 3. 화해조서에 의한 등기

화해조서(和解調書라 함은 소송상의 화해, 제소전(提訴前)의 화해에 있어서 그 내용이 기재된 조서를 말한다. 화해조서는 확정판결과 동일한 효력이 있으므로(민소법 제220조) 화해조서의 작성으로 그 범위에서 소송은 당연히 종료된다. 화해조항은 판결의 주문에 해당하는 효력을 가진 가장 중요한 사항이다.

화해조항이 등기절차를 이행할 조항일 경우에는 화해조항에 기재 된 등기할 부동산의 표시가 등기부의 표시와 일치하여야 하며 등기원인 및 그 연원일, 등기의 목적이 화해조항에 명시되어 있어야 한다(법 제29조 제6호).

화해조서는 그 기재가 구체적인 이행의무를 내용으로 할 때에는 집행력을 갖는다. 집행력이 미치는 인적범위와 집행력의 배제방법은 집행력 있는 판결에 준한다.

따라서 원고 또는 피고가 소외인에게 소유권이전등절차를 이행한다는 내용이 포함된

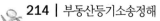

재판상 화해가 성립되었어도 화해의 효력이 소외인에게는 미치지 아니하므로(민소법 제218조, 민집법 제25조)위 화해에 의한 소유권이전등기를 신청할 수 없다. 원고 또는 피고가 소외인에게 소유권이전등기절차를 이행한다는 내용이 포함된 재판상 화해가 성립된 경우에는 그 화해조서에 의한 등기의 집행은 불능이 된다(법 제29조 제2호).

## 가. 화해조서의 효력

화해, 청구의 포기, 인낙을 변론조서, 변론준비기일조서에 적은 때에는 그 조서는 확정판결과 같은 효력을 가진다(민사소송법 제220조). 화해조서는 그 기재가 구체적인 이행의무를 내용으로 할 때에는 집행력을 갖는다(민사집행법 제56조 5호, 제57조, 제263조). 화해조서는 확정판결과 동일한 효력을 갖기 때문에 화해조서에 명백한 오류가 있는 때에는 판결에 준하여 경정(민사소송법 제211조)이 허용된다.

## 나. 화해조항의 중요성

화해절차에 당사자 혹은 제3자가 참가한 때에는 제3자도 포함하여 서로 양보한 결과 일치된 진술내용, 소송종료의 효과를 가져 오는 사항 기타 중요한 사항을 기재한 것을 '화해조항'이라고 한다. 화해조항은 판결의 주문에 해당하는 효력을 가진 가장 중요한 사항이다.

화해는 분쟁을 종국적으로 해결하여 그 재발을 방지하고 화해조서에 의하여 강제집행이나 등기를 실행하고자 하는데 그 목적이 있고, 강제집행이나 등기는 화해조서 중 화해조항의 기재문언에 의하여 실시된다.

화해조항 중 이행조항은 집행력 있는 채무명의가 되므로 화해조항에는 당사자, 이행목적물의 특정, 이행의 시기, 방법 등이 명확히 기재되어야 한다. 화해조항이 등기절차를 이행할 조항일 경우에는 등기할 부동산의 표시가 등기부의 표시와 일치하여야 하며 등기원인과 그 연월일, 등기의 목적이 명시되어 있어야 한다(법 제29조 6호 참조).

부동산등기에는 등기원인과 그 연월일, 등기의 목적, 등기권리자를 기재하여야 하므로 (법 제48조 제1항) 이러한 사항이 화해조항에 명시되어 있어야 한다. 원고 또는 피고가 화해에 참가하지 아니한 제3자에게 이행하기로 특정한 경우에는 화해조항 중에 제3자의 성명, 주소를 명기하여야 한다.

◈ **조정에 갈음하는 결정(화해조항)이 잘못된 사례**

서울 남부지방법원 2011머6351 공유물분할 사건의 조정에 갈음하는 결정조서의 결정사항이 [2, 피신청인은 신청인으로부터 위 1항의 금원을 지급받은 후 즉시 신청인에게 별지목록 기재건물 중 피신청인의 지분 2분의 1에 관하여 이 사건 조정에 갈음하는 결정일자(2012. 4. 18.) 공유물분할합의를 원인으로 하는 소유권이전등기를 마쳐준다]라고 기재된 조정을 갈음하는 결정조서를 등기원인증서로 하여 원고가 강서등기소에 소유권이전등기신청을 하자 담당 등기관은 위 결정사항 중 '마쳐준다'는 의미가 무었을 의미하는지 그 취지가 불명확 하므로 판결을 다시 받아오라고 보정명령을 한 사례가 있다.

위 결정사항 중 '......소유권이전등기를 마쳐준다'는 표현은 '.........소유권이전등기절차를 이행한다'라고 기재하여 신청인의 청구가 이행청구(이행판결)임을 명확하게 표시했어야 한다).

## 다. 소외인에 대한 화해의 효력

원고 또는 피고가 소외인에게 소유권이전등기절차를 이행한다는 내용이 포함된 재판상 화해가 성립되었어도 화해의 효력이 소외인에게는 미치지 아니하므로(민소법 제218조, 민집법 제25조) 위 화해에 의한 소유권이전등기를 신청할 수 없다(등기선례 제4권 202항). 따라서 원고 또는 피고가 소외인에게 소유권이전등기절차를 이행한다는 내용이 포함된 재판상 화해가 성립된 경우에는 그 화해조서에 의한 등기의 집행은 불능이 된다.

피고가 원고 갑, 소외인을, 병에게 각 3분의1지분에 관하여 소유권이전등기를 이행한다는 내용이 포함된 재판상의 화해가 성립되었다고 하더라도 '화해 조서에 소외인 을, 병이 당사자'(예 : 원고 000, 피고 000, 피고보조참가인 000, 당사자참가인 000등)로 되어 있지 아니한 이상(민집법 제25조 참조) 화해의 효력이 소외인 을, 병에게는 미치지 아니하므로 (민소법 제218조 제1항 참조), 을, 병은 화해에 의하여 단독으로 지분이전등기를 신청할 수는 없다(대판 1985.11.26. 84다카1880, 등기선례 제4권 202항. 제7권110항).

◈ 등기절차이행의 화해조항 기재례

1. 피고는 원고에게 별지목록기재 토지에 관하여 0000년 0월 0일 매매를 원인으로 한 소유권이전등기절차를 이행한다. 또는
1. 피고는 원고에게 별지목록기재 건물에 관하여 00지방법원 00등기소 0000년 0월 0일 접수 제00호로 경료 한 소유권이전등기의 말소등기절차를 이행한다.

## 4. 공유물분할판결에 의한 등기

공유물분할의 소는 분할을 청구하는 공유자가 다른 모든 공유자 전원을 공동피고로 하여 제기함을 요하는 고유필수적 공동소송이다(대판 2001. 7. 10. 99다31124). 공유물분할은 반드시 공유자전원이 분할절차에 참여하여야 하는 것이므로 공유자 중 일부만에 의한 공유물분할협의나 공유물분할판결 또는 공유자 아닌 제3자를 포함한 공유물분할협의나 판결에 의하여 공유물분할을 원인으로 한 등기신청은 "사건이 등기할 것이 아닌 때"에 해당하므로 등기관이 이를 각하하여야 한다(법 제29조 제2호).

각 공유자는 언제든지 공유물의 분할을 청구하여 공유관계를 종료시킬 수 있다(민법제 268조 제1항). 즉 공유물분할은 자유이다. 공유물분할에는 '협의에 의한 분할'과 '재판에 의한 분할'이 있다.

공유물분할의 판결이 확정되면 공유자는 각자 분할된 부분에 대한 단독소유권을 취득하게 되므로 그 소송의 당사자는 그 확정판결을 첨부하여 등기권리자 단독으로 '공유물분할을 원인으로 한 지분이전등기'를 신청할 수 있다(법제23조 제5항).

## 가. 고유필수적 공동소송

고유필수적 공동소송(固有必須的 共同訴訟)이라 함은 공동소송인전원이 원고 또는 피고가 되지 않으면 당사자적격을 흠결하는 소송형태를 말한다. 소송목적이 공동소송인 모두에게 합일적(合一的)으로 확정되어야 할 공동소송의 경우 공동소송인 가운데 한 사람의 소송행위는 모두의 이익을 위해서만 효력을 가진다(민사소송법 제67조 제1항).

재산권이 '공유(共有)'인 경우, 공유자는 그 지분을 자유로이 처분할 수 있고 공유물 전부를 지분의 비율로 사용, 수익할 수 있으나(민법 제263조), 다른 공유자의 동의 없이 공유물을 처분하거나 변경할 수 없으므로(민법 제264조) 공유물 자체에 관한 소송은 모두 고유필수적 공동소송이다.

### (1) 공유물분할의 소

공유자가 공유물의 분할을 청구할 수 있는 경유에 공유자간에 분할에 관한 협의가 성립되지 않기 때문에 재판상의 분할을 청구하는 소송을 '공유물분할의 소'라고 하며, 이 소는 분할을 구하는 공유자가 다른 모든 공유자 전원을 공동피고로 하여 제기함을 요하는 고유필수적 공동소송이다(대판 2001. 7. 10. 99다 31124).

즉 공유물분할의 소는 공유자 전원 사이에 있어서 기존의 공유관계를 해소시켜 각 분할부분에 대하여 각 공유자의 단독소유권 또는 일부 공유자들 사이의 새로운 공유관계를 창설하는 소(訴)이기 때문에 공유자 전원에 대하여 권리관계가 합일적(合一的)으로 확정할 것을 요하는 고유필수적 공동소송이다. 고유필수적 공동소송에서는 공동소송인 중 한 사람에게 소송요건의 흠결이 있으면 전 소송을 부적법 각하하여야 한다.

공유물분할의 소는 공유자간에 상호의 지분의 확정을 청구하는 점에서는 소송사건이지만, 분할방법을 정하는 점은 성질상 비송사건으로서 형식적 형성소송에 속한다(민법 제 269조).

### (2) 공유자전원의 참여(소송당사자적격)

공유자 중의 일부에 대하여는 분할에 관한 합의가 성립되었으나 일부에 대하여는 협의가 성립되지 아니한 경우에도 공유자 전원이 당사자로 되어야 하며(고유필수적 공동소송), 공유자 아닌 제3자를 당사자에 포함시켜 분할절차를 진행하는 것은 협의상 분할이나 재판상 분할이냐를 막론하고 허용될 수 없다(대판 1968. 5. 21. 68다 414, 415, 1986. 6. 25. 68다 647).

### (3) 조정성립과 물권변동의 효력발생시기

공유물분할의 소송절차 또는 조정절차에서 공유자 사이에 공유토지에 관한 현물분할의 협의가 성립하여 그 합의사항을 조서에 기재함으로써 조정이 성립하였다고 하더라도, 그와 같은 사정만으로 재판에 의한 공유물분할의 경우와 같이 마찬가지로 그 즉시 공유관계가 소멸하고 각 공유자에게 그 협의에 따른 새로운 법률관계가 창설되는 것은 아니고, 공유자들이 협의한 바에 따라 토지의 분할절차를 마친 후 각 단독 소유로 하기로 한 부분에 관하여 다른 공유자의 공유지분을 이전받아 등기를 마침으로써 비로소 그 부분에 대한 대세적 권리로서의 소유권을 취득하게 된다고 보아야 한다(대판 2013. 11. 21. 2011두 1917 전원합의체).

## (4) 등기신청의 각하(사건이 등기할 것이 아닌 때)

공유물분할은 반드시 공유자 전원이 분할절차에 참여 하여야 하는 것이므로 공유자 중 일부만에 의한 공유물분할협의나 공유물분할판결 또는 공유자 아닌 제3자를 포함한 공유물분할협의나 판결에 의하여 공유물분할을 등기원인으로 한 등기신청은 "사건이 등기할 것이 아닌 때"에 해당하므로 이를 각하(법 제29조 2호)하여야 한다.

## 나. 필수적 공동소송인의 추가

고유필수적 공동소송에서 공동소송인 일부만이 소송을 제기하거나 공동소송인 일부만을 상대로 소송을 제기한 때에는 소가 부적법해진다. 다만 당사자의 신청에 의하여 제1심 변론종결시 까지 빠뜨린 당사자를 추가할 길이 열려 부적법을 고칠 수 있다.

법원은 민사소송법 제67조 제1항의 규정에 따른 공동소송인 가운데 일부가 누락된 경우에는 제1심의 변론을 종결할 때까지 원고의 신청에 따라 결정으로 원고 또는 피고를 추가하도록 허가할 수 있다. 다만, 원고의 추가는 추가될 사람의 동의를 받은 경우에만 허가할 수 있다(민소법 제 68조 제1항).

◆ **공유물분할을 구하는 청구취지 및 판결주문의 기재례**

1. 별지 제1목록 기재 부동산을 원고들의 소유로, 별지 제2목록 기재 부동산을 피고의 소유로 각 분할한다.

1. 서울특별시 00구 00동 00번지 대 100 제곱미터 중 별지 도면표시 1. 2. 3. 4. 1의 각점을 순차 연결한 선내의 ㉮ 부분 50㎡를 원고의 소유로, 같은 도면표시 2, 5, 6, 7, 2의 각 점을 순차 연결한 선내의 ㉯ 부분 50㎡를 피고의 소유로 각 분할한다.

1. 별지 부동산목록 기재 각 토지를, 그 중 같은 목록 제5항, 6항 기재 토지는 원고들의 공유로, 같은 목록 제1항 내지 4항 기재 토지는 피고들의 공유로 각 분할한다.

1. 00시 00동 00번지 대 218.3㎡를 그 중 별지도면표시 5, 2, 6, 7, 5의 각점을 순차연결한 선내 '나'분분 86.5㎡를 원고의 소유로, 같은 도면표시1, 5, 7, 6, 3, 4, 1의 각 점을 순차 연결한 선내 '가'부분 131.8㎡를 피고들의 소유로 각 분할한다.

1. 별지목록기재 부동산을 경매에 부쳐 그 대금에서 경매비용을 공제한 나머지 금액을 원고에게 10분의 7, 피고에게 10분의 3의 각 비율로 분할한다.

## 5. 합유부동산에 관한 소송

고유필수적 공동소송으로 보는 합유부동산(合有不動産)에 관한 소송(민법 제274조 제2항, 대판 1996. 12. 10. 96다 23238)에서는 등기부상의 소유자인 합유자 전원이 공동으로 원고 또는 피고가 되지 않으면 당사자 적격을 잃어 소가 부적법하게 되므로 변론종결 당시의 등기부상의 합유자 전원을 피고로 하여야 할뿐만 아니라 그 소는 합유자 전원에 대하여 합일적으로 확정되어야 하므로 당사자(등기부상의 합유자)중 일부가 누락된 판결에 의한 등기신청은 "신청서에 기재된 등기의무자의 표시가 등기부와 부합하지 아니한 때"(법 제29조 제7호)에 해당되어 등기관은 그 등기신청을 각하하게 된다.

## 가. 합유의 의의

합유(合有)라 함은 공동소유의 한 형태이며, 공유와 총유의 중간에 있는 것으로 법률의 규정 또는 계약에 의하여 수인이 조합체로서 물건을 소유하는 형태이다(민법 제271조 제4

항. 제704조. 신탁법 제50조 제1항). 합유는 법률의 규정 또는 계약에 의하여 수인이 조합체(組合體)로서 물건을 소유하는 때의 그 공동소유(共同所有)를 말한다. 즉 합유는 조합재산(組合財産)을 소유하는 형태이며 , 합유에 있어서도 공유(共有)에서와 같이 합유자(合有者)는 지분(持分)을 가지나 합유자의 지분은 자유로이 처분하지 못하는 점에서 공유지분과 다르다.

공유와 다른 점은 공유에서는 각 공유자의 지분을 자유로이 타인에게 양도할 수 있으며, 또 공유자 중 일부가 분할을 희망하는 때에는 분할을 해야만 하는데 대하여, 합유는 각인이 지분을 가지고 있으나 자유로이 타인에게 양도할 수 없으며 자유분할도 인정되지 않거나 제한되고 있는 점이다. 공유는 개인적 색체가 짙은 것인데, 합유는 공동목적을 위하여 어느 정도 개인적인 입장이 구속되고 있는 점에 차이가 있다. 그러나 각자 지분을 가지고 있는 점에서 총유보다는 개인적인 색체가 있다.

**등기 기록례 : 공유의 일부를 합유로 변경하는 경우**

| 【 갑　구 】 | | | | (소유권에 관한 사항) |
|---|---|---|---|---|
| 순위<br>번호 | 등기<br>목적 | 접수 | 등기원인 | 권리자 및 기타사항 |
| 2 | 소유권<br>이전 | 2012년 9월<br>10일<br>제9100호 | 2012년 8월<br>10일<br>매매 | 공유자<br>지분6분의1<br>김한울 000000-0000000<br>서울시 종로구 율곡로○길 16(사간동)<br>지분6분의2<br>이겨레 000000-0000000<br>서울특별시 종로구 창덕궁길 ○○○(원<br>서동)<br>지분6분의3<br>김예린 000000-0000000<br>서울특별시 서초구 서초대로46길 60,<br>○○동 201호(서초동, 서초아파트)<br>거래가액 금71,000,000원 |
| 2-1 | 2번<br>소유권<br>변경 | 2012년 12월<br>5일<br>제3005호 | 2012년 11월<br>10일<br>변경계약 | 공유자<br>지분 6분의1<br>김한울 000000-0000000<br>서울시 종로구 율곡로○길 16(사간동)<br>합유자<br>목직지분 6분의 5<br>이겨레 000000-0000000<br>서울특별시 종로구 창덕궁길 ○○○(원<br>서동)<br>김예린 000000-0000000<br>서울특별시 서초구 서초대로46길 60,<br>○○동 201호(서초동, 서초아파트) |

## 나. 합유물의 처분, 변경과 보존

합유물을 처분 또는 변경함에는 합유자 전원의 동의가 있어야 한다. 그러나 보존행위는 각자가 할 수 있다. 합유로 소유권이전등기가 마쳐진 부동산에 대하여 명의신탁해지로 인한 소유권이전등기 이행청구소송은 합유재산에 관한 소송으로서 고유필수적 공동소송에 해당된다(1983. 10. 25. 83다카850)

합유물에 관하여 경료된 원인무효의 소유권이전등기의 말소를 구하는 소송은 합유물에 관한 보존행위로서 합유자 각자가 할 수 있다(대판 1997. 9. 9. 96다16896). 합유 및 총유에 있어서 목적물의 처분변경에는 전원의 동의를 요하나 보존행위는 각자 단독으로 할 수 있다(대판 60. 5. 5. 4292 민상191).

민법 제272조에 따르면 합유물을 처분 또는 변경함에는 합유자 전원의 동의가 있어야 하나, 합유물 가운데서도 조합재산의 경우 그 처분·변경에 관한 행위는 조합의 특별사무에 해당하는 업무집행으로서, 이에 대하여는 특별한 사정이 없는 한 민법 제706조 제2항이 민법 제272조에 우선하여 적용되므로, 조합 재산의 처분·변경은 업무집행자가 없는 경우에는 조합원의 과반수로 결정하고, 업무집행자가 수인인 경우에는 업무집행자의 과반수로 결정하며, 업무집행자가 1인만 있는 경우에는 그 업무집행자가 단독으로 결정한다(대판 2010. 4. 29. 2007다18911).

## 다. 합유명의인 표시변경등기

합유자 중 일부가 사망한 경우 합유자 사이에 특별한 약정이 없는 한, 사망한 합유자의 상속인은 민법 제719조의 규정에 의한 지분반환청구권을 가질 뿐 합유자로서의 지위를 승계하는 것이 아니다(대판 1996. 12. 10. 96다23238).

따라서 사망한 합유자의 상속인들 중 일부가 다른 상속인을 상대로 상속지분이전등기절차의 이행을 명하는 판결을 받은 경우에도 위 판결에 의하여 사망한 합유자의 합유지분에 대한 소유권이전등기를 신청할 수는 없다(등기선례 제6권 295항).

합유자 중 일부가 사망한 경우에는 사망한 합유자의 지분에 관하여 그 상속인 앞으로 상속등기를 하거나 해당 부동산을 그 상속인 및 잔존 합유자의 합유로 하는 변경등기를 할 것은 아니고 아래와 같이 잔존 합유자의 합유로 하는 '합유명의인 표시변경등기'를 하여야 한다.

### (1) 합유자가 3인 이상인 경우 1인이 사임한 때(합유자 일부의 사망과 소유권의 귀속)

부동산의 합유자 중 일부가 사망한 경우 합유자 사이에 특별한 약정이 없는 한 사망한 합유자의 상속인은 합유자로서의 지위를 승계하는 것이 아니므로 해당 부동산은 잔존 합유자가 2인 이상일 경우에는 잔존 합유자의 합유로 귀속되고 잔존 합유자가 1인인 경우에는 잔존 합유자의 단독소유로 귀속된다(대판 96. 2. 25 93다39225).

합유자가 3인 이상인 경우에 그 중 1인이 사망한 때에는 해당 부동산은 잔존 합유자의 합유로 귀속되는 것이므로, 잔존 합유자는 사망한 합유자의 사망사실을 증면하는 서면을 첨부하여 해당 부동산을 잔존 합유자의 합유로 하는 '합유명의인 변경등기신청'을 할 수 있다.

# 합유명의인변경등기(합유자변경)

| 접 수 | 년 월 일 | 처 리 인 | 등기관 확인 | 각종 통지 |
|---|---|---|---|---|
| | 제       호 | | | |

| 부동산의 표시 | |
|---|---|
| 서울특별시 서초구 남부순환로 ○○○길 ○○○<br>　　대 300㎡ | |
| 등기원인과 그 연월일 | 2007년  3 월  5 일 합유자 박○○ 사망 |
| 등 기 의 목 적 | 소유권변경 |
| 변경사항 | 별지와 같음 |
| | |

| 구<br>분 | 성 명<br>(상호·명칭) | 주민등록번호<br>(등기용등록번호) | 주 소(소재지) |
|---|---|---|---|
| 신<br>청<br>인 | 1. 김 ○○<br>2. 이 ○○<br>3. 박 ○○ | | |
| | 1. 김 ○○<br>2. 이 ○○ | | |

| 등 록 세 | 금 | 원 |
|---|---|---|
| 교 육 세 | 금 | 원 |
| 세 액 합 계 | 금 | 원 |
| 등 기 신 청 수 수 료 | 금 | 원 |
| | 은행수납번호 : | |

첨 부 서 면

| | | |
|---|---|---|
| 1. 가족관계등록부 　　　　　　　　 1통<br>1. 등록세영수필확인서 및 통지서 　 1통<br>1. 신청서 부본 　　　　　　　　　 1통<br>1. 위임장 　　　　　　　　　　　 1통 | | <기 타><br>1. 기본증명서 　　　　　 1통 |

년 　 월 　 일

위 신청인 　　　 (전화 : 　　　　　　)
(또는)위 대리인 (전화 : 　　　　　　)

지방법원 등기소 　귀중

**[별지]**

별지목록기계 부동산에 대한 갑구 순위번호 2번의 '합유자 金○○. 서울 ○○구 ○○동 ○○번지. 李○○. 서울 ○○구 ○○동 ○○번지. 朴○○. 서울 ○○구 ○○동 ○○번지'를 2007년 3월 5일 합유자 朴○○의 사망을 원인으로 '합유자 金○○. 서울 ○○구 ○○동 ○○번지. 李○○. 서울 ○○구 ○○동 ○○번지.로 변경

## (2) 합유자 2인 중 1인이 사망한 때

합유자가 2인인 경우에 그 중 1인이 사망한 때에는 해당 부동산은 잔존 합유자의 단독소유로 귀속되는 것이므로, 잔존 합유자는 사망한 합유자의 사망사실을 증명하는 서면을 첨부하여 해당 부동산을 잔존 합유자의 단독소유로 하는 '합유명의인 변경등기신청'을 할 수 있다(대판 1996. 12. 10. 96다23238).

## (3) 합유자가 1인인 경우

위 (1)의 등기를 하지 않고 있는 사이에 다시 잔존 합유자 중 일부가 사망한 때에는 현재의 잔존 합유자는 해당 부동산의 소유명의인을 당초의 합유자 전원으로부터 바로 현재의 잔존 합유자의 합유로 하는 '합유명의인 변경등기신청'을 할 수 있고, 잔존 합유자가 1인인 경우에는 그 단독소유로 하는 '합유명의인 변경등기신청'을 할 수 있다. 이 경우 그 등기의 신청서에는 등기원인으로서 사망한 합유자들의 사망일자와 사망의 취지를 모두 기재하고, 그들의 사망사실을 증명하는 서면을 첨부하여야 한다.

**등기 기록례 : 합유자가 3인 이상인 경우 그 1인이 순차적으로 사망한 경우**

| 【 갑 구 】 | | (소유권에 관한 사항) | | |
|---|---|---|---|---|
| 순위 번호 | 등기 목적 | 접수 | 등기원인 | 권리자 및 기타사항 |
| 2 | 소유권 이전 | 2012년 2월 3일 제206호 | 2012년 1월 30일 매매 | 합유자<br>김한울 000000-0000000<br>　서울시 종로구 율곡로○길 16(사간동)<br>이겨레 000000-0000000<br>　서울특별시 종로구 창덕궁길 ○○○(원서동)<br>김예린 000000-0000000<br>　서울특별시 서초구 서초대로46길 60, ○○동 201호(서초동, 서초아파트)<br>거래가액 금270,000,000원 |

| | | | | 합유자 |
|---|---|---|---|---|
| 2-1 | 2번<br>소유권<br>변경 | 2012년 3월<br>4일<br>제505호 | 2013년 2월 4일<br>합유자 김예린<br>사망 | 김한올 000000-0000000<br>서울시 종로구 율곡로○길 16(사<br>간동)<br>~~이겨레 000000-0000000~~<br>~~서울특별시 종로구 창덕궁길 ○○~~<br>~~○(원서동)~~ |
| 2-2 | 2번<br>소유권<br>변경 | 2012년 4월<br>1일<br>제608호 | 2013년 3월<br>25일<br>합유자 김한올<br>사망 | 소유자 이겨레 000000-0000000<br>~~서울특별시 종로구 창덕궁길 105~~<br>~~(원서동)~~ |

(주) 1. 합유자 사이에 특별한 약정이 없는 한 사망한 합유자의 지분에 관하여 합유자의 상속인 앞으로 상속등기를 할 수 없으므로, 그 상속인 및 잔존합유자의 합유

    2. 잔존합유자는 등기신청서에 사망한 합유자의 사망사실을 증명하는 서면을 첨부하여야 한다.

    3. 합유자가 2인인 경우 그 중 1인이 사망한 때에는 해당 부동산은 잔존합유자의 단독소유로 귀속된다.

### (4) 잔존 합유자의 사망과 상속등기

위 (3)의 등기를 하지 않고 있는 사이에 그 잔존 합유자도 사망한 때에는 그 잔존 합유자의 상속인은 바로 자기 앞으로 '상속등기'를 신청할 수 있다. 이 경우 그 상속등기의 신청서에는 등기원인으로서 피상속인이 아닌 다른 합유자(들)의 사망일자 및 사망의 취지와 등기신청인인 상속인의 상속일자 및 상속의 취지를 함께 기재하고, 상속을 증명하는 서면 외에 다른 합유자(들)의 사망사실을 증명하는 서면을 첨부하여야 한다(등기예규 제911호. 2.라).

### 라. 판결서에 합유자 중 일부가 누락된 경우(필수적 공동소송인의 추가)

고유필수적 공동소송으로 보는 합유부동산에 관한 소송(민법 제274조 제2항, 대판 1996. 12. 10. 96다 23238)에서는 등기부상의 소유자인 합유자 전원이 공동으로 원고 또는 피고가 되지 않으면 당사자 적격을 잃어 소가 부적법하게 되므로 변론종결 당시의 등기부상의 합유

자 전원을 피고로 하여야 할뿐만 아니라 그 소는 합유자 전원에 대하여 합일적으로 확정되어야 하므로 당사자(등기부상의 합유자)중 일부가 누락된 판결에 의한 등기신청은 "신청서에 기재된 등기의무자의 표시가 등기부와 부합하지 아니한 때"(법 제29조 제7호)에 해당되어 등기관은 그 등기신청을 각하하게 된다.

## 6. 등기의 말소 또는 말소된 등기의 회복을 명한 판결에 의한 등기

등기의 말소를 신청하는 경우에 그 말소에 대하여 등기상 이해관계 있는 제3자가 있을 때에는 제3자의 승낙이 있어야 하며(법 제57조 제1항), 말소된 등기의 회복을 신청하는 경우에 등기상 이해관계 있는 제3자가 있을 때에는 그 제3자의 승낙이 있어야 한다(법 제59조).

등기의 말소(법 제57조 제1항) 또는 말소된 등기의 회복(법 제59조)도 일반적인 권리등기와 같이 등기권리자와 등기의무자의 공동신청에 의하는 것이 원칙이나(법 제23조 제1항) 등기의무자가 등기의 말소 또는 말소된 등기의 회복신청에 협력하지 않을 때(등기의 말소 또는 말소된 등기의 회복에 대하여 등기상 이해관계 있는 제3자가 등기의 말소나 말소된 등기의 회복에 대하여 승낙을 거부하는 경우를 포함한다)에는 등기권리자는 등기의무자 및 그 제3자를 상대로 등기신청의사표시에 갈음하는 확정된 이행판결(履行判決)을 받아 승소한 등기권리자로서 단독으로 등기의 말소나 회복을 신청할 수 있다(민집법 제263조 제1항, 부동산등기법 제23조 제4항).

등기의 말소 또는 말소된 등기의 회복을 함에 있어서 등기상 이해관계 있는 제3자가 승낙을 거부할 경우에 등기의 말소나 회복을 하고자 하는 자의 입장에서는 그 제3자의 승낙서의 첨부가 없으면 등기의 말소나 회복을 할 수 없게 되므로 그 제3자의 임의의 승낙을 얻거나 그것이 불가능할 때에는 강제적으로 승낙을 구하는 판결을 받아야(민사집행법 제263조 제1항) 승소한 등기권리자로서 단독으로 그 등기를 신청할 수 있다(법 제23조 제4항).

판결에 의한 등기의 말소신청의 경우 그 말소에 대하여 등기상 이해관계 있는 제3자의 승낙서 또는 이에 대항할 수 있는 재판의 등본을 등을 첨부하지 아니한 경우에는 부동산 등기법 제29조 제9호의 '신청서에 필요한 서면(즉 승낙서)을 첨부하지 아니한 때'에 해당되어 그 신청은 각하되며(대법원 1967. 11. 29. 67마1092), 판결에 의하여 말소된 등기의 회복을 신청하는 경우에도 등기상 이해관계 있는 제3자의 승낙서 또는 이에 대항할 수 있는 재판의 등본을 첨부하지 아니한 경우에는 위와 같은 사유로 그 등기신청은 각하된다.

등기의 말소를 신청하는 경우(법 제57조 제1항) 또는 말소된 등기의 회복을 신청하는 경우(법 제59조)에 그 말소 또는 회복에 대하여 등기상 이해관계 있는 제3자가 있을 때에는 제3자의 승낙이 있어야 한다. 이 경우 '등기의무자'가 그 등기의 말소나 회복신청에 협력을 거절하거나, '등기상 이해관계 있는 제3자'가 등기의 말소나 말소된 등기의 회복에 대한 승낙을 거절할 경우 등기권리자는 누구를 상대로 등기청구권을 행사할 것인가가 문제된다.

## 가. 판결에 의한 등기의 말소

등기의 말소를 신청하는 경우에 그 말소에 대하여 등기상 이해관계 있는 제3자가 있을 때에는 제3자의 승낙이 있어야 한다(법 제57조 제1항). 따라서 판결에 의하여 말소등기를 신청하는 경우에도 그 말소에 대하여 등기상 이해관계 있는 제3자가 있을 때에는 등기상 이해관계인의 승낙서 등의 제출은 면제되지 않는다.

소유권이전등기 말소청구소송에서 원고가 승소확정판결에 의하여 말소등기를 신청하는 경우에 등기상 이해관계 있는 제3자가 있는 때에는 그 판결의 기판력이 그에게 미치지 아니하는 한 그의 승낙서 또는 이에 대항 할 수 있는 재판의 등본을 첨부하여야 하나(법 제57조 제1항), 위 제3자가 '변론종결후의 승계인'(민사소송법 제218조 제1항)에 해당하여 위 판결의 기판력이 제3자에게 미칠 때에는 원고는 승계집행문(민사집행법 제31조)을 부여 받아 제3자의 등기를 말소신청 할 수 있다.

### (1) 말소등기의 의의

말소등기라 함은 어떤 부동산에 관하여 현재 존재하고 있는 등기의 '전부'를 말소하는 등기를 말한다. 즉 부동산등기가 원시적 또는 후발적인 사유로 인하여 등기에 부합하는 실체관계가 없는 경우 그 등기의 전부를 법률적으로 소멸시킬 목적으로 하는 등기이다.

말소등기는 등기절차개시의 방식에 따라 당사자의 '신청에 의한 말소등기'(법 제57조)와 법에 특별한 규정이 있는 경우에 등기관이 직권으로 하는 '직권말소등기'로 구분된다.

말소등기는 어떤 부동산에 관하여 현재 기존등기에 대응하는 실체관계가 없는 경우에 그 등기를 법률적으로 소멸시킬 목적으로 그 등기 '전부'를 말소하는 등기로서, 등기된 권리가 일단 유효하게 성립한 후에 부적법하게 된 경우(예 : 변제에 의한 저당권의 소멸) 이거나 처음부터 부적법한 경우(예 : 매매 기타 등기원인의 무효)이거나 가리지 않는다. 말소등기는 기존의 등기전부를 소멸시킨다는 점에서 기존의 어떤 등기를 존속시키면서 그 일부만을 바로 잡는 변경등기 또는 경정등기와 구별된다.

### (2) 말소등기의 요건

말소등기를 신청하기 위한 요건은 아래와 같다.

첫째, '현재 효력 있는 등기'의 '전부가 부적법'한 것이어야 한다. 말소의 대상이 될 수 있는 등기는 '현재 효력이 있는 등기'이어야 하므로 폐쇄등기부에 기재된 등기는 현 등기부에 이기(移記)되지 않는 한 말소할 수 없다(등기선례 제2권 13항).

부적법의 원인은 원시적인 것(신청착오, 원인무효 등)이든 후발적인 것(채무변제로 인한 저당권의 소멸, 존속기간 만료로 인한 지상권 소멸 등)이든 묻지 않는다. 또한 실체적 부적법(등기원인의 무효, 취소, 해제) 뿐만 아니라 절차적 부적법(중복등기, 관할위반 등기)도 포함한다.

부기등기(附記登記)는 주등기(主登記)에 종속되어 주등기와 일체를 이루는 것이고 주등기와 별개의 새로운 등기가 아니므로, 주등기가 말소되면 그에 기한 부기등기는 직권으로 말소 된다(대판 2000. 10. 10. 2000다19526).

말소의 대상이 되는 등기는 '등기사항 전부가 부적법한 것'이어야 한다. 말소등기란 등기 전부를 소멸시킬 목적으로 하는 등기이므로 등기사항의 일부가 부적법한 경우에는 변경 또는 경정등기의 대상이 될 뿐이지 말소의 대상이 아니다.

둘째 등기의 말소를 신청하는 경우에 그 말소에 대하여 '등기상 이해관계 있는 제3자'가 있을 때에는 제3자의 승낙이 있어야 한다(법 제57조 제1항). 등기의 말소에 관하여 등기상 이해관계 있는 제3자인지 여부는 등기부 기재에 의하여 형식적으로 판단하며 실질적으로 손해를 입을 우려가 있는지의 여부는 고려의 대상이 되지 아니한다(대판 1997. 9. 30. 95다39526, 1998. 4. 9. 98마40 결정).

말소에 관하여 '등기상 이해관계 있는 제3자인지 여부'는 등기기록에 따라 형식적으로 판단하고 실질적인 손해 발생의 염려 유무는 불문한다. 말소대상인 등기를 기초로 하여 이루어진 제3자의 권리에 관한 등기명의인은 그 등기의 말소에 관하여 등기상 이해관계 있는 제3자에 해당한다.

다만 판결에 의한 말소등기신청의 경우에는 그 소송의 '변론종결 전에 등기를 마친 자'는 이해관계인이 되지만, '변론종결 후에 등기를 마친 자'는 변론종결 후의 승계인(민소법 제218조 제1항)에 해당하므로 승계집행문(민집법 제31조)을 부여 받아 말소 할 수 있다. '변론종결의 전후'를 판단하는 기준시는 등기기록상 접수일자이다(법6조 2항).

## (3) 말소등기의 신청인

### (가) 공동신청의 원칙

일반적인 권리등기와 같이 말소등기는 등기권리자와 등기의무자의 공동신청에 의하는 것이 원칙이다(법 제23조 제1항). 말소등기의 '등기권리자'는 그 말소등기를 함으로써 등기부상 권리를 취득하거나 등기의 기재형식상 유리한 지위에 있게 되는 자이며, '등기의무자'는 그 말소등기로 인하여 등기부상 권리를 잃게 되거나 등기의 기재형식상 불리한 위치에 있게 되는 기존의 등기명의인을 말한다.


### (나) 예외(단독신청)

등기의 성질상 단독신청에 의한 등기의 말소는 그 등기명의인의 단독신청에 의한다. 즉 소유권보존등기가 착오로 된 경우(등기예규 제581호), 허위의 보증서를 첨부하여 특별조치법에 따른 확인서를 발급받아 소유권이전등기를 경료 한 자(등기선례 제6권 363항), 사업시행자가 신청착오를 원인으로 수용을 원인으로 한 소유권이전등기를 말소신청 하는 경우(등기선례 제3권 609항) 등이다.


### (다) 판결에 의한 등기의 말소신청

#### 1) 등기의무자가 말소등기신청에 협력하지 않는 경우

등기의 말소신청도 다른 등기신청과 같이 등기의무자가 말소등기신청에 협력하지 않는 때에는 의사표시에 갈음하는 판결(민집법 제263조 제1항)을 받아 등기권리자가 단독으로 말소등기를 신청할 수 있다(법 제23조 제4항).

등기의 말소를 명하는 판결은 확정된 이행판결이어야 한다. 의사의 진술을 명하는 판결은 그 판결이 확정된 때에 그 의사를 진술한 것으로 보므로(민집법 제263조 제1항) 부동산등기법 제23조 제4항의 판결은 확정된 이행판결만을 의미한다.


#### 2) 말소등기절차의 이행을 명하는 판결에 가집행의 선고가부(소극)

말소등기절차의 이행을 명하는 판결은 재산권의 청구에 관한 판결이지만 의사의 지술을 명하는 판결은 그 판결이 확정된 때에 비로소 의사를 진술한 것으로 간주되므로(민집법 제263조 제1항), 가집행선고부 판결(민소법 제213조)에 의한 등기를 허용할 경우 그 판결이 취소된 때에는 부동산거래의 안전을 해칠 수 있으므로 의사의 진술을 명하는 판결에는 가집행선고를 붙일 수 없다.

### 3) 종전 소유자의 근저당권설정등기의 말소청구가부(적극)

근저당권이 설정된 후에 그 부동산의 소유권이 제3자에게 이전된 경우에는 현재의 소유자가 자신의 소유권에 기하여 피담보채권의 소멸을 원인으로 그 근저당권설정등기의 말소를 청구할 수 있음을 물론이지만, 근저당권설정자인 종전의 소유자도 근저당권설정계약의 당사자로서 근저당권소멸에 따른 원상회복으로 근저당권자에게 근저당권설정등기의 말소를 구할 수 있는 계약상의 권리가 있으므로 이러한 계약상 권리에 터잡아 근저당권자에게 피담보채무의 소멸을 이유로 하여 그 근저당권설정등기의 말소를 청구할 수 있다(1994. 1. 25. 93다16338 전원합의체판결).

## (4) 등기의 말소절차이행을 구하는 소

### (가) 말소등기청구권의 발생원인(등기원인의 무효)

말소등기 청구사건의 소송물은 당해 등기의 말소등기청구권이고, 그 동일성 식별의 표준이 되는 청구원인, 즉 말소등기청구권의 발생원인은 당해 '등기원인의 무효'라 할 것이며, 등기원인의 무효를 뒷받침하는 개개의 사유는 독립된 공격방어방법에 불과하여 별개의 청구원인을 구성한다고 볼 수 없다(대판 1999. 9. 17. 97 다 54024).

### (나) 소의 상대방(등기명의인 또는 그 포괄승계인)

등기의무자, 즉 등기부상의 형식상 그 등기에 의하여 권리를 상실하거나 기타 불이익을 받을 자(등기명의인 이거나 그 포괄승계인)가 아닌 자를 상대로 한 등기의 말소절차이행을 구하는 소는 당사자 적격이 없는 자를 상대로 한 부적법한 소이다(대판 1994. 2. 25. 93다39225). 따라서 등기의 말소절차이행을 구하는 소의 상대방(피고)은 등기명의인 이거나 그 포괄승계인 이어야 한다.

### (다) 멸실된 건물에 대한 등기말소청구의 적부

건물이 멸실된 경우에 멸실된 건물에 대한 등기용지는 폐쇄될 운명에 있으므로 그 건물에 관하여 경료 된 소유권이전등기가 원인무효로 될 사정이 있다하여도 그 건물의 종전의 소유자로서는 등기부상의 소유명의자에게 그 말소등기를 소구할 이익이 없다(대판 1994. 6. 10. 93다24810).

## (5) 등기상 이해관계 있는 제3자가 있는 경우

부동산등기법상 '등기상 이해관계 있는 제3자'를 규정하고 있는 규정은 아래와 같다.

첫째, 직권경정등기로서, 등기관이 등기의 착오나 빠진 부분이 등기관의 잘못으로 인한 것임을 발견한 경우에는 지체 없이 그 등기를 직권으로 경정하여야 한다. 다만, 등기상 이해관계 있는 제3자가 있는 경우에는 제3자의 승낙이 있어야 한다(동법 제32조 제2항, 구법 제72조 제1항).

둘째, 등기의 말소로서, 등기의 말소를 신청하는 경우에 그 말소에 대하여 등기상 이해관계 있는 제3자가 있을 때에는 제3자의 승낙이 있어야 한다(동법 제57조 제1항, 구법 제171조).

셋째, 말소등기의 회복으로서, 말소된 등기의 회복을 신청하는 경우에 등기상 이해관계 있는 제3자가 있을 때에는 그 제3자의 승낙이 있어야 한다(동법 제59조, 구법 제75조).

넷째, 부기등기의 경우로서, 등기관이 부동산등기법 제52조 각호의 등기(등기명의인 표시의 변경이나 경정의 등기 등)를 할 때에는 부기로 하여야 한다. 다만, 제5호의 등기(권리의 변경이나 경정의 등기)는 등기상 이해관계 있는 제3자의 승낙이 없는 경우에는 그러하지 아니하다(동법 제52조).

## (가) 등기상 이해관계 있는 제3자의 의의

구부동산등기법 제171조(현행법 제57조 등기의 말소)에서 말하는 '등기상 이해관계 있는 제3자'란 말소등기를 함으로써 손해를 입을 우려가 있는 등기상의 권리자로서 그 손해를 입을 우려가 있다는 것이 등기부 기재에 의하여 형식적으로 인정되는 자이고, 그와 같은 손해를 입게 될 위험성은 등기의 형식에 의하여 판단하며 실질적으로 손해를 입을 우려가 있는지의 여부는 고려의 대상이 되지 아니한다(대판 1997. 7. 30. 95다39526).

등기상 이해관계 있는 제3자에는 가등기권리자, 저당권자, 근저당권자, 근저당권에 대한 가압류채권자, 임차권자, 가압류권자, 가처분채권자, 체납처분권자, 제3취득자 등이다.

## (나) 제3자가 승낙의무를 부담하는지 여부의 판단기준

등기의 말소를 신청하는 경우에 그 말소에 대하여 등기상 이해관계가 있는 제3자가 있을 때에는 제3자의 승낙이 있어야 한다(법 제57조 제1항). 등기상 이해관계 있는 제3자가 해당 말소등기에 대하여 승낙을 하여야 할 의무가 있는지는 실체법상의 권리관계에 의하여 결정된다.

기존등기가 실체법상 원인무효라는 이유로 말소되는 경우 현행법상 등기의 공신력이 인정되지 않으므로 그러한 무효인 등기에 터잡은 등기로 무효가 되므로 그 등기명인은 기존 등기의 말소에 대하여 승낙할 의무를 부담한다. 만약 승낙을 거부할 경우 승낙의 의사표시에 갈음하는 판결(법제23조 제14항)을 받아 등기신청을 하여야 한다.

법 제57조에서 말하는 '등기상 이해관계 있는 제3자'란 말소등기를 함으로써 손해를 입을 우려가 있는 등기상의 권리자로서 그 손해를 입을 우려가 있다는 것이 등기부기재에 의하여 형식적으로 인정되는 자이고, 그 제3자가 승낙의무를 부담하는지 여부는 그 제3자가 말소등기 권리자에 대한 관계에서 그 '승낙을 하여야할 실체법상의 의무가 있는지 여부'에 의하여 결정된다(대판 2007. 4. 27. 2005다43753).

원고가 소유권이전등기말소의 확정판결에 의하여 말소등기를 신청하는 경우에 등기상 이해관계 있는 제3자가 있는 때에는 그 판결의 기판력이 그에게 미치지 아니하는 한 그의 승낙서 또는 이에 대항할 수 있는 재판의 등본을 첨부하여야 하나, 제3자가 민사소송법 제218조 제1항의 변론종결 후의 승계인에 해당하여 위 판결의 기판력이 제3자에게 미칠 때에는 원고는 승계집행문을 부여받아 제3자의 등기의 말소를 신청할 수 있다.

따라서 소유권이전등기의 말소등기를 이행하라는 판결을 받은 경우에 말소대상인 소유권이전등기에 기하여 설정된 근저당권자의 말소등기에 대한 승낙서를 제출하지 아니하면 부동산등기법 제29조 제9호에 의하여 소유권이전등기는 말소할 수 없다.

전세권자가 전세권설정자에 대하여 그 전세권설정등기의 말소의무를 부담하고 있는 경우라면, 그 전세권을 가압류하여 부기등기를 경료 한 가압류권자는 등기상 이해관계 있는 제3자로서 등기권리자인 전세권설정자의 말소등기절차에 필요한 승낙을 할 실체법상의 의무가 있다(대판 1999. 2. 5. 97다33997).

등기의 말소를 신청하는 경우에 그 말소에 대하여 등기상 이해관계 있는 제3자가 있는 때에는 신청서에 그 승낙서를 첨부하도록 규정하고 있으므로(법 제57조 제1항), 이해관계 있는 제3자의 승낙서를 첨부하지 아니한 채 말소등기가 이루어진 경우 그 말소등기는 제3자에 대한 관계에 있어서 무효라고 해석할 것이나, 다만 제3자에게 그 말소등기에 관하여 '실체법상의 승낙의무'가 있는 때에는 승낙서가 첨부되지 아니한 채 말소등기가 경료되었다고 하여도 그 말소등기는 '실체적 법률관계'에 합치되는 것이어서 제3자에 대한 관계에 있어서도 유효하다(1996. 8. 20. 94다58988).

## (6) 제3자의 등기의 말소에 대한 승낙의사의 표시(판결주문)

등기의 말소를 구하는 소장의 청구취지 작성 시 말소의 대상이 되는 등기를 근거로 한 등기상 이해관계 있는 제3자의 다른 등기가 있는 경우 그 제3자가 등기의 말소에 대하여 실체법상 승낙의무가 있는 제3자인 경우에는 그 제3자(예 : 임차권자, 근저당권자, 가압류권자, 경매신청인, 체납처분권자, 가처분권리자 등이 해당되나 명의신탁자, 예고등기 후에 당해 부동산의 소유권을 취득한 제3자는 이에 해당되지 아니한다)를 피고에 포함시킴과 동시에 청구취지에 그 제3자의 승낙의무(법 제57조 제1항 참조)를 구하는 취지를 함께 기재하여야 하며, 판결의 주문에도 이를 기재함으로써 그 판결에 의한 등기의 집행이 불능으로 되지 아니 하도록 유의하여야 한다.

판결에 의한 전세권설정등기의 말소등기절차이행을 명하는 확정판결을 받아 말소등기를 신청하는 경우, 그 판결의 사실심 변론종결 전에 당해 전세권을 목적으로 하는 가압류등기가 경료 되었다면, 가압류등기가 경료 된 시점이 판결에 나타난 전세권의 존속기간 만료시점 후라 하더라도 그 신청서에는 가압류 채권자의 승낙서 또는 그에 대항할 수 있는 재판등본을 첨부하여야 한다(등기선례 요지집 제5권198항).

### (7) 제3자의 승낙의무여부

등기의 말소에 관하여 등기상 이해관계 있는 제3자가 있는 경우 그 제3자가 등기의 말소에 관하여 승낙의무가 있는 제3자인지의 여부는 그 제3자가 말소등기권리자에 대한 관계에서 그 승낙을 하여야 할 실체법상의 의무가 있는지 여부에 의하여 결정될 문제이다.

판결에 의한 등기의 말소신청의 경우 그 말소에 관하여 등기상 이해관계 있는 제3자의 승낙서등을 첨부하지 아니한 경우에는 부동산등기법 제29조 제9호의 "신청서에 필요한 서면(승낙서)을 첨부하지 아니 한 때"에 해당되어 그 등기신청은 각하(대법원 1967. 11. 29. 67마1092)된다.

### (가) 등기상 이해관계 있는 제3자에 해당되는 경우

#### 1) 임차권자 · 저당권자 · 근저당권자

판결에 의하여 원인무효임이 확정된 소유권보존등기 말소등기신청을 한 경우에 그 소유권보존등기말소의 예고등기 이후에 그 부동산에 대한 임대차 또는 저당권설정등기를 한 자도 등기상 이해관계 있는 제3자이다(대결 1965. 1. 30. 63마74, 등기선례 요지집 제1권 415항).

## 2) 가압류채권자(근저당권부 채권가압류)

부동산에 관한 소유권이전등기말소의 확정판결이 있었다고 하더라도 그 판결 전에 실시된 가압류나 강제경매채권자를 그 판결에 기한 등기말소절차에 있어서의 승낙의무 있는 이해관계인이라고는 할 수 없다(대판 1979. 7. 10. 79다847).

채무가 모두 변제되어 근저당권이 실질상 소멸되었으나 등기부상 말소되지 않은 근저당권에 대한 가압류채권자도 등기상 이해관계 있는 제3자에 해당하므로 가압류등기가 말소되지 않거나 가압류권리자의 승낙서 또는 이에 대항할 수 있는 재판의 등본을 첨부하지 않는 한 근저당권의 말소등기는 할 수 없다(등기선례 요지집 제4권 136항, 제7권 287항).

전세권자가 전세권 설정자에 대하여 그 전세권설정등기의 말소의무를 부담하고 있는 경우라면, 그 전세권을 가압류하여 부기등기를 경료 한 가압류권자는 등기상 이해관계 있는 제3자로서 등기권리자인 전세권설정자의 말소등기절차에 필요한 승낙을 할 실체법상의 의무가 있다(대판 1999. 2. 5. 97다33997).

## 3) 근저당권자 및 가등기권자

### 가) 근저당설정등기 및 가등기의 말소

甲의 소유권이전등기가 경료 된 후 乙의 근저당권설정등기, 丙의 소유권이전청구권보전의 가등기, 丁의 전세권설정의 가등기가 각 경료 된 부동산에 관하여 원고가 갑, 을, 병, 정을 상대로 위 각 등기의 말소를 구하는 소를 제기하여 갑에 대하여는 승소하였으나 을, 병, 정에 대하여는 패소한 경우에 원고가 갑의 등기를 말소하려면 을, 병, 정의 승낙서 또는 이에 갈음할 수 있는 재판의 등본을 첨부하여야 한다(등기선례 요지집 제1권 93항).

### 나) 소유권이전등기청구권가등기 및 근저당권 말소등기청구의 소송물가액

피담보채무의 변제 등에 의한 소멸 등을 원인으로 한 가등기담보권설정계약 해지를 이유로 담보가등기 말소등기청구를 하는 경우에는 민사소송 등 인지규칙 제13조 제3호, 제1호, 제4호 가목에 의하여 목적물가액의 ½을 소송물가액으로 하고, 등기원인의 무효 또는 취소를 이유로 가등기말소등기청구를 하는 경우에는 민사소송 등 인지규칙 제13조 제3호, 제1호, 제4호 나목에 의하여 목적물 가액의 ½을 소송물가액으로 한다(서울고법 1996. 10. 23. 96라209결정).

이에 대하여 서울고법 1996. 4. 22. 96라 42결정은 근저당권설정등기 말소청구사건의 소송물가액은 동기된 피담보채권 최고액을 기준으로 하여 산정하여야 하고, 현재의 잔존 채권액을 기준으로 하여 산정할 것은 아니라고 판시하였다. 왜냐하면 피담보채권의 현재액으로 해석하면 피담보채권의 전액 변제를 원인으로 하여 말소를 청구하는 경우 소송물가액이 0이 되어버리기 때문이다(윤경저 : 부동산경매의 실무 636면).

### 4) 경매신청인

소유권이전등기의 말소를 명하는 승소확정판결을 얻은 경우에도 그 소유권이전등기 후 위 판결의 사실심 변론종결 전에 기입된 강제경매신청등기가 있는 때에는 경매신청인의 승낙서 또는 이에 대항할 수 있는 재판의 등본을 첨부하여야만 위 소유권이전등기의 말소를 신청할 수 있다(등기선례 요지집 제2권 414항. 제4권478항).

### 5) 체납처분권자

소유권이전등기의 말소를 명하는 확정판결에 의한 것이라 하더라도 그 소유권이전등기 후 위 판결의 사실심 변론종결 전에 체납처분에 의한 압류등기가 있는 때에는 그 체납처분권자의 승낙서 또는 이에 대항할 수 있는 재판의 등본을 첨부하여야만 위 소유권이전등기의 말소등기를 신청할 수 있다(등기선례 제3권 286항).

### 6) 가처분권리자

甲이 乙을 상대로 乙명의의 소유권이전등기의 말소를 명하는 확정판결을 받았으나 그 변론종결 전에 乙을 채무자로 하여 丙명의의 가처분등기가 경료 되었다면 그 판결에 의한 말소등기신청서에는 가처분권리자인 丙의 승낙서 또는 이에 대항할 수 있는 재판의 등본을 첨부하여야 하는데 이 경우 가처분권리자 丙의 본안 패소확정판결 등본을 첨부하는 것으로 위 서면의 첨부에 갈음할 수는 없다(등기선례 제4권 429항).

### (나) 등기상 이해관계 있는 제3자에 해당되지 아니하는 경우

### 1) 명의신탁자

채권담보를 위한 가등기 및 본등기 또는 소유권이전등기를 함에 있어서 타인에게 명의를 신탁하여 각 등기를 하게 한 자를 등기에 관한 이해관계 있는 제3자라고 할 수는 없다(대판 1992. 7. 28. 92다10173. 10180).

### 2) 예고등기 후 당해 부동산의 소유권을 취득한 제3자

부동산등기법상 예고등기와 그 말소는 법원의 직권에 의한 촉탁에 의하여서만 할 수 있고 그 밖에 당사자의 신청에 의하여서는 말소할 수 없으므로, 예고등기 후에 당해 부동산의 소유권을 취득한 제3자에게 예고등기의 말소청구권이 있다고 할 수 없음은 물론 예고등기의 원인이 된 소를 제기한 자가 그 말소등기절차를 행하여야 할 등기의무자의 지위에 있거나 예고등기를 말소함에 있어서 부동산등기법 제171조(현행법 제57조)에서 정한 이해관계 있는 제3자라고 볼 수 없다(대판 2005. 7. 14. 2004다25679).

◆ 등기상 이해관계 있는 제3자가 있는 경우 등기의 말소를 구하는 소장의 청구취지 및 판결주문, 청구원인의 기재례

– 청구취지 및 판결주문의 기재례 –

1. 별지 1, 2목록 기재 각 부동산에 관하여, 원고에게,

가. 피고 甲은 서울 00지방법원 00등기소 2002. 10. 30. 접수 제0000호로 마친 전세권설정등기의 말소등기절차를 이행하고,

나. 피고 乙, 丙, 丁, 戊는 위 가항 기재 말소등기에 대한 승낙의 의사를 표시하라.

2. 별지 2 목록 기재 부동산에 관하여, 피고 己는 원고에게 위 제1항의 가항 기재 말소등기에 대한 승낙의 의사표시를 하라.

3. 소송비용은 피고들의 부담으로 한다.

– 청구원인의 기재례 –

1. 피고 1. 김00(등기부상의 소유자)에 대하여.

별지목록기재 부동산은 원고의 망부 000의 소유였으며, 원고의 망부께서는 19 . .에 사망하여 원고가 단독으로 협의분할에 의한 상속을 하였습니다.

피고는 아무런 권한이나 원인도 없이 소유권이전등기에 필요한 일체서류를 위조, 변조하여 자신이 위 부동산의 매수인인양 서울남부지방법원 강서등기소 19 년 0 월 0 일 제000호로 19 년 0 월 0 일 매매를 원인으로 한 소유권이전 등기를 경료 하였으므로 위 등기는 법률상 원인이 없는 무효의 등기입니다.

피고는 이 사건 등기신청에 필요한 서류를 위조, 변조한 혐의로 구속, 기소되어 현재 00구치소에 수감되어 있는바, 원고는 이 사건 부동산에 대한 적법한 소유자 로서 원인무효인 피고 김00명의의 소유권이전등기의 말소를 구하고자 본소 청구

에 이른 것입니다.

## 2. 피고 2. 박00{예 : 가처분권리자(등기의 말소에 대한 등기상 이해관계 있는 제3자)}에 대하여.

별지목록기재 부동산에 대하여 피고 박00는 19　년 0 월 0 일 제 000 호로 19　년 0 월 0 일 서울중앙지방법원의 가압류결정(19 카단 000 )에 의하여 가압류등기를 경료 받은 가압류 채권자입니다.

부동산등기법 제57조 제1항은 "등기의 말소를 신청하는 경우에 그 말소에 대하여 등기상 이해관계 있는 제3자가 있을 때에는 제3자의 승낙이 있어야 한다"고 규정하고 있습니다.

대법원판례는 등기상 이해관계 있는 제3자의 의미에 대하여 '등기의 말소에 대하여 등기상 이해관계 있는 제3자라 함은 그 말소등기를 함으로써 손해를 입을 우려가 있는 등기상의 권리자로서 그 손해를 입을 우려가 있는 것이 기존 등기부 기재에 의하여 형식적으로 인정되는 자이고, 그와 같은 손해를 입게 될 위험성은 등기의 형식에 의하여 판단하며 실질적으로 손해를 입을 우려가 있는지 여부는 고려의 대상이 되지 아니한다(대판 1994. 6. 10. 96다24810)고 하였습니다.

또한 판례는 부적법하게 말소된 가등기의 회복등기에 관하여 승낙을 할 의무가 있는 등기상 이해관계 있는 제3장의 범위에 관하여 '가등기가 가등기권리자의 의사에 의하지 아니하고 말소되어 그 말소등기가 원인무효인 경우에는 등기상 이해관계 있는 제3자는 그의 선의, 악의를 묻지 아니하고 가등기권리자의 회복등기절차에 필요한 승낙을 할 의무가 있다'(대판 1997. 09. 30. 95다39526)고 하였으며, '등기의 말소를 신청하면서 부동산등기법 제171조(현행법 제 57조 제1항)에 위배하여 이해관계 있는 제3자 승낙서 또는 재판의 등본을 첨부하지 아니하였다면 이는 부동산등기법 제55조 제8호(현행법 제29조 제9호)의 "신청서에 필요한 서면을 첨부하지 아니한 때"에 해당한다'(대법원 1967. 11. 29. 67마1029)고 했습니다.

등기가 부적법하게 경료 되어 그 말소등기가 원인무효인 경우의 회복등기 또는 현존하는 등기가 부적법하게 경료 되어 현존등기가 원인무효인 경우의 말소등기를 하는 경우에는 등기상 이해관계 있는 제3자의 선의, 악의를 묻지 아니하고 그 제3자는 회복등기 또는 말소등기절차에 승낙할 의무가 있는 것으로 보아야 할 것입니다.

따라서 피고 2. 박OO는 원고의 위 1항의 피고 1. 김OO명의 원인무효인 소유권이전등기의 말소에 대하여 등기상 이해관계 있는 제3자로서 승낙의 의사표시를 할 의무가 있다고 하여야 할 것입니다.

입증방법(이하생략)

### (8) 부동산의 특정일부에 대한 말소등기절차이행을 명한 판결

부동산의 일부에 대한 소유권이전등기의 말소등기절차이행을 명한 급부명령의 이행은 분할절차를 밟아 말소등기를 할 수 있다(대판 1968. 5. 7. 67다2917, 1977. 3. 22. 76다616).

1필지의 토지의 특정된 일부에 대하여 소유권이전등기의 말소를 명하는 판결을 받은 등기권리자는 그 판결에 따로 토지의 분할을 명하는 주문기재가 없더라도 그 판결에 기하여 등기의무자를 대위하여 그 특정된 일부에 대한 분필등기절차를 마친 후 소유권이전등기를 말소할 수 있으므로 토지의 분할을 명함이 없이 1필지의 토지의 일부에 관하여 소유권이전등기의 말소를 명한 판결을 집행불능판결이라 할 수 없다(대판 1987. 10. 13. 87다카 1093, 등기예규 제639호).

### (9) 집행법원의 촉탁에 의한 등기의 말소 및 말소등기의 회복과 제3자의 승낙요부(소극)

#### (가) 집행법원의 촉탁에 의한 등기의 말소와 제3자의 승낙요부(소극)

집행법원의 촉탁에 의하여 등기를 말소하는 경우에는 부동산등기법 제171조(현행법 제57조 제1항)의 등기상 이해관계 있는 제3자의 승낙서 또는 이에 대항할 수 있는 재판의 등본을 첨부할 필요가 없다(대법원 1984. 12. 31. 84마473결정).

### (나) 법원의 촉탁에 의하여 말소된 등기의 회복과 제3자의 승낙요부

경매신청의 기입등기 후에 감 명의의 소유권이전등기가 경료 되고 갑이 경락인이 되어 경락대금을 완납한 상태에서 갑의 채권자인 을이 가압류를 하였는데 경매법원의 촉탁에 의하여 갑 명의의 소유권이전등기와 을 명의의 가압류등기가 모두 말소된 다음 갑 명의로 낙찰을 원인으로 한 소유권이전등기가 이루어지고 이에 터 잡아 병 명의의 근저당권설정등기가 경료 된 경우, 을은 병을 상대로 말소된 가압류등기의 회복등기에 대한 승낙의 의사표시를 구할 수 없다(대판 2002. 8. 23. 2000다 29295).

### (10) 제3자 명의등기의 직권말소

등기상 이해관계 있는 제3자의 등기는 이해관계인의 승낙이나 이에 갈음하는 재판이 있으면 등기관이 신청에 따라 등기의 말소 또는 말소회복의 등기를 할 때 이를 '직권'으로 말소한다(법제 57조 제2항, 대판 1998. 11. 27. 97다41103. 등기선례 제5권 189항. 나).

◈ 등기의 말소(등기상 이해관계 있는 제3자가 없는 경우)를 구하는 소장의 청구취지 및 판결 주문의 기재례

피고는 원고에게 별지목록기재 부동산에 관하여 서울 00지방법원 00등기소 2012년 3월 15일 접수 제530호로 경료 된 소유권이전등기(말소할 등기의 표시)의 말소등기절차를 이행하라.

◆ 등기의 말소(등기상 이해관계 있는 제3자가 있는 경우)를 구하는 소장의 청구취지 및 판결주
문의 기재례

1. 피고 金00는 별지목록기재 부동산에 대한 00지방법원 00등기소 0000년 0월
   0일자 접수 제000호로 경료 된 00000등기의 말소등기절차를 이행하고, 피고
   朴00는 위 00000등기의 말소등기에 대하여 승낙의 의사를 표시하라. 또는

1. 피고 甲은 원고에게 별지목록기재 부동산에 대한 00지방법원 00등기소 0000
   년 0월 0일자 접수 제000호로 경료 된 소유권이전등기의 말소등기절차를 이
   행하고, 피고 乙은 위 소유권이전등기의 말소등기에 대하여 승낙의 의사를 표
   시하라.

**현존등기의 말소로 인한 전순위 등기의 재이기(등기 기록례)**

| 【 갑 구 】 | (소유권에 관한 사항) | | | |
|---|---|---|---|---|
| 순위<br>번호 | 등기<br>목적 | 접수 | 등기원인 | 권리자 및 기타사항 |
| ~~1~~<br>(전5) | 소유권<br>이전 | ~~1967년 5월<br>6일<br>제5850호~~ | ~~1967년 5월 4일<br>매매~~ | 소유자<br>~~김갑동~~<br>~~서울시 종로구 원서동 ⊖~~ |
| | | | | ~~분할로 인하여 순위 제1번 등기를~~<br>~~서울특별시 종로구 청운동 ⊖에서~~<br>~~이기~~<br>~~접수 1987년 7월 8일~~<br>~~제7008호~~ |
| ~~2~~ | ~~1번<br>소유권<br>말소예고<br>등기~~ | ~~1988년 3월<br>9일<br>제1121호~~ | ~~1988년 3월 9일<br>서울지방법원에<br>소(88카합<br>1007)제기~~ | |
| 3 | 1번<br>소유권<br>이전등기<br>말소 | 1988년 3월<br>10일<br>제1251호 | 1989년 3월 9일<br>서울지방법원의<br>확정판결 | |
| 4 | 2번예고<br>등기말소 | | | 1번 소유권이전등기말소로 인하여<br>1989년 3월 10일 등기 |
| 5<br>(전4) | 소유권<br>이전 | 1965년 5월<br>6일<br>제5850호 | 1964년 3월 9일<br>매매 | 소유자 이을병<br>  서울시 종로구 청운동 ○<br><br>1번 소유권이전등기말소로 인하여<br>서울특별시 종로구 청운동 ○에서<br>순위 제5번<br>등기를 이기<br>1989년 3월 10일 등기 |

판결에 의한 등기말소신청서 양식은 아래와 같다. 부동산의 표시란에는 판결주문에 표시된 부동산을 기대하되, 등기부상 부동산의 표시와 일치하여야 하며, 부동산이 토지인 경우에는 토지의 소재와 지번, 지목, 면적을 기재하고, 건물인 경우에는 건물의 소재와 지번, 구조, 면적, 건물의 종류, 건물의 번호가 있는 때에는 그 번호, 부속건물이 있는 때에는 그 종류, 구조와 면적을 기재한다.

등기원인과 그 연월일란의 등기원인은 "확정판결"로, 연월일은 그 판결선고 연월일을 기재하며, 등기의 목적란에는 소유권말소의 경우에는 "소유권말소"로 기재한다. 말소 할 등기란에는 말소할 소유권등기의 접수연월일, 접수번호 등을 기재하여 말소할 등기를 특정한다.

등기의무자란에는 등기부상 말소대상 소유권의 등기명의인의 성명, 주민등록번호, 주소를 기재하되, 등기부상 소유자 표시와 일치하여야한다. 등기권리자란에는 판결 상 승소한 원고를 기재하는 란으로, 그 기재방법은 등기의무자란과 같다.

# 소유권이전등기말소등기신청

| 접 수 | 년 월 일 | 처 리 인 | 등기관 확인 | 각종 통지 |
|---|---|---|---|---|
| | 제        호 | | | |

| 부동산의 표시 |
|---|
| 서울특별시 서초구 서초동 100<br>　　　대300㎡<br><br>　　　　　　　이　　　　　　　상 |

| 등기원인과 그 연월일 | 2007년 9월 1일 확정판결 |
|---|---|
| 등 기 의 목 적 | 소유권이전등기말소 |
| 말 소 할 등 기 | 2005년 3월 2일 접수 제4168호로 경료한 소유권 이전등기 |

| 구분 | 성 명<br>(상호·명칭) | 주민등록번호<br>(등기용등록번호) | 주 소 (소 재 지) | 지분<br>(개인별) |
|---|---|---|---|---|
| 등기의무자 | 이 대 백 | 730320-1617312 | 서울특별시 서초구<br>서초동 200 | |
| 등기권리자 | 김 갑 동 | 480412-1011289 | 서울특별시 종로구<br>원서동 9 | |

| | | |
|---|---|---|
| 등 록 세 | 금 | 원 |
| 교 육 세 | 금 | 원 |
| 세 액 합 계 | 금 | 원 |
| 등 기 신 청 수 수 료 | 금 | 원 |

첨 부 서 면

| | |
|---|---|
| ~~·해지증서~~ ~~통~~<br>· 등록세영수필확인서    1통<br>~~·등가필증~~ ~~통~~<br>~~·위임장~~ ~~통~~ | <기타><br>· 판결정본 및 확정증명    각1통 |

2007년    10월    1일

위  신 청 인    김    갑   동  ㉑  (전화 : 211-7711 )

(또는)위 대리인                    (전화 :          )

서울중앙 지방법원                    등기과 귀중

## 나. 판결에 의한 말소된 등기의 회복

### (1) 말소회복등기의 의의

말소회복등기란 실체관계에 부합하는 어떤 등기가 있었음에도 불구하고 그 후에 그 등기의 전부 또는 일부가 '부적법'하게 말소된 경우에 그 말소된 등기를 회복하여 말소당시에 소급하여 처음부터 그러한 말소가 없었던 것과 같은 효과를 생기게 할 목적으로 행하여지는 등기를 말한다(대판 1997. 9. 30. 95다39526).

### (2) 당사자가 자발적으로 말소등기를 한 경우 회복등기의 가부 (소극)

말소등기에 있어 그 등기가 부적법하게 말소된 경우의 '부적법'이란 실체적 이유(말소등기의 등기원인의 무효, 취소 등)에 기한 것이든 절차적 하자(등기관의 착오에 의한 등기의 말소 등)에 기한 것임을 불문하고 말소등기나 기타의 처분이 무효인 경우를 의미하는 것이기 때문에 어떤 이유든 당사자가 '자발적'으로 말소등기를 한 경우에는 말소회복등기를 할 수 없다(대판 1990. 6. 26. 89다카5673, 1993. 3. 9. 92다39877, 2001. 2. 23. 2000다63974).

### (3) 말소회복등기의 신청인

### (가) 말소등기가 공동신청으로 된 경우

말소회복등기는 말소된 등기, 즉 회복하여야 할 등기의 등기명의인이 등기권리자가 되고, 그 회복에 의하여 등기상 직접 불이익을 받는 자가 등기의무자가 되어 그 공동신청에 의하여 이루어진다.

등기의무자가 말소회복등기의 신청에 협력하지 않으면 등기권리자는 등기의무자의 의사진술을 명하는 판결을 받아 단독으로 신청할 수 있다. 말소등기 자체가 단독으로 마쳐진 경우{소유권보존등기나 가등기를 그 등기명의의인이 단독신청하여 말소한 경우(법 23조 2항, 93조 1항)}에는 말소회복도 단독으로 신청할 수 있다.

### (나) 말소등기가 법원의 촉탁 또는 등기관의 직권에 의한 경우의 회복등기 절차

말소등기가 집행법원 등의 촉탁에 의한 경우에는 그 회복등기도 촉탁에 의하여야 하며, 말소등기가 등기관의 직권으로 행하여진 경우에는 그 회복등기도 직권으로 하여야 한다.

등기관이 말소할 수 없는 등기를 직권으로 말소한 경우(가등기에 기한 소유권이전의 본등기가 됨으로써 등기관이 직권으로 가등기 후에 경료 된 제3자의 소유권이전 등기를 말소하였으나 그 후 위 가등기에 기한 본등기가 원인무효의 등기라 하여 말소된 때)에는 구부동산등기법 제175조(현행법 제58조)를 준용하여 직권으로 말소회복등기를 하여야 하므로 회복등기절차이행청구는 등기의무자 아닌 자에 대한 청구로서 부적법하다.

등기관이 직권으로 말소회복등기를 할 경우에 등기상 이해관계 있는 제3자가 있는 때에는 그 승낙서 또는 이에 대항 할 수 있는 재판서 등본이 없는 한 그 회복 등기를 할 수 없는 것인바, 위의 '등기상 이해관계 있는 제3자'라 함은 등기기재의 형식상 말소된 등기가 회복됨으로 인하여 손해를 입을 우려가 있는 제3자를 의미하나 회복될 등기와 등기면상 양립할 수 없는 등기가 된 경우에는 이를 먼저 말소하지 않는 한 회복등기를 할 수 없으므로 이러한 등기(앞서의 가등기에 기한 소유권이전의 본등기)는 회복등기에 앞서 말소의 대상이 될 뿐이고, 그 등기의무자를 승낙청구의 상대방인 이해관계 있는 제3자로 보아 별도로 그 승낙까지 받아야 할 필요는 없으므로, 그 자에 대한 승낙청구는 상대방 당사자의 적격이 없는 자에 대한 청구로서 부적법하다(대판 1982. 1. 26. 80다2329, 2330).

## (4) 말소회복등기에 대하여 등기상 이해관계 있는 제3자가 있는 경우

말소된 등기의 회복을 신청하는 경우에 등기상 이해관계 있는 제3자가 있을 때에는 그 제3자의 승낙이 있어야 한다(법 제59조). 따라서 판결에 의하여 말소회복등기의 신청을 하는 경우에도 그 회복에 대하여 등기상 이해관계 있는 제3자가 있을 때에는 제3자의 승낙이 있어야 하므로 제3자의 승낙서 등의 제출은 면제되지 않는다.

따라서 이 경우에는 회복등기의 무자를 제1피고를 지정하고, 등기상 이해관계 있는 제3자를 제2피고로 지정한 후 소장의 청구취지에 제2피고인 등기상 이해관계 있는 제3자의 말소등기의 회복에 대한 "승낙의 의사표시"를 명료하게 기재하여야 그 판결에 의한 등기의 집행을 할 수 있다.

### (가) 말소된 등기의 회복등기청구의 상대방(피고 적격)

#### 1) 회복등기 의무자

말소된 등기의 회복등기절차의 이행을 구하는 소에서는 '회복등기의무자'에게만 피고적격이 있는바, 가등기가 이루어진 부동산에 관하여 제3취득자 앞으로 소유권이전등기가 마쳐진 후 그 가등기가 말소된 경우 그와 같이 말소된 가등기의 회복등기절차에서 회복등기의무자는 가등기가 말소될 당시의 소유자인 제3취득자이므로, 그 가등기의 회복등기청구는 회복등기의무자인 제3취득자를 상대로 하여야 한다(대판 2009. 10. 15. 2006다43903).

#### 2) 근저당권설정등기의 회복등기청구의 상대방(등기말소 당시의 소유자)

불법하게 말소된 것을 이유로 한 근저당권설정등기의 회복등기청구는 그 등기의 말소당시의 소유자를 상대로 하여야 한다(대판 1969. 3. 18. 68다1617, 등기예규 제137호).

#### 3) 말소회복등기에 대한 승낙의사표시청구의 소가신정

부동산등기법상 말소회복등기를 신청하는 경우에 등기부상 이해관계 있는 제3자 있는 때에는 그의 승낙이 있어야 한다(법제 59조). 따라서 등기신청인이 말소회복등기에 대한 제3자의 승낙서를 받지 못할 때에는 그 제3자를 상대로 승낙의 의사표시를 재판상 청구할 수 있는바, 이러한 승낙청구는 원고의 실체적 소유권을 방해하고 있는 상태를 배제하기 위한 소이므로 '소유권에 기한 방해배제청구'에 준하여 목적물 가액의 2분의 1을 기준으로 하여 소가를 산정하여야 한다(민사소송 등 인지규칙 제12조 제5호 가목).

◈ 말소등기의 회복을 구하는 청구취지 및 판결주문의 기재례

> 피고 갑(甲)은 원고에게 별지목록기재 부동산에 관하여 서울 남부지방법원 영등
> 포등기소 2005. 10. 20. 접수 제44555호로 말소등기 된 같은 등기소 2005.
> 3. 10. 22344호 근저당권설정등기의 회복등기절차를 이행하고, 피고 을(乙)
> 은 위 근저당권설정등기의 회복등기에 대한 승낙의 의사표시를 하라.

## (5) 직권으로 말소된 등기의 회복방법

### (가) 가등기에 기한 소유권이전의 본등기가 됨으로써 직권으로 말소 된 등기의 회복 방법

말소등기의 회복에 있어서 말소된 원등기가 공동신청으로 된 것인 때에는 그 회복등 기도 공동신청에 의함이 원칙이나, 다만 등기공무원이 말소할 수 없는 등기를 직권으로 말소한 경우(가등기에 기한 소유권이전의 본등기가 됨으로써 등기공무원이 직권으로 가 등기후에 경료 된 제3자의 소유권이전등기를 말소하였으나 그 후 위 가등기에 기한 본등 기가 원인무효의 등기라 하여 말소된 때)에는 본조를 준용하여 직권으로 말소회복등기 를 하여야 하므로 회복등기절차 이행청구는 등기의무자 아닌 자에 대한 청구로서 부적 법하다(대판 1982.1. 26. 80다2329, 2330).

### (나) 회복등기에 있어서 승낙청구의 상대방인 이해관계 있는 제3자

등기공무원이 직권으로 말소회복등기 할 경우에 등기상 이해관계 있는 제3자가 있는 때 에는 그 승낙서 또는 이에 대항할 수 있는 재판서 등본의 제출이 없는 한 그 회복등기를 할 수 없는 것인바, 위의 등기상 이해관계 있는 제3자라 함은 등기기재의 형식상 말소된 등기 가 회복됨으로 인하여 손해를 입을 우려가 있는 제3자를 의미하나 회복될 등기와 등기면 상(登記面上) 양립할 수 없는 등기가 된 경우에는 이를 먼저 말소하지 않는 한 회복등기를

할 수 없으므로 이러한 등기(앞서 가등기에 기한 소유권이전의 본등기)는 회복등기에 앞서 말소의 대상이 될 뿐이고, 그 등기의무자를 승낙청구의 상대인 이해관계 있는 제3자로 보아 별도로 그 승낙까지 받아야 할 필요는 없으므로, 그 자에 대한 승낙청구는 상대방 당사자의 적격이 없는 자에 대한 청구로서 부적법하다(대판1982. 1. 26. 80다2329, 2330).

## (6) 말소회복등기의 효력

등기는 물권의 '효력발생'요건이고 '존속요건'이 아니므로 등기가 원인 없이 말소된 경우에는 그 물권의 효력에 아무런 영향을 미치지 아니하고(대판 1988. 12. 27. 87다카2431), 그 회복등기를 마치기 전이라도 말소된 소유권이전등기의 최종명의인은 적법한 권리자로 추정된다(대판 1982. 9. 14. 81다카923).

말소되었던 등기에 관한 회복등기가 된 경우에는 그 회복등기는 말소 된 종전의 등기와 동일한 효력을 가진다(대판 1968. 8. 30. 68다 1187). 따라서 말소 된 종전의 등기의 동일성 특히 동일순위를 보유하게 된다.

## (7) 폐쇄등기부에 기재되어 있는 등기의 회복청구 및 등기말소청구의 가부 (소극)

폐쇄등기부에 기재되어 있는 등기는 현재의 등기로서의 효력이 없고 그 회복절차에 관해서 법률상 규정이 없으므로, 그 회복은 이를 구할 수 없으며(대판 1979. 9. 25. 78다1089), 그 회복절차에 관하여 아무런 규정이 없어 그 회복절차이행을 구할 수 없으므로 폐쇄등기를 한 것이 위법이라는 이유로 그 회복을 위한 등기말소청구도 할 수 없으며(대판 1980. 1. 15. 79다1949), 회복이 가능함을 전제로 하는 폐쇄등기용지상의 소유권이전등기의 말소등기절차이행청구도 할 수 없다(대판 1980. 12. 9. 80다1389).

부동산등기용지가 폐쇄된 경우 설사 그 폐쇄가 위법하게 이루어진 것이라고 하더라도 소송의 방법으로 그 회복절차의 이행을 청구할 수 없다(1994. 12. 23. 93다37441).

## (8) 회복등기와 등기면상 양립할 수 없는 등기가 된 경우

회복될 등기와 등기면상 양립할 수 없는 등기(아파트의 등기부상 토지에 관한 대지권등기가 말소된 이후에 토지 공유지분에 관하여 제3자 명의의 이전등기가 경료 되었다면, 회복될 등기인 위 대지권등기는 그 등기의 말소를 전제로 하여 경료 된 제3자 명의의 지분소유권이전등기와는 서로 양립할 수 없다고 한 사례)가 된 경우에는 이를 먼저 말소하지 않는 한 회복등기를 할 수 없으므로 이러한 등기는 회복등기에 앞서 말소의 대상이 될 뿐이고 그 등기명의인을 이해관계 있는 제3자로 보아 별도로 그 승낙을 받아야 하는 것은 아니다(대법원 2002. 2. 27. 2000마7937).

## (9) 등기상 이해관계 있는 제3자의 말소회복등기에 대한 승낙

말소된 등기의 회복을 신청하는 경우에 '등기상 이해관계 있는 제3자'가 있을 때에는 그 제3자의 승낙이 있어야 한다(법 제59조). 등기신청서에 제3자의 동의 또는 승낙을 증명하는 서면을 첨부하는 경우에는 그 제3자의 인감증명을 제출하여야 하며, 이 경우 해당 신청서나 첨부서면에는 그 인감을 날인하여야 한다(부동산등기규칙 제60조 제1항).

### (가) 등기상 이해관계 있는 제3자의 의의 및 판별 기준시

'등기상 이해관계 있는 제3자'라 함은 말소된 등기의 회복등기를 함으로써 손해를 입을 우려가 있는 사람으로서 그 손해를 입을 우려가 있다는 것이 기존의 등기부 기재에 의하여 형식적으로 인정되는 지를 의미하며(대판 1990. 6. 26. 89다카5673, 1997. 9. 30. 95다39526), 여기서 말하는 '손해를 입을 우려'가 있는지의 여부는 제3자의 권리취득 등기시(말소 등기시)를 기준으로 할 것이 아니라 회복등기시를 기준으로 하여야 한다(대판 1990. 6. 26. 89다카5673, 등기예규 제705호).

말소된 등기의 회복을 신청하는 경우에 등기상 이해관계가 있는 제3자가 있는 때에는 신청서에 그 승낙서 또는 이에 대항할 수 있는 재판의 등본을 첨부하여야 하는 것인데, 여기서 등기상 이해관계 있는 제3자라 함은 등기 기재의 형식상 말소된 등기가 회복됨으로 인하여 손해를 입을 우려가 있는 제3자를 의미하나 회복될 등기와 등기면상 양립할 수 없는 등기가 된 경우에는 이를 먼저 말소하지 않는 한 회복등기를 할 수 없으므로 이러한 등기는 회복등기에 앞서 말소의 대상이 될 뿐이고 그 등기명의인을 이해관계 있는 제3자로 보아 별도로 그 승낙을 받아야 하는 것은 아니다(대법원 2002. 2. 27. 200마7937).

어떤 등기가 말소되고 회복되기 전에 그 등기와 양립 불가능한 등기가 새로이 마쳐진 경우 그 등기는 회복의 전제로서 말소되어야 할 것이므로 그 등기의 명의인은 등기상 이해관계인이 아니다(대판 1982. 1. 26. 81다2329, 2330).

### (나) 등기상 이해관계 있는 제3장의 승낙의무

#### 1) 승낙을 할 실체법상의 의무가 있는 경우

회복등기절차에 있어서 등기상 이해관계 있는 제3자가 등기권리자에 대한 관계에 있어서 그 승낙을 하여야할 실체법상의 의무가 있다고 인정되는 경우에는 그 제3자는 마땅히 권리자의 승낙요구에 응하여야 한다(대판 1987. 5. 26. 85다카2203).

#### 2) 승낙을 할 실체법상의 의무가 없는 경우

회복등기절차에 있어서 등기상 이해관계 있는 제3자가 있어서 그의 승낙이 필요한 경우라고 하더라도, 그 제3자가 등기권리자에 대한 관계에 있어서 그 승낙을 하여야 할 '실체법상의 의무'가 있는 경우가 아니면, 그 승낙요구에 응하여야 할 이유가 없다(대판 1979. 11. 13. 78다2040).

가처분기입등기에 대한 원인무효의 말소등기가 이루어질 당시 소유권이전등기를 경료하고 있는 자는 법원이 위 가처분기입등기의 회복등기를 촉탁함에 있어서 등기상 이해관계가 있는 제3자에 해당하므로, 가처분채권자에 대하여 법원의 촉탁에 의한 위 가처분기입등기 회복절차에 승낙할 의무가 있다(대판 1998. 10. 27. 97마26104).

### 3) 등기가 원인 없이 말소된 경우(원인무효의 등기)의 승낙의무

불법 된 방법에 의하여 등기권리자의 등기가 말소된 후에 등기부상 권리를 취득한 자는 등기권리자의 회복등기절차에 승낙할 의무가 있다(대판 1970. 2. 24. 69다2193, 1971. 8. 31. 71 다1258).

가등기가 가등기권리자의 의사에 의하지 아니하고 말소되어 그 말소등기가 원인무효인 경우에는 등기상 이해관계 있는 제3자는 그의 선의, 악의를 묻지 아니하고 가등기권리자의 회복등기절차에 필요한 승낙을 할 의무가 있으므로, 가등기가 부적법하게 말소된 후 가처분등기, 근저당권설정등기, 소유권이전등기를 마친 제3자는 가등기의 회복등기절차에서 등기상 이해관계 있는 제3자로서 승낙의무가 있다(대판 1970. 2. 24. 69다2193, 1972. 12. 12. 72다158, 1997. 9. 30. 95다39526).

제한물권의 등기가 불법 말소된 후에 소유권이전등기가 마쳐진 경우 말소회복등기의 상대방(등기의무자)은 말소 당시의 소유명의인이고, 현재의 소유명의인은 등기상 이해관계인이다(대판 1969. 3. 18. 68다1617). 따라서 말소회복등기는 회복되는 등기의 명의인과 말소 당시의 소유권등기의 명의인이 공동으로 신청하되(판결에 의한 경우에도 말소 당시의 명의인을 피고로 하여야 한다), 현재의 소유명의인의 승낙서를 첨부하여야 한다(등기선례 제3권 751항).

### 4) 혼동으로 소멸한 근저당권의 부활과 이해관계인의 회복등기 승낙의무

근저당권자가 소유권을 취득하면 그 근저당권을 혼동에 의하여 소멸하지만 그 뒤 그 소유권취득이 무효인 것이 밝혀지면 소멸되었던 근저당권은 당연히 부활하고 이 부활과정에서 등기부상 이해관계가 있는 자는 위 근저당권말소등기의 회복등기절차를 이행함에 있어서 이것을 승낙할 의무가 있다(대판 1971. 8. 31. 71다1386, 등기예규 제183호).

### 5) 제3자의 임의의 승낙 또는 승낙을 명한 판결

말소회복등기를 함에 있어서 이해관계 있는 제3자가 승낙을 하느냐 않느냐는 승낙을 하여야할 경우 외에는 그 제3자의 자유라고 할 것이나 말소등기의 회복을 하고자 하는 자의 입장에서 보면 이해관계 있는 제3자의 승낙서의 첨부가 없으면 회복등기를 할 수 없게 되므로(법 제29조 9호) 이해관계 있는 제3자의 임의의 승낙을 얻든가 그것이 불가능할 때에는 강제적으로 승낙을 구하는 판결(민집법 제263조 제1항)을 받아야한다.

말소된 가등기의 회복이 확정판결에 의한 것이라도 등기상 이해관계가 있는 제3자가 있는 때에는 그 회복등기신청서에 그 제3자의 승낙서나 이에 대항 힐 수 있는 재판의 등본을 첨부하여야 하고, 만일 승낙서 등의 첨부 없이 회복등기가 되었다면 그 등기는 이해관계 있는 제3자에 대한 관계에 있어서는 무효라 할 것이다(대판 1987. 5. 26. 85다카2203, 등기예규 제629).

말소회복등기를 하고자 하는 자가 강제적으로 회복등기에 대한 승낙을 소구할 수밖에 없는 경우에 제3자의 승낙의무가 있는가에 관하여 등기는 물권변동의 효력발생요건이고 존속요건은 아니어서(대판 1997. 9. 30. 95다39526) 일단 발생한 대항력은 법률이 규정하는 소멸사유가 발생하지 않는 한 소멸하지 않으므로 제3자는 그의 선의, 악의의 여부에 관계없이 승낙의무가 있다는 설이 일본의 통설, 판례이다.

### 6) 경락허가결정의 확정에 따라 경락인이 경락대금을 완납한 경우 원인 없이 말소된 근저당권의 회복등기 가부(소극)

부동산에 관하여 근저당권설정등기가 경료 되었다가 그 등기가 위조된 관계서류에 기하여 아무런 원인 없이 말소되었다는 사정만으로는 곧 바로 근저당권이 소멸하는 것은 아니라고 할 것이지만, 부동산이 경매절차에서 경락되면 그 부동산에 존재하였던 저당권은 당연히 소멸하는 것이므로, 근저당권설정등기가 원인 없이 소멸된 이후에 근저당목적물인 부동산에 관하여 다른 근저당권자 등 권리자의 신청에 따라 경매절차가 진행되어 경락허가결정이 확정되고 경락인이 경락대금을 완납하였다면, 원인 없이 말소된 근저당권의 회복등기는 불가능하다(대판 1998. 1. 23. 97다43406 근저당권설정등기말소 회복등기).

부동산에 관하여 근저당권설정등기가 마쳤다가 등기가 위조된 관계서류에 기하여 아무런 원인 없이 말소되었다는 사정만으로는 곧바로 근저당권이 소멸하는 것은 아니지만, 부동산이 경매절차에서 매각되면 매각부동산에 존재하였던 저당권은 당연히 소멸하는 것이므로(민사집행법 제91조 제2항, 제268조 참조), 근저당권설정등기가 원인 없이 말소된 이후에 근저당목적물인 부동산에 관하여 다른 근저당권자 등 권리자의 신청에 따라 경매절차가 진행되어 매각허가결정이 확정되고 매수인이 매각대금을 완납하였다면, 원인 없이 말소된 근저당권도 소멸한다. 따라서 원인 없이 말소된 근저당권설정등기의 회복등기절차 이행과 회복등기에 대한 승낙의 의사표시를 구하는 소송 도중에 근저당목적물인 부동산에 관하여 경매절차가 진행되어 매가허가결정이 확정되고 매수인이 매각대금을 완납하였다면 매각부동산에 설정된 근저당권은 당연히 소멸하므로, 더 이상 원인 없이 말소된 근저당권설정등기의 회복등기절차 이행이나 회복등기에 대한 승낙의 의사표시를 구할 법률상 이익이 없게 된다(대판 2014. 12. 11. 2013다28025 근저당권말소등기회복등기).

### (다) 승낙을 할 의무가 있는 등기상 이해관계 있는 제3자의 범위

가등기가 가등기권리자의 의사에 의하지 아니하고 말소되어 그 말소등기가 원인 무효인 경우에는 등기상 이해관계 있는 제3자는 그의 선의, 악의를 묻지 아니하고 가등기권리자의 회복등기절차에 필요한 승낙을 할 의무가 있으므로, 가등기가 부적법하게 말소된 후 가처분등기, 근저당권설정등기, 소유권이전등기를 마친 제3자는 가등기의 회복등기절차에서 등기상 이해관계 있는 제3자로서 승낙의무가 있다(대판 97. 9. 30. 95다39526).

### (라) 이해관계인의 승낙서등을 첨부하지 아니한 말소회복등기(무효)

구부동산등기법 제75조(개정법 제59조)의 규정에 의하여 말소된 등기의 회복을 신청하는 경우에 등기상 이해관계 있는 제3자자가 있는 때에는 신청서에 그 승낙서 또는 이에 대항할 수 있는 재판의 등본을 첨부하도록 되어 있으므로 이러한 요건을 갖추지 못한 회복등기는 등기상 이해관계 있는 제3자에 대한 관계에서는 **무효이다**(대판 1981. 6. 9. 81다10.11, 1983. 2. 22. 82다529, 1987. 5. 26. 85다카2203. 2001. 1. 16. 2000다49473).

따라서 판결에 의한 말소회복등기신청서에 등기상 이해관계 있는 제3자의 승낙서 또는 이에 대항할 수 있는 재판의 등본을 첨부하지 아니한 경우에는 "신청서에 필요한 서면을 첨부하지 아니한 때"에 해당되어 그 등기신청은 각하된다(법 제29조 9호).

### (마) 제3자명의 등기의 직권말소

등기상 이해관계 있는 제3자명의의 등기는 이해관계인의 승낙이나 이에 갈음하는 재판이 있으면 등기관이 신청에 따른 등기의 말소 또는 말소회복의 등기를 할 때 이를 직권으로 이를 말소 하여야 한다(법제57조 제2항, 대판 1998. 11. 27. 97다41103. 등기선례 제5권 189항 나).

## 토지소유권이전 말소회복등기신청

| 접 수 | 년 월 일 | 처리인 | 등기관 확인 | 각종 통지 |
|---|---|---|---|---|
| | 제      호 | | | |

| 부동산의 표시 |
|---|
| 생 략 |

| 등기원인과 그 연월일 | 2011년 ○월 ○일 확정판결 |
|---|---|
| 등 기 의 목 적 | 소유권이전등기의 회복 |
| 회 복 할 등 기 | ○○○○년 ○월 ○일 접수 제○○호로 말소된 소유권이전등기 |

| 구분 | 성 명 | 주민등록번호 | 주 소 (소 재 지) |
|---|---|---|---|
| 등기의무자 | ○ ○ ○ | | |
| 등기권리자 | ○ ○ ○ | | |

| 등 록 면 허 세 | 금 | 원 |
|---|---|---|
| 지 방 교 육 세 | 금 | 원 |
| 세 액 합 계 | 금 | 원 |
| 등 기 신 청 수 수 료 | 금 | 원 |
| | 납부번호 : | |

<table>
<tr><td colspan="2" align="center">첨 부 서 면</td></tr>
<tr><td>
1. 등기상 이해관계 있는 제3자의 승낙서 또는<br>
　이에 대항할 수 있는 재판의 등본<br>
　　　　　　　　　　　　　　　　통<br>
1. 등기필증　　　　　　　　　 1통<br>
1. 등록세영수필확인서 및 통지서　통<br>
1. 위임장　　　　　　　　　　　통
</td><td></td></tr>
</table>

년　　10월　　1일

　　　　위　신청인　○ ○ ○　㊞　(전화 :　　　　　)
　　　　　　　　　　○ ○ ○　㊞　(전화 :　　　　　)
　　　　(또는) 위 대리인 법무사 ○ ○ ○　㊞　(전화 :　　　)

○○지방법원　　등기과 귀중

**[별지] 회복등기신청서양식**

## 토지소유권이전등기의 말소회복등기신청

| 접 수 | 년 월 일 | 처 리 인 | 등기관 확인 | 각종 통지 |
|---|---|---|---|---|
| | 제        호 | | | |

| 부동산의 표시 | |
|---|---|
| 생 략 | |
| 등 기 원 인 과  그  연 월 일 | 2012년 2월 1일 판결에 의한 소유권이전등기말소 |
| 등  기  의  목  적 | 소유권이전등기의 회복 |

| 회복할등기사항 | 전 등 기 의  순 위 번 호 | 제 2 번 |
|---|---|---|
| | 전등기 접수년월일 및 번호 | 2011년 11월 30일 제23009호 |
| | 전등기원인 및 그 일자 | 2011년 11월 29일 매매 |
| | 등  기  의  목  적 | 소유권 이전 |
| | 소        유        자 | 김한울(450815-1234567)<br>서울종로구 율곡로 1길 ○○(사간동)<br>거래금액 : 200,000,000원 |

| 20○○년 월 일<br>위 신청인 김 한 울<br>서울 종로구 가회로 10<br>대리인 정용락 (인)<br><br>지방법원  귀 중 | 부속서류 |
|---|---|
| | 1. 판결접본 및 확정증명서      각 1통<br>1. 취득세(등록면허세)영수필확인서    1통<br>1. 전등기의 등기필증              1통<br>1. 위임장                        1통 |

**소유권이전등기의 회복(등기기록 기록례)**

| 【 갑 구 】 | | | (소유권에 관한 사항) | | |
|---|---|---|---|---|---|
| 순위<br>번호 | 등기<br>목적 | 접수 | 등기원인 | 권리자 및 기타사항 | |
| 1 | 소유권<br>보전 | 2011년 11월<br>8일<br>제15320호 | | 소유자<br>김우리 000000-0000000<br>서울특별시 서초구 서초대로 ○○(서초동) | |
| ~~2~~ | ~~소유권<br>이전~~ | ~~2011년 11월<br>30일<br>제23009호~~ | ~~2011년 11월<br>29일 매매~~ | ~~소유자<br>김한울 000000-0000000<br>서울특별시 종로구 율곡로1길 ○○<br>(사간동)<br>거래가액 금200,000,000원~~ | |
| 3 | 2번<br>소유권<br>이전등기<br>말소 | 2012년 2월<br>1일<br>제2032호 | 2012년 2월 1일<br>서울중앙지방법<br>원의 확정판결 | | |
| 4 | 2번<br>소유권<br>이전등기<br>회복 | 2012년 10월<br>5일<br>제14007호 | 2012년 6월 7일<br>서울중앙지방법<br>원의 확정판결 | | |
| 2 | 소유권<br>이전 | 2011년 11월<br>30일<br>제23009호 | 2011년 11월<br>29일 매매 | 소유자<br>김한울 000000-0000000<br>서울특별시 종로구 율곡로1길 ○○<br>(사간동)<br>거래가액 금200,000,000원<br>2012년 10월 5일 등기 | |

주 : 등기상 이해관계인이 있는 경우에는 그의 승낙을 증명하는 정보 또는 이에 대항할
수 있는 재판이 있음을 증명하는 정보를 제공하여야 한다.

## 다. 등기의 말소 또는 회복에 대한 제3자의 승낙의무여부에 대한 법원의 직권조사

### (1) 부동산등기법의 규정

부동산등기법은 등기의 말소를 신청하는 경우에 그 말소에 대하여 등기상 이해관계 있는 제3자가 있을 때에는 제3자의 승낙이 있어야 한다(법 제57조 제1항). 말소된 등기의 회복을 신청하는 경우에 등기상 이해관계 있는 제3자가 있을 때에는 그 제3자의 승낙이 있어야 한다(법 제59조)라고 각 규정하고 있다.

### (2) 등기상 이해관계 있는 제3자의 의의

#### (가) 등기의 말소의 경우

등기의 말소에 대하여 '등기상 이해관계 있는 제3자'라 함은 그 말소등기를 함으로써 손해를 입을 우려가 있는 등기상의 권리자로서 그 손해를 입을 우려가 있는 것이 등기부 기재에 의하여 형식적으로 인정되는 자이고, 그와 같은 손해를 입게 될 위험성은 등기의 형식에 의하여 판단하며 실질적으로 손해를 입을 우려가 있는지의 여부는 고려의 대상이 되지 아니한다(대판1994. 6. 10. 93다24810).

등기상 이해관계 있는 제3자에는 가등기권리자, 저당권자, 근저당권자, 근저당권에 대한 가압류채권자 및 압류채권자, 가압류채권자, 가처분채권자, 체납처분권자, 제3취득자 등이 해당된다.

#### (나) 말소된 등기의 회복의 경우

말소된 등기의 회복에 관하여 '등기상 이해관계 있는 제3자'란 말소회복등기가 된다고 하면 손해를 입을 우려가 있는 사람으로서 그 손해를 입을 우려가 있다는 것이 기존의 등기부기재에 의하여 형식적으로 인정되는 자를 의미하고, 여기서 말하는 손해를 입을 우려가 있는지의 여부는 제3자의 권리취득 등기시를 기준으로 할 것이 아니라 회복등기시를 기준으로 판별하여야 한다(대판 1990. 6. 26. 89다카5673).

## (3) 등기상 이해관계 있는 제3자의 승낙의무

### (가) 등기의 말소의 경우

등기의 말소에 관하여 등기상 이해관계 있는 제3자가 있는 경우 그 제3자가 등기의 말소에 관하여 '승낙의무가 있는 제3자인지의 여부'는 그 제3자가 말소등기권리자에 대한 관계에서 '승낙을 하여야 할 실체법상의 의무'가 있는지 여부에 의하여 결정될 문제이다.

구부동산등기법 제171조(현행법 제57조 제1항)에 의하면 등기의 말소를 신청하는 경우에 그 말소에 대하여 등기상 이해관계 있는 제3자가 있는 때에는 신청서에 그 승낙서 또는 이에 대항할 수 있는 재판의 등본을 첨부하도록 규정하고 있으므로, 이해관계 있는 제3자의 승낙서 등을 첨부하지 아니한 채 말소등기가 이루어진 경우 그 말소등기는 제3자에 대한 관계에 있어서는 무효라고 해석할 것이나, 다만 제3자에게 그 말소등기에 관하여 실체법상의 승낙의무가 있는 때에는 승낙서 등이 첨부되지 아니한 채 말소등기가 경료되었다 하여도 그 말소등기는 실체적 법률관계에 합치되는 것이어서 제3자에 대한 관계에 있어서도 유효하다(대판 1996. 8. 20. 94다58988).

### (나) 말소된 등기의 회복의 경우

말소회복등기절차에 있어서 등기상 이해관계 있는 제3자가 있어서 그의 승낙이 필요한 경우라고 하더라고, 그 제3자가 등기권리자에 대한 관계에 있어서 그 승낙을 하여야 할 실체법상의 의무가 있는 경우가 아니면, 그 승낙요구에 응하여야 할 이유가 없다(대판 1979. 11. 13. 78다2040, 2004. 2. 27. 2003다35567).

그러나 불법 된 방법에 의하여 등기권리자의 등기가 말소된 후에 등기부상 권리를 취득한 자는 등기권리자의 회복등기절차에 승낙할 의무가 있다(대판 1970. 2. 24. 69다2193, 1971.

8. 31. 71다1258).

  가등기가 가등기권리자의 의사에 의하지 아니하고 말소되어 그 말소등기가 원인무효
인 경우에는 등기상 이해관계 있는 제3자는 선의, 악의를 묻지 아니하고 가등기권리자의
회복등기절차에 필요한 승낙을 할 의무가 있으므로 가등기가 부적법하게 말소된 후 가
처분등기, 근저당권설정등기, 소유권이전등기를 마친 제3자 가등기의 회복등기절차에서
등기상 이해관계 있는 제3자로서 승낙의무가 있다(대판 1997. 9. 30. 95다39526).

  회복될 등기와 등기면상 양립할 수 없는 등기가 된 경우에는 이를 먼저 말소하지 않는
한 회복등기를 할 수 없으므로 이러한 등기는 회복등기에 앞서 말소의 대상이 될 뿐이고
그 등기명의인을 이해관계 있는 제3자로 보아 별도로 그 승낙을 받아야 하는 것은 아니
다. 아파트의 등기부상 토지에 대한 대지권등기가 말소된 이후에 토지공유지분에 관하여
제3자명의 이전등기가 경료 되었다면, 회복등기인 위 대지권등기는 그 등기의 말소를
전제로 하여 경로 된 제3자명의의 지분소유권이전등기와는 서로 양립할 수 없다(대법원
2002. 2. 27. 2000마7937).

  경매신청의 기입등기 후에 갑 명의의 소유권이전등기가 경료 되고 갑이 경락인이 되
어 경락대금을 완납한 상태에서 갑의 채권자인 을이 가압류를 하였는데 경매법원의 촉
탁에 의하여 갑 명의의 소유권이전등기와 을 명의의 가압류등기가 모두 말소된 다음 갑
명의로 낙찰을 원인으로 한 소유권이전등기가 이루어지고 이에 터 잡아 병 명의의 근저
당권설정등기가 경료 된 경우, 을은 병을 상대로 말소된 가압류등기의 회복등기에 대한
승낙의 의사표시를 구할 수 없다(대판 2002. 8. 23. 2000다29295).

## (4) 등기관의 등기신청의 각하

  부동산등기법상 등기의 말소 또는 말소된 등기의 회복을 신청하는 경우 그 말소 또는
말소된 등기의 회복에 관하여 '등기상 이해관계 있는 제3자가 있을 때'에는 '그 제3자의
승낙'이 없는 한 등기의 말소 또는 말소된 등기의 회복을 신청할 수 없다.

따라서 등기의 말소 또는 말소된 등기의 회복을 신청하는 경우에 그 말소나 회복에 대하여 등기상 이해관계 있는 제3자가 있는 경우에 그 '제3자의 말소나 회복에 대한 승낙을 증명하는 서면이나 이에 대항할 수 있는 재판의 등본'을 첨부하지 아니한 때에는 등기관은 '등기에 필요한 첨부정보를 제공하지 아니한 경우'(구법 제55조 제8호의 '등기신청에 필요한 서면을 첨부하지 아니한 때')를 적용하여 그 신청을 각하하여야 한다(법 제29조 제9호).

위와 같이 등기관이 등기신청을 각하할 때에는 등기부기재에 의하여 형식적으로 등기상 이해관계 있는 제3자가 있는지 여부만을 판단하며, 그 제3자가 등기의 말소 또는 회복에 대하여 승낙을 할 실체법상의 의무가 있는지 여부는 등기관의 심사대상이 아니므로 '판결주문에 제3자의 승낙의 의사표시를 명하는 기재'가 없으면 그 등기신청은 부동산등기법 제29조 제9호에 의하여 각하된다.

위와 같은 승소판결을 받은 원고가 그 판결에 의한 등기를 신청하기 위하여는 별소(別訴)로 제3자를 상대로 등기의 말소 또는 말소된 등기의 회복에 대한 승낙의 의사를 구하는 소를 하여 청구인용의 확정판결을 받아 그 판결정본을 첨부하거나 또는 제3자로부터 승낙서(이 승낙서에는 말소 또는 회복의 대상인 등기를 정확히 특정한 후 제3자의 인감도장을 날인하고 그의 인감증명서를 첨부하여야 한다. 부동산등기규칙 제46조 제1항 제2호 및 규칙 제60조 제7호)를 받아 등기신청서에 첨부하여야 한다.

이와 같이 볼 때 등기의 말소 또는 말소된 등기의 회복에 대하여 등기상 이해관계 있는 제3자가 있는 경우 그 제3자의 승낙의 의사표시는 부동산등기법상의 '법률요건(法律要件)'임과 동시에 민사소송법상의 '소송요건(訴訟要件)'으로서 '법원의 직권조사사항(職權調査事項)'으로 보아야 할 것이다.

## (5) 제3자의 승낙여부에 대한 법원의 직권조사

등기의 말소를 신청하는 경우에 그 말소에 대하여 등기상 이해관계 있는 제3자가 있을 때(부동산등기법 제57조 제1항) 또는 말소된 등기의 회복을 신청하는 경우에 그 회복에 대하여 등기상 이해관계 있는 제3자가 있을 때(동법 제59조)에는 그 등기의 말소나 회복에 대하여 제3자의 승낙이 있어야 하므로, 이 경우의 '제3자의 승낙'은 등기의 말소 또는 말소된 등기의 회복에 대한 부동산등기법상의 '법률요건(法律要件)'이다.

따라서 등기의 말소 또는 말소된 등기의 회복을 청구하는 사건에 있어서 등기의 말소 또는 회복에 대하여 등기상 이해관계 있는 제3자가 있을 때에는 제3자의 승낙이 있어야 그 등기의 말소나 회복을 신청할 수 있으므로, 등기권리자인 원고는 소장의 '당사자 표시란'에 그 제3자를 피고로 지정(當事者適格)한 후 '청구취지'에 등기의 말소나 회복에 대한 제3자의 승낙의 의사표시(소장의 필요적 기재사항인 訴訟要件)를 명확히 기재하여야 한다.

이와 같이 등기의 말소 또는 말소된 등기의 회복에 대한 등기상 이해관계 있는 제3자의 '승낙의 의사표시'는 부동산등기법상의 법률요건이며, 민사소송법상의 소송요건(즉, 당사자적격 및 소장의 필요적 기재사항)이므로 이것은 법원의 직권조사사항(職權調査事項)이라고 본다.

소송요건의 대부분은 법원의 직권조사사항으로 피고의 항변의 유무에 관계없이 법원이 직권으로 이를 조사하여 참작할 사항이다. 직권조사(職權調査)라 함은 소송상의 사항 즉 소송요건 또는 개개의 소송행위의 적법요건의 흠결에 관하여 당사자의 이의(異議)나 신청이 없는 경우에도 법원이 자발적으로 조사하여 판단하는 것을 의미하며, 그 대상인 사항을 직권조사사항(職權調査事項)이라고 한다.

소송요건의 존부를 판정하는 시기는 원칙적으로 사실심의 변론종결 시이다(대판 1977. 5. 24. 76다2304). 따라서 제소 당시에는 소송요건이 부존재하여도 사실심의 변론종결 시까지 이를 구비하면 된다. 소송요건은 본안판결의 요건이므로 본안판결에 앞서 조사하여야한다.

부동산등기에 관하여 의사의 진술을 구하는 청구인 등기의 말소 또는 말소된 등기의 회복청구의 경우 등기상 이해관계 있는 제3자의 말소 또는 회복에 대한 '승낙의 의사표시'는 앞에서 본 바와 같이 부동산등기법 상의 '법률요건'인 동시에 민사소송법상의 '소송요건'에 해당하는 것으로서 이것은 '법원의 직권조사사항(職權調査事項)'으로 보아야 한다.

따라서 원고가 법원에 제출한 등기부등본의 기재에 의하여 등기의 말소 또는 말소된 등기의 회복청구에 대하여 등기상 이해관계 있는 제3자가 있는 경우에는 그 제3자가 등기의 말소 또는 회복에 대하여 실체법상의 승낙을 하여야 할 의무가 있는 지 여부를 법원이 직권으로 심리·조사하여 판결함으로서 그 판결에 의한 등기의 집행이 가능하도록 하는 것이 민사소송제도의 이상을 구현하는 것이라 할 것이다. 이 경우 법원으로서는 그 판단의 기초자료인 사실과 증거를 직권으로 탐지할 의무까지는 없다하더라도, 이미 제출된 자료(원고가 법원에 입증자료로 제출한 부동산등기부등본)에 의하여 등기상 이해관계 있는 제3자의 등기의 말소 또는 말소등기의 회복에 대하여 '승낙을 할 의무가 있는지 여부'에 관하여 의심이 갈만한 사정이 엿보인다면 법원은 이에 관하여 심리·조사할 의무가 있다고 하여야 할 것이다(대판 2007. 3. 29. 2006다74273).

직권조사사항에 관하여는 당사자가 합의(合意)나 책문권(責問權)의 포기에 의하여 법원의 조사와 판단을 저지할 수는 없다. 직권조사사항에 관하여는 기록에 현출되어 있는 자료(예 : 등기부 등본)는 변론에서 원용하지 않더라도 법원은 이를 판단의 자료로 채용할 수 있다(학설 판례 주석 민사소송법 303면 (3) 직권조사).

## (6) 집행불능판결에 대한 책임여부

### (가) 소장을 작성한 변호사나 법무사의 위임계약상의 선관의무

부동산의 등기에 관하여 의사 진술을 구하는 소장을 작성하는 변호사 또는 법무사와 원고 사이에는 위임계약이 체결되며, 수임인은 위임의 본지(本旨)에 따라 선량한 관리자의 주의로써 위임사무를 처리하여야 한다(민법 제681조). '선량한 관리자의 주의'라 함은 수임인의 직업 및 사회적 지위에 따라 거래상 보통 일반적으로 요구되는 정도의 주의를 말한다.

소장을 작성하는 변호사나 법무사는 그 수임사무를 수행함에 있어 전문적인 법률지식과 경험에 기초하여 위임의 본지(本旨)에 따라 선량한 관리자의 주의로써 위임사무를 처리할 의무가 있으며(민법 제681조), 구체적인 위임사무의 범위는 변호사등과 의뢰인 사이의 위임계약의 내용에 의하여 정하여 진다.

따라서 등기의 말소(법 제57조 제1항) 또는 말소된 등기의 회복(법 제59조)을 구하는 소장을 작성하는 변호사 등은 원고가 제출하는 등기부등본의 기재에 의하여 '등기상 이해관계 있는 제3자가 있는 경우'에는 그 제3자에게 등기의 말소 또는 회복에 대하여 '승낙을 하여야 할 실체법상의 의무'가 있는 지 여부를 확인하여 제3자에게 승낙의무가 있는 경우에는 제3자를 '피고로 지정'한 후 등기의 말소 또는 말소된 등기의 회복에 대한 '승낙의 의사표시'를 구하는 취지를 소장의 청구취지에 명백히 기재하여야 할 수임인으로서의 선관의무가 있다고 본다.

### (나) 집행불능판결을 선고한 법관의 책임

#### 1) 법원의 직권조사사항

등기의 말소(법 제57조 제1항) 또는 말소된 등기의 회복(법 제59조)을 청구한 경우 원고가 법원에 입증방법으로 제출한 등기부등본에 등기상 이해관계 있는 제3자가 있음에 불구하고 소장에 제3자를 피고로 지정하지 아니함은 물론 청구취지에 제3자에 대한 승낙의 의사표시를 구하는 취지가 각 누락된 경우, 법원에서 이에 대한 직권조사를 하지 아니한 채 청구인용판결을 하였을 때 그 판결은 이른바 집행불능판결로써 그 판결에 의한 등기신청은 등기관이 각하하게 된다(부동산등기법 제29조 제9호).

등기의 말소 또는 말소된 등기의 회복에 대하여 등기상 이해관계 있는 제3자가 있을 때에는 그 제3자의 등기의 말소나 말소된 등기의 회복에 대한 '승낙의 의사표시'는 부동산등기법상의 '법률요건(法律要件)'이며, 민사소송법상의 '소송요건(訴訟要件)'이므로 법원은 이에 대하여 직권으로 조사하여 심리할 의무가 있다고 할 것이다.

### 2) 법원의 소송자료보충을 위한 석명의무

당사자가 어떠한 법률효과를 주장하면서 미처 깨닫지 못하고 요건사실 일부를 빠뜨린 경우에는 법원은 그 누락사실을 지적하고, 당사자가 이 점에 관하여 변론을 하지 아니하는 취지가 무엇인지를 밝혀 당사자에게 그에 대한 변론을 할 기회를 주어야 할 의무가 있다(대판 2005. 3. 11. 2002다60207).

대법원은 '민사소송법 제136조 제4항은 "법원은 당사자가 명백히 간과한 것으로 인정되는 법률상 사항에 관하여 당사자에게 의견을 진술할 기회를 주어야 한다"라고 규정하고 있으므로, 당사자가 부주의 또는 오해로 인하여 명백히 간과한 법률상의 사항이 있거나 당사자의 주장이 법률상의 관점에서 보아 모순이나 불명료한 점이 있는 경우 법원은 적극적으로 석명권을 행사하여 당사자에게 의견진술의 기회를 주어야 하고 만일 이를 게을리 한 경우에는 석명 또는 지적의무를 다하지 아니한 것으로서 위법하다(대판 2010. 2. 11. 2009다83599)'고 판결했다.

### 3) 법관의 직무상의무

공무원은 국민전체에 대한 봉사자이며, 국민에 대하여 책임을 진다(헌법 제7조 제1항). 공무원의 직무상 불법행위로 손해를 받은 국민은 법률이 정하는 바에 의하여 국가 또는 공 공단체에 정당한 보상을 청구할 수 있다. 이 경우 공무원자신의 책임은 면제되지 아니한 다(헌법 제29조 제1항). 법관은 국가공무원법상 특정직공무원이다(국가공무원법 제2조 제2항 2호).

법관은 올바르게 사실을 확정하고 확정된 사실에 법을 올바르게 적용하여 재판을 통해 사회정의를 구현해야 한다. 법관이 구체적 사건의 재판에 적용할 법령의 내용에 관한 정확한 지식에 기초한 법의 적용은 법관이 반드시 갖추어야 할 직무상의 의무이다.

부동산등기에 관하여 의사의 진술을 구하는 사건은 원고가 스스로 소송을 수행(당사자 소송)하기보다는 변호사를 선임하여 소송을 수행하는 것이 일반적이므로 원고는 확정판결을 받기까지 많은 비용과 시간을 소모하게 되나 그 판결이 이른바 '집행불능판결'로서 그 판결에 의한 등기신청이 각하된 경우 법관은 그 판결에 대하여 어떠한 책임을 질 것인가?

대법원은 '헌법재판소 재판관이 청구기간 내에 제기된 헌법소원심판청구사건에서 청구기간을 오인하여 각하결정을 한 경우, 이에 대한 불복절차 내지 시정절차가 없는 때에는 국가배상책임을 인정할 수 있다(대판 2003. 7. 11. 99다24218)'고 판결하여 국가배상책임을 인정한 사례가 있다.

### 4) 재판에 대한 국가배상책임이 인정되기 위한 요건

법관의 재판에 대한 국가배상책임이 인정되기 위한 요건에 관하여 대법원은 '법관의 재판에 법령의 규정을 따르지 아니한 잘못이 있다하더라도 이로써 바로 그 재판상 직무행위가 국가배상법 제2조 1항에서 말하는 위법한 행위로 되어 국가배상책임이 발생하는 것은 아니고 그 국가배상책임이 인정되려면 당해 법관이 "위법 또는 부당한 목적"을 가지고 재판을 하였다거나 "법이 법관의 직무수행상 준수할 것을 요구하고 있는 기준을 현저하게 위반"하는 등 "법관이 그에게 부여된 권한의 취지에 명백히 어긋나게 이를 행사하였다고 인정할 만한 특별한 사정이 있어야" 한다(대판 2003. 7. 11. 99다24218)고 판결했다.

판결의 위법을 이유로 한 국가배상책임을 인정하기 위하여는 재판의 특수성을 고려하여 엄격하고 신중하게 검토하여야 할 것이다.

### 5) 집행불능판결을 받은 원고의 구제문제

등기의 말소(부동산등기법 제57조 제1항) 또는 말소된 등기의 회복(동법 제59조)을 명하는 확정된 이행판결이 집행불능판결로서 그 판결에 의한 등기신청이 각하된 경우(동법 제29조) 그 판결은 원고에 있어 휴지조각에 불과하다.

원고는 그 동안 많은 비용(예 : 소송비용 및 부동산등기법 제29조 제10호의 규정에 의하여 부과된 의무의 이행 등)과 노력을 소모하였고, 그 판결은 원고승소의 확정판결이므로 원고는 이에 대하여 불복절차나 시정절차에 따라 자신의 권리나 이익을 회복할 방법이 없으므로 다시 소를 제기하여 집행이 가능한 판결을 밟는 절차를 반복하게 된다. 이 경우 원고에 대한 구제방법은 무엇인가? 이것은 앞으로 법원의 책무라고 본다.

## 라. 멸실 회복등기의 신청절차

종이형태로 작성된 등기부의 전부 또는 일부가 폐쇄되지 아니한 상태에서 멸실되었으나 부동산등기규칙(2011. 9. 28. 대법원규칙 제2356호) 시행당시(시행일 : 2011. 10. 13)까지 종전의 규정(구부동산등기법 제24조, 구부동산등기규칙 제24조의2)에 따른 멸실회복 등기절차가 이루어지지 아니한 경우의 그 회복에 관한 절차는 종전의 규정에 따른다(규칙 부칙 제3조).

따라서 등기부의 전부 또는 일부가 멸실될 때에는 등기관은 지체 없이 그 사유, 연월일, 멸실된 등기부의 책수 기타 구부동산등기법 제24조의 고시에 필요한 사항을 상세히 기재하고 또 회복등기기간을 예정하여 지방법원장에게 보고하여야 한다(구 규칙 제24조의2 제1항).

지방법원장은 제1항의 보고를 받은 때에는 상당한 조사를 한 후 대법원자에게 보고하여야 한다(동 규칙 제24조의2 제2항). 등기관은 멸실회복 등기절차를 완료한 때에는 지체 없이 회복등기에 관한 사항을 지방법원장에게 보고하여야 하고, 지방법원장은 지체 없이 이를 대법원장에게 보고하여야 한다(동 규칙 제24조의2 제3항).

## (1) 멸실 회복등기의 신청권자

멸실 회복등기는 오로지 멸실한 등기의 회복을 목적으로 한 것이므로 등기부멸실 전에도 자기명의로 등기부상에 등재되어 있었어야 이를 할 수 있는 것이고 현재 실체상의 권리가 있다하여 멸실 회복등기를 할 수 없다(대판 1961. 11. 2. 4293민상629).

소유권에 대한 회복등기는 멸실된 등기부의 최종 소유명의인이 단독으로 신청함이 원칙이다. 다만 공동소유인 부동산은 공동소유자 전원명의로 회복등기신청을 하여야 하고 공동소유자 중의 일부의 지분만에 관한 회복등기신청을 할 수 없다. 공동소유자 중의 1인은 공동소유자 전원명의로 회복등기신청을 할 수 있다. 등기명의인의 사망에 의하여 그 상속인이 회복등기를 신청하는 때에는 상속인 명의로 할 것이 아니라 피상속인 명의로 하여야 한다(대판1993. 7. 27. 92다50072).

## (2) 회복등기 또는 새로운 보존등기신청

### (가) 회복등기 신청인(자기명의로 등기부상에 기재되어 있는 자)

회복등기의 신청기간은 각 지방의 실정에 따라 지방법원장이 이를 고시한다. 회복등기의 신청은 등기부멸실 전에 자기(또는 피상속인)명의로 등기부상에 기재되어 있는 자가 단독으로 신청할 수 있다.

### (나) 회복등기신청기간 내에 회복등기를 하지 못한 경우(새로운 보존등기신청)

대법원 판례는 '회복등기의 신청기일 경과 후에 있어서는 회복등기는 이를 할 수 없으므로 통상의 절차에 의하여 새로운 보존등기를 신청하여야 하며(대판 1975. 6. 10. 74다1340),

등기부의 전부 또는 일부가 멸실된 경우에는 대법원장은 부동산등기법 제24조(현행 부동산 등기규칙 부칙 제3조)에 의하여 3월 이상의 기간을 정하여 그 기간 내에 등기의 회복신청을 하도록 고시를 하며, 그 신청기일 경과 후에 있어서는 통상의 절차에 의하여 새로운 등기를 신청하여야 한다(대판 1978. 12. 26. 78다1895)'고 했다.

등기부 멸실에 따른 회복등기 신청기간 내에 회복등기를 하지 않은 부동산은 미등기부동산으로 되고 이 경우 소유권보존등기절차에 의하여 새로운 등기를 하여야한다(대판 1984. 2. 28. 83다카994).

따라서 등기부 멸실에 따른 회복등기기간 내에는 회복등기를 하지 못한 부동산에 대하여는 부동산등기법 제65조 각호의 어느 하나에 해당하는 요건을 갖춘 자가 보존등기를 신청할 수 있다. 회복등기신청절차, 회복등기방식, 회복등기 고시문례에 관하여는 등기예규 제1223호에 규정되어 있다.

### (3) 등기부멸실 후 회복등기를 하지 아니한 경우 소유권상실 여부(소극)

민법시행일 이전에 이미 법률행위로 인한 물권의 득상변경에 관한 등기가 경료 된 경우에는 비록 그 등기부가 멸실되었다 하더라도 민법 부칙 제10조 1항이 적용될 여지가 없으며, 등기부멸실 당시의 소유자가 회복등기 기간 내에 회복등기를 하지 않았다 하여 소유권을 상실하는 것이 아니다(대판 1981. 12. 22. 78다2278).

### (4) 등기부가 멸실된 경우의 회복등기 방법

등기부의 전부 또는 일부가 멸실된 경우에는 대법원장은 구부동산등기법 제24조에 의하여 3월 이상의 기간을 정하여 그 기간 내에 등기의 회복신청을 하도록 고시를 하며 그 신청기일 경과 후에 있어서는 통상의 절차에 의하여 새로운 등기를 신청하여야 한다(대판 1978. 12. 26. 78다1895).

## 토지소유권이전등기의 멸실회복등기신청

| 접 수 | 년 월 일 | 처 리 인 | 등기관 확인 | 각종 통지 |
|---|---|---|---|---|
| | 제 호 | | | |

| 부동산의 표시 | |
|---|---|
| 생 략 | |
| 등기원인과 그 연월일 | 2011년 월 일 등기부 멸실 |
| 등기의 목적 | 소유권 이전등기의 회복 |

| 회복할등기사항의표시 | 전등기의 순위번호 | 제 번(또는 불명) |
|---|---|---|
| | 전등기 접수 연월일 및 번호 | 년 월 일 제 호 |
| | 전등기 원인 및 그 일자 | 년 월 일 매매 |
| | 등기의 목적 | 소유권이전 |
| | 소 유 자 | 홍길동(000000-0000000)<br>서울 종로구 가회동 10 |

| 2011년 월 일 | 부 속 서 류 |
|---|---|
| 위 신청인 홍○○<br>서울 종로구 가회동 ○○<br>대리인 ○ ○ ○ ㉑<br><br>○○지방법원 등기과 귀중 | 1. 전 등기의 등기필증    1통<br>1. 위임장    1통<br>1. 등록세영수 및 통지서 및 확인서    1통<br>1. 판결정본 및 확정증명서각    1통 |

## 저당권설정등기의 멸실회복등기신청

| 접 수 | 년 월 일 | 처 리 인 | 등기관 확인 | 각종 통지 |
|---|---|---|---|---|
| | 제        호 | | | |

| 부동산의 표시 |
|---|
| 생 략 |

| 등기원인과 그 연월일 | 2011년     월     일  등기부 멸실 |
|---|---|
| 등기의 목적 | 저당권 설정등기의 회복 |

| 회복할등기사항의표시 | 전등기의 순위번호 | |
|---|---|---|
| | 전등기접수 연월일 및 번호 | |
| | 전등기 원인 및 그 일자 | |
| | 등기의 목적 | |
| | 채권액 | |
| | 변제기 | |
| | 이자 | |
| | 이자지급시기 | |
| | 채무자 | |
| | 저당권자 | |

| 2011년     월     일<br>위 신청인  홍길동<br>서울 종로구 가회동 ○○<br>대리인 ○ ○ ○  ㉑<br><br>○○지방법원  등기과  귀중 | 부 속 서 류 |
|---|---|
| | 1. 전 등기의 등기필증          1통<br>1. 위임장                          1통<br>1. 판결정본 및 확정증명서     각1통 |

## 소유권이전등기의 회복(등기부 기재례)

| 【 갑 구 】 | | | (소유권에 관한 사항) | | |
|---|---|---|---|---|
| 순위<br>번호 | 등기<br>목적 | 접수 | 등기원인 | 권리자 및 기타사항 |
| 1<br>(전1) | 소유권<br>보전 | 1989년 6월<br>5일<br>제6005호 | 1989년 6월 4일<br>매매 | 소유자<br>이정수 000000-0000000<br>서울특별시 종로구 원서동 ○ |
| | | | | 멸실회복<br>접수 2012년 2월 1일<br>제2017호 |

주 : 전순위 불명의 경우에는 순위번호란에 "전불명"으로 괄호 안에 기록한다.

## 근저당권이전등기의 회복

| 【 갑 구 】 | | | (소유권 이외의 권리에 관한 사항) | | |
|---|---|---|---|---|
| 순위<br>번호 | 등기<br>목적 | 접수 | 등기원인 | 권리자 및 기타사항 |
| 1<br>(전1) | 근저당권<br>설정 | 1989년 3월<br>7일<br>제3007호 | 1989년 3월 7일<br>설정계약 | 채권최고액 금6,000,000원<br>채무자<br>김예린 000000-0000000<br>서울특별시 서초구 반포동 ○○-○<br>근저당권자<br>이대한 000000-0000000<br>서울특별시 서초구 서초동 ○○ |
| | | | | 멸실회복<br>접수 2012년 8월 1일<br>제8017호 |

## (5) 회복등기신청기간 내에 회복등기를 하지 않은 부동산의 소유권보존등기절차

회복등기의 신청기일(등기예규 제1223호. 1. 나. 참조) 경과 후에는 회복등기는 이를 할 수 없으므로 통상절차에 의하여 새로운 등기(소유권보존등기)를 신청하여야 하며, 이때에는 등록세를 납부하여야 한다(등기예규 제1223호. 1. 라).

판례는 멸실된 등기부의 복구방법으로서 한 보존등기의 효력에 관하여 '등기부 멸실의 경우 소정기간 내에 회복등기를 하면 종전의 순위를 보유시키는 효력이 있다는 것이지 회복등기의 방법 만에 의하여 등기를 복구하는 것이 아니므로 보존등기를 하였다하여 권리의 공시에 무슨 하자가 있다고 할 수 없다(대판 1975. 6. 10. 74다1340)'하여 등기부 멸실의 경우에는 반드시 회복등기의 방법 만에 의하여 등기를 복구하는 것이 아니라 회복등기신청기일 경과 후에는 '통상의 절차에 다른 보존등기'를 신청하는 것이 적법하다고 했다.

6. 25사변 기타 재난으로 인하여 등기부의 전부 또는 일부가 멸실되었으나 회복등기신청기간 내에 회복등기신청을 하지 못하여 그 기간이 경과한 후에는 설사 등기권리자가 전 등기의 등기필증을 소유하고 있다고 하여도 회복등기의 방법에 의하여는 등기를 할 수 없으며, 일반절차에 따라 새로운 보존등기를 하여야 하나(법 제65조), 이 경우 지적공부가 멸실된 상태라면 지적법(현행 측량·수로조사 및 지적에 관한 법률)의 규정에 따라 먼저 지적공부를 복구등록한 후 그 대장등본을 첨부하여(지적복구시 소유자에 관한 사항이 복구되지 아니하였다면 소송에 의하여 소유권확인판결을 받아 이를 함께 첨부하여야 함) 소유권보존등기를 신청할 수 있다(등기예규 제716호).

## (6) 동일 부동산에 관하여 등기명의인을 달리하여 멸실회복에 의한 소유권이전 등기가 중복등재 된 경우, 회복등기간의 우열을 판단하는 기준

동일 부동산에 관하여 등기명의인을 달리하여 중복된 소유권보존등기가 경료 된 경우에는 먼저 된 소유권보존등기가 원인무효가 되지 아니하는 한 나중 된 소유권보존등기는 1부동산 1용지주의를 택하고 있는 현행 부동산등기법 제15조 아래에서는 무효라고 해석함이 상당하고, 동일 부동산에 관하여 중복된 소유권보존등기에 터 잡아 등기명의인을 달리하는 각 소유권이전등기가 경료 된 경우에 등기의 효력은 소유권이전등기의 선후에 의하여 판단할 것이 아니고 각 소유권이전등기의 바탕이 된 소유권보존등기의 선후를 기준으로 판단하여야 하며, 그 이전등기가 멸실회복으로 인한 이전등기라하여 달리 볼 것은 아니고, 한편 동일 부동산에 관하여 하나의 소유권보존등기가 경료 된 후 이를 바탕으로 순차로 소유권이전등기가 경료 되었다가 그 등기부가 멸실된 후 등기명의인을 달리하는 소유권이전등기의 각 회복등기가 중복하여 이루어진 경우에는 중복등기의 문제는 생겨나지 않고 멸실 전 먼저 된 소유권이전등기가 잘못 회복등재된 것이므로 그 회복등기 때문에 나중에 된 소유권이전등기의 회복등기가 무효로 되지 아니하는 것이지만, 동일부동산에 관하여 등기명의인을 달리하여 멸실회복에 의한 각 소유권이전등기가 중복등재 되고 각 그 바탕이 된 소유권보존등기가 동일등기인지 중복등기인지, 중복등기라면 각 소유권보존등기가 언제 이루어졌는지가 불명인 경우에는 위 법리로는 중복등기의 해소가 불가능 하므로 이러한 경우에는 적법하게 경료 된 것으로 추정되는 각 회복등기 상호간에는 각 '회복등기일자의 선후를 기준'으로 우열을 가려야 한다(대판 2001. 2. 15. 99다 66915. 전원합의체판결).

## 7. 폐쇄등기부상의 등기에 대한 등기의 말소 또는 회복청구의 가부(소극)

부동산등기용지가 폐쇄된 경우 설사 그 폐쇄가 위법하게 이루어진 것이라고 하더라도 소송의 방법으로 그 회복절차의 이행을 청구할 수 없으며(대판 1994. 12. 23. 93다37441), 폐쇄등기부에 기재된 등기는 현재의 등기로서의 효력이 없으므로 폐쇄등기를 한 것이 위법이라는 이유로 그 회복을 위한 등기말소청구도 할 수 없으므로(대판 1980. 1. 15. 79다카1949), 폐쇄등기부상의 등기에 대한 말소 또는 회복을 명한 판결에 의한 등기신청은 "사건이 등기할 것이 아닌 경우"에 해당(법 제29조 제2호)하여 등기관이 이를 각하하여야 한다.

## 가. 등기부(등기기록)의 폐쇄

등기부(등기기록)의 폐쇄(閉鎖)라 함은 일정한 사유에 의하여 부동산에 관한 현재의 유효한 권리관계를 공시할 필요가 없게 되거나 공시할 수 없게 된 경우에 그 등기부(등기기록)에 그 사유와 등기부를 폐쇄한다는 뜻을 기록하고 그 부동산의 표시를 말소하는 것을 말한다.

등기부가 폐쇄되면 그 때부터 그 등기부는 효력을 상실하며, 그 후 그 등기부에는 어떠한 사항도 기록할 수 없다. 등기부의 폐쇄원인에는, (1) 등기기록의 전환{즉, 등기부의 모든 기재내용을 새로운 등기부에 그대로 이기(移記)하는 것. 법 제20조 제1항} (2) 소유권보존등기가 말소된 경우, (3) 중복등기부의 정리절차로 인한 폐쇄, (4) 등기부의 기재사항의 과다 등의 사유로 인한 신등기부에 이기, (5) 등기부의 멸실방지를 위한 재제(再製), (6) 토지의 합필 . 건물의 합병, (7) 부동산의 멸실, (8) 토지의 환지처분에 따른 폐쇄. (9) 도시정비법상의 이전고시에 따른 종전 토지에 관한 등기의 말소로 인한 폐쇄가 있다.

## 나. 폐쇄등기부에 기록된 등기의 효력

폐쇄된 등기부에는 통상의 등기부와 같은 등기의 효력이 인정되지 않으며, 폐쇄등기부에 기록된 등기사항에 관한 경정, 변경, 말소등기도 할 수 없다(등기선례 제1권 26항, 제2권 13항, 제3권 742항 등). 다만 소유권에 관하여 현재 효력 있는 등기가 원인무효 등을 이유로 말소된 경우 부활하게 되는 전 등기가 폐쇄등기부의 기록상에 있다면 폐쇄등기부로부터 이를 이기(移記)하여야 한다.

## 다. 폐쇄등기기록의 보존기간 및 부활

폐쇄한 등기기록은 영구히 보존하여야 한다(법 제20조 제2항). 폐쇄한 등기부에 관하여는 부동산등기법 제19조의 규정에 따라 열람, 등기사항증명서의 발급을 청구할 수 있다(법

제20조 제3항).

등기부에 폐쇄사유가 없음에도 불구하고 잘못 폐쇄한 경우에는 등기예규 제1207호에
따라 부활(復活)할 수 있다.

### 라. 폐쇄등기의 말소청구의 가부(소극)

폐쇄등기부에 기재된 등기는 현재의 등기로서의 효력이 없고, 그 회복절차에 관하여
아무런 규정이 없어 그 회복을 구할 수 없으므로, 폐쇄등기를 한 것이 위법이라는 이유로
그 회복을 위한 등기말소청구도 할 수 없으며(대판 1980. 1. 15. 79다1949), 폐쇄된 등기부상에
기재된 등기는 현재의 등기로서의 효력이 없으므로 그 말소를 구 할 소의 이익이 없다(대
판 1980. 10. 27. 80다223).

### 마. 폐쇄등기부에 기재되어 있는 등기의 회복청구의 가부(소극)

폐쇄등기부에 기재되어 있는 등기는 현재의 등기로서의 효력이 없고 그 회복절차에
관해서 법률상 규정이 없으므로 회복절차이행을 구할 수 없을 뿐만 아니라 회복이 가능
함을 전제로 하는 폐쇄등기용지상의 소유권이전등기의 말소등기절차이행청구도 할 수
없다(대판 1979. 9. 25. 78다1089, 1980. 12. 9. 80다1389, 1987. 12. 22. 87다카1097, 1988. 9. 6. 87다카1777, 1994.
12. 23. 93다37441).

## 8. 등기명의인 2인을 그 중 1인만으로 경정하는 판결에 의한 등기신청의 가부(소극)

2인의 공유등기를 그 중 1인의 단독소유로 경정(更正)하여 달라는 등기신청은 그 취지자체에 있어서 이미 법률상 허용될 수 없음이 명백한 경우에 해당하므로 부동산등기법 제55조(현행법 제29조) 제2호 소정의 사건이 등기할 것이 아닌 때에 해당하여 등기관은 이를 각하 하여야 한다(대법원 1981. 11. 6. 80마592, 1996. 4. 12. 95다 33214 경정등기). 따라서 위 판결은 이른바 집행불능판결로서 이와 같은 판결에 의하여 법률상 허용될 수 없는 등기명의인 표시경정등기가 경료 된 경우에는 등기상 이해관계 있는 자는 등기관의 처분에 대한 이의신청방법으로 그 등기의 시정을 구할 수 있으므로, 민사소송의 방법으로 그 시정을 구할 수는 없다(대판 1996. 4. 12. 95다33214).

## 가. 권리변경(경정)등기의 의의

### (1) 부기등기

권리경정등기(權利更正登記)란 권리의 주체 또는 객체 이외의 기존등기의 일부가 등기 후에 변경(예: 전세권설정등기의 존속기간 또는 전세금의 변경 등)되어 이를 실체관계에 부합시키기 위하여 그 등기의 일부의 내용의 변경을 목적으로 하는 등기로 부기등기(附記登記)의 형식으로 한다.

### (2) 부동산의 표시에 관한 변경(경정)등기와 제3자의 승낙여부(소극)

부동산의 표시에 관한 변경(경정)등기란 등기용지의 표제부에 등기된 부동산의 물리적 현황이 객관적 사항에 합치하지 아니하고 그 등기가 착오 또는 유루로 인하여 생긴 경우에 동일성이 인정되는 범위 내에서 이를 바로 잡는 것을 목적으로 행하여지는 등기를 말하므로, 그 등기에 의하여 그 부동산에 관한 권리에 어떤 변동을 가져오는 것이 아니므로, 부동산의 표시에 관한 경정(변경)등기에 있어서는 등기상 이해관계 있는 제3자의 승낙의 유무가 문제될 여지가 없다(대판 1992. 2. 28. 91다34967).

◆ **변경등기신청서의 변경할 사항의 기재례**

> 을구 순위번호 1번 2010년 3월 15일 접수 제5000호로 경료 된 근저당권 설정등
> 기사항 중 2012년 3월 20일 변경계약을 원인으로 '채권최고액 금 50,000,000원
> 을 금 70,000,000원'(변경할 사항)으로 변경. 또는
> 을구 순위번호 0번 0000년 0월 0일 접수 제000호로 경료 된 근저당권설정등기
> 사항 중 구채무자 "김철수, 서울 00구 00동 00번지"를 신채무자 "홍길동 서울
> 00구 00동 00번지"로 변경

## 나. 경정등기의 의의

### (1) 등기의 원시적 착오 또는 유루

경정등기(更正登記)라 함은 기존등기의 일부에 원시적 착오 또는 유루가 있어 그 등
기가 원시적으로 실체관계와 일치하지 않는 경우에 이를 보정하기 위한 방법으로 허용
되는 등기이다. 경정등기는 원시적 착오 또는 유루가 있는 경우에 한하여 할 수 있고, 등
기완료 후에 발생한 사유에 의해서는 할 수 없다. 등기관이 등기를 마친 후 그 등기의 착
오나 빠진 부분이 등기관의 잘못으로 인한 것임을 발견한 경우에는 지체 없이 그 등기를
직권으로 경정하여야 한다. 다만, 등기상 이해관계 있는 제3자가 있는 경우에는 제3자의
승낙이 있어야 한다(법 제32조 제2항).

### (2) 등기상 이해관계 있는 제3자

경정등기신청에 있어 '등기상 이해관계 있는 제3자'라 함은 기존등기에 존재하는 착오

또는 유루를 바로 잡는 경정등기를 허용함으로써 그 결과 비로소 등기의 형식상 손해를 입게 될 위험성이 있는 등기상의 권리자를 의미하고(대법원 1987. 1. 23. 86마784), 그와 같은 손해를 입게 될 위험성은 등기의 형식에 의하여 판단하고 실질적으로 손해를 입을 염려가 있는지 여부는 고려의 대상이 되지 아니한다(1998. 4. 9. 98마40).

경정등기에 있어 등기상 이해관계 있는 제3자가 있고 그 제3자의 경정등기에 대한 승낙서를 첨부한 때 또는 이해관계 있는 제3자가 없는 경우에는 부기등기로 하고, 제3자의 승낙서나 이에 대항할 수 있는 재판의 등본이 없는 경우에는 주등기로 한다(법 제52조 제5호).

◈ **경정등기신청서의 '경정 할 사항'의 기록례**

> 갑구 순위번호 2번 2010년 3월 15일 접수 제5000호로 경료 된 소유권이전등기 사항 중 2010년 3월 15일 신청착오를 원인으로 '소유자 이갑돌'을 '소유자 이도일'로 경정

## 다. 등기상 이해관계 있는 제3자가 있는 경우

구부동산등기법 제72조 소정의 "등기상 이해관계 있는 제3자"라 함은 기존등기에 존재하는 착오를 바로잡는 경정등기를 허용함으로써 그 결과 비로소 등기의 형식상 손해를 입을 위험성이 있게 되는 등기상의 권리자를 의미한다(대법원 1987. 1. 23. 86마784).

### (1) 변경(경정)등기에 관하여 등기상 이해관계 있는 제3자가 있는 경우

권리의 변경등기 또는 경정등기에 관하여 '등기상 이해관계 있는 제3자'가 있는 경우 그 제3자의 승낙이 있으면 부기에 의하여 권리변경(경정)등기를 하며(법 제52조 5호), 제3자가 권리변경(경정)등기를 승낙하지 않을 때에는 주등기로 권리변경(경정)등기를 하

므로 변경(경정)된 권리의 내용은 이해관계 있는 제3자의 권리보다 후순위가 된다.

## (2) 등기상 이해관계 있는 제3자의 의미

경정등기의 신청에 있어서 등기상 이해관계가 있는 제3자가 있을 경우에는 신청서에 그 승낙서 또는 그에 대항할 수 있는 재판의 등본을 반드시 첨부하여야 하는바, 이때 '등기상 이해관계 있는 제3자'라 함은 기존 등기에 존재하는 착오 또는 유루를 바로 잡는 변경(경정)등기를 허용함으로써 손해를 입게 될 위험성이 있는 등기상의 권리자를 의미하고, 그와 같은 손해를 입게 될 위험성은 등기의 형식에 의하여 판단하고 실질적으로 손해를 입을 염려가 있는지 여부는 고려의 대상이 되지 아니한다(대법원 1998. 4. 9. 98마40).

## 라. 등기명의인 2인을 1인으로 하는 등기명의인표시 경정등기의 가부(소극)

등기명의인의 표시경정이란 등기부에 기재되어 있는 등기명의인의 성명, 주소나 상호, 사무소 등에 착오 또는 유루가 있는 경우에 그 명의인으로 기재되어 있는 자의 동일성을 변함없이 이를 정정하는 것을 말하므로, 이미 행하여진 2인의 공유등기를 그 뒤에 생긴 원인으로 그 중 1인의 지분을 말소하고 나머지 1인의 단독 소유로 경정하여 달라는 경정등기신청의 경우, 이러한 등기신청을 받아들인다면 그에 의하여 소유자가 변경되는 결과로 되어서 등기명의인의 동일성을 잃게 된다(대판 1996. 4. 12. 95다33214).

## 마. 경정등기의 요건

## (1) 원시적 착오 또는 유루의 존재

경정등기는 기존등기의 일부에 당초부터 착오 또는 유루가 있어 그 등기가 원시적(原始的)으로 실체관계와 일치하지 아니하는 경우에 이를 보정하기 위한 방법으로 허용되는 등기절차 이므로 기존등기의 일부에 원시적인 착오 또는 유루가 있는 경우에만 할 수 있고 등기완료 후에 발생한 사유에 의해서는 할 수 없다. 등기의 착오 또는 유루는 당사자의 신청 또는 등기관의 과오로 발생한 것을 포함한다. 착오 또는 유루가 "등기"에 관하여 있어야 한다.

## (2) 등기의 동일성의 유지

경정등기는 기존등기의 전부 또는 일부가 유효하지만 실체에 합치하지 아니하는 부분이 있어서 그 실체에 합치하지 아니하는 부분을 시정하거나 추완 함으로써 그 등기를 실체에 합치시켜 기존등기를 당초에 소급하여 정정 변경하고 그 등기의 '동일성(同一性)'을 유지하려는데 그 특색이 있다. 경정등기가 허용되기 위하여는 경정 전의 등기와 경정 후의 등기사이에 "동일성 또는 유사성"이 있어야 한다.

등기명의인표시의 변경이나 경정의 등기(법 제52조 1호)는 등기부에 기재되어 있는 등기명의인의 성명, 상호나 주소, 사무소 등의 착오 또는 유루가 있는 경우에 그 명의인으로 기재되어 있는 자의 동일성을 변함이 없이 이를 정정하는 것을 말 한다.

## (3) 현재 효력 있는 등기에 대하여 착오 또는 유루가 있을 것

경정등기는 "현재 효력이 있는 등기사항"에 관하여만 할 수 있다. 따라서 폐쇄등기기록상의 등기명의인표시 경정(선례 7-348) 또는 소유권이 이전된 후의 종전 소유권의 등기명의인표시 경정(선례 3-674) 등은 허용되지 아니한다.

## (4) 등기사항의 일부에 대한 착오 또는 유루일 것

"등기사항의 일부"에 대하여 착오 또는 유루가 있어야 경정등기의 대상이 되며 등기사항 전부에 착오가 있는 경우에 경정등기가 아니라 말소등기의 대상이 된다.

## (5) 등기상 이해관계 있는 제3자의 승낙

등기상 이해관계 있는 제3자란 기존 등기에 존재하는 착오 또는 유루를 바로 잡는 경정등기를 허용함으로써 손해를 입게 될 위험이 있는 등기상의 권리자를 말한다. 손해를 입게 될 위험성은 등기의 형식에 의하여 판단하고 실질적으로 손해를 입을 염려가 있는지 여부는 고려의 대상이 되지 아니한다(대법원 1998. 4. 9. 자 98마40 결정).

권리경정의 등기에 관하여 등기상 이해관계 있는 제3자가 있는 경우에는 그의 승낙 또는 이에 대항할 수 있는 재판이 있음을 증명하는 정보를 제공한 때에 한해 부기등기에 의하여 경정등기를 할 수 있다(법 52조 5호).

### (6) 등기명의인 2인을 1인만으로 변경하는 판결에 의한 등기가부(소극)

등기명의인 2인을 그 중 1인만으로 변경(경정)하는 판결에 의한 등기신청을 받아들인다면 그에 의하여 소유자가 변경되는 결과로 되어서 등기명의인의 동일성을 잃게 되어, 이와 같은 변경(경정)등기신청은 부동산등기법 제55조(개정법 제29조) 제2호 소정의 "사건이 등기할 것이 아닌 때"에 해당하며(대법원 1981. 11. 6. 80마 592결정), 2인의 공유등기를 그 중 1인의 단독소유로 경정하여 달라는 등기신청은 그 취지 자체에 있어서 이미 법률상 허용될 수 없음이 명백한 경우에 해당하므로 법 제55조(개정법 제29조) 제2호 소정의 "사건이 등기할 것이 아닌 때"에 해당하여 등기관은 이를 각하하여야 한다(대판 1996. 4. 12. 95다33214 경정등기).

## 바. 법률상 허용될 수 없는 등기명의인 표시경정등기가 경료 된 경우의 시정방법

2인의 공유등기를 그 중 1인의 단독 소유로 경정하여 달라는 등기신청은 그 취지 자체에 있어서 이미 법률상 허용될 수 없음이 명백한 경우에 해당하므로 본법 제 55조 제2호 소정의 사건이 등기할 것이 아닌 때에 해당하여 등기공무원은 이를 각하하여야 하고, 등기공무원이 이를 간과하고 등기신청을 수리하여 등기가 행하여진 경우에는 등기상 이해관계 있는 자는 본조 소정의 등기공무원의 처분에 대한 이의신청의 방법으로 그 등기의 시정을 구할 수 있으므로, 민사소송의 방법으로 그 시정을 구할 수는 없다(대판 96. 4. 12. 95다33214).

## 사. 등기부와 대장상의 소유자에 관한 사항이 일치하지 않는 경우

### (1) 등기명의인 표시변경등기의 선행(先行)없는 다른 등기신청의 가부(소극)

지적법과 부동산등기법의 제 규정을 종합하면, 지적공부는 등기된 토지에 관한 한 토지소유자에 관한 사항을 증명하는 것은 아니라고 할 것이고, 그리하여 부동산등기부상의 소유자의 주소와 임야대장상의 소유자의 주소가 다른 경우에는 먼저 진정한 소유자의 신청에 의한 경정등기가 이루어져야 하고, 그 다음에 경정등기가 이루어진 등기필증, 등기부등본에 의하여 임야대장상의 등록사항정정이 이루어져야 하는 것으로서, 등기된 부동산의 경우 지적공부가 직접 경정등기의 자료로 사용되는 것이 아니어서 부동산등기에 직접적으로 영향을 미치는 것이 아니라, 오히려 등기부에 먼저 소유자에 관한 사항이 변경 또는 경정된 후에 그에 따라 후속적으로 공부의 기재사항이 변경되어야 하는 것이고, 이러한 절차를 거쳐 부동산등기부와 대장상의 소유자에 관한 사항이 일치하지 아니하면 당해 부동산에 대하여 다른 등기를 신청할 수 없다(대판 2003. 11. 13. 2001다37910, 구부동산등기법 제56조).

## 9. 부기등기만의 말소를 명한 판결에 의한 등기

부기등기(附記登記)는 주등기(主登記)에 종속되어 일체를 이루는 것으로 주등기의 말소에 따라 등기관이 이를 직권으로 말소하는 것이므로 부기등기만의 말소청구는 소(訴)의 이익이 없는 청구로서 소송요건의 흠결이 있는 때에 해당하므로 그 소(訴)는 부적법으로 각하하여야 한다.

따라서 주등기에는 말소사유가 없어 유효함에도 불구하고 부기등기만의 말소를 명한 판결에 의한 등기신청은 '사건이 등기할 것이 아닌 때'(법 제29조 제2호)에 해당하여 등기관은 이를 각하하여야 한다. 다만 주등기에는 말소사유가 없어 유효하나 '부기등기'에 한하여 무효사유가 있음을 전제로 부기등기만의 효력을 다투는 경우에는 예외적으로 소(訴)의 이익이 있다(대판 2005. 6. 10. 2002다15412, 15429).

### 가. 부기등기

#### (1) 부기등기의 의의

부기등기(附記登記)라 함은 그 자체로서는 독립한 순위번호를 가지는 것이 아니라 기존등기의 순위번호에 부기호수(예 : 1-1. 3-1 등)를 붙여서 하는 등기로서 주등기와 같은 순위를 유지한다(법 제5조, 제52조, 규칙 제3조 제1항).

## (2) 부기(附記)로 하는 등기

부기등기(附記登記)는 법률이 특히 규정(법 제52조)하고 있는 예외적인 경우(권리변경등기, 환매특약등기, 등기명의인의 표시변경등기, 소유권 이외의 권리의 이전등기, 소유권 이외의 권리의 처분제한등기 등)에 한하여 인정되며, 기존의 어떤 등기와의 '동일성'내지 그 '연장'임을 표시하려고 할 때(예컨대, 경정등기, 변경등기의 경우) 또는 기존의 등기에 표시되어 있는 권리와 '동일한 순위'나 효력을 가진다는 것을 등기부상 명백히 하려고 할 때에 하게 된다.

등기관이 다음 각 호의 등기를 할 때에는 부기(附記)로 하여야 한다. 다만, 제5호의 등기는 등기상 이해관계 있는 제3자의 승낙이 없는 경우에는 그러하지 아니하다(법 제52조).
  1. 등기명의인 표시의 변경이나 경정의 등기
  2. 소유권 이외의 권리의 이전등기

### - 판 례 -

**(1) 근저당권양도에 의한 부기등기의 성격과 말소청구의 상대방**
근저당권의 양도에 의한 부기등기는 기존의 근저당권설정등기에 의한 권리의 승계관계를 등기부상에 명시하는 것뿐으로 그 등기에 의하여 새로운 권리가 생기는 것이 아닌 만큼 근저당권설정등기 말소등기청구는 양수인만을 상대로 하면 족하고 양도인은 그 말소등기청구에 있어서의 피고적격이 없다(대판 1968. 1. 31. 67다2558).

**(2) 가등기이전의 부기등기가 경료 된 경우 가등기말소청구의 상대방**
가등기의 이전에 의한 부기등기는 기존의 가등기에 의한 권리의 승계관계를 등기부상에 명시하는 것뿐으로 그 동기에 의하여 새로운 권리가 생기는 것이 아닌 만큼 가등기의 말소등기청구는 양수인만을 상대로 하면 족하고, 양도인은 그 말소등기청구에 있어서의 피고적격이 없다(대판 1994. 10. 21. 94다17109).

**(3) 가등기에 의하여 순위 보전의 대상이 되어 있는 물권변동청구권이 양도된 경우, 그**

3. 소유권이외의 권리를 목적으로 하는 권리에 관한 등기

4. 소유권 이외의 권리에 대한 처분제한 등기

5. 권리의 변경이나 경정의 등기

6. 제53조의 환매특약등기

7. 제54조의 권리소멸약정등기

8. 제67조 제1항 후단의 공유물분할금지의 약정등기

9. 그 밖에 대법원 규칙으로 정하는 등기


부동산등기법 제59조의 말소된 등기에 대한 회복신청을 받아 등기관이 등기를 회복할 때에는 회복의 등기를 한 후 다시 말소된 등기와 같은 등기를 하여야 한다. 다만, 등기전체가 아닌 일부 등기사항만 말소된 것일 때에는 부기에 의하여 말소된 등기사항만 다시 등기한다(규칙 제118조).


## 나. 부기등기의 말소절차

부기등기는 독립한 순위번호를 가지는 것이 아니라 주등기(主登記)의 순위번호(順位番號)에 부기호수(附記號數)를 붙여서 하는 등기로서 주등기에 종속되며, 부기등기의 순위는 주등기의 순위에 의하므로 주등기가 말소되는 경우에는 부기등기는 주등기의 말소에 따라 등기관이 직권으로 말소한다.

다만 주등기 자체는 유효한 것을 전제로 이와는 별도로 '부기등기'에 한하여 무효사유가

있다는 이유로 부기등기만의 효력을 다루는 경우에는 그 부기등기의 말소를 구할 소의 이익이 있으므로 이 경우에는 부기등기만의 말소를 명한 판결에 의한 등기를 신청할 수 있다.

## (1) 주등기에 말소원인이 있는 경우(부기등기의 직권말소)

부기등기는 주등기(주등기 또는 독립등기라 함은 독립하여 순위를 가지는 등기로서 기존의 등기의 표시번호나 순위번호에 이어지는 독립한 번호를 부여하는 등기로서 부기등기에 대응하여 사용되는 용어이다)에 종속되어 일체를 이루는 것으로 부기등기의 순위는 주등기의 순위에 의하는 것으로 주등기와 별개의 새로운 등기가 아니므로 '주등기에 말소원인'이 있어 주등기가 말소되는 경우에는 그 부기등기는 별도로 말소를 구하지 않더라도 주등기의 말소에 따라 등기관이 직권으로 말소하게 된다.

따라서 주등기에 말소원인(무효사유)이 있어 주등기가 말소된 경우에는 그에 기한 부기등기는 판결로 그 말소를 명하지 않더라도 등기관이 이를 직권으로 말소된다(대판 1988. 3. 8. 87다카2585. 1994. 10. 21. 94다17109. 1995. 5. 26. 95다7550. 2000. 4. 11. 2000다5640. 2000. 10. 10. 2000다19526. 2001. 4. 13. 2001다4903 등).

근저당권이 양도되어 근저당권이전등기의 부기등기가 경료 된 경우 부기등기는 기존의 주등기인 근저당권설정등기에 종속되어 주등기와 일체를 이루는 것이므로 근저당권설정등기를 말소하기 위하여는 근저당권의 양수인을 상대로 주등기인 근저당권설정등기의 말소등기절차의 이행을 명하는 판결을 받으면 되고 따로 근저당권이전의 부기등기의 말소판결을 받을 필요는 없으나, 양수인을 상대로 한 근저당권이전등기의 말소를 명한 판결만으로는 주등기인 근저당권설정등기의 말소등기를 신청할 수는 없다.

## (2) 부기등기만의 말소청구가부(소극)

부기등기의 말소청구는 권리보호의 이익(소의 이익)이 없는 부적법한 청구이다(대판 2000. 10. 10. 2000다19526, 2001. 4. 13. 2001다4903).

## (3) 부기등기만의 말소를 명한 판결에 의한 등기신청의 각하

부기등기는 주등기에 종속되어 일체를 이루는 것으로 주등기의 말소에 따라 등기관이 이를 직권으로 말소하는 것이므로 부기등기만의 말소청구는 소의 이익이 없는 청구로서 소송요건의 흠결이 있는 때에 해당되므로 그 소는 부적법으로 각하 하여야 한다.

소의 이익은 소송요건의 일종으로 직권조사사항이며(대판 1981. 6. 23. 81다124), 본안판결의 요건이므로 이의 흠결이 있을 때에는 소를 부적법 각하판결을 하여야 한다(통설). 만일 법원이 이를 간과하고 부기등기만의 말소를 명한 판결을 하여 원고가 그 확정판결에 의한 등기신청을 한 경우 그 등기신청은 "사건이 등기할 것이 아닌 때"(법 제29조 제2호)에 해당되어 등기관이 이를 각하 하게 된다.

## 다. 부기등기에 한하여 말소원인이 있는 경우

부기등기는 주등기에 종속되어 주등기와 일체를 이룬 경우에는 부기등기만의 말소를 인정할 실익이 없으나 주등기에는 말소사유가 없어 유효하나 '부기등기에 한하여 무효사유'가 있음을 전제로 부기등기만의 효력을 다투는 경우에는 예외적으로 소의 이익이 있다.

근저당권이전의 부기등기가 기존의 주등기인 근저당권설정등기에 종속되어 주등기와 일체를 이룬 경우에는 부기등기만의 말소를 따로 인정할 아무런 실익이 없지만, 근저당권의 이전원인만이 무효로 되거나 취소 또는 해제된 경우, 즉 근저당권의 주등기 자체는 유효한 것을 전제로 이와는 별도로 근저당권이전의 부기등기에 한하여 무효사유가 있다는 이유로 부기등기만의 효력을 다투는 경우에는 그 부기등기의 말소를 소구할 필요가 있으므로 예외적으로 소의 이익이 있다(대판 2005. 6. 10. 2002다15412. 15429). 따라서 이 경우에는 부기등기만의 말소를 명한 판결에 의한 등기를 신청할 수 있다.

◈ 부기등기에 한하여 무효사유가 있는 경우 그 말소를 구하는 소장의 청구취지 및 판결주문의 기재례

> 피고는 원고에게 별지목록기재 부동산에 관하여 ○○지방법원 ○○등기소 0000년 00월 00일 제000호로 경료 된 근저당권이전등기(을구 순위번호 6-1. 6번 근저당권이전)의 말소등기절차를 이행하라(말소등기를 명하는 판결의 등기원인은 '확정판결'로, 그 연월일은 '판결 선고일'을 기재한다).

## 10. 예고등기만의 말소를 명한 판결에 의한 등기가부(소극)

예고등기의 원인이 된 부동산 소유권이전등기 말소청구소송에서 승소판결이 확정되었다 하더라도 판결에 의한 말소등기가 이루어지지 아니한 이상 그 예고등기는 말소될 수 없는 성질의 것이니 그 확정판결에 의한 말소등기를 거치치 아니한 채 예고등기만의 말소를 구하는 신청은 부동산등기법 제29조 제2호의 "사건이 등기할 것이 아닌 때"에 해당 되어(대법원 1976. 6. 9. 76마212. 1983. 6. 18. 83마200) 등기관은 위 등기신청을 각하할 수밖에 없고, 이와 같은 법리는 승소판결을 받은 위 소송의 원고가 판결에 따른 회복등기를 할 실익이 없어 그 등기를 하지 아니하는 경우에도 그대로 적용 된다(대법원 1987. 3. 20. 87마3).

### 가. 예고등기의 의의

예고등기(豫告登記)라 함은 등기원인의 무효 또는 취소로 인한 등기의 말소 또는 회복을 구하는 소가 제기된 경우에 이를 제3자에게 경고하기 위하여 수소법원의 촉탁에 의하여 그 '소제기사실'을 등기부에 기재하는 등기를 말한다(구 부동산등기법 제4조 본문, 제39조).

### 나. 예고등기의 목적

예고등기의 목적은 어떤 부동산에 대한 등기에 관하여 등기원인의 무효 또는 취소로

인한 등기의 말소 또는 회복의 소가 제기된 사실을 공시함으로써 제3자에게 경고하여 계쟁 부동산에 관하여 법률행위를 하고자 하는 선의의 제3자로 하여금 소송의 결과 발생할 수도 있는 예측 못했던 손해(등기명의자가 무권리자로 확정 될 수 있다는 점)를 입는 것을 방지하려는 목적에서 하는 것이며 물권변동의 효력발생과 아무런 관계가 없는 특수한 등기이다.

### 다. 예고등기제도의 폐지

부동산등기법 전부개정법률(법률 제10580호 2011. 4. 12)에 의하여 예고등기제도는 폐지되었으나 개정부동산등기법 시행당시 이미 경료 되어 있는 예고등기의 말소절차에 관하여는 종전의 규정에 따른다(법 부칙 제3조).

### 라. 예고등기의 말소절차

예고등기가 된 경우에 예고등기의 원인인 등기말소 또는 회복청구의 소송이 계속되고 있는 동안에는 예고등기 역시 존속할 필요가 있는 것이나 그 소송이 완전히 종료(예 : 취하 또는 판결의 확정 등)된 경우에는 예고등기를 존속할 필요가 없으므로 이를 말소하여야 하는 바, 그 절차는 소송이 원고에게 불리하게 종료된 경우에는 수소법원의 촉탁에 의하여 등기관이 예고등기를 말소하며, 소송이 원고에게 유리하게 종료된 경우 즉 등기원인의 무효 또는 취소로 인한 등기의 말소 또는 회복의 등기(원고 승소판결에 의한 등기신청에 따른 등기)를 한 때에는 등기관이 예고등기를 직권으로 말소한다.

### 마. 예고등기만의 말소를 명한 판결에 의한 등기가부

예고등기의 원인이 된 부동산 소유권이전등기 말소청구소송에서 승소판결이 확정되었다 하더라도 판결에 의한 말소등기가 이루어지지 아니한 이상 그 예고등기는 말소될 수 없는 성질의 것이니 그 확정판결에 의한 말소등기를 거치치 아니한 채 '예고등기만의 말소'를 구하는 신청은 부동산등기법 제29조 제2호의 "사건이 등기할 것이 아닌 때"에 해당 되어(대법원 1976. 6. 9. 76마212. 1983. 6. 18. 83마200) 등기관은 위 등기신청을 각하할 수밖에 없고, 이와 같은 법리는 승소판결을 받은 위 소송의 원고가 판결에 따른 회복등기를 할 실익이 없어 그 등기를 하지 아니하는 경우에도 그대로 적용 된다(대법원 1987. 3. 20. 87마3)

예고등기의 원인인 소유권보존등기 등 말소청구소송이 원고의 승소로 확정된 후 10년 이 경과되었다 하더라도 그 판결에 의한 말소등기신청은 가능하며, 위 판결에 따른 소등 기가 이루어지지 아니한 이상 예고등기만의 말소는 할 수 없다(등기선례 제3권 260항).

## 11. 외국판결에 의한 등기

외국판결을 등기원인을 증명하는 서면으로 하여 등기신청을 할 경우 그 등기신청서에 집행판결을 첨부하여야 단독으로 등기신청을 할 수 있으며(법 제23조 제4항, 등기예규 제1383호. 2.다.2)} 등기신청서에 집행판결정본을 첨부하지 아니한 때에는 그 신청은 '등기에 필요한 첨부정보를 제공하지 아니한 경우'(구법의 '등기신청에 필요한 서면을 첨부하지 아니한 때')에 해당되어 등기관이 각하하게 된다.

### 가. 외국판결의 의의

민사집행법 제26조 제1항의 규정에서 정하는 외국법원의 판결이라고 함은 재판권을 가지는 외국의 사법기관이 그 권한에 기하여 사법상의 법률관계에 관하여 대립적 당사 자에 대한 상호간의 심문이 보장된 절차에서 종국적으로 한 재판으로서 구체적 급부의 이행 등 그 강제적 실현에 적합한 내용을 가지는 것을 의미하고, 그 재판의 명칭이나 형 식 등이 어떠한지는 문제되지 아니한다(대판 2010. 4. 29. 2009다68910).

이른바 '승인판결'은 법원이 당사자 상호간의 심문이 보장된 사법절차에서 종국적으로 한 재판이라고 할 수 없으므로 민사집행법 제26조 제1항에 정한 외국법원의 판결에 해 당하지 않는다(대판 2010. 4. 29. 2009. 6810).

## 나. 외국재판의 승인요건

외국판결(外國判決)이란 외국법원의 판결을 말하는바, 여기서 문제되는 것은 외국판결의 승인이다. 즉 '외국판결의 승인'은 주로 사법상의 법률관계에 관한 소송에 대해서 재판권을 행사할 권한을 가지는 외국의 사법기관이 행한 종국적 재판이 일정한 기준에 따라 국내에서 그 효력(확정력)이 인정되는 것을 말한다. 우리의 민사소송법은 일정한 조건을 들어, 이에 합치되는 외국판결은 그 성립과 내용을 검토하지 않고 승인하는 독일의 입법주의를 따르고 있다.

우리 민사소송법 제217조는 외국법원의 판결에 의거한 집행판결(執行判決)을 규정한 민사집행법 제26조 및 제27조와 일체가 되어 국가 간의 상호판결의 존중과 그 효력의 보전을 목적으로 섭외적(涉外的) 법률관계의 간이 신속한 처리를 꾀하고 있는데, 외국재판의 승인을 위해서는 다음과 같은 조건을 규정하고 있다.

외국법원의 확정판결 또는 이와 동일한 효력이 인정되는 재판(이하"확정재판등"이라 한다)은 다음 각호의 요건을 모두 갖추어야 승인된다(민사소송법 제217조 제1항).

1) 대한민국의 법령 또는 조약에 따라 국제재판관할의 원칙상 그 외국법원의 국제재 판관할권이 인정될 것
2) 패소한 피고가 소장 또는 이에 준하는 서면 및 기일통지서나 명령을 적법한 방식에 따라 방어에 필요한 시간여유를 두고 송달받았거나(공시송달이나 이와 비슷한 송

달에 의한 경우를 제외한다)송달 받지 아니하였더라도 소송에 응하였을 것

3) 그 확정재판등의 내용 및 소송절차에 비추어 그 확정재판등의 승인이 대한민국의 선량한 풍속이나 그 밖의 사회질서에 어긋나지 아니할 것

4) 상호보증이 있거나 대한민국과 그 외국법원이 속하는 국가에 있어 확정재판등의 승인 요건이 현저히 균형을 상실하지 아니하고 중요한 점에서 실질적으로 차이가 없을 것

## 다. 외국재판의 강제집행

### (1) 집행판결에 의한 허가

외국법원의 확정판결 또는 이와 동일한 효력이 인정되는 재판(이하 "확정판결등"이라 한다)에 기초한 강제집행은 대한민국 법원에서 집행판결로 그 강제집행을 허가하여야 할 수 있다(민사집행법 제26조 제1항).

### (2) 집행판결을 청구하는 소의 관할

집행판결을 청구하는 소(訴)는 채무자의 보통재판적이 있는 곳의 지방법원이 관할하며, 보통재판적이 없는 때에는 민사소송법 제11조의 규정에 따라 채무자에 대한 소를 관할하는 법원이 관할한다(민사집행법 제26조 제2항).

- 판 례 -

민사집행법 제26조 제1항은 "외국법원의 판결에 기초한 강제집행은 대한민국 법원에서 집행판결로 그 적법함을 선고하여야 한다"라고 규정하고 있다. 여기서 정하여진 집행판결의 제도는, 재판권이 있는 외국의 법원에서 행하여진 판결에서 확인된 당사자의 권리를 우리나라에서 강제적으로 실현하고자 하는 경우에 다시 소를 제기하는 등 이중의 절차를 강요할 필요 없이 그 외국의 판결을 기초로 하되 단지 우리나라에서 그 판결의 강제실현이 허용되는지 여부만을 심사하여 이를 승인하는 집행판결을 얻도록 함으로써 당사자의 원활한 권리실현의 요구를 국가의 독점적·배타적 강제집행권 행사와 조화시켜 그 사이에 적절한 균형을 도모하려는 취지에서 나온 것이다. 이러한 제도적 취지에 비추어 보면, 위 규정에서 정하는 '외국법원의 판결'이라고 함은 재판권을 가지는 외국의 사법기관이 그 권한에 기하여 사법상(私法上)의 법률관계에 관하여 대립적 당사자에 대한 상호간의 심문이 보장된 절차에서 종국

적으로 한 재판으로서 구체적 급부의 이행 등 그 강제적 실현에 적합한 내용을 가지는 것을 의미하고, 그 재판의 명칭이나 형식 등이 어떠한지는 문제되지 아니한다(대판 2010. 4. 29. 2009다68910).

## 라. 집행판결

집행판결(執行判決)이라 함은 외국법원의 판결에 기초한 강제집행(민사집행법 제26조 제1항)과 중재판정에 기초한 강제집행(중재법 제37조 제1항)에 대하여 우리나라 법원에서 그 적법함을 선고하는 판결을 말한다(민사집행법 제27조). 외국의 법원에서 받은 판결이라도 외국판결의 승인요건(민사소송법 제217조)을 갖추었다면 내국판결과 같은 효력을 갖게 된다.

집행판결은 재판의 옳고 그름을 조사하지 아니하고 하여야 한다(민사집행법 제27조 제1항). 집행판결을 청구하는 소는 다음 각호 가운데 어느 하나에 해당하면 각하하여야 한다(동조 제2항).
1. 외국법원의 확정재판등이 확정된 것을 증명하지 아니한 때
2. 외국법원의 확정재판등이 민사소송법 제217조의 조건을 갖추지 아니한 때

### - 판 례 -

중재판정의 승인이나 집행거부에 대한 판단기준 : 외국중재판정의승인및집행에관한협약(뉴욕협약) 제5조에서는 집행의 거부사유를 제한적으로 열거하고 있는데, 그 중 제2항 (나)호에 의하면 중재판정의 승인이나 집행이 그 국가의 공공의 질서에 반하는 경우에는 집행국 법원은 중재판정의 승인이나 집행을 거부할 수 있는바, 이는 중재판정의 승인이나 집행이 집행국의 기본적인 도덕적 신념과 사회질서를 해하는 것을 방지하여 이를 보호하려는 데 그 취지가 있다 할 것이므로, 그 판단에 있어서는 국내적인 사정뿐만 아니라 국제적 거래질서의 안정이라는 측면도 함께 고려하여 제한적으로 해석하여야 할 것이고, 해당 중재판정을 인정할 경우 그 구체적 결과가 집행국의 선량한 풍속 기타 사회질서에 반할 때에 승인이나 집행을 거부할 수 있다(대판 2003. 4. 11. 2001다20134).

### (1) 집행판결의 의의

집행판결이라 함은 첫째, 민사집행법상 외국법원의 판결에 의한 강제집행에 대하여 본

국법원에서 그 적법함을 선고하는 판결을 말한다(민사집행법 제26조, 제27조, 중재법 제37조 제1항).

둘째, 중재법상 중재판정은 당연히 집행력이 생기는 것이 아니라 법원의 집행판결로 비로소 집행력이 생기는바, 중재판정으로서 강제집행의 적법함을 선고하는 판결을 말한다. 중재판정의 승인 또는 집행은 법원의 승인 또는 집행판결에 따라 한다(중재법 제37조 제1항).

## (2) 집행판결제도의 취지

외국법원의 확정판결 또는 이와 동일한 효력이 인정되는 재판에 기초한 강제집행은 대한민국 법원에서 집행판결로 그 강제집행을 허가하여야 할 수 있다(민사집행법 제26조 제1항). 따라서 당사자는 외국판결에 기초한 강제집행을 구하려면 집행판결청구의 소를 제기하여야 한다.

외국판결은 당연히 내국에서 집행력을 갖는 것이 아니고 외국판결의 집행은 외국판결에 대하여 내국법원에서 집행력을 부여하였기 때문에 가능하다(집행판결청구의 소의 법적 성질에 관한 형성소송설).

민사집행법 제26조 제1항은 "외국법원의 확정판결 또는 이와 동일한 효력이 인정되는 재판에 기초한 강제집행은 대한민국 법원에서 집행판결로 그 강제집행을 허가하여야 할 수 있다"라고 규정하고 있다. 여기서 정하여진 집행판결제도는 재판권이 있는 외국의 법원에서 행하여진 판결에서 확인된 당사자의 권리를 우리나라에서 강제적으로 실현하고자 하는 경우에 다시 소를 제기하는 등 이중의 절차를 강요할 필요 없이 그 외국의 판결을 기초로 하되 단지 우리나라에서 그 판결의 강제실현이 허용되는지 여부만을 심사하여 이를 승인하는 집행판결을 얻도록 함으로써 당사자의 원활한 권리실현의 요구를 국가의 독점적·배타적 강제집행권행사와 조화시켜 그 사이에 적절한 균형을 도모하려는 취지에서 나온 것이다. 이러한 제도적 취지에 비추어 보면, 위 규정에서 정하는 '외국법원의 판결'이라고 함은 재판권을 가지는 외국의 사법기관이 그 권한에 기하여 사법상의 법률관계에 관하여 대립적 당사자에 대한 상호의 심문이 보장된 절차에서 종국적으로 한 재판으로서 구체적 급부의 이행 등 그 강제적 실현에 적합한 내용을 가지는 것을 의미하고, 그 재판의 명칭이나 형식 등이 어떠한 지는 문제되지 아니한다(대판 2010. 4. 29. 2009 다 68910 집행판결).

## - 판 례 -

[ 1 ] 민사소송법 제217조 제1항 제4호는 외국법원의 확정재판 등의 승인요건으로 '상호보증이 있거나 대한민국과 그 외국법원이 속하는 국가에 있어 확정재판 등의 승인 요건이 현저히 균형을 상실하지 아니하고 중요한 점에서 실질적으로 차이가 없을 것'을 규정하고 있다. 이에 의하면 우리나라와 외국 사이에 동종 판결의 승인요건이 현저히 균형을 상실하지 아니하고 외국에서 정한 요건이 우리나라에서 정한 그것보다 전체로서 과중하지 아니하며 중요한 점에서 실질적으로 거의 차이가 없는 정도라면 민사소송법 제217조 제1항 제4호에서 정하는 상호보증의 요건을 갖춘 것으로 보아야 한다. 이러한 상호보증은 외국의 법령, 판례 및 관례 등에 의하여 승인요건을 비교하여 인정되면 충분하고 반드시 당사국과 조약이 체결되어 있을 필요는 없으며, 해당 외국에서 구체적으로 우리나라와 같은 종류의 판결을 승인할 사례가 없다고 하더라도 실제로 승인할 것이라고 기대할 수 있을 정도이면 충분하다.

[ 2 ] 민사집행법 제26조 제1항은 "외국법원의 확정판결 또는 이와 동일한 효력이 인정되는 재판(이하 '확정재판 등'이라고 한다)에 기초한 강제집행은 대한민국 법원에서 집행판결로 그 강제집행을 허가하여야 할 수 있다."라고 규정하고 있다. 여기서 정하여진 집행판결제도는, 재판권이 있는 외국의 법원에서 행하여진 판결에서 확인된 당사자의 권리를 우리나라에서 강제적으로 실현하고자 하는 경우에 다시 소를 제기하는 등 이중의 절차를 강요할 필요 없이 외국의 판결을 기초로 하되 단지 우리나라에서 판결의 강제실현이 허용되는 지만을 심사하여 이를 승인하는 집행판결을 얻도록 함으로써 권리가 원활하게 실현되기를 원하는 당사자의 요구를 국가의 독점적·배타적 강제집행권 행사와 조화시켜 그 사이에 적절한 균형을 도모하려는 취지에서 나온 것이다. 이러한 취지에 비추어 보면, 위 규정에서 정하는 '외국법원의 확정재판 등'이라고 함은 재판권을 가지는 외국의 사법기관이 그 권한에 기하여 사법상의 법률관계에 관하여 대립적 당사자에 대한 상호 간의 심문이 보장된 절차에서 종국적으로 한 재판으로서 구체적 급부의 이행 등 강제적 실현에 적합한 내용을 가지는 것을 의미한다.

[ 3 ] 미국법원은 손해배상(Damages)이 채권자에게 적절한 구제수단이 될 수 없는 경우에 형평법(equity)에 따라 법원의 재량에 의하여 계약에서 정한 의무 자체의 이행을 명하는 특정이행 명령(decree of special performance)을 할 수 있는데, 특정이행명령을 집행하기 위해서는 그 대상이 되는 계약상 의무가 충분히 구체적이고 명확하지 않으면 아니 된다(캘

리포니아주 민법 제3390조 제5호 참조). 이러한 특정이행 명령의 법적 성격과 우리나라의 민사소송법 및 민사집행법에 규정된 외국판결의 승인과 집행에 관한 입법 취지를 함께 살펴보면, 확정판결 또는 이와 동일한 효력이 인정되는 재판(이하 '확정재판 등'이라고 한다) 등에 표시된 특정이행 명령의 형식 및 기재 방식이 우리나라 판결의 주문 형식이나 기재 방식과 상이하다 하더라도, 집행국인 우리나라 법원으로서는 민사집행법에 따라 외국법원의 확정재판 등에 의한 집행과 같거나 비슷한 정도의 법적구제를 제공하는 것이 원칙이라고 할 것이다.

그러나 특정이행명령의 대상이 되는 계약상 의무가 충분히 특정되지 못하여 판결국인 미국에서도 곧바로 강제적으로 실현하기가 어렵다면, 우리나라 법원에서도 강제집행을 허가하여서는 아니 된다.

[ 4 ] 외국법원에서 특정한 의무의 이행에 대한 명령과 함께 소송에 소요된 변호사보수 및 비용의 지급을 명하는 판결이 있는 경우, 변호사보수 및 비용의 지급을 명하는 부분에 대한 집행판결이 허용되는지는 특정한 의무의 이행에 대한 명령과는 별도로 그 부분 자체로서 민사집행법 제27조 제2항이 정한 요건을 갖추었는지를 살펴 판단하여야 한다(대판 2017. 5. 30. 2012다23832 외국판결의 승인 및 집행판결).

## (3) 당사자능력

집행판결을 청구하는 소(訴)도 소의 일종이므로 통상의 소송에서와 마찬가지로 당사자능력 등 소송요건을 갖추어야 한다(대판 2015. 2. 26. 2013다87055 집행판결).

판례는 원고는 변호계로서 법인 아닌 사단으로서의 실체를 가지지 못하여 당사자능력이 없으므로 집행판결을 청구하는 원고의 이 사건 소는 부적법하다고 했다.

## 마. 집행권원

### (1) 집행권원의 의의

집행권원(執行權原)이라 함은 실체법상의 청구권의 존재와 범위를 표시하고 법률상 집행력을 인정한 공문서이다. 구법에서는 채무명의(債務名義)라고 하였는데 집행권원은 강제집행의 근거가 되는 문서로서 집행요건이 되며 이에 기하여 채권자의 강제집행청구권, 국가의 집행의무, 채무자의 집행감수의무가 발생한다. 집행권원에 의하여 집행당사자, 강제집행의 내용과 범위가 확정된다.

## (2) 외국판결에 대한 집행권원

외국판결에 대하여 우리나라 법원에서 집행판결을 받아 그에 기하여 강제집행을 하는 경우 어느 판결이 집행권원이 되느냐에 관하여 (1) 외국판결설 (2) 집행판결설 (3) 외국판결과 집행판결 두 판결의 합체설이 있다.

집행판결이 붙은 외국판결이 집행권원이 되는 것은 집행판결을 통하여 외국판결을 내국의 집행권원으로 포섭한 결과 때문이라면 합체설이 타당하다(李時潤 著 제6판 신민사집행법 제124면).

## 바. 외국판결에 의한 등기신청과 첨부서면(집행판결)

외국판결이나 중 재판정을 등기원인을 증명하는 서면으로 하여 등기신청을 할 경우 그 등기신청서에 집행판결을 첨부하여야 단독으로 등기신청을 할 수 있으며(법 제23조 제4항. 등기예규 제1383호. 2.다.2)), 집행판결정본을 첨부하지 아니한 때에는 그 등기신청은 "등기신청에 필요한 서면을 첨부하지 아니한 때"(법 제29조 9호)에 해당되어 등기관이 각하하게 된다.

◈ 외국판결에 대하여 집행판결을 구하는 소장의 청구취지 및 판결주문의 기재례

> 1. 원고와 피고 사이의 미합중국 미네소타주 램지군 제2재판관할구 지방법원 co-92-13011호 인적손해배상청구사건에 관하여 위 법원이 1993. 1. 25. 선고한 별지기재의 판결에 기한 강제집행을 허가한다.
> 2. 소송비용은 피고의 부담으로 한다.
> 3. 제1항은 가집행할 수 있다. 또는

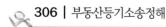

1. 원고와 피고간의 일본국 동경지방재판소 소화 53년(7) 제1814호 소유권이전 등기청구사건에 관하여 같은 재판소가 1980. 6. 20. 선고한 별지기재의 판결은 강제집행 할 수 있다.
2. 소송비용은 피고의 부담으로 한다. 또는


1. 원고는 원고와 피고사이에 북미합중국 OO주 제O사법지구 법원이 2000년 사건번호 에이(A)OO호 이혼청구사건에 관하여 2000년 O월 O일 선고한 이혼판결은 강제집행 할 수 있다.
2. 소송비용은 피고의 부담으로 한다. 또는


1. 원고 및 피고간의 일본국 OO지방재판소 소화 O년(7) 제OO호 손해배상청구사건에 관하여 같은 재판소가 OOOO년 O년 O월 O일 선고한 별지기재의 판결은 강제집행 할 수 있다.
2. 소송비용은 피고의 부담으로 한다.


## 12. 중재판정에 의한 등기

중재판정(중재법 제35조)을 등기원인을 증명하는 서면으로 하여 등기신청을 할 경우 그 등기신청서에 집행판결(민집법 제27조)을 첨부하여야 단독으로 등기신청을 할 수 있으며(법 제23조 제4항, 등기예규 제1383. 2. 다. 2)}, 등기신청서에 집행판결정본을 첨부하지 아니한 때에는 그 등기신청은 '등기에 필요한 첨부정보를 제공하지 아니한 경우'(법 제29조 제9호)에 해당되어 등기관이 각하하게 된다.


## 가. 중재의 의의

중재(仲裁)라 함은 당사자 간의 합의로 재산권상의 분쟁 및 당사자가 화해에 의하여 해결할 수 있는 비재산권상의 분쟁을 법원의 재판에 의하지 아니하고 중재인(仲裁人)의 판정에 의하여 해결하는 절차를 말한다(중재법 제3조 1호). 당사자 간에 다른 합의가 없으면 중재인은 국적에 관계없이 선정될 수 있다. 중재인의 선정절차는 당사자 간의 합의로 정한다(동법 제12조 제1항. 제2항).

## 나. 중재의 본질

중재의 본질은 사적재판(私的裁判)이라는 데에 있으며, 그 점에서 당사자의 양보에 의한 자주적해결인 재판상 화해 및 조정과 다르다. 중재제도는 단심이기 때문에 법원의 재판에 비하여 분쟁이 신속히 해결되고 비용이 저렴한 이점이 있으나 중재인을 당사자가 선정하기 때문에 중재인이 중립성을 잃고 당사자의 이익대변인의 구실을 할 수 있으며, 법률지식을 갖춘 자가 선정된다는 보장이 없는 단점이 있다(李時潤 著 제8판 신민사소송법 22면).

## 다. 중재판정의 의의 및 효력

중재판정(仲裁判定)이란 중재계약에 따라 중재인(仲裁人)이 중재절차에서 당사자 간의 사법상의 분쟁에 관하여 내리는 판정을 말하며, 중재판정은 양쪽 당사자 간에 법원의 확정판결과 동일한 효력을 가지나(중재법 제35조) 중재판정은 사인(私人)인 중재인의 판단으로서 그 성립이나 내용에 있어 하자가 있을 수 있으므로 중재판정에 의하여 바로 강제집행을 허용할 것이 아니라 중재판정취소의 사유(중재법 제36조 제2항)가 없음을 확인한 후 중재판정에 기초한 강제집행을 허용함이 바람직하다 하여 집행판결제도를 두게 되었다(李時潤 著 제6판 신민사집행법 제130면 2).

## 라. 중재판정의 승인(승인판결제도)과 집행(집행판정제도)

### (1) 중재판정의 승인과 집행

중재판정은 제38조 또는 제39조 에 따른 승인 거부사유가 없으면 승인된다. 다만 당사자의 신청이 있는 경우에는 법원은 중재판정을 승인하는 결정을 할 수 있다(중재법 제37조

제1항). 중재판정에 기초한 집행은 당사자의 신청에 따라 법원에서 집행결정으로 이를 허가하여야 할 수 있다(제37조 제2항).

중재판정의 승인 또는 집행을 신청하는 당사자는 중재판정의 정본이나 사본을 제출하여야 한다. 다만, 중재판정이 외국어로 작성되어 있는 경우에는 한국어 번역문을 첨부하여야 한다(제37조 제3항).

제1항 단서 또는 제2항의 신청이 있는 때에는 법원은 변론기일 또는 당사자 쌍방이 참여할 수 있는 심문기일을 정하고 당사자에게 이를 통지하여야 한다(제37조 제4항).

제1항 단서 또는 제2항에 따른 결정은 이유를 적어야 한다. 다만, 변론을 거치지 아니한 경우에는 이유의 요지만을 적을 수 있다(제37조 제5항).

제1항 단서 또는 제2항에 따른 결정에 대해서는 즉시 항고할 수 있다(제37조 제6항).

제6항의 즉시항고는 집행정지의 효력을 가지지 아니한다. 다만, 항고법원(재판기록이 원심법원에 남아 있을 때에는 원심법원을 말한다)은 즉시항고에 대한 결정이 있을 때까지 담보를 제공하게 하거나 담보를 제공하게하지 아니하고 원심재판의 집행을 정지하거나 집행절차의 전부 또는 일부를 정지하도록 명할 수 있으며, 담보를 제공하게 하고 그 집행을 계속하도록 명할 수 있다(제37조 제7항).

제7항 단서에 따른 결정에 대해서는 불복할 수 없다(제37조 제8항).


## (2) 국내 중재판정

대한민국에서 내려진 중재판정은 다음 각 호의 어느 하나에 해당하는 사유가 없으면 승인되거나 집행되어야 한다(중재법 제38조).

1. 중재판정의 당사자가 다음 각 목의 어느 하나에 해당하는 사실을 증명한 경우

    가. 제36조 제2항 제1호 각 목의 어느 하나에 해당하는 사실

    나. 다음의 어느 하나에 해당하는 사실

      1) 중재판정의 구속력이 당사자에 대하여 아직 발생하지 아니하였다는 사실

      2) 중재판정이 법원에 의하여 취소되었다는 사실

2. 제26조 제2항 제2호에 해당하는 경우

## (3) 외국 중재판정

「외국 중재판정의 승인 및 집행에 관한 협약」을 적용받는 외국 중재판정의 승인 또는 집행은 같은 협약에 따라 한다(중재법 제39조 제1항).

「외국 중재판정의 승인 및 집행에 관한 협약」을 적용받지 아니하는 외국 중재판정의 승인 또는 집행에 관하여는 「민사소송법」 제217조, 「민사집행법」 제26조 제1항 및 제27조를 준용한다(중재법 제39조 제2항).

## 마. 중재판정에 의한 등기신청과 첨부서면(집행판결)

중재판정 또는 외국판결에 의한 등기신청은 집행판결을 첨부하여야만 단독으로 등기신청을 할 수 있으며{법 제23조 제4항. 등기예규 제1383호 2. 다. 2)}, 집행판결정본을 첨부하지 아니한 때에는 그 등기신청은 "등기신청에 필요한 서면을 첨부하지 아니한 때"(법 제29조 9호)에 해당되어 등기관이 각하하게 된다.

◆ 중재판정에 대한 집행판결을 구하는 청구취지 및 판결주문 기재례

1. 원고와 피고간의 2006년 중판 제4호 손해배상청구 중재사건에 관하여 사단법인 대한상사 중재협회 중재판정부가 2006. 2. 1자로 한 별지기재의 중재판정은 이를 집행할 수 있다. 또는

1. 원고와 피고사이의 대한 상사중재원 중재 제23413 −0000호 사건에 관하여 대한상사중재원이 2004. 10. 18자에 한 별지기재의 중재판정에 대한 강제집행을 허가한다.

## 13. 판결에 의한 상속등기

공동상속인 중 일부 상속인의 상속등기만은 경료 할 수 없으므로(대법원 1995. 2. 22. 94마 2116결정), 공동상속인 중 일부 상속인의 판결에 의한 상속등기신청은 '사건이 등기할 것이 아닌 때'에 해당되어 각하 된다(대법원 1995. 4. 7. 93마54736, 대판 2001. 6. 29. 2001다28299, 2001. 11. 27. 2000두9731, 2010. 2. 25. 2008다96963, 96970). 상속재산의 협의분할은 공동상속인간의 일종의 계약으로서 공동상속인 전원이 참석허여야 하고 일부 상속인만으로 한 협의분할은 무효이다(대판 1995. 4. 7. 93다54736).

## 가. 상속 . 상속인

상속이라 함은 피상속인의 사망으로 인하여 그에게 속하였던 모든 재산상의 지위(단, 일신 전속권은 제외)를 상속인이 포괄적으로 승계하는 것을 말한다. 상속인은 상속이 개시된 때로부터 피상속인의 재산에 관한 포괄적(包括的) 권리의무(權利義務)를 승계한다. 그러나 피상속인의 일신에 전속한 것은 그러하지 아니하다(민법 제1005조).

공동상속재산은 상속인들의 공유이고, 또 부동산의 공유자인 한 사람은 그 공유물에 대한 보존행위로서 그 공유물에 관한 원인무효의 등기전부의 말소를 구할 수 있다(대판 1996. 2. 9. 94다61649).

## 나. 법률의 규정에 의한 부동산에 관한 물권의 취득

상속으로 인한 부동산물권의 취득은 '등기'를 요하지 아니하므로(민법 제187조 전단) 상속등기를 하지 않더라도 피상속인의 사망으로 법률상 당연히 소유권이 상속인에게 이전되나 이를 다시 처분하려면 상속으로 인한 물권의 취득을 등기하고 그 후에 처분에 따르는 등기 하여야 한다(민법 제187조 후단). 상속이 개시되는 시점은 자연사망의 경우 현실로 사망이라는 사실이 발생한 때이며, 가족관계등록법상 사망신고가 된 때가 아니다.

## 다. 등기권리자인 상속인의 상속등기의 단독신청

상속등기는 등기의무자인 피상속인이 사망하여 등기신청능력이 없기 때문에 상속인과 공동으로 등기신청을 할 수 없으므로 등기권리자인 상속인이 단독으로 등기를 신청할 수밖에 없다(법 제23조 제3항). 공동상속의 경우에는 공동상속인 전원의 이름으로 전원이 공동권리자로서 상속을 원인으로 한 소유권이전등기를 신청하여야 한다.

토지대장, 임야대장 또는 건축물대장에 최초로 소유자로 등록되어 있는 자 또는 그 상속인도 미등기부동산에 대한 소유권보존등기를 신청할 수 있다(법 제65조 제1호).

상속인이 여러 명일 경우, 그 전원이 공동상속에 의해 상속재산을 공유로 취득한 자로서 소유권보존등기를 신청할 수 있으며, 이 경우 민법 제265조 단서의 보존행위로서 상속인 중 1인이 전원을 위해 소유권보존등기를 신청할 수 있다.

상속으로 인한 소유권 이전등기는 상속을 증명하는 정보를 첨부하여 상속인(등기권리자)이 단독으로 그 신청을 할 수 있다(법 제23조 제3항). 상속이라는 사실의 발생은 가족관계등록부 등 공적 장부에 의하여 등기관이 확인할 수 있고 절차상 등기의무자에 해당하는 자가 현존하지 않기 때문이다.

## 라. 상속인 중 일부의 비협력 또는 행방불명

공동상속인 중 일부가 상속등기에 협력하지 않거나 행방불명된 경우라 하더라도 나머지 상속인의 상속지분 만에 대한 일부상속등기는 할 수는 없고(등기예규 제535호 등기선례 요지집 6권 200항), 상속인 중 일부가 나머지 상속인들의 상속등기까지 법정상속분에 따라 신청하여야 하며, 등기신청서에도 공동상속인 전원을 표시하여야 한다(등기선례 5권 276항).

## 마. 판결에 의한 상속등기와 등기관의 심사권

공동상속의 경우 일부 상속인이 상속등기신청에 협력하지 않는 경우에는 판결을 받아 단독으로 신청할 수 있다(법제23조 제4항). 즉 상속인 중 일부가 상속등기신청에 협력하지 않는 경우에는 공동상속인 전원에게 등기신청적격이 있으므로 등기신청에 협력하지 않는 상속인 전원을 피고로 하여 판결을 받아야 한다.

### (1) 상속인 중 일부만을 상대로 한 판결에 의한 상속등기신청가부(소극)

상속인 전원을 피고로 하지 않고, 그 중 일부만을 상대로 하여 판결을 받은 경우에는 그 판결에 따른 등기신청을 할 수 없다(대법원 1995. 2. 22. 결정 94마2116, 2010. 2. 25. 2008다96963, 96970, 등기예규 제535호, 등기선례 제6권 200 ).

### (2) 상속을 증명하는 서면, 상속인의 범위, 상속분의 인정

#### (가) 상속을 증명하는 서면의 의미

구부동산등기법 제46조에서 말하는 시·구·읍·면의 장의 서면 또는 이를 증명함에 족한 서면이란 상속을 증명하는 시·구·읍·면장의 서면인 호적등·초본과 제적등·초본 및 그 이외의 상속사실을 증명할 수 있는 서면을 지칭하고, 등기신청인이 제출한 서면이 상속사실을 증명하는 서면에 해당하는지의 여부는 구체적인 사안에 따라서 그 서면이 등기명의인이 사망하여 신청인이 그 상속인이 되었고, 달리 상속인이 없다는 것을 명확히 하고 있는 서면이라고 볼 수 있는지의 여부에 따라 결정되어져야 한다(대법원 94. 9. 8. 94마1374).

#### (나) 협의분할에 의한 상속등기를 신청하는 경우, 등기신청인이 제출한 서면이 상속을 증명함에 족한 서면에 해당하는지 여부의 판단 기준

구부동산등기법 제46조가 등기원인이 상속인 때에는 신청서에 상속을 증명하는 시·구·읍·면의 장의 서면 또는 이를 증명함에 족한 서면을 첨부하도록 한 것은, 이 경우에는 등기원인을 증명하는 서면이 처음부터 있을 수가 없으나 대신 같은 법 제45조 소정의 신청서부본 이외에 같은 법 제46조 소정의 서면들도 제출케 함으로써 이들에 대한 형식적인 심사만에 의하더라도 등기명의인이 사망하여 등기신청인이 그 상속인이 되었고 달리 상속인이 없으며, 또한 그 상속분이 변경된 때에는 그 변경이 생긴 사실 등을 명확히 하여 그 신청의 수리여부를 결정할 수 있도록 하기 위한 것이므로, 협의분할에 의한 상속등기를 신청하는 경우에 등기신청인이 제출한 서면이 상속을 증명함에 족한 서면에 해당하는지의 여부는 구체적인 사안에 따라서 그 서면이 등기명의인이 사망하여 등기신청인이 그 상속이이 되었고 등기신청인을 포함한 공동상속인들이 상속재산에 대한 분할협의를 하였다는 것을 명확히 하고 있는 서면이라고 볼 수 있는지의 여부에 따라 결정되어져야 한다.

### (다) 상속인의 범위 · 상속분

등기신청인이 산정한 상속분이 그 상속재산을 둘러싼 소송에서도 받아들여져 판결로써 확정된바 있다고 하더라도 상속등기신청에 대하여 등기관이 부동산등기법 소정의 서면 만에 의하여 형식적 심사를 함에 있어서는 위 확정판결의 기판력이 미칠 여지가 없다. 상속을 증명하는 시·구·읍·면의 장의서면 또는 이를 증명함에 족한 서면과 관계법령에 기한 상속인의 범위 및 상속분의 인정은 등기관의 형식적 심사권한의 범위 내라고 할 것이므로, 위와 같은 서면과 관계법령에 의하여 인정되는 정당한 상속인의 범위 및 상속지분과 다른 내용으로 상속등기를 신청하였을 경우 등기관으로 서는 신청내용이 확정된 판결의 내용과 동일하다고 하더라도 위 등기신청을 각하 하여야 한다(대법원 1995. 2. 22. 94마2116결정).

## (3) 협의분할에 의한 상속등기신청과 상속을 증명함에 족한 서면의 요건

협의분할에 의한 상속등기를 신청하는 경우에 증명서면으로 제출하여야 하는 상속을 증명함에 족한 서면은 등기신청인을 포함한 공동상속인들이 상속재산에 대한 분할협의를 하였다는 것을 명확히 하고 있는 서면을 의미하므로, 협의분할에 의한 상속등기신청에서 그 등기원인을 증명하는 서면으로 제출된 확정판결의 이유 중에, 등기신청인을 포함한 공동상속인 사이에 상속재산에 대한 분할협의가 있었음을 인정하는 이유 설시가 있더라도, 등기관은 이에 구속받지 아니하고 형식적 심사권의 범위 내에서 위 확정판결 정본이 상속재산의 분할협의에 관하여 공동상속인 전원의 의사합치가 있었음을 명확히 하고 있는 서면으로 볼 수 있는지 여부를 판단할 수 있다 할 것인바, 위 확정판결이 공동 상속인 전원이 당사자가 된 소송에서 선고된 것이라면 그 판결문은 상속재산의 협의분 할에 관하여 공동상속인 '전원'의 의사합치가 있었다는 점을 객관적으로 명확히 증명하 는 서면에 해당한다고 할 것이나, 위 확정판결이 공동상속인 중 '일부'만이 당사자가 된 소송에서 선고된 것이라면 그 판결문은 상속재산의 협의분할에 관하여 공동상속인 전원 의 의사합치가 있었다는 점을 객관적으로 명확히 증명하는 서면에 해당한다고 볼 수 없 다할 것이므로, 등기신청인이 제출한 확정판결정본이 후자에 해당한다면 등기관은 상속 을 증명함에 족한 서면을 제출하지 않았음을 이유로 부동산등기법 제55조(현행법 제29조) 제8호(현행법 제9호)에 의하여 등기신청을 각하하여야 한다(대법원 2004. 9. 3. 2004마599).

위 판례(대법원 2004. 9. 3. 2004마599)는 협의분할에 의한 상속등기를 신청하는 경우에 그 등 기원인을 증명하는 서면으로 제출된 확정판결이 공동상속인 전원이 당사자가 된 소송이 아니라 그 중 일부만이 당사자가 된 소송에서 선고된 것이라면 그 판결문은 상속재산의 협의분할에 관하여 공동상속인 전원이 의사 합치가 있었다는 점을 객관적으로 명확히 증명하는 서면에 해당한다고 볼 수 없으므로 등기관은 상속을 증명함에 족한 서면을 제 출하지 않았음을 이유로 부동산등기법 제55조 제8호(현행법 제29조 제9호)에 의하여 등기신 청을 각하하여야 한다고 했다.

그러나 위 판례는 공동상속인 중 일부 상속인의 상속등기만은 할 수 없으며(대법원 1995. 2. 22. 94마2116, 2010. 2. 25. 2008다96963, 96970), 또한 상속재산의 협의분할은 공동상속인간의 계 약으로서 공동 상속인 전원이 참석하여야 하고 일부상속인만으로 한 협의분할은 무효(대 판 1995. 2. 22. 94마2116, 2010. 2. 25. 2008다96963, 96970)이므로 공동상속인 중 일부만이 당사자가 된 확정판결에 의한 상속등기신청은 '상속을 증명함에 족한 서면을 제출하지 않았음'(구부 동산등기법 제55조 제8호, 현행법 제29조 제9호)을 이유로 각하할 것이 아니라, '사건이 등기할 것이 아닌 때'(구부동산등기법 제55조 제2호, 현행법 제29조 제2호)를 이유로 등기신청을 각하 하는 것이 타당하다고 본다.

왜냐하면 공동상속인 중 일부 상속인만의 상속등기신청은 '등기신청이 그 취지자체에 있어서 법률상 허용될 수 없음이 명백한 경우'(즉 '사건이 등기할 것이 아닌 경우')에 해당되는 것으로 보아야 하기 때문이다.

## 바. 일부 상속등기의 가부(소극)

공동상속인 중 일부상속인의 상속등기만은 경료 할 수 없으므로(대법원 1995. 2. 22. 94마 2116결정. 등기관의 결정에 대한 이의), 공동상속인 중 일부 상속인의 판결에 의한 상속등기신청은 "사건이 등기할 것이 아닌 때"에 해당되어 각하된다(대법원 1995. 4. 7. 93마54736, 2001. 6. 29. 2001다28299, 2001. 11. 27. 2000두9731, 2010. 2. 25. 2008다96963. 96970. 등기예규 제535호).

공동상속인 중 일부가 상속등기에 협력하지 않거나 행방불명된 경우라 하더라도 나머지 상속인의 상속지분만에 대한 일부 상속등기는 할 수 없고(등기예규 제535호, 등기선례 6-200), 상속인 중 일부가 나머지 상속인들의 상속등기까지 법정상속분에 따라 신청하여야 하며 등기신청서에도 공동상속인 전원을 표시하여야 한다(등기선례 제5권 276).

공동상속인 중 일부 상속인의 상속등기만은 경료 할 수 없으며(대법원 1995. 2. 22. 94마 2116. 대판 2010. 2. 25. 2008다96963. 96970. 등기선례 제8권 196항), 상속재산의 협의분할은 공동상속인 간의 일종의 계약으로서 공동상속인 전원이 참석하여야 하고 일부 상속인만으로 한 협의분할은 무효이다(대판 1995. 4. 7. 93다54736. 소유권이전등기말소).

## 사. 공동상속인 중 1인의 보존행위로서 원인무효등기의 말소청구권행사

공동상속재산은 상속인들의 공유이고, 또 부동산의 공유자인 한 사람은 그 공유물에 대한 보존행위로서 그 공유물에 관한 원인무효의 등기 전부의 말소를 구할 수 있다(대판 1996. 2. 9. 94다61649.).

## 14. 가집행선고부 판결에 의한 등기신청의 가부(소극)

부동산등기법 제23조 제4항의 판결은 확정된 이행판결만을 의미하므로 만일 가집행선고부판결에 의한 등기신청이 있을 경우 그 등기신청은 '등기에 필요한 첨부정보를 제공하지 아니한 경우(법 제29조 제9호)에 해당하여 등기관이 이를 각하하여야 한다(등기예규 제1383호 2. 나.).

### 가. 가집행선고의 의의

가집행선고(假執行宣告)라 함은 미확정의 종국판결에 관하여 확정판결과 동일한 집행력을 인정하여 판결의 내용을 실현시키기 위한 것으로서 판결의 확정 전에 특히 집행력을 부여하는 형성판결(形性判決)을 말 한다(민소법 제213조).

가집행선고는 판결의 확정 전에 미리 강제집행을 할 수 있어 승소자의 신속한 권리실현에 이바지하며, 패소자가 강제집행의 지연만을 노려 상소를 남용하는 것을 억제하는 기능을 한다.

### 나. 부동산등기법 제23조 제4항 및 민사집행법 제263조 제1항의 판결

부동산등기에 관하여 의사의 진술을 명한 판결이 확정된 때에는 그 판결로 의사를 진술한 것으로 보므로(민사집행법 제263조 제1항) 부동산등기법 제23조 제4항의 판결은 확정된 이행판결만을 의미한다.

민사집행법 제263조 제1항에 의하여 채무자의 의사표시가 있는 것으로 보게 되는 판결 그 밖의 재판은 확정된 이행판결이나 이행을 명하는 재판이어야 하며 확인의 재판이나 형성의 재판은 이에 해당되지 아니한다.

## 다. 등기절차의 이행을 명하는 판결에 가집행선고의 가부(소극)

재산권상의 청구에 관한 판결은 원칙적으로 가집행선고를 하여야 하는바, 등기절차의 이행을 명하는 판결도 재산권상의 청구에 관한 판결이므로 이 판결에도 가집행선고를 붙일 수 있는지가 문제될 수 있다.

의사의 진술을 명하는 판결은 그 판결이 확정된 때에 비로소 의사를 진술한 것으로 간주 되므로(민사집행법 제263조 제1항) 만일 등기절차의 이행을 명하는 판결에 가집행선고부 판결에 의한 등기를 허용할 경우 그 판결이 상소심에서 취소된 때에는 부동산거래의 안전을 해칠 수 있으므로 가집행선고를 붙일 수 없다. 민사집행법 제263조 제1항의 판결은 확정판결을 의미하고 가집행선고 있는 판결은 포함되지 아니한다.

## 라. 가집행선고 부 판결에 의한 등기신청의 각하

부동산등기법 제23조 제4항의 판결은 확정판결만을 의미하므로 만일 가집행선고 부 판결에 의한 등기신청이 있을 경우 그 등기신청은 '등기에 필요한 첨부정보를 제공하지 아니한 경우'(법 제29조 9호. 판결확정증명)에 해당하여 등기관이 이를 각하하여야 한다(등기예규 제1383호 2. 나).

## 15. 실명등기의 유예기간 경과 후 명의신탁해지를 원인으로 소유권이전등기를 명한 판결에 의한 등기신청의 각하

부동산 실권리자 명의등기에 관한 법률은 명의신탁약정을 무효로 하고 있으므로(실명법 제4조 제1항) 명의신탁이 유효하지 않은 이상 '명의신탁해지(名義信託解止)'를 원인으로 한 소유권이전등기나 소유권말소등기를 할 수 없으므로, 이러한 등기신청은 '사건이 등기할 것이 아닌 때(부동산등기법 제29조 제2호)'에 해당하여 각하한다(대법원 1997. 5. 1. 97마384결정).

### - 판 례 -

부동산실권리자 명의등기에 관한 법률 제11조 1항 본문, 제12조 제1항, 제4조의 각 규정에 따르면 부동산실권자 명의등기에 관한 법률시행 전에 명의신탁약정에 의하여 부동산에 관한 물권을 명의수탁자명의로 등기한 명의신탁자는 유예기간(1995. 7. 1 ~ 1996. 6. 30)이내에 실명등기 등을 하여야 하고, 유예기간 이내에 실명등기 등을 하지 아니한 경우에는 유예기간이 경과한 날 이후부터 명의신탁약정은 무효가 되고, 명의신탁약정에 따라 행하여진 등기에 의한 부동산에 관한 물권변동도 무효가 되므로 실명등기 유예기간 경과 후 명의신탁약정의 해지를 원인으로 한 명의신탁자의 소유권이전등기신청은 그 신청취지 자체에 의하여 법률상 허용될 수 없음이 명백한 경우로서 부동산등기법 제55조(개정법 제29조) 제 2호의 "사건이 등기할 것이 아닌 때"에 해당되어 등기관은 이를 각하하여야 한다(대법원 1997. 5. 1. 97마 384 결정).

## 가. 부동산실권리자 명의등기에 관한 법률의 입법목적

부동산실권리자 명의등기에 관한 법률(이하에서 '실명법'이라함)은 부동산에 관한 소유권과 그 밖의 물권을 실체적 권리관계와 일치하도록 실권리자명의로 등기하게 함으로써 부동산등기제도를 악용한 투기, 탈세, 탈법행위 등 반사회적 행위를 방지하고 부동산거래의 정상화와 부동산 가격의 안정을 도모하여 국민경제의 건전한 발전에 이바지함을 목적으로 한다.

실명법은 부동산에 관한 명의신탁등기가 투기, 탈법, 탈세 등 반사회적 수단으로 악용되는 폐단이 있어 명의신탁등기를 금지하는 한편 이러한 목적으로 명의신탁등기를 할 경우에는 형사처벌 하는 규정을 두고 있다(동법 제7조).

실명법은 모든 형태의 명의신탁약정 및 명의신탁등기를 원칙적으로 무효로 하고(동법 제4조), 실권리자 명의로의 실명등기가 의무화되어(실명법 제11조, 제12조) 실명등기를 하지 아니한 자에 대하여는 과징금(동법 제5조), 이행강제금(동법 제6조)을 부과하고 형사처벌(동법 제7조)하도록 하고 있다.

## 나. 용어의 정의

### (1) 명의신탁약정(名義信託約定)

명의신탁(名義信託)이라 함은 대내적 관계에서 신탁자가 소유권을 보유하여 이를 관리·수익하면서 공부상의 소유명의만을 수탁자로 하여 두는 것을 말한다(대판 1965. 5. 18. 65다312). 이는 실정법에는 근거가 없으며 판례에 의해 확립된 이론으로서, 독일의 신탁행위이론을 확대 적용한 것이다. 명의신탁을 할 수 있는 것은 공부에 의하여 소유관계가 공시되는 재화에 한한다. 명의신탁이라고 할 때의 '명의'는 '소유명의'를 의미하는 것이므로 소유권에 관하여서만 명의신탁이 인정된다.

명의신탁의 법률관계, 즉 명의신탁에 있어서의 소유관계는, 신탁행위에 있어서 소유관계와 같기 때문에 대외관계 내지 제3자에 대한 관계에서는 소유권이 수탁자에게 이전·귀속하게 되고, 대외관계 즉 신탁자·수탁자 사이의 관계에 있어서는 소유권이 신탁자에게 보류된다는 것이 판례이론이다.

이와 같이 대외적으로는 소유권이 수탁자에게 있는 것으로 되기 때문에, 수탁자가 신탁자의 승낙 없이 신탁재산을 처분할 경우에는 제3취득자는 선의, 악의를 묻지 않고 적법하게 소유권을 취득하게 된다고 한다(대판 1963. 9. 19. 63다388).

판례는 명의신탁을 해제 또는 해지한 경우의 효과에 관하여 말소등기 혹은 이전등기를 기다릴 것 없이 소유권은 당연히 명의신탁자에게 복귀한다는 입장을 취하고 있다(대판 1980. 12. 9. 76다634. 전원합의체판결).

실명법에서 '명의신탁약정'이란 부동산에 관한 소유권이나 그 밖의 물권을 보유한자 또는 사실상 취득하거나 취득하려고 하는 자(실권리자라 한다)가 타인과의 사이에서 대내적으로는 실권리자가 부동산에 관한 물권을 보유하거나 보유하기로 하고 그에 관한 등기(가등기를 포함)는 그 타인의 명의로 하기로 하는 약정{위임, 위탁매매의 형식에 의하거나 추인(追認)에 의한 경우를 포함한다}을 말한다. 다만, 다음 각 목의 경우는 제외한다(실명법 제2조. 1호).

1) 채무의 변제를 담보하기 위하여 채권자가 부동산에 관한 물권을 이전 받거나 가등기하는 경우. 채무변제를 담보하기 위하여 채권자가 부동산에 관한 물권을 이전 받는 경우에는 채무자, 채권금액 및 채무변제를 위한 담보라는 뜻이 적힌 서면을 등기신청서와 함께 등기관에게 제출하여야 한다(실명법 제3조 제2항).

2) 부동산의 위치와 면적을 특정하여 2인 이상이 구분소유하기로 하는 약정을 하고 그 구분소유자의 공유로 등기하는 경우

3) 신탁법 또는 자본시장과 금융투자업에 관한 법률에 따른 신탁재산인 사실을 등기한 경우

이러한 명의신탁약정에 의한 등기를 '명의신탁등기'라고 한다. 명의신탁관계의 성립에 명의수탁자 앞으로의 새로운 소유권이전등기가 행하여지는 것이 반드시 필요한 것은 아니므로, 명의수탁자가 소유하는 부동산에 관하여도 명의신탁자와 사이의 사후적인 명의신탁약정에 의하여 등기명의신탁관계가 성립할 수 있다. 따라서 부동산 소유자가 그 중 일부 지분을 제3자(명의신탁자)를 위하여 '대외적으로만' 보유하는 관계에 관한 약정(명의신탁약정)을 맺으면, 그 지분에 관하여 이른바 '2자간 등기명의신탁관계'가 성립한다(대판 2009. 11. 26. 2009도5547).

## (2) 명의신탁자(名義信託者)

명의신탁자란 명의신탁약정에 따라 자신의 부동산에 관한 물권을 타인의 명의로 등기하게 하는 실권리자를 말한다(실명법 제2조 제2호).

## (3) 명의수탁자(名義受託者)

명의수탁자란 명의신탁약정에 따라 실권리자의 부동산에 관한 물권을 자신의 명의로 등기하는 자를 말한다(실명법 제2조 제3호).

## (4) 실명등기

실명등기(實名登記)라 함은 실명법 시행 전에 명의신탁약정에 따라 명의수탁자의 명의로 등기된 부동산에 관한 물권을 동법시행일(1995. 7. 1) 이후 명의신탁자의 명의로 등기하는 것을 말한다(실명법 제2조 4호).

## 다. 실권리자명의 등기의무

누구든지 부동산에 관한 물권을 명의신탁약정에 따라 명의수탁자의 명의로 등기하여서는 아니 된다(실명법 제3조 제1항).

## (1) 명의신탁관계의 성립(경매절차에서 매수인이 타인명의로 매각허가 결정을 받기로 약정한 경우 매수인과 타인과의 법률관계)

부동산경매절차에서 부동산을 매수하려는 사람이 매수대금을 자신이 부담하면서 다른 사람의 명의로 매각허가결정을 받기로 그 다른 사람과 약정함에 따라 매각허가가 이루어진 경우, 그 경매절차에서 매수인의 지위에 서게 되는 사람은 어디까지나 그 명의인이므로, 경매목적 부동산의 소유권은 매수대금을 실질적으로 부담한 사람이 누구인가와 상관없이 그 명의인이 취득한다. 이 경우 매수대금을 부담한 사람과 이름을 빌려준 사람

사이에는 명의신탁관계가 성립한다(대판 2008. 11. 27. 2008다62687).

## (2) 계약명의신탁사실을 알지 못하는 소유자와 매매계약 체결 후 수탁자 명의로 등기한 경우의 과징금부과(명의신탁관계가 성립)

명의신탁자와 명의수탁자가 이른바 계약명의신탁약정을 맺고 명의수탁자가 당사자가 되어 명의신탁약정이 있다는 사실을 알지 못하는 소유자와 부동산에 관한 매매계약을 체결한 후 부동산의 소유권이전등기를 수탁자명의로 마친 경우, 실명법 제5조 제1항에서 정한 과징금부과대상에 해당된다(대판 2012. 4. 26. 2011두266260).

명의수탁자가 명의신탁자와 존전 명의신탁약정을 종료하기로 한 후 제3자와 새로운 명의신탁약정을 한 경우, 애초의 명의신탁부동산에 관하여 제3자와 명의수탁자 사이에 새로운 명의신탁관계가 성립한 것으로 보고 제3자에게 실명법 제5조 제1항 제1호에 의한 과징금 부과의 대상이 될 수 있다(대판 2010. 3. 11. 2009두18622).

### 라. 명의신탁약정의 효력

### (1) 원칙(명의신탁약정 및 이에 따른 물권변동의 무효)

명의신탁약정은 무효로 하며, 명의신탁약정에 따른 등기로 이루어진 부동산에 관한 물권변동은 무효로 한다. 다만, 부동산에 관한 물권을 취득하기 위한 계약에서 명의수탁자가 어느 한쪽 당사자가 되고 상대방 당사자는 명의신탁약정이 있다는 사실을 알지 못한 경우에는 그러하지 아니하다. 제1항 및 제2항의 무효는 제3자에게 대항하지 못한다(실명법 제4조 제1~3항).

명의신탁에 의한 전세권설정등기를 실명법에 규정된 유예기간 내에 실명등기를 하지 아니한 경우, 그 전세권명의신탁약정은 당사자 사이에서는 무효이나 그 무효는 제3자에게 대항하지 못한다(대판 1998. 9. 4. 98다20981).

## (2) 예외(명의신탁약정이 있다는 사실을 알지 못한 경우)

부동산에 관한 물권을 취득하기 위한 계약에서 명의수탁자가 어느 한쪽 당사자가 되고 상대방 당사자는 '명의신탁약정이 있다는 사실을 알지 못한 경우'에는 명의신탁약정에 따른 등기로 이루어진 부동산에 관한 물권변동은 유효하다(동법 제4조 제2항). 즉 계약명의신탁에서 매도인이 선의(명의신탁약정이 있다는 사실을 알지 못한 경우)라면 수탁자 명의로의 물권변동은 유효하게 된다.

## (3) 제3자에 대한 대항력

명의신탁약정은 무효로 하며, 명의신탁약정에 따른 등기로 이루어진 부동산에 관한 물권변동도 무효로 하나 그 무효는 제3자에게 대항하지 못한다(동법 제4조 제3항).

실명법 제제4조 제3항에 정한 '제3자'는 명의수탁자가 물권자임을 기초로 그와 새로운 이해관계를 맺은 사람을 말하고, 이와 달리 오로지 명의신탁자와 부동산에 관한 물권을 취득하기 위한 계약을 맺고 단지 등기명의만을 명의수탁자로부터 경료 받은 것 과 같은 외관을 갖춘 자는 제3에 해당하지 아니하므로, 무효인 명의신탁등기에 터 잡아 경료된 자신의 등기의 유효를 주장할 수는 없으나, 이러한 자도 자신의 등기가 실체관계에 부합하는 등기로서 유효하다는 주장은 할 수 있다(대판 2008. 12. 11. 2008다45187).

경매절차에서 매수대금을 부담한 명의신탁자와 매수인명의를 빌려준 명의수탁자 및 제3자 사이의 새로운 명의신탁약정에 따라 확정판결에 의하여 명의수탁자가 다시 제3자 명의로 소유권이전등기를 마쳐준 경우, 명의수탁자가 여전히 그 부동산의 소유자이다(대판 2009. 9. 10. 2006다73102).

## 마. 종중, 배우자 및 종교단체에 대한 특례

다음 각 호의 어느 하나에 해당하는 경우로서 조세포탈, 강제집행의 면탈 또는 법령상 제한의 회피를 목적으로 하지 아니하는 경우에는 실명법 제4조부터 제7조까지 및 제12

조 제1항부터 제3항까지를 적용하지 아니한다(동법 제8조).

## (1) 종중이 보유한 부동산에 관한 물권을 종중(종중과 그 대표자를 같이 표시하여 등기한 경우를 포함한다) 외의 자의 명의로 등기한 경우(동법 제8조 제1호)

### (가) 명의신탁제도의 유래

명의신탁 제도는 일제 하 토지조사령 및 임야조사령에 의한 토지 및 임야의 사정 당시 종중재산을 종중 자체의 명의로 등기하는 방법(법제 30조 참조)이 없어서 종중원 명의로 등기를 하게 된 것에서부터 비롯된 것으로 그 후 법원이 이러한 법률관계를 독일의 신탁행위 이론으로 설명한 것에서 유래한다고 한다.

1930년에 이르러 조선부동산등기령이 개정되어 현행 부동산등기법 제30조와 거의 동일한 규정이 생김으로써 종중에 등기능력이 주어졌다. 1970년대 이후 산업화 과정에서 중간생략등기나 가등기 등과 더불어 부동산투기, 세금포탈 및 재산의 은닉 등의 수단으로 악용되어 큰 사회적 문제가 되었다.

이러한 명의신탁과 중간생략등기를 통한 부동산투기를 규제하고자 하는 목적에서 1990. 8. 1. 부동산등기특별조치법과 1995. 3. 30. 부동산 실권리자명의등기에 관한 법률이 각 제정되어 시행되고 있다.

### (나) 종중재산에 관한 관습

종중 소유의 토지를 종손에게만 명의신탁 하여야 한다는 관습도 존재하지 아니하고 종중재산의 관리권이 종손에게만 있는 것도 아닐뿐더러 종중재산을 종손 아닌 종원에게 명의신탁함이 관습에 어긋나는 것도 아니다(대판 1993. 6. 25. 93다9200).

### (다) 부동산 실권리자명의등기에 관한 법률

부동산 실권리자명의등기에 관한 법률의 공포, 시행(시행일 : 1995. 7. 1)으로 인하여 누구든지 부동산에 관한 물권을 명의신탁약정에 의하여 명의수탁자의 명의로 등기하여서는 아니 되며(동법 제3조 1항), 명의신탁약정은 무효로 되고(동법 제4조 1항), 명의 신탁약정에 따라 행하여진 등기에 의한 부동산에 관한 물권변동은 무효로 한다(동법 제4조 2항).

명의신탁제도는 부동산등기특별조치법에 의하여 일부 허용되었으나(동법 제7조), 부동산 실권리자명의등기에 관한 법률의 시행으로 인하여 원칙적으로 금지되고(동법 제3조 1항, 4조 1항), 동법 제8조에 해당되는 경우에 한하여 허용되고 있다.

### (라) 종중에 대한 특례

종중이 조세포탈 강제집행의 면탈 또는 법령상 제한의 회피를 목적으로 하지 아니하는 경우로서 종중이 보유한 부동산에 관한 물권을 종중(종중과 그 대표자를 같이 표시하여 등기한 경우를 포함한다) 외의 자의 명의로 등기한 경우(즉, 종중 외의 자의 명의로 명의신탁등기를 한 경우)에는 실명법 제4조부터 제7조까지 및 제12조 제1항부터 제3항까지를 적용하지 아니한다(동법 제8조).

### (마) 종중이 그 소유의 토지를 타인 명의로 신탁하여 사정받은 것이라고 인정할 수 있는 경우 및 그 판단 방법

어떤 토지가 종중의 소유인데 사정 당시 종원 또는 타인명의로 신탁하여 사정받은 것이라고 인정하기 위하여서는, 사정 당시 어느 정도의 유기적 조직을 가진 종중이 존재하였을 것과 사정 이전에 그 토지가 종중의 소유로 된 과정이나 내용이 증명되거나, 또는 여러 정황에 미루어 사정 이전부터 종중소유로 인정할 수밖에 없는 많은 간접자료가 있을 때에 한하여 이를 인정할 수 있을 뿐이고, 그와 같은 자료들이 충분히 증명되지 아니하고 오히려 반대되는 사실의 자료가 많을 때에는 이를 인정하여서는 아니 된다고 할 것이며, 그 간접자료가 될 만한 정황으로서는, 사정명의인과 종중과의 관계, 사정명의인이 여러 사람인 경우에는 그들 상호간의 관계, 한 사람인 경우에는 그 한 사람 명의로 사정받게 된 연유, 종중 소유의 다른 토지가 있는 경우에는 그에 대한 사정 또는 등기관계, 사정된 토지의 규모 및 시조를 중심으로 한 종중 분묘의 설치 상태, 분묘수와 봉제사의 실태, 토지의 관리 상태, 토지에 대한 수익이나 보상금의 수령 및 지출 관계, 제세공과금의 납부 관계, 등기필증의 소지 관계, 그 밖의 모든 사정을 종합적으로 검토하여야 한다(대판 2002. 7. 26. 2001다76731).

### (바) 종중의 종원 등에 대한 명의신탁여부의 판단기준

어떤 토지가 종중의 소유인데 사정 당시 종원 또는 타인 앞으로 명의를 신탁하여 사정을 받은 것이라고 인정하기 위하여는 사정 당시 그 주장과 같은 어느 정도의 유기적 조직을 가진 종중이 존재하였을 것과 그 토지가 종중의 소유로 된 과정이나 내용이 증명되거나 또는 종중 시조를 중심으로 한 분묘의 설치방법이나 토지의 관리상태 등 기타 여러 정황에 미루어 사정 이전부터 종중소유로 인정할 수밖에 없는 많은 간접 자료가 있을 때 한하여 이를 인정할 수 있을 뿐이고, 그와 같은 자료들이 충분히 증명되지 아니하고 오히려 반대되는 사실의 자료가 많을 때에는 이를 인정하여서는 안 된다. 어느 임야에 종중에 속한 분묘가 설치되어 있고 전답이 그에 인접해 있다고 하여 그러한 사정만으로는 그 임야 및 전답이 종중 소유라고 단정할 수 없다(대판 1997. 2. 25. 96다9560. 소유권이전등기).

- 판 례 -

(1) 종중의 종원 등에 대한 명의신탁여부의 판단기준 : 어떤 토지가 종중의 소유인데 사정 당시 종원 또는 타인 앞으로 명의를 신탁하여 사정을 받은 것이라고 이정하기 위하여는 사정 당시 그 주장과 같은 어느 정도의 유기적 조직을 가진 종중이 존재하였을 것과 그 토지가 종중의 소유로 된 과정이나 내용이 증명되거나 또는 종중 시조를 중심으로 한 분묘의 설치방법이나 토지의 관리상태 등 기타 여러 정황에 미루어 사정 이전부터 종중소유로 인정할 수밖에 없는 많은 간접자료가 있을 때 한하여 이를 인정할 수 있을 뿐이고, 그와 같은 자료들이 충분히 증명되지 아니하고 오히려 반대되는 사실의 자료가 많을 때에는 이를 인정하여서는 안 된다. 어느 임야에 종중에 속한 분묘가 설치되어 있고 전답이 그에 인접해 있다고

하여 그러한 사정만으로는 그 임야 및 전답이 종중소유라고 단정할 수 없다(대판 1997. 2. 25. 96다9560, 2001. 2. 13. 2000다14361).

(2) 종중의 종원에 대한 명의신탁을 인정하기 위한 간접자료의 내용 : 종중의 명의 신탁에 의한 사정을 인정하기 위한 간접자료가 될 만한 정황으로서는, 사정명의인과 종중과의 관계, 사정명의인이 여러 사람인 경우에는 그들 상간의 관계, 한 사람인 경우에는 그 한 사람명의로 사정받게 된 연유, 종중 소유의 다른 토지가 있는 경우에는 그에 대한 사정 또는 등기관계, 사정된 토지의 규모 및 시조를 중심으로 한 종중분묘의 설치상태, 분묘수호와 봉제의 실태, 토지의 관리상태, 토지에 대한 수익이나 보상금의 수령 및 지출관계, 제세공과금의 납부관계, 그 밖의 모든 사정을 종합적으로 검토하여야 한다(대판 1998. 9. 8. 98다13686).

## (2) 배우자 명의로 부동산에 관한 물권을 등기한 경우(동법 제8조 제2호)

### (가) 명의신탁해지를 원인으로 한 소유권이전등기신청

배우자 명의로 부동산에 관한 소유권등기를 한 경우에는 조세포탈, 강제집행의 면탈 또는 법령상 제한의 회피를 목적으로 하는 경우가 아닌 한 부동산 실권리자 명의등기에 관한 법률상의 유예기간과 관계없이 명의신탁해지를 원인으로 하는 소유권이전등기를 신청할 수 있다(등기선례 제7권 411항).

실명법 제8조 제2호의 배우자에는 사실혼관계에 있는 배우자는 포함하지 아니한다(대판 1999. 5. 14. 99두35).

### - 판 례 -

(1) 본법 시행 이전에 배우자 명의로 등기하였다가 같은 법 제11조에 정한 유예기간 중에 제기된 부동산물권에 관한 쟁송의 본안판결 확정일로부터 1년 이내에 이혼한 경우, 명의신탁약정 및 이에 따른 부동산 물권변동이 유효한지 여부(적극)

　　본법 시행 이전에 행하여진 명의신탁등기로서 같은 법 시행 당시 신탁자와 수탁자가 배우자 관계에 있었고 신탁자가 조세포탈, 강제집행의 면탈 또는 법령상 제한의 회피를 목적으로 명의신탁 하였다고 볼 수 없는 이상, 비록 신탁자가 같은 법 제11조에 정한 유예기간 중에 제기된 부동산물권에 관한 쟁송의 본안판결 확정일로부터 1년 이내에 재판상 이혼을 하고 그의 명의로 실명등기를 하지 아니하였다고 하더라도 수탁자와 사이의 명의신탁약정 및 이에 따른 부동산물권변동은 유효하다(2002. 9. 27. 2001다425928).

## (2) 명의신탁등기가 본법에 따라 무효가 된 후 신탁자와 수탁자가 혼인하여 그 등기명의자가 배우자로 된 경우, 본조 제 2호의 특례가 적용되는지 여부(적극)

본조 제2호에서는 배우자명의로 부동산에 관한 물권을 등기한 경우로서 조세포탈, 강제집행의 면탈 또는 법령상 제한의 회피를 목적으로 하지 아니하는 경우에는 그 명의신탁약정과 그 약정에 기하여 행하여진 물권변동을 무효로 보는 위 법률 제4조 등을 적용하지 않는다고 규정하고 있는 바, 어떠한 명의신탁등기가 위 법률에 따라 무효가 되었다고 할지라도 그 후 신탁자와 수탁자가 혼인하여 그 등기의 명의자가 배우자로 된 경우에는 조세포탈, 강제집행의 면탈 또는 법령상 제한의 회피를 목적으로 하지 아니하는 한 이 경우에도 본조 제2호의 특례를 적용하여 그 명의신탁등기는 당사자가 혼인한 때로부터 유효하게 된다고 보아야 한다(2002. 10. 25. 2002다23840).

## (3) 명의신탁등기가 부동산 실권리자명의등기에 관한 법률의 규정에 따라 무효가 된 후 명의신탁자가 수탁자와 혼임 함으로써 법률상 배우자가 된 경우 부동산 실권리자명의등기에 관한 법률 제8조 제2호의 특례가 적용되어 그 명의신탁등기가 유효한 것으로 될 수 있는지 여부(적극)

부동산 실권리자명의등기에 관한 법률 제8조 제2호는 배우자 명의로 부동산에 관한 물권을 등기한 경우로서 조세포탈, 강제집행의 면탈 또는 법령상 제한의 회피를 목적으로 하지 아니하는 경우에는 그 명의신탁약정과 그 약정에 기하여 행하여진 물권변동을 무효로 보지 않는다는 특례를 규정하고 있는바, 본래 명의신탁등기가 부동산 실권리자명의등기에 관한 법률의 규정에 따라 무효로 된 경우에도 그 후 명의신탁자 수탁자와 혼인을 함으로써 법률상의 배우자가 되고 위 특례의 예외사유에 해당되지 않으면 그때부터는 위 특례가 적용되어 그 명의신탁등기가 유효로 된다고 보아야 한다(대법원 2002. 10. 28. 2001마1235).

## (4) 부부간 명의신탁에서 명의신탁관계가 종료된 경우, 신탁자의 수탁자에 대한 소유권이전등기청구권이 신탁자의 책임재산이 되는지 여부(적극) / 신탁자가 유효한 명의신탁약정을 해지함을 전제로 신탁된 부동산을 제3자에게 직접 처분하면서 수탁자에게서 곧바로 제3자 앞으로 소유권이전등기를 마쳐 주는 것이 사해행위에 해당하는 경우

부부간의 명의신탁약정은 특별한 사정이 없는 한 유효하고(부동산 실권리자명의등기에 관한 법률 제8조 참조), 이때 명의신탁자는 명의수탁자에 대하여 신탁해지를 하고 신탁관계의 종료 그것만을 이유로 하여 소유명의의 이전등기절차의 이행을 청구할 수 있음은 물론, 신탁해지를 원인으로 하고 소유권에 기해서도 그와 같은 청구를 할 수 있는데, 이와 같이 명의신탁관계가 종료된 경우 신탁자의 수탁자에 대한 소유권이전등기청구권은 신탁자의 일반채권자들에게 공동담보로 제공되는 책임재산이 된다. 그런데 신탁자가 유효한 명의신탁약정을 해지함을 전제로 신탁된 부동산을 제3자에게 직접 처분하면서 수탁자 및 제3자와의 합의 아래 중간등기를 생략하고 수탁자에게서 곧바로 제3자 앞으로 소유권이전등기를 마쳐 준 이로 인하여 신탁자의 책임재산인 수탁자에 대한 소유권이전등기청구권이 소멸하게 되므로, 이로써 신탁자의 소극재산이 적극재산을 초과하게 되거나 채무초과상태가 더 나빠지게 되고 신탁자도 그러한 사실을 인식하고 있었다면 이러한 신탁자의 법률행위는 신탁자의 일반채권자들을 해하는 행위로서 사해행위에 해당한다(대판 2016. 7. 29. 2015다56086 사해행위취소).

### (나) 실명법시행 전에 배우자명의로 등기하고 판결확정 후 1년 내에 이혼을 하고 실명 등기를 하지 아니한 경우 명의신탁약정 및 등기의 효력

실명법 시행 이전에 배우자명의로 등기하였다가 같은 법 제11조에 정한 유예기간 중에 제기된 부동산물권에 관한 쟁송의 본안판결 확정일로부터 1년 이내에 이혼을 하고 그의 명의로 실명등기를 하지 아니하였다고 하더라도 수탁자와 사이의 명의신탁약정 및 이에 따른 부동산물권변동은 유효하다(대판 2002. 9. 27. 2001다42592).

명의신탁등기가 실명법에 따라 무효가 된 후 신탁자와 수탁자가 혼인하여 그 등기명의자가 배우자로 된 경우, 실명법 제8조 제2호의 특례를 적용하여 그 명의신탁등기는 당사자가 혼인한 때로부터 유효하게 된다(대판 2002. 10. 25. 2002다23840, 2002. 10. 28. 2001마1235).

## (3) 종교단체명의로 그 산하조직이 보유한 부동산에 관한 물권을 등기한 경우(동법 제8조 제3호)

---

### 부동산 명의신탁계약서(예시)

### (부동산 실권리자 명의등기에 관한 법률 제8조 제1호 참조)

○○○씨 ○○종중(이하 '갑'이라 칭함)은 그 소유의 부동산을 동종중의 종중원 ○○○ (이하 '을'이라 칭함)에게 명의신탁을 하고자 다음과 같은 계약을 체결한다.

제1조 (신탁의 목적물) '갑'은 '을'에게 다음 부동산을 신탁한다.

○○시 ○○구 ○○동 ○○번지 임야 ○○㎡

○○시 ○○구 ○○동 ○○번지 위 지상 철근콘크리트조 건물 1동

제2조 (신탁의 방법)

    1. '갑'은 '을'에게 위 부동산에 관한 소유권이전등기절차를 경료한 뒤 그 부동산을 명도하여 점유, 사용하게 하여야 한다.

    2. 위 부동산의 소유권이전등기절차는 전등기명의자 ○○○로부터 '을'에게 이전하기로 한다.

제3조 (신탁재산의 관리범위) '을'은 위 신탁부동산을 다음 각호의 범위 내에서만 관리한다.

    1. '을'이 스스로 사용하거나 수익·경작하는 행위

    2. 1년 이내의 기간 내에서 임대하는 행위

제4조 ('을'의 처분제한) '을'은 어떠한 경우라도 다음 각호의 행위를 하여서는 아니된다.

    1. 신탁부동산을 매각하는 행위

    2. 타인에게 다시 신탁하거나 소유권이전등기를 경료하는 행위

    3. 신탁부동산에 저당권, 근저당권, 지상권 기타 담보의 목적으로 제공하는 행위

제5조 (수익료의 지급 및 신탁의 보수)

    1. '을'은 '갑'에게 위 신탁부동산을 사용·수익하는 대가로 매년 ○월 ○일 금 ○○만원을 지급하며, '갑'은 이를 수령함과 동시에 금○○원을 위 부동산의 관리보수로 '을'에게 지급한다.

    2. 전호의 경우 '을'은 위 부동산을 사용·수익치 못하였음을 이유로 그가 지급하여야 할 위 금원의 감면을 주장할 수 없다.

제6조 (타인으로부터의 강제집행) '을'은 그 스스로의 채무로 인하여 신탁부동산을 강제집행 또는 보전처분 및 체납처분을 받을 염려가 있으면 본 계약서를 제시하여 그 집행을 면하도록 하여야 한다.

제7조 (계약의 존속기간) 본 계약은 이 계약체결일로부터 ○년간 존속한다.

제8조 (계약해지권) '갑'은 다음 각호의 경우에는 본 계약을 즉시 해지할 수 있다.

    1. '을'에게 제3 또는 제4의 의무위반이 있는 경우

    2. '을'이 제5의 수익료를 지급치 아니하는 경우

    3. '을'이 제6의 처분을 받거나 위 신탁부동산을 그 고유의 재산으로 오신할 만한 행위를 하는 경우

    4. 기타 선량한 관리자의 주의의무를 게을리하는 경우

제9조 (계약해지의 절차)

    1. '갑'은 전조에 의하여 계약을 해지하는 경우 최고 없이 해지할 수 있다.

    2. '을'이 천재지변 기타 부득이한 사정으로 계약을 해지할 경우 ○○일전에 해지 통고를 하고 계약해지의 의사표시를 한 때에만 효력이 있다.

제10조 (계약해지와 원상회복) 계약이 해지된 경우 '을'은 위 부동산의 소유명의를 '갑' 또는 '갑'이 정하는 자에게 이전하는 데 필요한 서류를 교부하여야 한다. 또한 위 부동산을 동시에 '갑'에게 명도하여야 하며 이 때의 수익료 및 보수는 기간의 비율로 상호계산 한다.

제11조 (손해배상) '을'은 이 부동산을 본 계약에서 정한 범위를 넘어 처분 또는 관리함으로 인하여 발생한 손해를 '갑'에게 배상하여야 한다.

제12조 (연대보증) ○○○는 '을'의 채무를 연대하여 보증하고 또한 이행하기 위하여 '갑'과 더불어 본 계약에 서명·날인한다.

    위의 계약을 준수하기 위하여 '갑' 종중총회의 동의를 얻은 '정'이 그 대표자로서 서명·날인하고 '을'은 연대보증인 '병'과 더불어 이에 서명·날인한다.

년　　월　　일

1. 갑(명의신탁자) : ○○○씨 ○○광파종중

   위 대표자 ○○○　　　　　　　주소 : ○○시 ○○구 ○○동 ○○번지

2. 을(명의수탁자) : ○○○　　　　　주소 : ○○시 ○○구 ○○동 ○○번지

3. 을의 연대보증인(병) : ○○○　　　주소 : ○○시 ○○구 ○○동 ○○번지

## 바. 기존 명의신탁약정에 따른 등기의 실명등기

### (1) 기존 명의신탁자의 실명등기의무

　실명법 시행 전에 명의신탁약정에 따라 부동산에 관한 물권을 명의수탁자의 명의로
등기하거나 등기하도록 한 명의신탁자('기존 명의신탁자'라 한다)는 실명법 시행일부터
1년의 기간('유예기간'이라 한다) 이내에 실명등기를 하여야 한다. 다만, 공용징수, 판결,
경매 또는 그 밖에 법률에 따라 명의수탁자로터 제3자에게 부동산에 관한 물권이 이전된
경우(상속에 의한 이전은 제외)와 종교단체, 향교 등이 조세포탈, 강제집행의 면탈을 목
적으로 하지 아니하고 명의신탁한 부동산으로서 대통령령으로 정하는 경우는 그러하지
아니하다(실명법 제11조 제1항).


　실명법 시행 전에 이미 명의수탁자를 상대로 명의신탁해지를 원인으로 한 소유권이전

등기 확정판결을 받았으나 그에 따른 실명등기를 하지 아니한 명의신탁자도 실명등기의 무가 있는 기존명의신탁자에 해당한다(대판 2000. 12. 22. 99두11929).

유예기간이 경과한 후에도 실명화 등의 조치를 취하지 아니한 명의신탁자가 명의수탁자에 대하여 부당이득의 법리에 따라 가지는 소유권이전등기청구권은 10년의 기간이 경과함으로써 시효로 소멸한다(대판 2009. 7. 9. 2009다23313).

### (2) 실명전환을 위한 유예기간을 규정한 취지

부동산 실권리자명의등기에 관한 법률이 실명전환을 위한 유예기간을 규정하고 있는 취지는 오랜 기간 판례를 통하여 널리 그 효력이 인정되어 오던 부동산 명의신탁을 부동산 실권리자명의등기에 관한 법률이란 제정법의 시행으로 금지시킬 뿐만 아니라 명의신탁약정 및 이에 기초한 등기의 사법적 효력까지를 부정함으로 인하여 발생할 수 있는 사회적 혼란을 막고 당사자의 법적 안정성을 도모하기 위하여 기존 명의신탁약정에 관한한 이를 한시적으로 유효한 것으로 인정함으로써 명의신탁자로 하여금 그 기간 안에 명의신탁해지 등의 방법으로 실명전환을 할 수 있는 기회를 보장하자는 데에 있다(대판 1998. 6. 26. 98다12874).

### 사. 명의신탁해지를 원인으로 한 등기신청의 각하

### (1) 유예기간경과 후 명의신탁해지를 원인으로 한 소유권이전등기(소유권 말소등기)신청의 각하

실명법은 명의신탁약정을 무효로 하고 있으므로(실명법 제4조 제1항) 명의신탁이 유효하지 않은 이상 명의신탁해지를 원인으로 한 소유권이전등기나 소유권말소등기를 할 수 없으므로, 이러한 등기신청은 '사건이 등기할 것이 아닌 때(부동산등기법 제29조 제2호)'에 해당하여 각하 하여야 한다.

부동산 실권리자명의등기에 관한 법률 제11조 1항 본문, 제12조 제1항, 제4조의 각 규정에 따르면 부동산실권자명의등기에 관한 법률시행 전에 명의신탁약정에 의하여 부동산에 관한 물권을 명의수탁자명의로 등기한 명의신탁자는 유예기간(1995. 7. 1~1996. 6. 30) 이내에 실명등기 등을 하여야 하고, 유예기간 이내에 실명등기 등을 하지 아니한 경우에는 유예기간이 경과한 날 이후부터 명의신탁약정은 무효가 되고, 명의신탁약정에 따라 행하여진 등기에 의한 부동산에 관한 물권변동도 무효가 되므로 실명등기 유예기간 경과 후 명의신탁약정의 해지를 원인으로 한 명의신탁자의 소유권이전등기신청은 그 신청취지 자체에 의하여 법률상 허용될 수 없음이 명백한 경우로서 부동산등기법 제55조(개정법 제29조) 제2호의 "사건이 등기할 것이 아닌 때"에 해당되어 등기관은 이를 각하 하여야 한다(대법원 1997. 5. 1. 97마 384 결정. 등기관의 처분에 대한 이의).

### (2) 사건이 등기할 것이 아닌 때의 의의

구부동산등기법 제55조 제2호(현행법 제29조 제2호)에서 말하는 "사건이 등기할 것이 아닌 때"라 함은 등기신청이 그 신청취지 자체에 의하여 법률상 허용될 수 없음이 명백한 경우를 말 하고, 이에 해당하는 경우에는 등기관의 잘못으로 등기가 마쳐졌다 하더라도 그 등기는 그 자체가 어떠한 의미도 가지지 않는 무효의 등기이기 때문에 등기관은 같은 법 제175조 제1항에 의하여 직권으로 그 등기를 말소(현행법 제58조 제4항)하게 된다(대법원 1972. 11. 29. 72마776, 1980. 7. 10. 80마150, 1984. 4. 6. 84마99, 1988. 2. 24. 87마469, 1993. 11. 28. 93마1645, 대판 2000. 9. 29. 2000다29240).

## 아. 실명등기를 한 것으로 보는 경우

다음 각 호의 어느 하나에 해당하는 경우에는 실명법 제11조 제1항에 따라 실명등기를 한 것으로 본다(실명법 제11조 제2항).

1. 기존 명의신탁자가 해당 부동산에 관한 물권에 대하여 매매나 그 밖의 처분행위를 하고 유예기간 이내에 그 처분행위로 인한 취득자에게 직접 등기를 이전한 경우

2. 기존 명의신탁자가 유예기간 이내에 다른 법률에 따라 해당 부동산의 소재지를 관할하는 특별자치도지사, 특별자치시장, 군수 또는 구청장에게 매각을 위탁하거나 금융회사부실자산 등의 효율적 처리 및 한국자산관리공사의 설립에 관한 법률에 따라 설립된 한국자산관리공사에 매각을 의뢰한 경우. 다만, 매각위탁 또는 매각의뢰를 철회한 경우에는 그러하지 아니하다.

한국자산관리공사에 부동산의 매각을 의뢰하고자 하는 자는 부동산매각의뢰신청서를 제출하여야 하며, 위 공사는 부동산의 매각을 의뢰받는 경우에는 공매방법에 의하여 처분하여야 한다(동법 시행령 제6조 1~2항).

## 자. 실권리자의 귀책사유 없이 실명등기 또는 매각처분을 할 수 없는 경우

실권리자의 귀책사유 없이 다른 법률에 따라 실명법 제11조 제1항 및 제2항에 따른 실명등기 또는 매각처분 등을 할 수 없는 경우에는 그 사유가 소멸한 때부터 1년 이내에 실명등기 또는 매각처분 등을 하여야 한다(실명법 제11조 제3항).

실명법 제11조 제3항에 의한 실명등기 또는 매각처분의 '유예기간의 연장'을 받기 위하여는 경제적 손실의 우려 등에 의한 사실상의 제약이 아니라 다른 법률의 규정에 의한 제한에 의하여 유예기간 내에 실명등기도 할 수 없고 매각처분(시장 등에 대한 매각위탁 및 한국자산관리공사에 대한 매각의뢰 포함)도 할 수 없어야 하며, 또한 명의신탁을 한 시점에서는 이러한 제한이 없었다가 그 후 법률의 개정 또는 운영상의 변동 등으로 인하여 이러한 제한이 생긴 경우에 해당여야 한다(대판 2000. 9. 29. 2000두4170).

## 차. 실명법시행 전 유예기간 중에 부동산물권에 관한 쟁송이 법원에 제기된 경우

실명법 시행 전 또는 유예기간 중에 부동산물권에 관한 쟁송이 법원에 제기된 경우에는 그 쟁송에 관한 확정판결(이와 동일한 효력이 있는 경우를 포함한다)이 있은 날부터

1년 이내에 실명등기 또는 매각처분 등을 하여야 한다(실명법 제11조 제4항).

## (1) 부동산물권에 관한 쟁송의 의미

실명법 제11조 제4항에서 말하는 부동산물권에 관한 '쟁송(爭訟)'이라 함은 명의신탁자가 당사자로서 해당 부동산에 관하여 자신이 실권리자임을 주장하여 이를 공식적으로 확인 받기 위한 쟁송이면 족하고(대판 1998. 11. 10. 98다30827), 쟁송의 주체가 명의신탁자가 아닌 명의신탁자의 채권자가 명의신탁자를 대위하여 명의수탁자를 상대로 소송을 제기한 경우에도 이에 해당하며(대판 2000. 10. 6. 2000다32147), 그 결과에 의하여 곧 바로 실명등기를 할 수 있어야 하는 쟁송으로 제한되는 것도 아니지만, 적어도 다툼의 대상인 권리관계가 확정되기 전까지는 실명등기를 할 수 없는 쟁송이어야 한다(대판 2011. 5. 26. 2010다21214).

최초 소제기 시에는 원인무효를 원인으로 한 소유권이전등기의 말소를 청구하였다가 유예기간 경과 후에 그 청구를 명의신탁해지를 원인으로 한 소유권이전등기청구로 변경한 경우에도 유예기간 중에 부동산물권에 관한 쟁송을 제기한 것으로 보아야 한다(대판 1997. 4. 8. 96다55846, 2000. 7. 7. 2000다12273, 12280).

## (2) 명의신탁자가 제소당한 경우 및 소 취하 후 다시 동일한 소를 제기한 경우

실명법 제11조 제4항에서 말하는 부동산물권에 관한 쟁송에는 명의신탁자가 기존 명의신탁약정에 기하여 직접 쟁송을 제기한 경우뿐만 아니라 명의신탁자가 명의신탁관계를 부정당하여 제소당한 경우도 포함된다(대판 1998. 9. 4. 98다20981).

실명법 시행 전 또는 유예기간 중에 부동산 물권에 관한 쟁송을 제기하여 판결을 선고받았으나 그 판결로는 실명전환을 할 수 없어 유예기간 경과 후 다시 실명전환을 위하여 2차 소송을 제기한 경우, 위 일련의 소송 전체가 일체가 되어 부동산물권에 관한 쟁송에 해당되나, 실명법 시행 전 또는 유예기간 중에 부동산물권에 관한 쟁송을 제기하였다가 그 소를 취하한 후 유예기간이 경과한 후에 다시 동일한 소를 제기한 경우, 전소와 후소가 일체가 되어 부동산물권에 관한 쟁송에 해당한다고 볼 수는 없으며, 이 점은 종국판결이 있은 후 소를 취하한 경우에도 마찬가지로 보아야 한다(대판 2000. 12. 22. 2000다46399).

## 카. 실명등기의무 위반의 효력

### (1) 명의신탁약정 및 이에 따른 물권변동의 무효

실명법 제11조에 규정된 유예기간(1995. 7. 1~1996. 6. 30) 이내에 실명등기 또는 매각처분 등을 하지 아니한 경우 그 기간이 지난 날 이후의 명의신탁약정은 무효로 하며, 명의신탁약정에 따른 등기로 이루어진 부동산에 관한 물권변동은 무효로 한다(실명법 제12조 제1항).

### (2) 유예기간 이내에 실명등기를 하지 않은 상태에서 명의수탁자가 부동산을 임의 처분한 경우 횡령죄의 성립

부동산을 소유자로부터 명의수탁 받은 자가 이를 임의로 처분하였다면 명의신탁자에 대한 횡령죄가 성립하며, 그 명의신탁이 실명법시행 전에 이루어졌고 실명법이 정한 유예기간 이내에 실명등기를 하지 아니함으로써 그 명의신탁약정 및 이에 따라 행하여진 등기에 의한 물권변동이 무효로 된 후에 처분행위가 이루어졌다고 하여 달리 볼 것이 아니다(대판 2000. 2. 22. 99도5227, 2001. 11. 27. 2000도3463, 2002. 2. 22. 2001도6209, 2002. 8. 27. 2002도2926).

## 타. 명의신탁해지 이외의 사유를 원인으로 한 등기

실명법 제11조 제1항의 유예기간(1995. 7. 1~1996. 6. 30) 내에 실명등기를 하지 않아 명의신탁약정이 무효(실명법 제12조 제1항)가 되더라도 명의신탁자가 명의수탁자를 상대로 부당이득반환(대판 2002. 12. 26. 2000다21123, 2005. 1. 28. 2002다66922) 또는 진정명의회복을 원인으로 한 소유권이전등기(대판 2002. 9. 6. 2002다35157)나 소유권에 기한 방해배제청구로써 소유권말소를 구할 수 있다.

이하에서는 명의신탁의 유형에 따라 명의신탁해지 이외의 사유를 원인으로 한 소유권
이전등기나 말소등기의 가부에 관하여 판례를 중심으로 설명한다.

### (1) 2자간 등기명의신탁

'2자간 등기명의신탁'이라 함은 등기부상 명의인인 '신탁자'와 '수탁자간'에 명의신탁약
정을 체결하고, 신탁자가 수탁자 명의로 소유권을 이전하는 형식의 명의신탁을 말한다.

### (가) 신탁자의 수탁자를 상대로 소유권이전등기의 말소 또는 진정명의회복을 원인으로 한 소유권이전등기청구

신탁자와 수탁자간의 명의신탁약정은 실명법에 의하여 무효이므로 신탁자와 수탁자는
명의신탁약정이 유효임을 전제로 한 명의신탁해지를 원인으로 한 소유권이전등기를 할 수
없다. 그러나 수탁자 명의의 소유권이전등기도 원인무효의 등기가 되어 신탁자는 소유권
을 회복하므로 소유권에 기한 방해배제청구로서 수탁자를 상대로 소유권이전등기의 말소
를 청구하거나 진정명의회복을 원인으로 하여 소유권이전등기를 구 할 수 있다(대판 2002. 9.
6. 2002다35157).

### (나) 수탁자가 부동산을 처분하여 제3취득자가 유효하게 소유권을 취득하고 신탁자가 소유권을 상실한 경우(신탁자의 물권적 청구권행사불가)

양자 간 등기명의신탁에서 명의수탁자가 신탁부동산을 처분하여 제3취득자가 유효하
게 소유권을 취득하고 이로써 명의신탁자가 신탁부동산에 대한 소유권을 상실하였다면,
명의신탁자의 소유권에 기한 물권적 청구권, 즉 말소등기청구권이나 진정명의회복을 원
인으로 한 이전등기청구권도 더 이상 그 존재자체가 인정되지 않는다. 그 후 명의수탁자
가 우연히 신탁부동산의 소유권을 다시 취득하였다고 하더라도 명의신탁자가 신탁부동
산의 소유권을 상실한 사실에는 변함이 없으므로, 여전히 물권적 청구권은 그 존자체가

인정되지 않는다(대판 2013. 2. 28. 2010다89814).

## (2) 3자간 등기명의신탁

'3자간 등기명의신탁'이라 함은 '신탁자'와 '매도인'이 매매계약을 체결하되, 신탁자와 수탁자 간에는 명의신탁약정을 체결하여 등기는 매도인으로부터 '수탁자'로 이전하는 형식의 명의신탁을 말한다.

명의신탁약정은 무효로 하며, 명의신탁약정에 따른 등기로 이루어진 부동산에 관한 물권변동은 무효이므로(실명법 제4조 1항, 2항) 신탁자와 수탁자 간의 명의신탁약정은 무효가 된다.

### (가) 매도인의 수탁자를 상대로 소유권이전등기의 말소 또는 진정명의회복을 원인으로 한 소유권이전등기청구

신탁자(매수인)와 수탁자 간의 명의신탁약정과 수탁자와 매도인간의 소유권이전등기는 실명법에 의하여 무효이므로 소유권은 매도인에게 귀속되고, 매도인은 수탁자를 상대로 소유권에 기한 방해배제청구권을 원인으로 소유권이전의 말소를 구하거나 진정명의 회복을 원인으로 소유권이전등기를 구할 수 있다.

◆ **진정한 등기명의의 회복(등기부 기재례)**

| 【 갑 구 】 | | (소유권에 관한 사항) | | |
|---|---|---|---|---|
| 순위 번호 | 등기 목적 | 접수 | 등기원인 | 권리자 및 기타사항 |
| 3 | 소유권 보전 | 1991년 1월 15일 제350호 | 진정명의 회복 | 소유자 홍도령 000000-0000000 서울특별시 강남구 대치동 ○ |

### (나) 매도인의 수탁자명의등기의 말소 및 신탁자의 매도인을 상대로 한 매매계약에 기한 소유권이전등기청구

실명법은 신탁자(매수인)와 매도인 간의 매매계약의 효력을 부정하는 규정을 두고 있지 않으므로 매매계약은 여전히 유효하므로, 신탁자(매수인)는 매도인에 대한 소유권이전등기청구권을 보전하기 위하여 매도인을 대위하여 수탁자를 상대로 무효인 등기의 말소를 구한 후, 매도인을 상대로 신탁자(매수인)명의로 소유권이전등기를 청구할 수 있다(대판 2002. 3. 15. 2001다61654).

3자간 등기명의신탁의 경우 유예기간의 경과에 의하여 기존 명의신탁약정과 그에 의한 등기가 무효로 되고 그 결과 명의신탁 된 부동산은 매도인 소유로 복귀하므로, 매도인은 명의수탁자에게 무효인 명의등기의 말소를 구 할 수 있고, 유예기간 경과 후에도 매도인과 명의신탁자(매수인) 사이의 매매계약은 여전히 유효하므로, 명의신탁자는 매도인에게 매매계약에 기한 소유권이전등기를 청구할 수 있고, 소유권이전등기청구권을 보전하기 위하여 매도인을 대위하여 명의수탁자에게 무효인 등기의 말소를 구 할 수 있다(대판 2011. 9. 8. 2009다49193, 49209).

부동산의 매수인이 목적물을 인도 받아 계속 점유하는 경우에는 매도인에 대한 소유권이전등기청구권은 소멸시효가 진행되지 않고, 이러한 법리는 3자간 등기명의신탁에 의한 등기가 "유효기간"의 경과로 무효로 된 경우에도 마찬가지로 적용된다. 따라서 그 경우 목적 부동산을 인도받아 점유하고 있는 명의신탁자(매수인)의 매도인에 대한 소유권이전등기청구권 역시 소멸시효가 진행되지 않는다(대판 2013. 12. 12. 2013다26647).

{주 : 위 판례 중 "유효기간"은 실명법 제11조 제1항의 규정에 의한 실명등기의 "유예기간"(1995. 7. 1 ~ 1996. 6. 30)의 착오로 본다}

### (다) 수탁자의 부동산의 임의처분, 수용 등으로 제3취득자 명의로 이전등기가 된 경우 수탁자의 신탁자에 대한 부당이득반환의무

'3자간 등기명의신탁'에서 유예기간 경과 후 명의수탁자가 신탁부동산을 임의로 처분하거나 강제수용이나 공공용지 협의취득 등을 원인으로 제3취득자 명의로 이전등기가 마쳐진 경우, 특별한 사정이 없는 한 제3취득자는 유효하게 소유권을 취득하게 되므로(실명법 제4조 제3항), 그로 인하여 매도인의 명의신탁자에 대한 소유권이전등기의무는 이행불능으로 되고 그 결과 명의신탁자는 신탁부동산의 소유권을 이전받을 권리를 상실하는 손해를 입게 되는 반면, 명의수탁자는 신탁부동산의 처분대금이나 보상금을 취득하는 이익을 입게 되므로, 명의수탁자는 명의신탁자에게 그 이익을 부당이득으로 반환할 의무가 있다(대판 2011. 9. 8. 2009다49193, 49209).

### (라) 수탁자가 자의로 명의신탁자에게 소유권이전등기를 해준 경우(유효)

3자간 등기명의신탁에 있어서 명의수탁자가 실명법에서 정한 유예기간 경과 후에 자의로 명의신탁자에게 바로 소유권이전등기를 해준 경우, 그 등기는 실체관계에 부합하는 등기로서 유효하다(대판 2004. 6. 25. 2004다6764).

### (마) 수탁자의 부동산처분과 횡령죄의 성립여부(적극)

신탁자가 수탁자와 맺은 명의신탁약정에 따라 매도인으로부터 바로 그 수탁자에게 중간생략의 소유권이전등기를 경료 한 경우, 그 수탁자가 그와 같은 명의신탁 약정에 따라 그 명의로 신탁된 부동산을 임의로 처분하였다면 신탁자에 대한 횡령죄가 성립한다(대판 2001. 11. 27. 2000도3463).


### (3) 계약명의신탁

'계약명의신탁'이라 함은 '신탁자'와 '수탁자'간에 명의신탁약정을 체결하고, '수탁자'가 매매계약의 당사자가 되어 '매도인'으로부터 수탁자 명의로 소유권이전을 받는 형식의 명의신탁을 말한다.

'3자간 등기명의신탁'의 경우에는 신탁자와 매도인이 매매계약의 당사자이나, '계약명의신탁'의 경우에는 수탁자와 매도인이 매매계약의 당사자라는 점에서 차이가 있다.

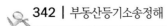

신탁자와 수탁자간의 명의신탁약정은 실명법 제4조 제1항에 의하여 무효이나, 소유권 이전등기의 유효여부는 매도인이 명의신탁약정에 관하여 선의·악의였는지에 따라 결정된다.

- 판 례 -

> 명의신탁자와 명의수탁자가 이른바 계약명의신탁약정을 맺고 명의수탁자가 당사자가 되어 명의신탁 약정이 있다는 사실을 알지 못하는 소유자와 부동산에 관한 매매계약을 체결한 후 그 매매계약에 따라 당해 부동산의 소유권이전등기를 명의수탁자명의로 마친 경우에는, 명의신탁자와 명의수탁자의 명의신탁약정이 무효임에도 불구하고 부동산 실권리자명의 등기에 관한 법률 제4조 제2항 단서에 의하여 명의수탁자가 당해 부동산의 완전한 소유권을 취득한다. 반면에 소유자가 계약명의신탁 약정이 있다는 사실을 안 경우에는 수탁자 명의의 소유권이전등기는 무효이고 당해 부동산의 소유권은 매도인이 그대로 보유하게 된다. 어느 경우든지 명의신탁자는 그 매매계약에 의해서는 당해 부동산의 소유권을 취득하지 못하게 되어, 결국 그 부동산은 명의신탁자에 대한 강제집행이나 보전처분의 대상이 될 수 없다(대판 2011. 12. 8. 2010도4129).

### (가) 매도인이 '선의'(명의신탁약정을 알지 못한 경우)인 경우 : 신탁자의 수탁자를 상대로 한 부당이득반환청구)

매도인이 선의인 경우에는 수탁자 명의의 소유권이전등기는 유효하므로(실명법 제4조 제2항 단서, 대판 2000. 3. 24. 98도4377), 수탁자가 최종적인 소유자가 된다. 이 경우 신탁자는 수탁자를 상대로 부당이득을 원인으로 한 매매대금 상당의 부당이득반환을 청구할 수 있다(대판 2005. 1. 28. 2002다66922).

'부동산 실권리자명의 등기에 관한 법률' 시행 후에 이른바 계약명의신탁약정이 체결되고 그에 따라 명의수탁자가 선의의 매도인과 부동산 매매계약을 체결하여 자신의 명의로 그 부동산의 소유권이전등기를 마친 경우, 명의수탁자가 명의신탁자에게 반환하여야 할 부당이득의 범위는 명의신탁자로부터 제공받은 매수자금 및 취득세, 등록세 등 취득비용이다(대판 2005. 1. 28. 2002다 66922, 2010. 10. 14. 2007다90432).

## 1) 명의신탁자의 명의수탁자에 대한 부당이득반환청구

명의신탁자와 명의수탁자가 계약명의신탁약정을 맺고 명의수탁자가 당사자가 되어 명의신탁약정이 있다는 사실을 알지 못하는 소유자와 사이에 부동산에 관한 매매계약을 체결한 뒤 수탁자 명의로 소유권이전등기를 마친 경우에는, 명의신탁자와 명의수탁자 사이의 명의신탁약정은 무효이지만 그 명의수탁자는 당해 부동산의 완전한 소유권을 취득하게 되고(실명법 제4조 제1항, 제2항), 반면 명의신탁자는 애초부터 당해 부동산의 소유권을 취득할 수 없고 다만 그가 명의수탁자에게 제공한 부동산 매수자금이 무효의 명의신탁약정에 의한 법률상 원인 없는 것이 되는 관계로 명수탁자에 대하여 동액 상당의 부당이득반환청구권을 가질 수 있을 뿐이다(대판 2009. 3. 26. 2008다34828).

## 2) 계약명의신탁약정이 실명법 시행 후인 경우(명의신탁자가 입은 손해의 범위)

'부동산 실권리자명의 등기에 관한 법률' 제4조 제1항, 제2항에 의하면 명의신탁자와 명의수탁자가 이른바 계약명의신탁약정을 맺고 명의수탁자가 당사자가 되어 명의신탁약정이 있다는 사실을 알지 못하는 소유자와의 사이에 부동산에 관한 매매계약을 체결한 후 그 매매계약에 따라 당해 부동산의 소유권이전등기를 수탁자 명의로 마친 경우에는 명의신탁자와 명의수탁자 사이의 명의신탁약정의 무효에도 불구하고 그 명의수탁자는 당해 부동산의 완전한 소유권을 취득하게 되고, 다만 명의수탁자는 명의신탁자에 대하여 부당이득반환의무를 부담하게 될 뿐이다. 이 경우 그 계약명의신탁약정이 부동산 실권리자명의 등기에 관한 법률시행 후인 경우에는 명의수탁자는 애초부터 당해 부동산의 소유권을 취득할 수 없었으므로, 위 계약명의신탁약정의 무효로 인하여 명의신탁자가 입은 손해는 당해 부동산 자체가 아니라 명의수탁자에게 제공한 매수자금이고, 따라서 명의수탁자는 당해 부동산 자체가 아니라 명의신탁자로부터 제공받은 매수자금 상당액을 부당이득 하였다고 할 것이다. 이때 명의수탁자가 소유권이전등기를 위하여 지출하여야 할 취득세, 등록세 등을 명의신탁자로부터 제공받았다면, 이러한 자금 역시 위 계약명의신탁약정에 따라 명의수탁자가 당해 부동산의 소유권을 취득하기 위하여 매매대금과 함께 지출된 것이므로, 당해 부동산의 매매대금 상당액 이외에 명의신탁자가 명의수탁자에게 지급한 취득세, 등록세 등의 취득비용도 특별한 사정이 없는 한 위 계약명의신탁약정의 무효로 인하여 명의신탁자가 입은 손해에 포함되어 명의수탁자는 이 역시 명의신탁자에게 부당이득으로 반환하여야 한다(대판 2010. 10. 14. 2007다90432).

### 3) 신탁자가 제3자에게 처분한 행위가 신탁자의 일반채권자들을 해하는 사해행위가 되는지 여부(소극)

부동산실명법 제4조 제1항, 제2항에 의하면 이른바 계약명의신탁약정에 따라 수탁자가 당사자가 되어 명의신탁약정이 있다는 사실을 알지 못하는 소유자와 사이에 부동산에 관한 매매계약을 체결한 후 그 매매계약에 따라 수탁자 명의로 소유권이전등기를 마친 경우에는 신탁자와 수탁자 사이의 명의신탁약정의 무효에도 불구하고 수탁자는 당해 부동산의 완전한 소유권을 취득하게 되고, 다만 수탁자는 신탁자에 대하여 매수대금 상당의 부당이득반환의무를 부담하게 된다. 또한 신탁자와 수탁자 사이에 신탁자의 지시에 따라 부동산의 소유명의를 이전하기로 약정하였더라도 이는 명의신탁약정이 유효함을 전제로 명의신탁 부동산 자체의 반환을 구하는 범주에 속하는 것에 해당하여 역시 무효이다. 이와 같이 신탁자가 수탁자에 대하여 부당이득반환채권만을 가지는 경우에는 그 부동산은 신탁자의 일반채권자들의 공동담보에 제공되는 책임재산이라고 볼 수 없고, 신탁자가 위 부동산에 관하여 제3자와 매매계약을 체결하는 등 신탁자가 실질적인 당사자가 되어 처분행위를 하고 소유권이전등기를 경료 해 주었다고 하더라도 그로써 책임재산의 감소를 초래한 것이라고 할 수 없으므로, 이를 들어 신탁자의 일반채권자들을 해하는 사해행위라고 할 수 없다(대판 2013. 9. 12. 2011다89903).

### 4) 명의수탁자의 완전한 소유권취득

명의신탁자와 명의수탁자가 이른바 계약명의신탁약정을 맺고 명의수탁자가 당사자가 되어 명의신탁약정이 있다는 사실을 알지 못하는 소유자와 부동산에 관한 매매계약을 체결한 후 그 매매계약에 따라 당해 부동산의 소유권이전등기를 명의수탁자명의로 마친 경우에는, 명의신탁자와 명의수탁자의 명의신탁약정이 무효임에도 불구하고 실명법 제4조 제2항 단서에 의하여 명의수탁자가 당해 부동산의 완전한 소유권을 취득한다(대판 2011. 12. 8. 2010도4129).

부동산 실권리자명의 등기에 관한 법률(이하 '부동산실명법'이라 한다) 시행 전에 명의신탁자와 명의수탁자가 이른바 계약명의신탁약정을 맺고 명의수탁자가 당사자가 되어 명의신탁약정이 있다는 사실을 알지 못하는 소유자와 부동산에 관한 매매계약을 체결하고 매매계약에 따른 매매대금을 모두 지급하였으나 당해 부동산의 소유권이전등기를 명의수탁자 명의로 마치지 못한 상태에서 부동산실명법 제11조에서 정한 유예기간이 경과하였다면, 명의신탁약정의 무효에 불구하고 명의수탁자와 소유자의 매매계약 자체는 유효한 것으로 취급되는데, 이 경우 명의수탁자는 명의신탁약정에 따라 명의신탁자가 제공한 비용으로 소유자에게 매매대금을 지급하고 당해 부동산을 매수한 매수인의 지위를 취득한 것에 불과하지 당해 부동산에 관한 소유권을 취득하는 것은 아니므로, 유예기간 경과에 따른 명의신탁약정의 무효로 인하여 명의신탁자가 입게 되는 손해는 당해 부동산 자체가 아니라 명의수탁자에게 제공한 매수자금이고, 그 후 명의수탁자가 당해 부동산에 관한 소유권을 취득하게 되었다고 하더라도 이로 인하여 부당이득반환 대상이 달라진다고 할 수 없다(대판 2011. 5. 26. 2010다21214).

### 5) 부당이득반환청구권에 기한 유치권의 행사여부(소극)

명의신탁자의 명의수탁자에 대한 부당이득반환청구권은 부동산 자체로부터 발생한 채권이 아닐 뿐만 아니라 소유권 등에 기한 부동산의 반환청구권과 동일한 법률관계나 사실관계로부터 발생한 채권이라고 보기도 어려우므로, 결국 민법 제320조 제1항에서 정한 유치권 성립요건으로서의 목적물과 채권 사이의 견련관계를 인정할 수 없다(대판 2009. 3. 26. 2008다34828).

**(나) 매도인이 '악의'(명의신탁약정을 안 경우)인 경우 : 매도인의 수탁자를 상대로 한 소유권이전등기의 말소 또는 진정명의회복을 원인으로 한 소유권이전등기청구**

매도인이 악의(惡意)인 경우에는 명의신탁약정 뿐만 아니라 수탁자 명의의 소유권이전등기도 실명법 제4조 제2항 본문에 따라 무효이고, 매도인과 수탁자 간의 매매계약도 원시적으로 목적을 달성할 수 없는 계약이 되어 무효이므로 소유권은 매도인에게 그대로 남아 있다. 따라서 매도인은 3자간 등기명의신탁의 경우와 같이 수탁자를 상대로 소유권이전등기의 말소를 구하거나 진정명의회복을 원인으로 소유권이전등기를 구 할 수 있다. 그러나 신탁자와 매도인간에는 매매계약을 체결한 사실이 없으므로 매도인 명의로 소유권이 회복되더라도 신탁자는 매도인을 상대로 소유권이전을 청구 할 수 없다.

부동산의 소유자가 계약명의신탁약정이 있다는 사실을 안 경우에는 수탁자 명의의 소유권이전등기는 무효이고 당해 부동산의 소유권은 매도인이 그대로 보유하게 된다(대판 2011. 12. 8. 2010도4129).

### 1) 수탁자가 신탁부동산을 제3자에게 처분한 경우(불법행위)

명의신탁자와 명의수탁자가 계약명의신탁약정을 맺고 매매계약을 체결한 소유자도 명의신탁자와 명의수탁자 사이의 명의신탁약정을 알면서 그 매매계약에 따라 명의수탁자 앞으로 당해 부동산의 소유권이전등기를 마친 경우 실명법 제4조 제2항 본문에 의하여 명의수탁자명의의 소유권이전등기는 무효이므로, 당해 부동산의 소유권은 매매계약을 체결한 소유자에게 그대로 남아 있게 되고, 명의수탁자가 자신의 명의로 소유권이전등기를 마친 부동산을 제3자에게 처분하면 이는 매도인의 소유권 침해행위로서 불법행위가 된다(대판 2013. 9. 12. 2010다95185).

### 2) 매매대금을 수령한 소유자(매도인)의 수탁자의 처분행위로 인한 손해발생 여부(소극)

명의수탁자로부터 매매대금을 수령한 상태의 소유자로서는 그 부동산에 관한 소유명의를 회복하기 전까지는 신의칙 내지 민법 제536조 제1항 본문의 규정에 의하여 명의수탁자에 대하여 이와 동시이행의 관계에 있는 매매대금 반환채무의 이행을 거절할 수 있는데, 이른바 계약명의신탁에서 명의수탁자의 제3자에 대한 처분행위가 유효하게 확정되어 소유자에 대한 소유명의회복이 불가능한 이상, 소유자로서는 그와 동시이행관계에 있는 매매대금 반환채무를 이행할 여지가 없다. 또한 명의신탁자는 소유자와 매매계약관계가 없어 소유자에 대한 소유권이전등기청구도 허용되지 아니하므로, 결국 소유자인 매도인으로서는 특별한 사정이 없는 한 명의수탁자의 처분행위로 어떠한 손해도 입은 바가 없다(대판 2013. 9. 12. 2010다95185).

### 3) 당해 부동산이 채무자인 명의신탁자의 재산으로서 강제집행면탈죄의 객체가 되는지 여부(소극)

명의신탁자와 명의수탁자가 계약명의신탁약정을 맺고 명의수탁자가 당사자가 되어 명의신탁약정이 있다는 사실을 알지 못하였거나 그 사실을 안 경우 명의 신탁자는 그 매매계약에 의해서는 당해 부동산의 소유권을 취득하지 못하게 되어, 결국 그 부동산은 명의신탁자에 대한 강제집행이나 보전처분의 대상이 될 수 없어 강제집행면탈죄의 객체가 될 수 없다(대판 2011. 12. 8. 2010도4129).

### (다) 명의신탁약정과 함께 이루어진 부동산 매입위임약정의 효력(무효) 및 신탁자의 요구에 따라 부동산소유명의를 이전하기로 한 약정의 효력(무효)

계약명의신탁에서 신탁자와 수탁자 간의 명의신탁약정이 부동산 실권리자명의 등기에 관한 법률이 정한 유예기간의 경과로 무효가 된 경우, 명의신탁약정과 함께 이루어진 부동산 매입의 위임 약정의 효력은 무효로 되고 이 경우 신탁자와 수탁자 사이에 신탁자의 요구에 따라 부동산의 소유 명의를 이전하기로 한 약정도 무효로 된다.

- 판 례 -

신탁자와 수탁자가 명의신탁약정을 맺고, 그에 따라 수탁자가 당사자가 되어 명의신탁약정의 존재 사실을 알지 못하는 소유자와 부동산에 관한 매매계약을 체결한 계약명의신탁에서 신탁자와 수탁자 간의 명의신탁약정이 부동산 실권리자명의 등기에 관한 법률이 정한 유예기간의 경과로 무효가 되었다면, 특별한 사정이 없는 한 신탁자와 수탁자 간에 명의신탁약정과 함께 이루어진 부동산 매입의 위임 약정 역시 무효로 되고, 이 경우 신탁자와 수탁자 사이에 신탁자의 요구에 따라 부동산의 소유명의를 이전하기로 한 약정도 명의신탁약정이 유효함을 전제로 명의신탁 부동산 자체의 반환을 구하는 범주에 속하는 것에 해당하여 역시 무효로 된다(대판 2015. 9. 10. 2013다55300).

### (4) 3자간등기명의신탁과 계약명의신탁의 구별기준(매수인 명의를 타인명의로 하기로 한 경우 : 계약명의신탁)

명의신탁약정이 이른바 3자간 등기명의신탁인지 아니면 계약명의신탁인지의 구별은 계약당사자가 누구인가를 확정하는 문제로 귀결된다. 타인을 통하여 부동산을 매수함에 있어 매수인 명의를 그 타인 명의로 하였다면 이때의 명의신탁관계는 그들 사이의 내부적인 관계에 불과하므로, 설령 계약의 상대방인 매도인이 그 명의신탁관계를 알고 있었다고 하더라도, 계약명의자인 명의수탁자가 아니라 명의신탁자에게 계약에 따른 법률관계를 직접 귀속시킬 의도로 계약을 체결하였다는 등의 특별한 사정이 인정되지 아니하는 한, 그 명의신탁관계는 계약명의신탁에 해당한다고 함이 원칙이다(대법원 2013. 10. 7. 2013스133결정).

### 16. 부동산의 특정일부 또는 공유지분에 대한 용익물권 또는 담보물권설정의 가부

건물의 특정부분이 아닌 공유지분에 대하여는 용익권(用益權)으로서의 성질상 전세권은 등기할 수 없으므로, 수인의 공유자들이 전세권설정등기를 한 후 그 중 일부 공유자의 지분에 대하여만 전세권말소등기를 신청할 수는 없으며 이는 판결을 받는다고 하더라도 마찬가지이다(등기선례 제6권 315항).

## 가. 부동산의 특정일부에 대한 용익물권설정의 등기절차

부동산의 일부에 대하여 지상권이나 전세권의 설정등기를 신청하거나, 승역지의 일부에 대하여 지역권설정등기를 신청하는 경우에는 그 부분을 표시한 지적도나 건물도면을 등기소에 제공하여야 한다(규칙 제126조 제2항, 127조 제2항, 128조 제2항).

## 나. 공유지분에 대한 용익물권 또는 담보물권 설정등기의 가부

용익물권은 일정한 목적을 위하여 타인의 부동산을 사용, 수익하는 것을 내용으로 하는 권리이므로 부동산의 전부 또는 특정부분이 아닌 공유지분(공유지분이란 각 공유자가 목적물에 대하여 가지는 소유의 비율을 말 한다)에 대하여는 용익물권(용익물권이라 함은 일정한 목적을 위하여 타인의 부동산을 사용, 수익하는 것을 내용으로 하는 제한물권으로 지상권, 지역권, 전세권을 말 한다)을 설정할 수 없다(등기예규 제1351호. 등기선례 제4권 449항, 제5권 417항, 제6권 315항 등).

## (1) 공유지분의 의의 및 처분

공유란 물건이 지분에 의하여 수인의 소유로 된 때의 소유관계를 말한다(민법 제262조 제1항). 공유의 법적 성질은 한 개의 소유권이 분량적(分量的)으로 분할되어 수인의 소유에 속하는 것이라는 견해가 통설·판례이다. 공유에 있어서 각 공유자가 가지는 권리를 '지분(持分)'이라고 하며, 이 지분은 한 개의 소유권의 분량적 일부라고 하는 것이 통설이다.

지분의 비율은 법률의 규정(민법 제254조 단서, 제257조, 제258조, 제1009조 이하 등) 또는 공유자의 의사표시에 의해 정해진다. 공유지분이 불명한 경우 각 공유자의 지분은 균등한 것으로 추정한다(민법 제262조 제2항).

'공유물'의 처분을 위하여는 공유자 전원의 동의가 필요하나(민법 제264조), '공유지분'은 자유로이 처분 할 수 있으므로(민법 제263조) 다른 공유자의 동의를 요하지 않는다(대판 1972.

5. 23. 71다2760). 공유물의 보존행위는 지분과 관계없이 각자 단독으로 할 수 있다(민법 제265조 단서).

## (2) 공유지분의 등기

등기관이 갑구 또는 을구에 권리에 관한 등기를 할 때 권리자가 2인 이상인 경우에는 권리자별 '지분'을 기록하여야 한다(부동산등기법 제45조 제4항).

## (3) 공유지분에 대한 용익물권설정등기의 가부(소극)

건물의 특전부분이 아닌 '공유지분'에 대하여는 이용권으로서의 성질상(용익물권) 전세권은 등기할 수 없다(등기예규 제574호. 제1351호. 등기선례 제2권 365항. 367항. 제4권 449항. 제5권 417항).

따라서 건물의 특정부분이 아닌 공유지분전부에 대하여는 전세권이 설정될 수 없으므로, 수인의 공유자들이 전세권설정등기를 한 후 그 일부 공유자의 지분에 대하여만 전세권말소등기를 신청할 수는 없으며, 이는 판결을 받는다고 하더라도 마찬가지이다(등기선례 제6권 제315항).

## (4) 공유지분에 대한 근저당권설정등기의 가부(적극)

지분권의 처분은 자유이므로(민법 제263조 전단) 지분권자는 그 지분권위에 자유로 저당권을 설정할 수 있다. 따라서 공유자는 다른 공유자의 동의 없이 자기의 지분(갑구 0법 김00지분 중 000 근저당권설정)에 대한 저당권설정등기신청을 할 수 있으므로 그 등기의 목적인 지분에 대한 저당권등기는 적법하다(등기선례 제1권 100항. 제409항).

## 17. 주위토지통행권 확인판결에 의한 토지통행권 등기의 가부(소극)

주위토지통행권확인판결(周圍土地通行權確認判決)을 받았다고 하더라도 토지통행권은 부동산등기법 제2조(현행법 제3조)에서 정한 등기할 사항이 아니므로 등기할 수 없다(대판 2002. 2. 26. 2001다64165사도통행권확인, 등기선례 제5권 4항). 따라서 주위토지통행권확인판결을 등기원인을 증명하는 서면으로 하여 등기신청을 한 경우 등기관은 '사건이 등기할 것이 아닌 경우(법 제29조 제2호)'를 적용하여 각하하여야 한다.

### 가. 주위토지통행권의 의의

어느 토지와 공로 사이에 그 토지의 용도에 필요한 통로가 없는 경우에 그 토지소유자는 주위의 토지를 통행 또는 통로로 하지 아니하면 공로(公路)에 출입할 수 없거나 과다한 비용을 요할 때에는 그 주위의 토지를 통행할 수 있고 필요한 경우에는 통로를 개설할 수 있다. 그러나 이로 인한 손해가 가장 적은 장소와 방법을 선택하여야 한다(민법 제219조 제1항).

### 나. 주위토지통행권을 주장할 수 있는 자의 범위

주위토지통행권(周圍土地通行權)은 인접한 토지의 상호 이용의 조절에 기한 권리로서 토지의 소유자 또는 지상권자, 전세권자 등 토지사용권을 가진 자에게 인정되는 권리이다. 따라서 명의신탁자에게는 주위토지통행권이 인정되지 아니한다(대판 2008. 5. 8. 2007다22767).

### 다. 주위토지통행권 확인청구의 성질

주위토지통행권은 통행을 위한 지역권과는 달리 그 통행로가 항상 특정한 장소로 고정되어 있는 것은 아니고 주위 토지 소유자가 그 용법에 따라 기존 통행로로 이용되던 토지사용방법을 바꾸었을 때(예 : 그 지상에 건축물의 건축 등)에는 대지소유자는 그 주위 토지 소유자를 위하여 보다 손해가 적은 다른 장소로 옮겨 통행할 수밖에 없는 경우도 있을 것이므로 주위토지통행권 확인청구는 변론종결시에 있어서의 본조(민법 제219조) 소정의 요건에 해당하는 토지는 어느 토지인가를 확정하는 것이다(대판 1989. 5. 23. 88다카10739, 10746).

## 라. 주위토지통행권이 인정되는 경우

주위토지통행권은 어느 토지와 공로 사이에 토지의 용도에 필요한 통로가 없는 경우에 토지소유자가 주위의 토지를 통행 또는 통로로 하지 아니하면 공로에 전혀 출입할 수 없는 경우 뿐 아니라 과다한 비용을 요하는 때에도 인정할 수 있다(대판 1992. 12. 22. 92다36311).

## 마. 기존의 통로보다 더 편리하다는 이유만으로 주위토지통행권의 인정여부

주위토지통행권은 그 소유토지와 공로사이에 그 토지의 용도에 필요한 통로가 없는 경우에 인정되는 것이므로, 이미 소유토지의 용도에 필요한 통로가 있는 경우에는 그 통로를 사용하는 것보다 더 편리하다는 이유만으로 다른 장소로 통행할 권리를 인정할 수 없다(대판 1995. 6. 13. 95다1088. 1095).

## 바. 주위토지통행권범위의 인정기준

주위토지통행권은 공로와 사이에 그 용도에 필요한 통로가 없는 토지의 이용이라는 공익목적을 위하여 피 통행지 소유자의 손해를 무릅쓰고 인정되는 것이므로, 그 통로의 폭이나 위치 등을 정함에 있어서는 피 통행지의 소유자에게 가장 손해가 적게 되는 방법이 고려되어야 할 것이나, 최소한 통행권자가 그 소유 토지를 이용하는데 필요한 범위는 허용되어야 하며, 어느 정도를 필요한 볼 것인가는 구체적인 사안에서 사회통념에 따라 쌍방 토지 지형적, 위치적 형상 및 이용관계, 부근의 지리 상황, 상린지(相隣地)이용자의 이해득실 기타 제반사정을 기초로 판단하여야 한다(대판 1996. 5. 14. 96다10171).

## 사. 주위토지통행권 확인판결에 의한 토지통행권 등기의 가부(소극)

주위토지통행권 확인판결을 받았다고 하더라도 토지통행권은 부동산등기법 제2조(현행법 제3조)에서 정하는 등기할 사항이 아니므로 등기할 수 없다(등기선례 제5권 4항. 대판 2002. 2. 26. 2001다64165 사도통행권확인). 따라서 주위토지통행권 확인판결을 등기원인을 증명하는 서면으로 하여 등기신청을 한 경우 등기관은 '사건이 등기할 것이 아닌 경우'(부동산등기법 제29조 2호)를 적용하여 각하하여야 한다.

### (1) 민법 제185조(강행규정)

민법 제185조는 '물권은 법률 또는 관습법에 의하는 외에는 임의로 창설하지 못한다(민법 제185조)'고 규정함으로써 물권법정주의를 선언하고 있다. 민법 제185조는 강행규정이며, 이에 위반하는 법률행위는 무효이다. 우리민법이 이와 같은 물권법정주의를 채용한 이유는 '공시(公示)의 원칙'을 관철하려는데 있다. 즉 물권은 배타적 지배권이므로 거래의 안전과 신속을 위하여 이를 공시할 필요가 있다.

이에 따라 부동산등기법 제3조는 등기할 수 있는 권리로 소유권, 지상권, 지역권, 전세권, 저당권, 권리질권, 채권담보권, 임차권을 규정하고 있다. 따라서 주위토지통행권은 부동산등기법 제3조의 규정에 의한 '등기할 수 있는 권리'가 아니므로 주위토지통행권 확인판결은 등기할 사항이 아니므로 등기할 수 없다.

### (2) 법률이 인정하지 않는 새로운 종류의 물권의 창설여부(소극)

법률이 인정하지 않는 새로운 물권의 창설은 허용되지 아니한다.

#### - 판 례 -

[ 1 ] 민법 제186조는, "물권은 법률 또는 관습법에 의하는 외에는 임의로 창설하지 못한다."고 규정하여 이른바 물권법정주의를 선언하고 있고, 물권법의 강행법규성은 이를 중핵으로 하고 있으므로, 법률(성문법과 관습법)이 인정하지 않는 새로운 종류의 물권은 창설하는 것은 허용되지 아니한다.
[ 2 ] 관습상의 사도통행권 인정이 물권법정주의에 위배된다고 본 사례(대판 2002. 2. 26. 2001다64165 사도통행권 확인).

# 제2절 집행불능판결에 의한 등기신청의 각하

집행력(執行力)이라 함은 민사집행법상 확정판결이 가지는 중요한 효력으로서 첫째, 좁은 의미로는 이행판결(또는 조서)의 내용인 이행의무를 강제집행에 의하여 실시할 수 있는 효력을 말하며, 둘째, 넓은 의미로는 강제집행 이외의 방법으로 판결의 내용에 적합한 상태를 실현할 수 있는 효력(예 : 확정판결에 기하여 등기소에 등기신청을 하는 경우)을 말한다. 좁은 의미의 집행력을 가지는 판결은 이행판결(이행의 소에 있어서, 소송요건을 구비하고, 원고의 청구가 이유 있는 경우에 이행을 명하는 판결을 말한다) 뿐이며, 확인판결이나 형성판결에는 소송비용의 재판부분에 집행력이 있을 뿐이다.

이행판결은 피고에 대한 이행명령을 포함하고 있으므로 집행권원(執行權原, 구법의 債務名義)이 되어(민사집행법 제24조) 집행력이 발생하며, 동시에 이행청구권의 존재를 확인하여 이점에 관하여 기판력(既判力)이 발생한다.

의사의 진술을 구하는 청구 중 등기신청에 관한 의사표시를 명한 확정된 이행판결을 등기원인을 증명하는 서면으로 하여 등기신청을 한 경우 그 신청이 부동산등기법 제29조 각 호의 1에 해당하여 등기관이 이를 각하하는 사례가 있는바, 이와 같이 부동산등기에 관하여 의사의 진술을 명한 확정된 이행판결에 기판력은 있으나 집행력이 없어 그 판결에 의한 등기의 집행이 불능으로 되는 판결을 "집행불능판결(執行不能判決)"이라고 한다.

우리나라의 부동산등기법은 등기신청에 대한 등기관의 심사권에 관하여 형식적 심사주의(形式的 審査主義)를 취하여 등기신청을 부적법이라 하여 각하할 수 있는 경우를 형식적·한정적으로 규정하고 있다(법 제29조).

등기관의등기신청에 대한 심사권(審査權이)란 등기부에 허위의 등기가 행하여지는 것을 막고 실체관계와 부합하는 등기가 이루어지도록 등기관이 등기신청의 적법 여부를 심사할 수 있는 권한을 말한다. 등기관의 등기신청에 대한 심사권한 범위에 관한 입법주의에는 형식적 심사주의와 실질적 심사주의가 있으며, 부동산등기법은 형식적 심사주의를 채택하고 있다(법 제 29조).

따라서 등기관은 등기신청서 및 그 첨부서류와 등기부에 의하여 등기요건의 충족 여부를 형식적으로 심사하여야 하며, 그 결과 부동산등기법 제29조 각호의 1에 해당하는 경우에 한하여 이유를 기재한 결정으로써 등기신청을 각하(却下) 하여야 한다. 다만, 신청의 잘못된 부분이 보정될 수 있는 경우로서 신청인이 등기관이 보정을 명한 날의 다음 날까지 그 잘못된 부분을 보정하였을 때에는 그러하지 아니하다.

판결서를 첨부서면으로 한 등기신청을 접수한 등기관으로서는 등기신청에 필요한 서면이 모두 제출되었는지 여부, 그 서면 자체에 요구되는 형식적 사항이 구비되었는지 여부, 특히 확정된 판결서의 당사자 및 주문의 표시가 등기신청의 적법함을 뒷받침하고 있는지 여부 등을 제출된 서면과 등기부의 상호 대조 등의 방법으로 모두 심사한 이상 그 형식적 심사의무를 다하였다고 할 것이고, 위 판결서에 법률이 정한 기재 사항이 흠결되어 있거나 조잡하게 기재되어 있는 등 그 외형과 작성방법에 비추어 위조된 것이라고 쉽게 의심할 만한 객관적 상황도 존재하지 않는 경우, 등기관이 판결서의 기재사항 중 신청된 등기의 경료와 직접적으로 관련되어 있는 것도 아니고, 그 기재 방법의 차이로 인하여 판결의 효력에 어떠한 영향도 주지 않는 기재 사항까지 일일이 검토하여 그것이 재판서 양식에 관한 예규 및 일반적인 작성 관행 등에서 벗어난 것인지 여부를 파악한 다음 이를 토대로 그 위조 여부에 관하여 보다 자세한 확인을 하여야 할 주의의무가 있다고는 할 수 없다(대판 2005. 2. 25. 2003다13048).

## 1. 등기신청의 각하사유

등기관은 등기신청에 대한 조사를 한 결과 그 신청이 적법하면 이를 수리하여 등기를 실행하며, 등기신청이 부동산등기법 29조 각 호의 사유 중 어느 하나에 해당하고 그 사유가 보정할 수 없는 사항이거나 신청인이 보정하지 아니할 때에는 이유를 적은 결정으로써 각하처분을 하여야 한다. 각하(却下)란 등기신청에 대하여 등기관이 등기기록에 기록하는 것을 거부하는 '소극적 처분(消極的 處分)'을 말하며, 이로써 해당 등기신청 절차는 종료한다.

각하사유에 해당하지 않는 등기신청에 대하여는 등기를 거부할 수 없다. 즉 등기신청에 대해서는 등기관의 자유재량에 의한 판단이 인정되지 않는다.

등기관은 다음 각 호의 어느 하나에 해당하는 경우에만 이유를 적은 결정으로 신청을 각하하여야 한다. 다만, 신청의 잘못된 부분이 보정될 수 있는 경우로서 신청인이 등기관이 보정을 명한 날의 다음 날까지 그 잘못된 부분을 보정하였을 때에는 그러하지 아니하다(법 제29조). 부동산등기법 제29조에 규정된 각하사유는 예시가 아니라 한정적 열거로 본다. 등기신청에 대한 각하사유는 아래와 같다.

(1) 사건이 그 등기소의 관할이 아닌 경우
(2) 사건이 등기할 것이 아닌 경우

### (가) '사건이 등기할 것이 아닌 때'의 의의
부동산등기법 제29조 제2호에서 규정하고 있는 '사건이 등기할 것이 아닌 때'라 함은 등기신청이 그 신청취지 자체에 의하여 법률상 허용될 수 없음이 명백한 경우를 말하며(대법원 1972. 11. 29. 72마776, 1980. 7. 10. 8마150, 1984. 4. 6. 84마99, 1987. 2. 9. 87마.37, 1988. 2. 24. 87마469, 2012. 5. 10. 2012마180), 이에 해당하는 경우에는 등기관의 잘못으로 등기가 마쳐졌다 하더라도 그 등기는 그 자체가 어떠한 의미도 가지지 않는 무효의 등기이기 때문에 등기관은 직권으로 그 등기를 말소하게 된다(대판 2000. 9. 29. 2000다29240).

### (나) 사건이 등기할 것이 아닌 경우
부동산등기법 제29조 제2호에서 "사건이 등기할 것이 아닌 경우"란 다음 각 호의 어느 하나에 해당하는 경우를 말한다(규칙 제52조).

① 등기능력 없는 물건 또는 권리에 대한 등기를 신청한 경우
② 법령에 근거 없는 특약사항의 등기를 신청한 경우
③ 구분건물의 전유부분과 대지사용권의 분리처분금지에 위반한 등기를 신청한 경우
④ 농지를 전세권설정의 목적으로 하는 등기를 신청한 경우
⑤ 저당권을 피담보채권과 분리하여 양도하거나, 피담보채권과 분리하여 다른 채권의 담보로 하는 등기를 신청한 경우
⑥ 일부지분에 대한 소유권보존등기를 신청한 경우
⑦ 공동상속인 중 일부가 자신의 상속지분만에 대한 상속등기를 신청한 경우
⑧ 관공서 또는 법원의 촉탁으로 실행되어야 할 등기를 신청한 경우
⑨ 이미 보존등기 된 부동산에 대하여 다시 보존등기를 신청한 경우
⑩. 그 밖에 신청취지 자체에 의하여 법률상 허용될 수 없음이 명백한 등기를 신청한 경우

(3) 신청할 권한이 없는 자가 신청한 경우

(4) 법제24조 제1항 제1호에 따라 등기를 신청할 때에 당사자나 그 대리인이 출석하지 아니한 경우

(5) 신청정보의 제공이 대법원규칙으로 정한 방식에 맞지 아니한 경우

(6) 신청정보의 부동산 또는 등기의 목적인 권리의 표시가 등기기록과 일치하지 아니한 경우

(7) 신청정보의 등기의무자의 표시가 등기기록과 일치하지 아니한 경우. 다만, 법제27조에 따라 포괄승계인이 등기신청을 하는 경우는 제외한다.

(8) 신청정보와 등기원인을 증명하는 정보가 일치하지 아니한 경우

(9) 등기에 필요한 첨부정보를 제공하지 아니한 경우

(10) 취득세(지방세법 제20조의2에 따라 분할납부하는 경우에는 등기하기 이전에 분할납부하여야 할 금액을 말한다), 등록면허세(등록에 대한 등록면허세만 해당한다) 또는 수수료를 내지 아니하거나 등기신청과 관련하여 다른 법률에 따라 부과된 의무를 이행하지 아니한 경우

(11) 신청정보 또는 등기기록의 부동산의 표시가 토지대장·임야대장 또는 건축물대장과 일치하지 아니한 경우

## 2. 집행불능판결에 의한 등기신청의 각하사유

제4장 제1절 "집행불능판결의 유형"에서 본바와 같이 의사의 진술을 구하는 청구에 대한 원고승소의 확정판결이 집행불능판결에 해당될 때 그 판결을 등기원인증서로 하여 등기신청을 한 경우 그 등기신청은 부동산등기법 제29조 제2호, 제6호, 제7호, 제9호 등에 해당되어 등기관이 이를 각하하게 되는바, 이와 같은 집행불능판결에 의한 등기신청의 각하사유는 아래와 같다.

### 가. 사건이 등기할 것이 아닌 경우(법 제29조 2호)

'사건이 등기할 것이 아닌 경우'라고 함은 등기신청이 그 취지자체에 있어서 법률상 허용 될 수 없음이 명백한 경우를 말한다(대법원 1972. 11. 29. 72마776, 1980. 7. 10. 80마150, 1984. 4. 6. 84마99, 1988. 2. 24. 87마469, 2000. 9. 29. 2000다29240). 집행불능판결을 등기원인증서로 한 등기신청이 '사건이 등기할 것이 아닌 때'에 해당되어 각하되는 사례는 아래와 같다.

① 부기등기만의 말소를 명한 판결에 의한 등기신청(대판 2000. 10. 10. 2000다 19526).
② 예고등기만의 말소를 명한 판결에 의한 등기신청(대법원 1983. 6. 18. 83마200 결정, 1987. 3. 20. 87마카3).
③ 공유부동산에 대하여 5년을 넘는 기간의 불분할약정의 등기(민법 제268조 제2항).
④ 지역권을 요역지와 분리하여 양도하거나 다른 권리의 목적으로 하는 등기(민법 제292조 제2항).
⑤ 농지를 목적으로 하는 전세권설정등기(민법 제303조 제2항).
⑥ 저당권을 피담보채권과 분리하여 양도하거나 다른 채권의 담보로 하는 등기(민법 제361조).
⑦ 실명등기 유예기간경과 후 명의신탁해지를 원인으로 한 소유권이전등기신청(대법원 1997. 5. 1. 97마 384결정).
⑧ 공동상속인 중 일부 상속인의 상속등기(대법원 1995. 2. 22. 94마 2116, 1995. 4. 7. 93다 94736, 2010. 2. 25. 2008다96963. 96970).

⑨ 등기명의인 2인을 1인으로 경정하는 등기명의인 표시경정등기(대법원 1981. 11. 6. 80마592, 1996. 4. 12. 95다33214).

⑩ 합유명의인 표시변경등기를 명할 것을 합유자의 상속인명의로 상속등기를 명한 판결에 의한 등기신청(대판 1996. 12. 10. 96다23238).

⑪ 공유지분에 대한 전세권말소등기를 명한 판결에 의한 등기(등기예규 제1351호. 등기선례 6권 315항).

⑫ 가등기의 본등기금지의 가처분등기촉탁(대법원 1978. 10. 14. 78마282).

## 나. 신청정보의 부동산 또는 등기의 목적인 권리의 표시가 등기기록과 일치하지 아니한 경우(법 제29조 6호)

개정 부동산등기법 제29조 제6호에서 '신청정보의 부동산의 표시란' '신청서에 기재된 부동산의 표시(규칙 제43조 제1항 제1호 참조)'를 의미한다. 신청정보의 부동산 또는 등기의 목적인 권리의 표시자체가 등기부(등기기록)의 기재와 서로 다를 때에는 신청서의 기재가 실체관계와 부합할지라도 기존등기에 대하여 변경등기를 하지 않으면 그 신청은 허용되지 않는다.

위 각하사유는 부실등기의 발생을 예방하기 위해 어떤 부동산(규칙 제43조 제1항 제1호)에 대해 또는 어떤 권리(법 제3조, 법 제48조 제1항)에 대해 등기를 신청하는 것인가를 분명히 하기 위한 것이다. 신청서에 기재된 부동산의 표시 또는 등기의 목적인 권리의 표시와 등기기록상 표시의 부합 정도에 대하여 등기관이 형식적으로 판단한다. 즉 양자의 동일성이 인정되고 실체관계와는 부합하더라도 양 표시가 일치하지 않으면 먼저 등기기록상의 표시를 변경·경정하도록 하고 있다.

등기신청절차이행을 명하는 확정된 이행판결을 등기원인증서로 하여 등기신청을 할 경우 그 판결주문에 명시된 등기할 부동산의 표시(소재와 지번, 지목, 면적, 건물의 종류, 구조와 면적, 구분건물의 대지권 등 ) 또는 등기의 목적인 권리의 표시(법 제3조)가 등기부

(등기기록)와 일치하지 아니하는 때에는 판결경정결정(민소법 제211조)을 받지 못하면 '신청정보의 부동산의 표시 또는 등기의 목적인 권리의 표시가 등기기록과 일치하지 아니한 경우'(법 제29조 6호)에 해당되어 그 등기신청은 각하된다.

그러나 전혀 다른 부동산이 아니라 부동산표시에 변경이 생긴 경우에는 다음과 같이 처리한다.

## (1) 부동산의 표시가 등기기록과 일치하지 아니한 경우

부동산의 표시라 함은 토지의 경우에는 소재와 지번, 지목과 면적을 말하며, 건물의 경우에는 소재, 지번 및 건물번호, 건물의 종류, 구조와 면적, 구분건물에 대지권이 있는 경우에는 대지권의 목적인 토지 및 대지권의 표시를 말한다(규칙 제43조 제1항 제1호).

### (가) 부동산의 표시변경사유가 변론종결 이전에 발생한 경우

사실심 변론종결 전에 분할, 지목변경 등으로 그 부동산의 표시에 변경이 있었던 경우에는 먼저 판결경정에 의하여 부동산의 표시를 대장상의 표시와 일치시킨 다음 분필등기 등을 거쳐(원고의 대위신청도 가능)판결에 의한 등기를 신청할 수 있다(등기선례 4권 229항).

### (나) 부동산의 표시변경사유가 변론종결 이후에 발생한 경우

변론종결 후 부동산의 표시에 변경이 발생한 경우에는 판결경정절차 없이 변경전후의 부동산이 동일한 것이라는 소명자료(토지대장등본. 건축물대장등본 등)를 첨부하여 판결에 의한 등기신청을 할 수 있다.

## (2) 등기의 목적인 권리의 표시가 등기기록과 일치하지 아니한 경우

신청정보(등기신청서)의 등기의 목적인 권리의 표시라 함은 등기신청서에 기재된 등기의 목적인 소유권, 지상권, 지역권, 전세권, 저당권, 권리질권, 채권담보권, 임차권을 말하며(법 제3조), 이러한 권리의 표시가 등기기록과 일치하자 아니한 경우를 말한다.

## 다. 신청정보의 등기의무자의 표시가 등기기록과 일치하지 아니한 경우(법 제29조 7호 전단)

신청서상 등기의무자의 표시와 등기기록상 등기의무자의 표시가 일치하지 아니한 경우에는 본 호에 의하여 각하하여야 한다.

신청정보(등기신청서)의 '등기의무자의 표시'라 함은 등기신청서 또는 등기원인을 증명하는 서면인 판결에 표시된 등기의무자(피고)의 성명, 주민등록번호, 주소 등을 말하며, 이것이 등기기록(등기부)과 일치하지 아니한 경우 판결경정허가를 받거나 등기의무자가 동일인임을 증명하는 동일인 증명서{동일인 증명서에는 동일인임을 보증하는 자의 인감증명서 기타 보증인의 자격을 인정할 만한 서면인 공무원 재직증명서, 법무사 인가증 사본 등을 함께 제출하여야 한다. 등기예규 제1421호2. 다. (3)}등을 첨부하여야 하나, 구체적인 사건에서 이러한 서면에 의한 동일인의 인정여부(등기신청의 수리여부)는 등기관이 판단할 사항이다(등기선례 제3권 672항, 제4권 362항, 제5권 543항 등).

등기 후에 등기의무자의 표시가 변경되었거나 기존 등기에 착오 또는 누락이 있는 경우에는 등기명의인표시 변경등기 또는 경정등기를 하여 등기기록의 표시를 변경·경정한 후에 새로운 등기를 하여야한다.

따라서 등기원인증서인 판결정본에 기재된 등기의무자인 피고의 표시가 등기부상의 기재와 일치하지 아니하는 경우에 판결경정을 받지 못하거나 동일인증명서를 등기관이 인정하지 아니할 때에는 그 판결에 의한 등기의 집행은 불능으로 된다.

부동산등기법상 등기신청인(등기권리자와 등기의무자)의 주민등록번호는 등기신청서(규칙 제43조 제1항 2호) 및 등기부(법 제48조 제2항, 제3항)의 필요적 기재사항으로 규정되어 있으나, 민사소송법상 당사자의 주민등록번호는 소장(민소법 제249조 제1항, 274조 제1항 1호) 및 판결서(동법 제208조 제1항 1호)의 필요적 기재사항이 아니므로 판결에 의한 등기의 집행(집행불능판결의 예방)을 위하여 당사자의 주민등록번호를 소장과 판결서의 기재사항으로 하는 '민사소송법의 개정'이 필요하다고 본다.

## (1) 등기명의인 표시의 변경(경정)등기의 선행

판결에 의하여 등기를 신청하는 경우 판결에 표시된 등기의무자의 표시가 등기부와 부합하지 아니한 때에는 그 등기신청은 각하 되므로(법 제29조 7호 전단), 판결서에 기재된 등기의무자의 성명, 주민등록번호, 주소 등이 등기부와 부합하지 아니한 경우에는 등기신청인은 등기명의인의 표시변경 또는 경정의 등기를 신청하거나 판결경정결정을 받아 일치시킨 후 등기신청을 하여야 한다.

## (2) 고유 필수적 공동소송인의 누락

고유 필수적 공동소송(민소법 제67조)으로 보는 공유물분할 소송(대판 2001. 7. 10. 99다 31124. 2003. 12. 12. 2003. 다 44615. 44622), 합유부동산에 관한 소송(대판 1983. 10. 25. 83다카850. 1991. 6. 25. 90누5184. 1996. 12. 10. 96다23238), 총유부동산에 관한 소송(대판 1995. 9. 5. 95다 21303. 2005. 9. 15. 2004다44971)에서는 등기부상의 소유자인 공유자 또는 합유자 전원이 공동으로 원고 또는 피고가 되지 않으면 당사자 적격을 잃어 소가 부적법하게 된다.

따라서 변론종결 당시의 등기부상의 공유자 또는 합유자 전원을 당사자로 하여야 할 뿐만 아니라 그 소는 공유자 등 전원에 대하여 합일적으로 확정되어야 하므로 당사자 중 일부가 누락된 판결에 의한 등기신청은 '신청정보의 등기의무자의 표시가 등기기록과 일치하지 아니하는 경우'(법 제29조 7호 전단)에 해당되어 등기관은 그 등기신청을 각하하게 된다.

## 라. 등기에 필요한 첨부정보를 제공하지 아니한 경우(신청서에 필요한 서면을 첨부하지 아니한 때. 법 제29조 9호)

### (1) 등기에 필요한 첨부정보(등기신청에 필요한 서면)의 의의

'등기신청에 필요한 첨부정보'(등기신청에 필요한 서면)라 함은 등기신청에 필요한 서면을 규정한 부동산등기규칙 제46조 각항에 규정된 서면인 등기원인증서, 제3자의 허가 또는 승낙 등을 증명하는 서면(예 :등기의 말소 또는 말소된 등기의 회복을 신청하는 경우에 그 말소 또는 말소된 등기의 회복에 대하여 등기상 이해관계 있는 제3자의 승낙을 증명하는 서면, 농지취득 자격증명, 토지거래 허가증, 외국인의 토지취득 허가증 등), 위임장, 주민등록 등초본, 대장(토지. 임야. 건축물)등본 등을 말한다.

등기신청서에 일정한 서면을 첨부하게 한 것은 그 신청이 실체적 권리관계나 사실관계와 부합하고 있는가 또는 신청당사자의 진의에서 나온 것인가를 등기관이 형식적으로 확인할 수 있도록 하기 위한 것이다.

등기절차이행을 명하는 확정된 이행판결에 의하여 등기를 신청할 경우에는 등기신청서에 등기원인증서로서 이행판결정본 및 판결확정증명서 등을 첨부하여야 하며, 외국판결, 중재판정 등을 등기원인증서로 한 등기신청의 경우에는 집행판결을 첨부하여야 한다. 등기의 말소 또는 회복등기를 신청하는 경우에 말소 또는 회복에 대하여 등기상 이해관계 있는 제3자가 있을 때에는 등기의 말소 또는 회복에 대한 제3자의 승낙서 등을 첨부하여야 한다.

### (2) 가집행선고 있는 판결에 의한 등기신청의 가부(소극)

법 제23조 제4항의 판결 및 민사집행법 제263조 제1항의 판결은 등기신청절차의 이행을 명하는 확정된 이행판결이어야 하며(등기예규 제1383호 2. 가. 1).), 부동산에 관한 등기신청의사의 진술을 명한 판결이 확정된 때에는 그 판결로 의사를 진술한 것으로 본다(민사집행법 제263조 제1항).

따라서 확정되지 아니한 가집행선고가 붙은 판결에 의하여 등기를 신청한 경우에는 부동산등기법 제29조 제9호(판결확정증명서를 첨부하지 아니함)에 의하여 각하 하여야 한다. 가집행선고 있는 소유권이전등기절차이행판결에 의한 등기신청이 있을 때라도 신청서에 첨부된 판결이 확정판결이 아니면 등기관은 그 신청을 각하하여야 한다(등기예규 제1383호 2. 나).

### (3) 등기의 말소 또는 말소등기의 회복등기신청 시 등기상 이해관계 있는 제3자의 승낙서를 첨부하지 아니한 경우

등기의 말소를 신청하면서 구부동산등기법 제171조(현행법 제57조 제1항)에 위배하여 이해관계 있는 제3자의 승낙서 또는 재판의 등본을 첨부하지 아니하였다면 이는 부동산등기법 제55조(현행법 제29조) 제8호(현행법 제9호)의 '신청에 필요한 서면을 첨부하지 아니한 때'에 해당하고 제55조(현행법 제29조) 제2호의 '사건이 등기할 것이 아닌 때'에 해당한다고는 볼 수 없다(대법원 1967. 11. 29. 67마1092).

#### (가) 등기상 이해관계 있는 제3자가 있는 등기의 말소절차

##### 1) 등기상 이해관계 있는 제3자의 승낙서 첨부

등기의 말소를 신청하는 경우에 그 말소에 대하여 등기상 이해관계 있는 제3자가 있을 때에는 제3자의 승낙이 있어야 한다(법 제57조 제1항). 등기의 말소를 명한 판결주문에 등기상 이해관계 있는 제3자의 승낙의 의사표시가 누락된 판결에 의한 등기신청의 경우 그 판결에 의한 등기의 집행을 하기 위하여는 확정판결정본 외에 제3자로부터 위 등기의 말소에 대한 승낙서를 별도로 첨부(동 승낙서에는 승낙인의 인감도장을 날인하고 그의 인감증명을 별도로 첨부하여야 한다. 규칙 제60조 제1항 7호)하여야 한다.

##### 2) 제3자의 승낙 없이 등기가 말소된 경우 말소등기의 효력(무효)

등기의 말소를 신청하는 경우에 그 말소에 대하여 등기상 이해관계 있는 제3자가 있는 때에는 신청서에 그 승낙서 또는 이에 대항할 수 있는 재판의 등본을 첨부하도록 규정하고 있으므로, 이해관계 있는 제3자의 승낙서 등을 첨부하지 아니한 채 말소등기가 이루어진 경우 그 말소등기는 제3자에 대한 관계에 있어서는 무효이다(대판 1996. 8. 20. 94다58988).

### (나) 등기상 이해관계 있는 제3자가 있는 말소등기의 회복

말소된 등기의 회복을 신청하는 경우에 등기상 이해관계 있는 제3자가 있을 때에는 그 제3자의 승낙이 있어야 한다(법 제59조).

따라서 말소된 등기의 회복을 명한 판결주문에 등기상 이해관계 있는 제3자의 승낙의 의사표시가 누락된 판결에 의한 등기신청의 경우 그 판결에 의한 등기의 집행을 하기 위하여는 확정판결정본 외에 별도로 그 제3자의 승낙서(승낙서에는 승낙인의 인감도장을 날인하고 그의 인감증명서를 첨부하여야 한다)를 첨부하여야 하며, 승낙서를 첨부하지 아니한 경우에는 '신청서에 필요한 서면을 첨부하지 아니한 때'(법 제29조 제9호)에 해당되어 그 신청은 각하된다.

## (4) 집행판결(외국판결이나 중재판정)을 첨부하지 아니한 경우

외국판결이나 중재판정에 기초한 등기의 집행을 하기 위하여는 집행판결을 청구하는 소를 제기하여 집행판결을 받아 집행판결정본을 등기신청서에 함께 첨부하여야만 단독으로 등기를 신청할 수 있다(민사집행법 제26조, 중재법 제37조, 등기예규 제1383호 2. 다 2).

따라서 외국판결이나 중재판정에 기초한 등기신청서에 집행판결정본을 첨부하지 아니한 등기신청은 '등기신청에 필요한 서면을 첨부하지 아니한 때'에 해당되어 그 등기신청은 각하된다(법 제29조 9호).

# 제3절 집행불능판결의 예방

집행불능판결의 예방을 위하여는 부동산등기에 관하여 의사의 진술을 구하는 청구(민사집행법 제263조 제1항)의 소장을 작성하거나 그 청구를 인용하는 판결을 함에 있어 아래와 같은 점에 특히 유의하여야 한다.

## 제1관 소장의 정확한 기재

소장에는 당사자와 법정대리인, 청구의 취지와 원인을 적어야 하며, 소장에는 준비서면에 관한 규정(민소법 제274조)을 준용한다(민소법 제249조). 소장의 기재사항 중 소장으로서 효력을 발생하기 위하여 반드시 기재하여야 할 사항(필요적 기재사항)으로 당사자, 법정대리인, 청구의 취지, 청구원인이 있다.

### 1. 당사자(피고)표시의 정확성(당사자적격)

민사소송에서 당사자(민소법 제51조)란 자기의 이름으로 국가의 권리보호를 요구하는 사람(원고)과 그 상대방(피고)을 말하며, 판결절차에서 당사자(민소법 제208조 제1항 제1호)는 자기의 이름으로 판결을 요구하는 사람(원고) 및 그 상대방(피고)이다.

### 가. 당사자의 주민등록번호(또는 부동산등기용 등록번호) 및 피고의 등기부상의 주소병기(倂記)

#### (1) 소장의 기재사항

부동산등기에 관하여 의사의 진술을 구하는 청구(민사집행법 제263조 제1항 참조)에 있어서는 등기신청의사의 내용(즉, 등기할 부동산의 표시, 등기원인 및 그 연월일, 등기의 목적, 등기의 말소 또는 말소된 등기의 회복에 대한 등기상 이해관계 있는 제3자의 승낙의 의사표시 등)이 청구취지에 명확히 특정되어야 그 확정판결에 의한 등기의 집행을 할 수 있으므로, 등기신청 의사 중 등기권리자(원고)와 등기의무자(피고)의 성명, 주민등록번호, 주소(특히 피고의 등기부상의 주소와 현주소가 일치하지 아니할 경우에는 등기부상의 주소를 병기하여야 한다. 부동산등기법 제48조 제2항 참조)를 소장의 당사자 표시란에 명료하게 표시하여 당사자를 특정하여야 한다.

### (2) 등기권리자의 주민등록번호(등기신청서 및 등기부의 필요적 기재사항)

부동산등기법 중 개정법률(1983. 12. 31. 법률 제3692호)에 의하여 허무인명의 등기의 방지를 위하여 모든 부동산등기에 등기권리자의 주민등록번호(개인에 한함)를 성명에 병기(시행일 1984. 7. 1)하도록 하였다.

즉 등기권리자의 '주민등록번호'는 부동산등기법상 등기신청서(규칙 제43조 제1항 제2호. 등기예규 제1334호 별표 양식 참조) 및 등기부(법 제48조 제2항 참조)의 필요적 기재사항이므로 등기신청 의사의 진술을 구하는 청구의 청구취지 및 그 청구인용의 확정판결에 반드시 당사자의 주민등록번호가 명시되어 있어야 한다.

### (3) 부동산등기용 등록번호

등기권리자의 '부동산등기용등록번호'는 부동산등기법 중 개정법률(1986. 12. 23. 법률 제3859호. 시행일 : 1987. 3. 1)에 의하여 개인의 주민등록번호가 등기신청서 및 등기부의 필요적 기재사항으로 된 것과 보조를 맞추어 국가, 지방자치단체, 국제기관, 외국정부, 외국인, 법인 아닌 사단이나 재단, 주민등록번호가 없는 재외국민(등기예규 제1393호. 2. 나. (2) 참조)에게 부여하여 이를 등기하도록 하였다.

따라서 부동산등기용 등록번호(법 제49조)는 개인의 주민등록번호와 같이 등기신청서(규칙 제43조 제1항. 제2호, 등기예규 제1334호 별표 양식) 및 등기부(법 제48조 제2항)의 필요적 기재사항으로 하여 등기권리자의 성명 또는 명칭에 병기하도록 하였다.

## (4) 재판서 양식에 관한 예규

재판서 양식에 관한 예규(재일 2003-12. 재판예규 제930호. 2003. 9. 17.)는 민사 · 가사 · 행정 등 재판서, 화해조서 등에 있어서 기록상 당사자의 주민등록번호를 알 수 있는 경우에는 당사자의 한글성명 옆에 괄호하고 그 안에 주민등록번호를 기재한다고 규정하고 있다. 즉 재판서의 "당사자의 표시방법"은 아래와 같다(재판예규 제930호.3).

(가) 원 · 피고, 참가인 또는 피고인 등 다음에 한글성명은 석자 간격을 두고 쓰고 한자 띄어 괄호하고 그 안에 한자를 병기한다.

(나) (1) 형사, 감호, 감치, 과태료재판에 있어서 기록상 피고인, 피감호청구인 위반자 (이하 "피고인 등"이라 한다.)의 주민등록번호를 알 수 있는 경우에는 한자성명을 병기하지 아니하고, 한글성명 아래 주민등록번호를 기재한다.

　　예 : 피고인 겸 ○ ○ ○, 직업

　　　　피감호청구인 010101-1234567

　　　　　　주 거

　　　　　　본 적

　　(2) 기록상 피고인 등의 주민등록번호를 알 수 없는 경우에는 성명아래 생년월일을 기재한다.

　　예 : 피고인 겸 ○  ○  ○(한자성명) 직업

　　　　피감호청구인 1901. 1. 1. 생

　　　　　　주 거

　　　　　　본 적

(다) 민사 · 가사 · 행정 · 특허사건의 재판서 또는 화해 · 조정 · 포기 · 인낙조서 등에 있어서 기록상 당사자의 주민등록번호를 알 수 있는 경우에는 당사자의 한자 성명을 병기하지 아니하고 한글 성명 옆에 괄호하고 그 안에 주민등록번호를 기재한다.

(라) (1)재판장은 필요한 경우에는 원고 또는 신청인에게 당사자 쌍방의 주민등록표등 · 초본의 제출을 명할 수 있다.

(2) 재판장은 필요한 경우에는 당사자 쌍방에게 주민등록증·운전면허증 등 주민등록번호가 기재된 공문서 및 그 사본의 제출을 명할 수 있다. 이 경우 담임법원사무관등은 이를 대조하여 사본에 인인한 후 기록에 편철하고 원본은 반환하여야 한다.

(3) 재판장은 필요한 경우에는 당사자 쌍방에게 주민등록증·운전면허증 등 주민등록번호가 기대된 공문서의 제시를 명하고, 담임 법원사무관등에게 당사자의 주민등록번호를 조서에 기재하게 할 수 있다.

◆ **당사자 기재례**

> 원고  홍길동(000000-0000000)
>    서울 00구 00동 000번지(우: 000-000)
>
>
> 피고 김갑동(000000-0000000)
>    서울 00구 00동 00번지
>    등기부상 주소 : 00도 00군 00면 00리 00번지

## 나. 고유필수적 공동소송의 당사자 표시

필수적 공동소송{필수적 공동소송이라 함은 공동소송인사이에 합일확정을 필수적으로 요하는 공동소송을 말한다(민소법 제67조)} 은 소송공동이 강제되느냐의 여부에 의하여 고유필수적 공동소송과 유사필수적 공동소송으로 분류된다.

'고유필수적 공동소송(固有必須的 共同訴訟)'이라 함은 소송공동이 법률상 강제되고, 또 합일확정의 필요가 있는 공동소송으로서 여러 사람에게 소송수행권이 공동으로 귀속되어 여러 사람이 공동으로 원고 또는 피고가 되지 않으면 당사자 적격을 잃어 소(訴)가

부적법해 지는 경우이다(민사소송법 제67조). 공유물분할의 소, 합유관계 소송, 총유관계 소송 등이 이에 해당된다.

'유사필수적 공동소송(類似必需的 共同訴訟'이란 소송공동은 강제되지 않으나 합일확정의 필요가 있는 공동소송이다. 즉 여러 사람이 공동으로 원고 또는 피고가 되어야 하는 것은 아니고 개별적으로 소송을 할 수 있지만, 일단 공동소송인으로 된 이상 합일확정이 요청되어 일률적으로 소송을 하여야 할 공동소송(우연필수적 공동소송)이다.

## (1) 공유물분할의 소

물건이 지분에 의하여 수인의 소유로 된 때의 소유관계를 '공유(共有)'라 하며 공유자의 지분은 균등한 것으로 추정한다(민법 재262조). 공유자(共有者)는 그 지분을 처분할 수 있으나(민법 제263조) 다른 공유자의 동의 없이 공유물을 처분하거나 변경하지 못한다(민법 제264조).

### (가) 공유물분할의 대상

민법 제268조가 규정하는 공유물의 분할은 공유자 상호간의 지분의 교환 또는 매매를 통하여 공유의 객체를 단독소유권의 대상으로 하여 그 객체에 대한 공유관계를 해소하는 것을 말하므로 분할의 대상이 되는 것은 어디까지나 공유물에 한한다(대판 2002. 4. 12. 2002다4580).

### (나) 공유물의 보존행위

### 1) 공유자의 원인무효등기의 말소청구 및 멸실회복 등기신청

공유물의 관리에 관한 사항은 공유자의 지분의 과반수로써 결정하나 보존행위(保存行爲)는 각자가 할 수 있다(민법 제265조). 따라서 공유물에 대한 보존행위는 공유자 각자가 단독으로 할 수 있다(대판 1960. 7. 7. 4292민상462).

토지의 공유지분권자 중 1인은 그 토지에 관한 보존행위로서 위 토지에 원인 없이 경료 된 이전등기 또는 가등기의 명의자에 대하여 단독으로 그 각 등기의 말소등기이행을 청구 할 수 있다(대판 1971. 7. 27. 71다1265. 1993. 5. 11. 92다52870).

부동산공유자 중 1인은 공유물에 대한 보존행위로서 공유물에 관한 원인무효등기의 말소청구를 할 수 있으며(대판 1971. 11. 30. 1다1831. 1982. 3. 9. 81다464), 공동상속재산은 상속인들의 공유이고, 또 부동산의 공유자인 한 사람은 그 공유물에 대한 보존행위로서 그 공유물에 관한 원인무효등기의 전부의 말소를 구할 수 있다(대판 1996. 2. 9. 94다61694).

공유지분이 과반수에 미달하는 공유자도 공유물의 보존행위로서 다른 공유자와의 협의 없이 공유물을 배타적으로 점유, 사용하고 있는 공유자에 대하여 공유물의 인도나 명도를 구할 수 있다(대판 1996. 12. 23. 95다48308). 수인이 공동으로 소유하는 부동산에 관한 멸실 회복등기는 공유자 중 1인이 공유자 전원의 명의로 그 회복등기신청을 할 수 있다(대판 1993. 7. 27. 92다50072).

### 2) 공유자의 진정명의회복을 원인으로 한 소유권이전등기청구

진정명의회복(眞正名義回復)을 원인으로 한 소유권이전등기청구권과 무효등기의 말소청구권은 진정한 소유자의 등기 명의를 회복하기 위한 것으로 그 목적이 동일하고 두 청구권 모두 소유권에 기한 방해배제청구권으로서 그 법적 근거와 성질이 동일하므로, 공유자 중 한 사람은 공유물에 경료 된 원인 무효의 등기에 관하여 각 공유자에게 해당 지분별로 진정명의회복을 원인으로 한 소유권이전등기를 이행할 것을 단독으로 청구할 수 있다(대판 2005. 9. 29. 2003다40651).

### (다) 형식적 형성의 소

공유물분할의 소(訴)는 공유자가 공유물의 분할을 청구할 수 있는 경우에 공유자간에 분할에 관한 협의가 조정되지 않기 때문에 재판상의 분할을 구하는 소송을 말한다(민법 제 267조 제1항). 즉 공유물분할의 소는 기존의 공유관계를 해소하여 분할된 부분에 대하여 공유자 각자의 단독소유권 또는 새로운 공유관계를 창설하는 판결을 구하는 소이므로 형성(形成)의 소(訴)이다.

법원의 판결에 의하여 공유물이 분할되는 경우를 '재판상의 분할'이라고 한다. 이 재판상의 분할의 경우에 있어서도 그 분할의 방법은 현물분할을 원칙으로 한다. 그러나 현물분할이 불가능하거나 분할로 인하여 현저히 그 가액이 감손될 염려가 있는 때에는 법원은 공유물의 경매를 명할 수 있다(민 269 ②). 경매를 명한 경우 그 대금을 분할하여야 한다.

우리나라의 통설 및 판례(대판 1991. 11. 12. 91다27228)는 공유물분할의 소는 법원이 요건사실의 인정과 그에 대한 법규의 적용이라는 법적판단을 거칠 수 없어 재량에 의하여 권리 또는 법률관계를 형성하지 않으면 안 되므로 그 본질이 '비송사건(非訟事件)'이라고 해석한다.

공유물분할의 소의 본질이 비송사건이라고 하여도 공유물분할절차에 관하여 비송사건절차법에는 어떠한 규정도 있지 않고 민법 제269조 제1항은 "분할의 방법에 관하여 협의가 성립되지 아니한 때에는 공유자는 법원에 그 분할을 청구할 수 있다"고 규정하고 있을 뿐이므로 공유물분할의 소는 민사소송법의 소송절차에 의할 수밖에 없어 형식적으로는 민사소송이라고 해석되어야 하므로 이런 의미에서 공유물분할의 소를 '형식적(形式的) 형성(形成)의소(訴)'라고 한다.

### (라) 필수적 공동소송

### 1) 필수적 공동소송의 의의 및 종류

필수적 공동소송(구법에서는 '필요적 공동소송'이라 함)이라 함은 판결이 공동소송인 전원에 대하여 합일적(合一的)으로 확정되어야 할 공동소송의 형태로서, 공동소송이 법률상 강제되고 합일확정의 필요가 있는 공동소송으로 공동소송인 전원이 공동으로 제소하거나 제소당하지 않으면 당사자적격을 잃어 부적법해지는 '고유필수적 공동소송'과, 공동소송이 강제되지 않으나 우연히 공동으로 제소하거나 제소 당하였을 때 법률상 합일확정의 필요가 생기는 '유사필수적 공동소송'의 두 종류가 있다.

## 2) 공유물분할청구(필수적 공동소송)

공유물분할청구는 공유자 모두에게 귀속된 분할권에 관한 소송이므로 분할을 구하는 공유자가 다른 나머지 공유자 전원을 공동피고로 하여야 한다(대판 2001. 7. 10. 99다31124. 2003. 12. 12. 2003다44165). 소송목적이 공동소송인 모두에게 합일적으로 확정되어야 할 필수적 공동소송의 경우에 공동소송인 가운데 한 사람의 소송행위는 모두의 이익을 위하여서만 효력을 가진다(민소법 제67조 제1항).

### - 판 례 -

**공동소송인 중 일부가 상소를 제기한 경우의 심판범위**

공유물분할청구의 소는 분할을 청구하는 공유자가 원고가 되어 다른 공유자 전부를 공동피고로 하여야 하는 고유필수적 공동소송이고, 공동소송인과 상대방 사이에 판결의 합일확정을 필요로 하는 고유필수적 공동소송에 있어서는 공동소송인 중 일부가 제기한 상소는 다른 공동소송인에게도 그 효력이 미치는 것이므로 공동소송인 전원에 대한 관계에 있어서 판결의 확정이 차단되고 그 소송은 전체로서 상소심에 이심되며, 상소심판결의 효력은 상소를 하지 아니한 공동소송인에게 미치므로 상소심으로서는 공동소송인 전원에 대하여 심리 · 판단하여야 한다(대판 2003. 12. 12, 2003다44615).

공유물분할의 소는 공유자 전원 사이에 있어서 기존의 법률관계를 폐기해서 각 분할부분에 대하여 각 공유자의 단독소유권 또는 일부 공유자들 사이의 새로운 공유관계를 창설하는 소이기 때문에 공유자 전원에 대하여 권리관계가 합일적으로 확정할 것을 요하는 필수적 공동소송이다.

즉 공유자 전원이 원고가 아니면 피고가 될 것을 요하며 원고인가 피고인가를 묻지 않고 당사자가 복수인 경우에는 항상 민사소송법 제67조의 필수적 공동소송의 법리가 적용된다. 판례도 공유물분할의 소는 고유 필요적 공동소송임을 명시한 이래 일관하고 있으며(대판 1968. 6. 25. 68다647), 통설 역시 이를 지지한다.

### 3) 필수적 공동소송인의 추가

법원은 민사소송법 제67조 제1항의 규정에 따른 공동소송인 가운데 일부가 누락된 경우에는 제1심의변론을 종결할 때까지 원고의 신청에 따라 결정으로 원고 또는 피고를 추가하도록 허가할 수 있다. 다만, 원고의 추가는 추가될 사람의 동의를 받은 경우에만 허가할 수 있다. 공동소송인이 추가 된 경우에는 처음의 소가 제기된 때에 추가된 당사자와의 사이에 소가 제기된 것으로 본다(민소법 제68조 제1항, 제3항).

### (마) 공유물분할 판결에 의한 등기절차

재판상 분할의 경우에는 민법 제187조의 규정에 의하여 공유물분할의 판결이 확정되면 등기를 하지 않아도 분할된 부분에 대하여 공유자는 단독소유권을 취득한다고 할 것이나 각 공유자가 분할된 각 부분을 타에 양도하기 위하여는 분할등기를 하지 않으면 안되기 때문에(민법 제187조 후단) 재판에 의한 공유물분할에 있어서도 '분할등기(分割登記)'를 마쳐야 공유물분할절차가 완전히 종료된다고 할 수 있다.

따라서 공유물분할의 판결이 확정되면 토지의 경우에는 분필(분할)등기, 건물의 경우에는 구분등기절차를 거친 다음 공유물분할을 원인으로 하여 단독소유로 하는 등기절차를 경료 하여야 한다.

공유물분할의 판결이 확정되거나 재판상 화해가 성립되면 공유자는 각자 분할된 부분에 대한 단독소유권을 취득하게 되는 것이므로, 그 소송의 당사자(원·피고에 관계없이)는 그 확정판결이나 화해조서를 첨부하여 등기권리자가 단독으로 공유물분할을 원인으로 한 '지분이전등기'를 신청할 수 있다(등기선례 제4권 21항. 제3권 56항).

'등기원인과 그 연월일'은 '0000년 0월 0일 공유물분할로', '등기의 목적'은 '공유물분할로 인한 소유권일부이전'으로, '이전할 지분'은 '공유자 000의 지분 전부'로 개재한다.


## (2) 합유관계 소송

### (가) 합유의 의의

합유(合有)라 함은 공동소유의 한 형태로 법률의 규정 또는 계약에 의하여 수인이 조합체로서 물건을 소유하는 때의 공동소유를 말한다(민법 제271조 제1항). 법률의 규정에 의하여 합유관계가 성립하는 예는 민법 제704조의 규정에 의한 조합재산의 합유와 신탁법 제50조의 규정에 의한 신탁재산이 있다.

합유는 조합재산을 소유하는 형태로 합유에 있어서도 공유에 있어서와 같이 합유자는 지분을 가지나 합유자의 지분은 공동목적을 위하여 구속되어 있어서 자유로이 처분하지 못하는 점에 있어서 공유지분과 다르다.

### (나) 합유물의 처분, 변경 및 합유지분의 처분과 합유물의 분할금기

합유자의 권리, 즉 지분은 합유물 전부에 미치며(민법 제217조 제1항 후단), 합유물의 처분, 변경은 물론 합유물에 대한 지분의 처분은 합유자 전원의 동의가 필요하다(민법 제272조, 제273조).

그러나 합유물 중 조합재산의 경우 그 처분·변경에 관한 행위는 조합의 특별사무에 해당하는 업무집행으로서, 이에 대하여는 특별한 사정이 없는 한 민법 제706조 제2항이 민법 제272조에 우선하여 적용되므로 조합재산의 처분·변경은 업무집행자가 없는 경우에는 조합원의 과반수로 결정하고, 업무집행자가 수인 있는 경우에는 그 업무집행자의 과반수로 결정하며, 업무집행자가 1인만 있는 경우에는 그 업무집행자가 단독으로 결정한다(대판 2010. 4. 29. 2007다18911).

합유물의 처분, 변경 및 합유지분의 처분권은 합유자 전원에게 공동으로 귀속된다. 따라서 합유물에 관한 소송수행권은 전원이 공동으로 행사할 것을 요하는 필수적 공동소송이다(대판 1967. 8. 29. 66다2200. 1983. 10. 25. 83다카850, 2012. 11. 29. 2012다44471).

합유의 경우에 각 합유자가 지니는 권리를 합유권(合有權)이라 하며, 합유권은 합유물 전부에 미친다(민법 제271조 제1항 후단). 합유자는 합유물에 대한 보존행위는 단독으로 할 수 있으나 합유물을 처분 또는 변경함에는 합유자 전원의 동의가 있어야 한다(민법 제272조). 합유자는 전원의 동의 없이 합유물에 대한 지분을 처분하지 못하며, 합유자는 합유물의 분할을 청구하지 못한다(민법 제273조). 합유는 조합의 해산 또는 합유물의 양도로 종료한다(민법 제274조 제1항).

- 판 례 -

**합유자 중 일부가 사망한 경우 소유권의 귀속**
부동산의 합유자 중 일부가 사망한 경우 합유자 사이에 특별한 약정이 없는 한 사망한 합유자의 상속인은 합유자로서의 지위를 승계하는 것이 아니므로 해당 부동산은 잔존 합유자가 2인 이상일 경우에는 잔존 합유자의 합유로 귀속되고 잔존 합유자가 1인인경우에는 잔존 합유자의 단독소유로 귀속된다(대판 1996. 12. 10, 96다23238).

### (다) 합유등기

등기할 권리가 합유인 때에는 그 뜻을 기록하여야 한다(부동산등기법 제48조 제4항). 등기할 권리자가 2인 이상인 경우에 등기할 권리가 합유일 때에는 합유라는 뜻을 신청정보의 내용으로 등기소에 제공하여야 한다(부동산등기규칙 제105조 제2항). 합유 등기절차는 등기예규 제911호에 규정되어 있다. 합유등기에 있어서는 등기부상 각 합유자의 지분을 표시하지 아니한다(등기예규 제911호).

### (라) 합유 부동산에 관한 소송

#### 1) 원칙(고유필수적 공동소송)

합유 부동산에 관한 소송은 합유자 전원이 원고가 아니면 피고가 되어야 하며, 원고인가 피고인가를 묻지 아니하고 당사자가 복수인 경우에는 민사소송법 제67조의 필요적 공동소송의 법리가 적용된다(민법 제274조 제2항).

합유로 소유권이전등기가 경료 된 부동산에 관하여 명의신탁해지를 원인으로 한 소유권이전등기절차의 이행을 구하는 소송은 합유물에 관한 소송으로서 고유필수적 공동소송에 해당하여 합유자 전원을 피고로 하여야 할 뿐 아니라 합유자 전원에 대하여 합일적으로 확정되어야 하므로 합유자 중 일부의 청구 인낙이나 합유자 중 일부에 대한 소의 취하는 허용되지 않는다(대판 1996. 12. 10. 96다23238).

#### 2) 예외(보존행위, 조합원의 개인적 책임에 관한 소송)

합유물에 관한 소송이라도 예외적으로 조합원 중 1인의 보존행위에 관한 소송(1997. 9. 9. 96다16896, 2013. 11. 28. 2011다80449), 각 조합원의 개인적 책임에 기하여 조합채무의 이행을 구하는 소송(대판 1991. 11. 22. 91다30705, 수동소송)은 필수적 공동소송이 아니다.

합유물에 관하여 경료 된 원인무효의 소유권이전등기의 말소를 구하는 소송은 합유물에 관한 보존행위로서 합유자 각자가 할 수 있다(대판1997. 9. 9. 96다46896).

### (3) 총유관계소송

#### (가) 총유의 의의

총유(總有)라 함은 '법인 아닌 사단'의 공동소유형태를 말 한다. 총유의 주체는 법인 아닌 사단, 즉 법인격 없는 인적 결합체이며, '권리능력 없는 사단', '종중'이 그 예이다. 법인 아닌 사단의 사원이 집합체로서 물건을 소유할 때에는 총유로 한다(민법 제275조 제1항).

### (나) 총유부동산의 관리, 처분 및 사용, 수익

총유물의 관리 및 처분은 사원총회의 결의에 의한다(민법 제276조 1항). 각 사원은 정관 기타 규약에 좇아 총유물을 사용, 수익할 수 있다(민법 제276조 제2항). 총유에 있어서 목적물의 '처분변경'에는 전원의 동의 또는 결의를 요하나 보존행위(保存行爲)는 각자 단독으로 할 수 있다(대판 1960. 5. 5. 4292민상191).

법인 아닌 사단의 재산은 사원의 총유에 속하는 것이므로 그 관리·처분은 먼저 사단의 규약에 정한 바가 있으면 이에 따라야 하고, 그 점에 관한 규약이 없으면 사원총회의 결의에 의하여야 하므로(대판 1994. 9. 30. 93다27703), 비록 대표자에 의한 재산의 처분이라고 하더라도 그러한 절차를 거치지 아니한 채 한 행위는 무효이다(1996. 8. 20. 96다18656, 200. 10. 27. 2000다22881).

### (다) 총유부동산에 관한 소송의 당사자 및 소송형태 (필수적 공동소송)

판례는 비법인사단의 총유재산에 관한 소송은 사단자체의 명의로 단일소송을 할 수 있는 외에 그 구성원 전원이 당사자로서 소송을 할 수 있으며, 이때의 소송은 필수적 공동소송이 된다고 하였다(1994. 5. 24. 92다50232, 1995. 9. 5. 95다21303).

법인 아닌 사단의 구성원 개인은 사단의 대표자라거나 사원총회의 결의를 거쳤다 하더라도 총유재산에 관한 소송의 당사자가 될 수 없고, 보존행위로서 소를 제기하는 경우에도 마찬가지이다(대판 2005. 9. 15.2004다44971).

교회의 총유재산에 관한 소송은 권리능력 없는 사단인 교회 자체의 명의로 하거나 그 교회 구성원 전원이 당사자가 되어 할 수 있을 뿐이고, 후자의 경우에는 필수적 공동소송이다(대판 1995. 9. 5. 95다21303).

총유재산에 관한 소송은 비법인 사단이 그 명의로 사원총회의 결의를 거쳐 하거나 또는 그 구성원 전원이 당사자가 되어 필수적 공동소송의 형태로 할 수 있을 뿐이며, 비법인 사단의 사언총회의 결의 없이 제기한 소송은 소제기에 관한 특별수권을 결하여 부적법하다(대판 2007. 7. 26. 2006다64573).

### (라) 총유물에 관한 권리의무의 득상

총유물에 관한 사원의 권리의무는 사원의 지위를 취득, 상실함으로써 된다(민법 제277조). 총유물의 관리, 처분에 참여할 수 있는 것과 총유물의 사용, 수익은 주요한 사원의 권리이다.

### (마) 법인 아닌 사단의 구성원 개인이 총유재산의 보존을 위한 소를 제기할 수 있는지 여부(소극)

민법 제276조 제1항은 '총유물의 관리 및 처분은 사원총회의 결의에 의한다'. 같은 조 제2항은 '각 사원은 정관 기타의 규약에 좇아 총유물을 사용, 수익할 수 있다'라고 규정하고 있을 뿐 공유나 합유의 경우처럼 보존행위는 그 구성원 각자가 할 수 있다는 민법 제265조 단서 또는 272조 단서와 같은 규정을 두고 있지 아니한바, 이는 법인 아닌 사단의 소유형태인 총유가 공유나 합유에 비하여 '단체성'이 강하고 구성원 개인들의 총유재산에 대한 지분권이 인정되지 아니하는 데에서 당연한 귀결이라고 할 것이므로 총유재산에 관한 소송은 법인 아닌 사단이 그 명의로 사원총회의 결의를 거쳐 하거나 또는 그 구성원 전원이 당사자가 되어 '필수적 공동소송'의 형태로 할 수 있을 뿐 그 사단의 구성원은 설령 그가 사단의 대표자라거나 사원총회의 결의를 거쳤다하더라도 그 소송의 당사자가 될 수 없고, 이러한 법리는 총유재산의 보존행위로서 소를 제기하는 경우에도 마찬가지라 할 것이다(대판 2005. 9. 15. 2004다44971 전원합의체판결).

### (바) 부동산의 총유등기

#### 1) 법인 아닌 사단(총유)에 속하는 부동산의 등기

법인이 아닌 사단의 사원이 집합체로서 물건을 소유할 때에는 총유(總有)로 한다(민법

제275조 제1항). 총유에 관하여는 사단의 정관 기타 규약에 의하는 외에 민법 제276조(총유물의 관리, 처분과 사용, 수익) 및 277조(총유물에 관한 권리의무의 득상)의 규정에 의한다(민법 제275조 제2항).

### 2) 등기권리자 또는 등기의무자

대표자나 관리인이 있는 법인 아닌 사단이나 재단에 속하는 부동산의 등기에 관하여는 그 사단이나 재단을 등기권리자 또는 등기의무자로 하며(법 제26조 제1항), 법인 아닌 사단의 등기는 그 사단의 명의로 그 대표자나 관리인이 신청한다(법 제26조 제2항).

### 3) 법인 아닌 사단의 등기신청서의 기재사항

부동산등기법 제26조의 법인 아닌 사단이 등기신청인인 경우에는 명칭, 사무소 소재지 및 부동산등기용등록번호(규칙 제43조 제1항 제2호)와 그 대표자나 관리인의 성명, 주소 및 주민등록번호를 신청정보의 내용으로 등기소에 제공하여야 한다(규칙 제43조 제2항).

### 4) 법인 아닌 사단의 등기신청서의 첨부서면

법인 아닌 사단이 등기신청을 하기 위해서는 다음의 서면을 등기신청서에 첨부하여야 한다. 다만, 대표자 또는 관리인을 증명하는 서면의 경우 등기되어 있는 대표자나 관리인이 등기를 신청하는 때에는 그러하지 아니하다(부동산등기규칙 제48조, 등기예규 제1435호. 3).

㉮ 정관 기타의 규정

정관 기타의 규약에는 단체의 목적, 명칭, 사무소의 소재지, 자산에 관한 규정, 대표자 또는 관리인의 임면에 관한 규정, 사원자격의 득실에 관한 규정이 기재되어야 한다.

㉯ 대표자 또는 관리인을 증명하는 서면

법인 아닌 사단의 대표자 또는 관리인을 증명하는 서면으로는, 위 ㉮의 규정에 의한 정관 기타의 규약에서 정한 방법에 의하여 대표자 또는 관리인으로 선임되었음을 증명하는 서면(예컨대 정관 기타의 규약에서 대표자 또는 관리인의 선임을 사원총회의 결의에 의한다고 규정되어 있는 경우에는 사원 총회의 결의서)을 제출하여야 한다. 부동산등기용등록번호대장이나 기타단체등록증명서는 위 대표자 또는 관리인을 증명하는 서면으로 제출할 수 없다.

ⓒ 사원총회의 결의서

법이 아닌 사단이 등기의무자로서 등기신청을 할 경우에는 민법 제276조 제1항의 규정에 의한 결의서를 등기신청서에 첨부하여야 한다(『부동산등기규칙』 제48조 제3호). 다만, 정관 기타의 규약으로 그 소유 부동산을 처분하는데 있어서 위 결의를 필요로 하지 않는다고 정하고 있을 경우에는 그러하지 아니하다.

ⓡ 인감증명

위 ⓑ,ⓒ의 규정에 의한 서면에는 그 사실을 확인하는데 상당하다고 인정되는 2인 이 상의 성년자가 사실과 상위 없다는 취지와 성명을 기재하고 인감을 날인하여야 하며, 날인한 인감에 관한 인감증명을 제출하여야 한다. 다만 변호사 또는 법무사 가 등기신청을 대리하는 경우에는 변호사 또는 법무사가 위 각 서면에 사실과 상위 없다는 취지를 기재하고 기명날인함으로써 이에 갈음할 수 있다.

ⓜ 기타 서면

대표자 또는 관리인의 주민등록표등본을 등기신청서에 첨부하여야 하고(『부동산 등기규칙』 제48조 제4호), 법인 아닌 사단의 등기권리자인 경우에는 부동산등기 용등록번호를 증명하는 서면을 첨부하여야 한다.


## 5) 법인 아닌 사단이나 재단의 등기사항

부동산등기법 제26조에 따라 법인 아닌 사단이나 재단명의의 등기를 할 때에는 그 사단이나 재단을 등기권리자로 하며(법 제26조 제1항), 권리자의 명칭 외에 부동산등기용등록번호와 사무소 소재지(법 제48조 제2항) 및 그 대표자나 관리인의 성명, 주소 및 주민등록번호를 함께 기록하여야 한다(법 제48조 제3항).

## 다. 피고의 경정 및 필수적 공동소송인의 추가

소장의 필요적 기재사항으로 분쟁해결을 위하여 누가 원고이며, 누가 피고인가를 분명히 하여 그 동일성을 특정하여 기재하여야 한다. 소를 제기한 후에는 당사자의 임의적 변경이나 추가는 허용되지 아니한다. 다만, 당사자 표시를 잘못한 것이 명백한 때에는 이를 정정할 수 있다(대판 1978. 8. 22. 78다1205).

원고가 피고를 잘못 지정한 것이 분명한 경우에는 제1심법원은 변론을 종결할 때까지 원고의 신청에 따라 결정으로 피고를 '경정'하도록 허가할 수 있으며(민소법 제260조 제1항), 필수적 공동소송인 중 일부가 누락된 경우에는 제1심의 변론을 종결할 때까지 원고의 신청에 따라 결정으로 원고 또는 피고를 '추가'하도록 허가할 수 있다(민소법 제68조 제1항).

### (1) 피고의 경정 및 당사자 표시정정의 차이

'피고의 경정'이라 함은 원고가 피고를 잘못 지정한 것이 분명한 경우(예 : 법인격이 있어 회사를 피고로 하여야 할 것을 그 대표자 개인을 피고로 한 경우)에 제1심법원이 변론을 종결할 때까지 원고의 신청에 따라 결정으로 피고를 경정하도록 허가할 수 있는 것을 말한다(민소법 제260조).

피고의 경정은 피고의 동일성을 바꾸는 것이므로 피고의 동일성의 유지를 전제로 피고 표시를 바로 잡는 '당사자 표시정정'(예 : 피고의 이름 박종선(朴鍾宣)을 박종의(朴鍾宜)로 잘못 기재한 경우)과는 다르다.

'당사자 표시의 정정'이란 당사자의 표시에 의문이 있거나 또는 부정확하게 기재된 잘못이 있는 경우에 당사자의 동일성을 해하지 않는 범위 내에서 이를 바로잡는 것을 말한다(대판 1996. 10. 12. 96다3852, 2011. 7. 28. 2010다97044).

최근의 판례는 당사자 적격이 없는 자를 당사자로 잘못 표시한 경우에도 당사자의 표시를 정정, 보충시키는 조치가 필요하다고 하였다(대판 2013. 8. 22. 2012다68279).

피고의 경정은 신소의 제기와 구소의 취하의 실질을 가지므로 피고 경정허가결정이 있는 때에는 종전의 피고에 대한 소는 취하된 것으로 보며(민소법 제261조 제4항), 새 피고에 대하여는 소의 제기로 이에 의한 시효중단의 효과는 경정신청서의 제출시에 발생한다.

### (2) 필수적 공동소송인의 추가

법원은 소송목적이 공동소송인 모두에게 합일적으로 확정되어야 할 공동소송의 경우에 공동소송인 가운데 일부가 누락된 경우에는 제1심의 변론을 종결할 때까지 원고의 신청에 따라 결정으로 원고 또는 피고를 추가하도록 허가할 수 있다. 다만, 원고의 추가는 추가될 사람의 동의를 받은 경우에만 허가할 수 있다(민소법 제68조 제1항).

필수적 공동소송인의 추가결정이 있는 때에는 처음 소가 제기된 때에 추가된 당사자와의 사이에 소가 제기된 것으로 보기 때문에 시효중단, 기간준수의 효과는 처음 제소시(提訴時)에 소급한다(민소법 제68조 제3항)(피고의 경정과 다르다).

### (3) 원고가 당사자를 정확히 표시하지 못한 경우 법원이 취할 조치

판례는 원고가 당사자를 정확히 표시하지 못하고 당사자능력이나 당사자적격이 없는 자를 당사자로 잘못 표시하였다면 법원은 당사자를 소장의 표시만에 의할 것이 아니고 청구의 내용과 원인사실을 종합하여 확정한 후 확정된 당사자가 소장의 표시와 다르거나 소장의 표시만으로 분명하지 아니한 때에는 당사자의 표시를 정정 보충시키는 초치를 취하여야 하고 이러한 조치를 취함이 없이 단지 원고에게 막연히 보정명령만을 명한 후 소를 각하하는 것은 위법하다(대판 2013. 8. 22. 2012다68279)고 했다.

## (4) 등기상 이해관계 있는 제3자를 피고에서 누락한 경우(법원의 석명의무)

### (가) 등기의 말소 또는 말소된 등기의 회복과 제3자의 승낙

등기의 말소(부동산등기법 제57조 참조), 말소등기의 회복(동법 제59조 참조)을 구하는 소송에서 등기의 말소 또는 말소된 등기의 회복에 대하여 '등기상 이해관계 있는 제3자'가 있을 때에는 그 제3자의 승낙이 있어야 한다.

등기의 말소 또는 말소된 등기의 회복을 구하는 청구에 있어 등기의 말소나 회복에 대하여 승낙의무 있는 제3자를 피고로 특정하지 아니하였거나 또는 청구취지에서 등기의 말소나 회복에 대한 제3자의 승낙의 의사표시가 누락된 경우에는 원고가 피고를 잘못 지정한 것이 분명하므로 제1심법원은 변론을 종결할 때까지 원고의 신청에 따라 피고를 경정(추가)하도록(민소법 제260조) 석명권을 행사하거나 당사자 표시의 정정을 위한 석명(민소법 제136조 제4항 참조)이 필요하다고 본다(대판 1997. 6. 27. 97누5725).

### (나) 석명권 · 구문권

석명권(釋明權)이라 함은 소송관계를 명료케 하기 위하여 법관이 당사자에게 사실상과 법률상의 사항에 관하여 그 진술의 모순이나 불완전함을 지적하여 정정, 보충을 구하거나 입증을 촉구하고 당사자가 명백히 간과한 것으로 인정되는 법률상의 사항에 관하여 당사자에게 의견 진술의 기회를 주는 법원의 권능을 말한다.

이와 같이 석명권은 법관으로 하여금 당사자의 소송자료 모집책임에 협력할 뿐만 아니라 당사자가 간과한 법적 관점을 지적함으로써 변론주의의 형식적 적용으로부터 생기는 결함을 수정, 보충하는 제도인바, 그 한계와 관련하여 법관의 공평성, 중립성의 문제가 생길 수 있다.

구문권(求問權)이라 함은 재판장이 소송관계를 명료하게 하기 위하여 당사자에게 사실상, 법률상의 사항에 관하여 질문하거나 입증을 촉구하거나, 합의부원이 재판장에게 고하고 위의 행위를 하는 것을 석명권이라 하는데 비해, 직접 발문할 수 없는 당사자가 재판장에 대하여 필요한 석명을 요구할 수 있는 것을 말한다(민사소송법 제136조 제3항).

### - 판 례 -

> 부동산에 관한 매매계약의 해제로 인한 원상회복의무가 이행불능이 되어 이행불능 당시의 가액의 반환채권이 인정되는 경우, 법원으로서는 이행불능 당기의 당해 부동산의 가액에 관한 원고의 주장, 입증이 미흡하더라도 적극적으로 석명권을 행사하여 주장을 정리함과 함께 입증을 촉구하여야 하고, 경우에 따라서는 직권으로라도 그 가액을 심리, 판단하여야 한다 (대판 1998. 5. 12. 96다47913).
>
> 당사자 부주의 또는 오해로 인하여 명백히 간과한 법률상의 사항이 있거나 당사자의 주장이 법률상의 관점에서 보아 불명료 또는 불완전하거나 모순이 있는 경우, 법원은 적극적으로 석명권을 행사하여 당사자에게 의견진술의 기회를 부여하여야 하고, 만일 이를 게을리한 채 당사자가 전혀 예상하지 못하였던 법률적 관점에 기한 재판으로 당사자 일방에게 불의의 타격을 가하였다면 석명 또는 지적의무를 다하지 아니하여 심리를 제대로 하지 아니한 것으로서 위법하다(대판 2002. 1. 25. 2001다11055).

### (다) 민사소송법 제136조 제4항 입법취지 및 관련 대법원판례

민사소송법 제136조 제4항은 '법원은 당사자가 간과하였음이 분명하다고 인정되는 법률상사항에 관하여 당사자에게 의견을 진술할 기회를 주어야 한다'고 규정하고 있다.

위 규정은 당사자가 명백히 간과한 법률상의 사항에 대하여 석명권을 통해 당사자에게 의견진술의 기회를 줌으로써 예상 밖의 불리한 판결을 막도록 하여 실질적인 당사자 평등을 보장하고자 함으로서 석명권이 법원의 의무임을 천명하였다.

변호사 대리소송에 있어서 법률상담하는 것처럼 석명할 의무는 없다하겠으나 본인 소송의 경우에는 어느 정도의 적극적 석명이 필요하다. 원래 석명권제도가 본인소송제도에서 출발하였기 때문이다(이시윤 저 제6판 신민사소송법 312면).

대법원은 '민사소송법 제136조 제4항은 "법원은 당사자가 간과하였음이 분명하다고 인정되는 법률상 사항에 관하여 당사자에게 의견을 진술할 기회를 주어야한다"고 규정하고 있으므로, 당사자가 부주의 또는 오해로 인하여 명백히 간과한 법률상의 사항이 있거나 당사자의 주장이 법률상 관점에서 보아 모순이나 불명료한 점이 있으면 법원은 적극적으로 석명권을 행사하여 당사자에게 의견진술의 기회를 주어야하며, 만일 이를 게을리 한 경우에는 석명 또는 지적의무를 다하지 아니한 것이다(대판 2011. 11. 10. 2011다55405)'라고 판결했다.

### (라) 소장에 등기상 이해관계 있는 제3자의 승낙을 누락한 경우 법원이 취할 조치

등기의 말소를 신청하는 경우(법 제57조 제1항) 또는 말소된 등기의 회복을 신청하는 경우(법 제59조)에 그 말소 또는 회복에 대하여 '등기상 이해관계 있는 제3자가 있을 때'에는 제3자의 승낙이 있어야 한다. 즉, 등기의 말소 또는 말소된 등기의 회복에 대한 등기상 이해관계 있는 제3자의 승낙은 부동산등기법상의 법률요건(법률요건이란 일정한 법률효과를 발생케하는 사실의 총체를 말한다)으로 보아야 한다.

따라서 등기의 말소 또는 말소된 등기의 회복을 구하는 청구에 있어 당사가 제출한 등기사항증명서(구법의 등기부등본)에 의하여 '등기상 이해관계 있는 제3자'가 있음에도 불구하고 원고가 등기상 이해관계 있는 제3자를 '피고로 지정'하지 아니함은 물론 소장의 청구취지에 등기의 말소나 말소된 등기의 회복에 대한 그 제3자의 '승낙의 의사표시'를 누락한 경우에는 법원은 적극적으로 석명권을 행사하여, 피고의 경정(민소법 제260조) 및 청구취지를 변경하거나 보충·정정하도록 조치함으로서 적정한 판결에 의한 등기의 집행을 할 수 있도록 하는 것이 민사소송의 적정(適正)의 이념과 부동산등기제도의 이상(理想)을 구현하는 길이라 본다.

## 2. 청구취지의 정확성

소장의 청구취지는 원고가 소송의 목적인 권리 또는 법률관계에 관하여 어떠한 내용과 종류의 판결을 요구하는지를 밝히는 소의 결론부분으로 판결의 주문에 대응하는 소장의 필요적 기재사항으로 명료하게 기재하여야 한다.

청구취지는 재판에서 그대로 인용되었을 때 목적물에 대하여 강제집행(부동산등기에 관하여 의사의 진술을 명한 확정 판결에 의한 등기의 실행)이 가능하도록 단순 명료하게 기재하여야 한다.

청구취지의 명확 여부는 법원의 직권조사사항이며 그것이 특정되지 아니한 때에는 법원은 석명권을 행사하여 명확히 하지 않으면 안 된다(민소법 제136조 제4항).

## 가. 등기의 말소 또는 회복에 대한 제3자의 승낙의 의사표시

등기의 말소(법 제57조) 또는 말소등기의 회복(법 제59조)을 구함에 있어 그 등기에 대하여 '등기상 이해관계 있는 제3자'가 있음에도 불구하고 그 제3자를 피고로 지정하지 아니하고 누락시킴과 동시에 소장의 청구취지에 등기의 말소 또는 말소회복에 대한 제3자의 승낙의 의사표시를 누락시키는 사례가 실무상 많이 발생하며, 법원에서도 이러한 문제를 간과하고 원고 승소판결을 하여 원고가 그 판결을 등기원인증서로 하여 등기신청을 하게 되면 등기관은 부동산등기법 제29조 제9호의 규정에 의하여 이를 각하하는 사례가 많이 발생한다.

### (1) 등기의 말소 또는 말소등기의 회복

권리의 변경이나 경정의 등기(부동산등기법 제52조 제5호), 등기의 말소(동법 제57조 제1항), 말소된 등기의 회복(동법 제59조)을 신청하는 경우에 등기상 이해관계 있는 제3자가 있을 때에는 변경(경정)등기, 등기의 말소, 말소등기의 회복에 대한 제3자의 승낙이 있어야 한다.

다만, 권리의 변경이나 경정등기의 경우 등기상 이해관계 있는 제3자의 승낙이 있는 경우에는 부기등기로 한다(법 제52조 제5호).

## (2) 제3자의 승낙의무(등기가 불법으로 말소된 경우)

대법원 판례는 '불법 된 방법'에 의하여 등기권리자의 등기가 말소된 후에 등기부상 권리를 취득한 자들은 그 등기권리자의 회복등기절차에 승낙을 할 의무가 있다(대판 1971. 8. 13. 71다1285)라고 했다.

회복등기절차에 있어서 등기상 이해관계 있는 제3자가 등기권리자에 대한 관계에 있어서 그 승낙을 하여야 할 실체법상의 의무가 있다고 인정되는 경우에는 그 제3자는 마땅히 권리자의 승낙요구에 응하여야 한다(대판 1989. 5. 26. 85다카2203. 대법원 2007. 4. 27. 2005마43753).고 했다.

가등기가 가등기권리자의 의사에 의하지 아니하고 말소되어 그 말소등기가 원인무효인 경우에는 등기상 이해관계 있는 제3자는 그의 선의, 악의를 묻지 아니하고 가등기권리자의 회복등기절차에 필요한 승낙을 할 의무가 있으므로 가등기가 부적법하게 말소된 후 가처분등기, 근저당권설정등기, 소유권이전등기를 마친 제3자는 가등기의 회복등기절차에서 등기상 이해관계 있는 제3자로서 승낙의무가 있다(대판 1997. 9. 30. 95다39526).

따라서 등기의 말소, 말소등기의 회복에 있어 등기상 이해관계 있는 제3자의 승낙의 의사표시는 그 등기의 말소 또는 말소등기의 회복에 대한 부동산등기법상의 '법률요건'(동법 제57조. 제59조 참조)으로 보아야 한다.

원고가 법원에 제출한 입증자료인 등기부등본(갑 호증)의 기재에 의하여 등기의 말소, 말소등기의 회복에 대하여 등기상 이해관계 있는 제3자가 있음에도 불구하고 원고가 이를 간과하여 등기상 이해관계 있는 제3자를 피고에서 누락시키고 또한 청구취지에서도 제3자의 승낙의 의사를 구하는 취지를 누락시킨 때에는 법원은 적극적으로 석명권을 행사하여 등기상 이해관계 있는 제3자의 승낙의 의사를 구하는 의미의 청구취지의 정정 및 피고의 경정신청을 하도록 하는 것이 실체적 권리관계에 부합하는 부동산등기제도의 이상의 실현과 적정, 공평, 신속, 경제라는 민사소송의 이상을 구현하는 길이 된다고 본다.

## 나. 부동산의 표시, 등기원인 및 그 연월일, 등기의 목적

### (1) 부동산의 표시

부동산에 관한 등기를 신청하는 경우에는 부동산등기신청서의 양식에 관한 예규(등기예규 제1489호)에 규정된 각종 등기신청서 양식(갑지) 중 '부동산의 표시'란에 토지인 경우 소재와 지번, 지목, 면적을 기재하여야 하며(부동산등기법 제34조), 건물인 경우에는 건물의 소재, 지번, 건물번호, 건물의 종류, 구조와 면적, 부속건물이 있는 경우에는 부속건물의 종류, 구조와 면적을 기재하여야 한다.

구분건물에 대지사용권으로서 건물과 분리하여 처분할 수 없는 대지권이 있는 경우에는 1동의 건물의 표시, 전유부분의 건물의 표시, 대지권의 표시(토지의 표시, 대지권의 종류, 대지권의 비율)를 하여야 한다(부동산등기법 제40조).

### (2) 등기원인 및 그 연월일

'등기원인'이라 함은 등기를 하는 것을 정당하게 하는 법률상의 원인, 즉 권원을 말하다. 등기원인이란 등기하는 것 자체에 관한 합의가 아니라 등기하는 것을 정당하게 하는 실체법상의 원인(상속, 매매, 증여, 교환, 수용, 점유취득시효의 완성 등)을 뜻하는 것으로 등기를 함으로써 일어나게 될 권변동의 원인행위나 그 무효, 취소, 해제 등을 의미한다(대판 1999. 2. 26. 98다50999).

'등기원인 연월일'이란등기를 하는 것을 정당하게 하는 실체법상의 권리변동의 원인행위인 법률행위(매매, 증여, 근저당권설정계약 등) 또는 법률사실(상속, 시효취득, 토지수용 등)의 성립 일을 의미한다.

재산상속은 피상속인이 사망한 날부터 개시(민법 제997조)되므로 상속재산을 공동상속인들이 협의에 의하여 분할하더라도 등기원인은 상속에 의한 소유권이전이므로 피상속인이 사망한 날을 등기원인일로 하여야 한다(등기예규 제438호).

### (3) 등기의 목적

등기의 목적이란 신청하는 등기의 내용 또는 종류를 말한다. 판결에 의한 등기신청의 경우에는 등기원인증서인 판결정본의 주문에 등기의 목적이 명확히 기재되어 있어야 그 판결에 의한 등기의 집행을 할 수 있다.

### (4) 등기신청서 및 등기부(등기기록)의 필요적 기재사항

부동산등기법상 등기할 부동산의 표시, 등기원인 및 그 연월일(말소등기나 회복등기는 예외), 등기의 목적은 등기신청서 및 등기부의 필요적 기재사항으로 규정되어 있으므로(동법 제34조, 제40조, 제48조 제1항, 규칙 제43조, 등기예규 제1334호 별표 양식 참조) 소장의 청구취지에 이를 정확히 기재하여야 한다.

### (5) 소장 및 판결서에 명시될 사항

등기에 관하여 피고에게 일정한 의사의 진술을 구하는 청구(소장)의 당사자 표시 및 청구취지와 피고에게 등기신청 의사의 진술을 명한 판결(민사집행법 제263조 제1항)의 당사자 표시와 주문에는 등기신청서(부동산등기규칙 제43조 제1항, 1호, 5~6호) 및 기부의 필요적 기재사항(부동산등기법 제34조, 제40조 제1항, 제48조)인 부동산의 표시, 등기권리자와 등기의무자, 등기원인과 그 연월일, 등기의 목적, 등기의 말소 또는 말소된 등기의 회복에 대한 등기상 이해관계 있는 제3자의 그 말소 또는 회복에 대한 승낙의 의사표시 등이 명확히 표시되어야 그 판결에 의한 등기의 집행을 할 수 있다.

판례는 '등기권리자가 판결로써 등기신청을 함에는 판결주문에 등기원인이 명백히 되어야 한다. 등기원인이라 함은 부동산의 권리득상에 관한 법률사실 즉 법률행위를 지칭하는 것이니 소유권이전등기절차이행청구를 인용함에 있어 주문으로 '원·피고 간 합의에 인한 이전등기절차를 이행하라'고 한 것은 권리득상에 대한 당사자간의 법률행위를 표시한 것이라 할 수 없다(대판 1947. 4. 8. 4280 민상16)고 하였다.

## 제2관 법원의 석명권의 적정한 행사

등기신청의사를 구하는 청구취지에 등기원인과 그 연원일, 등기의 목적이 누락되었거나 등기의 말소 또는 말소된 등기의 회복을 구하는 청구취지에 등기상 이해관계 있는 제3자가 있음에도 불구하고 그 제3자를 피고로 지정하지 아니함과 동시에 등기의 말소 또는 말소된 등기의 회복에 대한 등기상 이해관계 있는 제3자의 승낙의 의사표시가 누락되었을 경우, 또는 필수적 공동소송에서 피고를 일부 누락한 경우에는 법원에서 청구인용판결을 할 경우 그 판결에 의한 등기의 적정한 집행을 위하여 이에 대한 법원의 적정한 석명권(釋明權)의 행사가 필요하다고 본다.

등기의 말소(법 제57조), 말소등기의 회복(법 제59조)을 신청하는 경우에 그 등기의 말소, 말소등기의 회복에 대하여 등기상 이해관계 있는 제3자가 있을 때에는 그에 대한 '제3자의 승낙'은 부동산등기법상의 법률요건(法律要件)이며, 또한 민사소송법상 부동산등기에 관하여 등기신청의사의 진술을 구하는 소송물에 관한 권리보호의 이익(소의 이익)으로서 소송요건(訴訟要件)으로 볼 수 있으므로 이것은 법원의 직권조사사항(職權調查事項)으로 볼 수도 있기 때문이다.

# 1. 석명권의 적정한 행사

## 가. 석명 · 석명권(발문권) · 석명의무(발문의무)

석명(釋明)의 본래의 의미는 당사자의 입증활동에 있어서 애매하고 불명한 것을 명료하게 하기 위한 제도이다. 석명의 실체는 당사자의 소송활동에 불비 된 점을 보충하는 것(보충적 석명), 불필요 또는 부적당한 것을 제거하는 것(통제적 석명)을 널리 석명이라고 한다.

이는 법원이 행사하는 후견적인 지휘적작용으로서 이를 법원의 권능 또는 권한이라고 하는 면에서 볼 때에 석명권(釋明權)이라는 개념이 정립되며, 이를 법원의 의무라는 면에서 볼 때에는 석명의무(釋明義務)라고 정의된다.

석명권은 권리와 의무의 양면성(대판 1967. 12. 5. 67다1762)을 지니고 있다. 석명할 때에는 당사자에 대하여 변론 또는 준비절차에서 발문하는 방법에 의하므로 석명권 또는 석명의무라는 용어에 갈음하여 발문권(發問權) 또는 발문의무(發問義務)라 표현하기도 한다.

### (1) 민사소송의 Magna Charta

석명권을 변론주의의 폐단에서 당사자를 지켜주는 무기와 같다고 비유하여 그 기능을 중시하여 '민사소송의 Magna Charta'라고도 부른다. 석명권은 민사소송법상 소송관계를 분명하게 하기 위하여 법관이 당사자에게 사실상과 법률상의 사항에 관하여 질문하고 입증을 촉구하고 당사자가 명백히 간과한 것으로 인정되는 법률상의 사항에 관하여 당사자에게 의견진술의 기회를 주는 법원의 권능을 말한다.

### (2) 당사자 평등을 보장하는 제도

석명권은 법관이 올바르게 사실을 확인하고 그 확정된 사실에 법을 올바로 적용하여 재판을 통해 사회정의를 구현하는데 이바지하며 실질적인 당사자 평등을 보장하는 제도로서 의미를 갖는다.

　구민사소송법 제126조는 지금까지 석명권을 법원의 권한으로 규정해 놓고 있었으나 1990. 1. 13. 법률 제4201호에 의한 민사소송법의 개정으로 민사소송법 제136조 제4항은 '법원은 당사자가 간과하였음이 분명하다고 인정되는 법률상 사항에 관하여 당사자에게 의견을 진술할 기회를 주어야 한다'고 규정하여 석명이 법원의 의무임을 명백히 하였다.

## 나. 석명권과 변론주의

　변론주의(辯論主義라 함은 민사소송법상 재판의 기초가 되는 소송자료의 수집을 당사자의 책임으로 하는 주의를 말하는 것으로서 법원이 자진해서 적극적으로 취재활동을 하여 소송자료를 수집하는 직권탐지주의와 대립된다)와 관계되는 측면에서 석명의 직능을 살펴보면 재판의 사명은 진실을 발견하는데 있다고 본다.

　그러므로 민사소송에 있어서 비록 심리의 원리로서 변론주의를 채택하였다하여 소송물의 처리를 전적으로 당사자에게 방임하거나 형식적 진실에 만족할 수 없는 것이다.

　국민의 수탁자인 법관은 소송에 있어서 객관적 진실을 추출하여 적정한 재판을 하여야만 비로소 국민의 신뢰를 받는 것이다. 그러므로 법원은 언제나 객관적 진실을 발견하고 적정 타당한 법적판단을 위하여 심리과정을 통하여 충실한 석명기능을 발휘하여야 한다.

　분쟁해결의 주체는 법원이며 최종적 판단의 기능은 법원에 전속되는 것이므로 법원이 당사자의 변론에 의지하여 자기의 직능을 소홀히 할 수 없는 것이다. 그러므로 법원은 당사자의 진실 된 의도와 법원의 평가 사이에 생길 수 있는 간격을 메우기 위한 노력을 다하여야 할 것이다.

이것이 진실발견의 첩경이며 석명권은 이를 위하여 공헌한다. 따라서 변론주의와 석명권은 불가분리의 밀접한 관계를 유지하면서, 석명권이 보다 적극적인 면을 추구한다고 본다. 석명권을 지목하여 변론주의를 보충하는 것으로 표현하는 것은 법원의 당사자에 대한 후견적인 기능면에서 볼 때 정당한 논리이다.

따라서 석명권의 의무성(義務性)을 부정하는 견해는 법원의 주체적 기능을 외면하는 것이어서 정당하다고 볼 수 없다. 따라서 당사자의 측면에서 본 변론주의와 법원의 측면에서 본 석명권은 충돌하는 관계에 있는 것이 아니다{학설 판례 주석민사소송법 309면 (2)}

## 다. 석명권의 범위

석명권은 그 기능면에 있어서는 변론주의와 밀접한 관계를 맺고 있는 만큼 실제 그 범위를 어느 한계점에 둘 것인가는 석명권에 있어서 핵심적과제가 되어 있다. 이에 대하여는 구체적 사건에 임하는 법관의 소송관(訴訟觀)이나 소송기술에 따라 다르겠으나 논리상으로 변론주의의 가치를 이해하는 입장에 따라 차이가 생길 것이다.

이에 대하여 학설로는 소극, 적극, 중간설의 대립이 있으며 대법원판례는 그 범위를 넓혀가는 경향이 있다{전게서 310면 (3)}.

판례 중 석명권 행사의 내용과 한계에 관하여 '법원의 석명권행사는 당사자의 주장에 모순된 점이 있거나 불완전·불명료한 점이 있을 때에 이를 지적하여 정정·보충할 수 있는 기회를 주고, 계쟁사실에 대한 증거의 제출을 촉구하는 것을 그 내용으로 하는 것으로서, 당사자가 주장하지도 아니한 법률효과에 관한 요건사실이나 독립된 공격방어방법을 시사(示唆)하여 그 제출을 권유함과 같은 행위를 하는 것은 변론주의의 원칙에 위배되는 것으로서 석명권행사의 한계를 일탈(一脫)하는 것(대판 2004. 3. 12. 2001다79013)'이라는 견해도 있다.

## 라. 석명권의 불행사와 상고이유

사실심이 행사하는 석명권의 기능을 '기능보다도 책임'이라는 면에서 고려할 때에는 그 행사를 게을리 하였거나 또는 잘못 행사한 경우에, 이것이 상고이유로 되는 것인가? 이를 긍정한다면 어느 범위까지 이르겠는가의 문제가 있다. 우리나라는 이에 관하여 명확한 법규상의 규준을 마련하지 아니 하였으므로 해석상의 차이에서 견해가 대립된다.

### (1) 학설

석명의 기능을 중시할 때에는, 이것이 변론주의를 보충하는 유익한 작용이라는 것과, 그 적정한 행사가 바람직한 것에 대하여는, 의의(疑義)가 있을 수 없다. 석명권의 불행사 또는 부적절한 행사가 상고이유로 될 정도의 위법성을 가지는 가에 관하여 소극, 적극, 절충설이 있다.

소극설은 민사소송은 변론주의, 당사자주의가 주(主)이므로 이를 보충하는 직권적인 석명작용은 그 종속적인 의미로서만 사용하여야 한다고 보아 석명권의 행사문제는 단지 법원의 재량행위에 불과한 것으로 이해하여, 그 허물의 위법성(상고이유로 되는)을 부정한다.

절충설은 석명위배에 있어서 일정한 범위에 한하여 상고이류로 됨을 긍정하는 견해이며, 석명권의 기능과 의무의 범위가 일치한다고 볼 것이냐의 여부, 또는 의무위반의 성질 등에 따라 설이 대립된다.

적극설은 당사자의 신청, 주장에 결점이 있다면 이를 완전케 하기 위하여 석명권을 행사하는 것은 법원의 의무이므로, 그 불행사의 모든 경우가 상고이유로 된다는 견해이다.

사실심이 사건의 타당한 해결을 위하여는 그 기능으로서의 범위는 넓게 해석하고 운용하는 것이 타당하고, 한편 그 행사나 불행사에 있어서의 잘못이 상고이유로 되려면 어느 범위내의 합리적인 제한이 있어야 할 것으로 본다. 석명권의 현저한 불행사나 부적정한 행사에 의하여 사건의 공평하고 적정한 해결에 영향을 미치었다고 보여 질 경우에 한하는 것이 타당할 것이다{전게서 315면 (2)}.

## (2) 석명의 대상

석명의 대상은,

첫째, 청구의 취지{청구의 취지가 불분명, 불특정, 법률적으로 부정확·부당한 경우에는 원고가 소로써 달성하려는 진정한 목적이 무엇인가를 석명하여야 한다. 예를 들면 등기의 말소(법 제57조) 또는 말소된 등기의 회복(법 제59조)을 구하는 청구취지에 등기상 이해관계 있는 제3자의 말소 또는 회복에 대한 승낙의 의사표시가 누락 된 경우},

둘째, 소송물의 특정, 주장, 증거, 당사자표시의 정정{당사자 표시의 정정은 당사자의 동일성을 해하지 않는 범위 내에서 허용되므로(대판 1996. 10. 12. 96다3852), 당사자의 동일성이 없는 정정인 피고의 경정(민소법 제260조)은 당사자의 표시정정과 다르다. 피고의 경정은 제1심 변론종결시 까지 허용함에 대하여, 당사자의 표시정정은 상급심에서도 허용된다},

셋째, 지적의무(민소법 제136조 제4항은 1990년 민사소송법의 개정에서 신설된 것으로 '법원은 당사자가 간과하였음이 분명하다고 인정되는 법률상 사항에 관하여 당사자에게 의견을 진술할 기회를 주어야 한다'고 규정하여 지적의무를 명백히 규정하여 석명권이 법원의 권한인 동시에 의무임이 입법화 되었다) 등 이다.

## 마. 석명권의 한계

### (1) 소극적 석명

석명권의 행사는 당사자가 밝힌 소송관계의 테두리를 벗어날 수 없으며, 이 한도 내에서 사실적, 법률적 측면에서 당사자의 신청이나 주장에 불분명, 불완전, 모순이 있는 점을 제거하는 방향으로 행사하여야 한다. 이를 소극적 석명이라 하며 이 경우는 석명권의 과도한 행사가 문제되지 않는다(이시윤 저 제8판 신 민사소송법 제326 (1).).

### (2) 적극적 석명

석명권의 행사에 의하여 새로운 신청, 주장, 공격 방어 방법의 제출을 권유하는 석명을 적극적 석명이라 한다. 법관은 원칙적으로 사건해결의 모든 가능성을 제시할 필요는 없으므로 이와 같은 석명에는 제한이 필요하다(전게서 326면 (2).).

### (3) 판례

소장에 표시된 당사자가 누구인가를 확정하기 어려운 경우에는 이를 분명하게 하기 위한 석명(민소법 제136조 제4항 참조)이 필요하며(대판 1997. 6. 27. 97누5725), 당사자 표시에 있어 착오(필수적 공동소송인의 일부누락, 등기의 말소 또는 말소된 등기의 회복에 대하여 등기상 이해관계 있는 제3자가 있을 때 그 제3자를 피고로 지정하지 아니한 경우) 가 있음이 소장의 전 취지에 의하여 인정되는 경우에도 당사자 표시를 정정하기 위한 석명이 필요하다.

판례는 법원의 석명권의 행사에 관하여 '소극적 석명'은 허용되나 '적극적 석명'은 변론주의에 위반되며 석명권의 범위를 일탈한다고 하였다(대판 2001. 10. 9. 2001다15576).

그러나 본인소송의 경우 증명책임의 원칙에만 따라 판결할 것이 아니라 적극적 증명을 촉구하는 등의 방법으로 석명권을 적절히 행사하여 진실을 밝혀 구체적 정의를 실현하려는 노력을 게을리 하여서는 안 된다고 했다(대판 1989. 7. 25. 89다카4045).

변론주의는 소송수행능력이 평등. 완전한 당사자의 대립을 전제하고 있지만 현실의 소송당사자는 완전하거나 평등하지 않으며, 특히 본인소송에서는 충분한 소송자료의 수집·제출을 기대할 수 없다. 그리하여 당사자 사이의 능력의 불균형을 조절하여 당사자

간의 실질적 평등을 보장할 필요가 있다.

판례는 '법원의 석명권의 행사는 사안을 해명하기 위하여 당사자에게 그 주장의 모순된 점이나 불완전, 불명료한 부분을 지적하여 이를 정정, 보충할 수 있는 기회를 주고, 또 계쟁사실에 대한 증거의 제출을 촉구하는 것을 그 내용으로 하는 것이며 당사자가 주장하지도 않는 법률효과에 관한 요건사실이나 공격방어의 방법을 시사(示唆)하여 그 제출을 권유함과 같은 행위는 변론주의 원칙에 위배되는 것으로서 석명권행사의 한계를 일탈(逸脫)하는 것이 된다(대판 1990. 4. 27. 1999. 7. 9. 98다13754. 13761. 2001. 10. 9. 2001다15576 등)고 하였다.

변호사 대리소송이 아닌 본인소송의 경우에는 어느 정도의 적극적 석명이 필요 한바, 석명권제도가 본인소송제도(나 홀로 소송)에서 출발하였기 때문이다(전게서 327면). 판례도 법률전문가가 아닌 당사자 본인이 소송을 수행하는 경우라면 입증책임의 원칙에만 따라 입증이 없는 것으로 보아 판결할 것이 아니라 입증을 촉구하는 등의 방법으로 석명권을 적절히 행사하여 진실을 밝혀 구체적 정의를 실현하려는 노력을 게을리 하지 않아야 할 것이라고 했다(대판 1989. 7. 25. 89다카4045).

## 2. 법원의 석명의무(민사소송법 제136조 제4항)

민사소송법개정에서 신설된 제136조 제4항은 '법원은 당사자가 간과하였음이 분명하다고 인정되는 법률상 사항에 관하여 당사자에게 의견을 진술할 기회를 주어야 한다'고 규정하여 법률적 측면에서 석명권이 강화되었다. 민사소송법 제136조 제4항은 지적의무(指摘義務)가 석명권의 내용을 이루는 이상 석명권이 법원의 권한인 동시에 의무임이 입법화된 것이다.

대법원 판례는 '당사자가 부주의 또는 오해로 인하여 명백히 간과한 법률상의 사항이 있거나 당사자의 주장이 법률상의 관점에서 보아 불명료(不明瞭) 또는 불완전하거나 모순이 있는 경우, 법원은 적극적으로 석명권을 행사하여 당사자에게 의견진술의 기회를 부여하여야 하고, 만일 이를 게을리 한 채 당사자가 전혀 예기하지 못하였던 법률적 관점에 기한 재판으로 당사자 일방에게 불의의 타격을 가하였다면 석명 또는 지적의무를 다하지 아니하여 심리를 제대로 하지 아니한 것으로서 위법하다'(대판 2002. 1. 25. 2001다11055)고 판시하였다.

판례는 '당사자가 어떤 법률효과를 주장하면서 미처 깨닫지 못하고 그 요건사실 일부를 빠뜨린 경우에는 법원은 그 누락 사실을 지적하고, 당사자가 이 점에 관하여 변론을 하지 아니하는 취지가 무엇인지를 밝혀 당사자에게 그에 대한 변론을 할 기회를 주어야할 의무가 있다'(대판 2005. 3. 11. 2002다60207). '민사소송법 제136조 제4항은 "법원은 당사자가 간과하였음이 분명하다고 인정되는 법률상 사항에 관하여 당사자에게 의견을 진술할 기회를 주어야 한다."고 규정하고 있으므로, 당사자가 부주의 또는 오해로 인하여 명백히 간과한 법률상의 사항이 있거나 당사자의 주장이 법률상 관점에서 보아 모순이나 불명료한 점이 있으면 법원은 적극적으로 석명권을 행사하여 당사자에게 의견진술의 기회를 주어야 하고, 만일 이를 게을리 한 경우에는 석명 또는 지적의무를 다하지 아니한 것으로서 위법하다'(대판 2010. 2. 11. 2009다83599, 2011. 11. 10. 2011다55405)라고 했다.

## 3. 등기의 말소 또는 말소된 등기의 회복에 대한 등기상 이해관계 있는 제3자의 승낙과 변론주의

### 가. 법률요건 및 소송요건

등기의 말소(법 제57조 제1항) 또는 말소된 등기의 회복(법 제59조)을 신청하는 경우에 그 말소 또는 회복에 대하여 '등기상 이해관계 있는 제3자'가 있을 때에는 '제3자의 승낙'이 있어야 한다.

즉, 등기의 말소나 말소된 등기의 회복에 대한 '제3자의 승낙'은 부동산등기법상의 법률요건(法律要件)이므로, 그 제3자가 등기의 말소나 말소된 등기의 회복에 대하여 승낙을 거부할 경우, 등기의 말소나 회복을 하고자 하는 등기권리자는 그 제3자를 피고(당사자적격)로 지정한 후 등기의 말소나 회복에 대한 제3자의 승낙의 의사표시를 청구취지(소장의 기재사항으로서의 소송요건)에 명확히 표시하여야 한다.

이와 같이 등기상 이해관계 있는 제3자를 상대로 등기의 말소(법 제57조 제1항) 또는 말소된 등기의 회복(법 제59조)에 대한 승낙의 의사표시를 청구하는 경우에 제3자의 등기의 말소 또는 말소된 등기의 회복에 대한 '승낙(承諾)의 의사표시(意思表示)'는 부동산등기법상의 '법률요건'(法律要件)이며, 민사소송법상의 소송요건(訴訟要件 즉, 當事者適格 및 訴狀의 必要的 記載事項)이므로, 법원은 이 부분에 관하여 직권(職權)으로 조사할 사항(職權調査事項)이므로 이것은 변론주의(辯論主義)와는 무관한 사항으로 법원은 이에 부분에 관하여 석명(釋明)할 의무(義務)가 있다고 본다.

## 나. 법원의 지적의무(指摘義務)

### (1) 민사소송법 제136조 제4항(법원의 지적의무)

1990년 민사소송법의 개정으로 신설된 민사소송법 제136조 제4항은 '법원은 당사자가 간과하였음이 분명하다고 인정되는 법률상 사항에 관하여 당사자에게 의견을 진술할 기회를 주어야 한다'고 규정하여 법률적 측면에서 법원의 석명권이 강화되었다. 위 규정은 당사자가 간과(看過)하였음이 분명한 법률적 관점에 기하여 법원이 판결하고자 할 때에는 먼저 당사자에게 지적하여 그에 관한 의견진술의 기회를 부여하여야 한다는 취지로 당사자의 절차적 기본권을 보장하려는 것이다.

민사소송법 제136조 제4항의 입법취지는 지적의무(指摘義務)를 법원의 의무(義務)로 명백히 규정하여 지적의무가 석명권(釋明權)의 내용을 이루는 이상 법원의 석명권이 권한인 동시에 의무임을 입법화한 것이다.

민사소송법 제136조 제4항의 지적의무의 행사요건은 첫째, 당사자가 '간과하였음이 분명'한 '법률상의 사항'이어야 한다. 당사자가 간과한 '법률상 사항'이 지적의무의 대상이 된다. 둘째, 지적의무의 대상은 '판결의 결과'에 영향이 있는 것이어야 한다. 셋째, 법원은 적절한 방법으로 당사자가 간과한 법률적 관점을 지적하여 당사자로 하여금 불이익의 배제를 위한 '방어적 의견진술의 기회'를 주어야 한다.

법원이 지적의무를 어기고 판결한 경우에는 당연히 절차위배로 상고이유가 되며(독일의 통설), 이 때의 상고이유는 절대적 상고이유가 아니라 일반상고이유(민소법 제423조)가 되므로 법원의 의무위반이 판결에 영향을 미칠 것을 요한다(李時潤 저 제6판 신민사소송법).

## (2) 대법원 판례

민사소송법 제136조 제4항의 법원의 지적의무에 관한 대법원판례는 아래와 같다.

당사자가 부주의 또는 오해로 인하여 명백히 간과한 법률상의 사항이 있거나 당사자의 주장이 법률상의 관점에서보아 불명료 또는 불완전하거나 모순이 있는 경우, 법원은 적극적으로 석명권을 행사하여 당사자에게 의견진술의 기회를 부여하야하고, 만일 이를 게을리 한 채 당사자가 전혀 예상하지 못하였던 법률적 관점에 기한 재판으로 당사자 일방에게 불의의 타격을 가하였다면 석명 또는 지적의무를 다하지 아니하여 심리를 제대로 하지 아니한 것으로서 위법하다(대판 2002. 1. 25. 2001다11055).

민사소송법 제136조 제4항은 '법원은 당사자가 간과하였음이 분명하다고 인정되는 법률상 사항에 관하여 당사자에게 의견을 진술할 기회를 주어야 한다'고 규정하고 있으므로, 당사자가 부주의 또는 오해로 인하여 명백히 간과한 법률상의 사항이 있거나 당사자의 주장이 법률상 관점에서 보아 모순이나 불명료한 점이 있으면 법원은 적극적으로 석명권을 행사하여 당사자에게 의견진술의 기회를 주어야 하고, 만일 이를 게을리 한 경우에는 석명 또는 지적의무를 다하지 아니한 것으로서 위법하다(대판 2010. 2. 11. 2009다83599, 2011. 11. 10. 2011다55405).

### (3) 등기권리자가 등기의 말소 또는 회복에 대한 제3자의 승낙의 의사표시를 간과한 경우

등기의 말소(법 제57조 제1항) 또는 말소된 등기의 회복(법 제59조)을 청구하는 등기권리자(원고)가 소장의 청구취지에 등기의 말소 또는 회복에 대한 등기상 이해관계 있는 제3자의 '승낙(承諾)의 의사표시(意思表示)'를 누락한 경우, 이것은 원고가 부동산등기법에 대하여 부주의 또는 오해로 인하여 명백히 간과한 법률상의 사항에 해당되므로 법원은 이 부분에 관하여 원고에게 의견을 진술할 기회를 주어야 한다. 이와 같은 법원의 지적의무 또는 석명권의 적정한 행사는 변론주의(辯論主義)의 폐단에서 당사자를 지켜주어 실질적인 당사자평등을 보장하는 것으로서 법원은 석명의무(釋明義務)를 다하여야 할 것이다.

# 제3관 판결주문의 명확성

판결주문(判決主文)은 소송의 결론부분이며 소(訴) 또는 상소(上訴)에 대한 법원의 응답을 나타내는 항목이므로, 판결의 기판력, 형성력, 집행력을 명확하게 나타내도록 간결하게 표시하여야 한다.

부동산등기에 관하여 의사의 진술을 명하는 판결의 주문에는 필요에 따라 별지로서 부동산의 표시, 물건목록, 계산서, 도면 등을 첨부하여 인용하는 일이 있는바, 이것도 주문의 내용이 되므로 정확하게 기재하여야 한다.

특히 부동산등기에 관하여 의사의 진술을 명하는 판결일 경우 별지로 부동산의 표시를 기재할 때에는 첫째, 토지의 표시를 기재할 때에는 토지의 소재와 지번, 지목, 면적(부동산등기법 제34조 참조)을 정확히 표시하여야 하며, 둘째, 건물의 표시를 기재할 때에는 건물의 소재, 지번, 건물번호(다만, 같은 지번위에 1개의 건물만 있는 경우에는 건물번호는 기록하지 아니한다), 건물의 종류, 구조와 면적, 부속건물이 있는 경우에는 부속건물의 종류, 구조와 면적도 함께 기재하여야 한다(부동산등기법 제40조 제1항 참조).

또한 구분건물에 '집합건물의 소유 및 관리에 관한 법률' 제 2조 제6호의 대지사용권으로서 건물과 분리하여 처분할 수 없는 것(즉, 대지권)이 있는 경우에는 대지권을 표시하여야 한다(부동산등기법 제40조 제3항 참조).

'이행판결'의 주문에는 특히 협의의 강제집행관계를 고려할 필요가 있다. 의사의 진술을 명한 판결이 확정된 때에는 그 판결로 의사를 진술할 것으로 보므로(민사집행법 제263조 제1항), 피고에게 일정한 등기신청의사의 진술을 명하는 원고승소판결의 주문에는 등기할 부동산의 표시(부동산등기법 제40조 제1항 및 제3항의 토지와 건물의 구체적 표시) 이외에 등기목적, 등기원인 및 그 연월일, 등기권리자(부동산등기법 제48조 제1항 참조)와 등기의무자, 등기의 말소 또는 말소된 등기의 회복에 대한 등기상 이해관계 있는 제3자의 승낙의 의사표시 등을 명확히 표시하여야 한다(등기예규 제1383호 2. 가. 2).).

그러나 가존등기의 등기원인이 부존재, 무효이거나 취소, 해제 등의 사유로 소멸한 것임을 이유로 하여 등기의 말소 또는 말소등기의 회복등기절차이행을 명할 때에는 주문에 등기원인의 기재가 불필요하다. 이와 같은 등기를 실행함에는 법원의 판결자체가 등기원인(등기원인 : 0000년 0월 0일 확정판결)이 된다.

등기의 말소를 명하는 판결의 경우에 그 말소에 대하여 승낙의무가 있는 등기상 이해관계 있는 제3자가 있을 때에는 판결주문에 아래와 같이 제3자의 말소등기에 대한 승낙의 의사표시를 정확히 기재하여야 한다(부동산등기법 제57조 제1항).

◈ 등기의 말소에 관하여 등기상 이해관계 있는 제3자에게 승낙의무가 있는 경우 등기의 말소를 명하는 판결주문의 기재례(불법으로 등기를 말소한 자와 제3자를 공동피고로 한 경우)

> 원고에게 피고 甲은 별지목록기재 부동산에 관하여 서울 중앙 지방법원 강남등기소 0000년 0월 0일 접수 제00000호로 경료 된 소유권이전등기의 말소등절차를 이행하고, 피고 乙은 위 소유권이전등기의 말소등기에 대하여 승낙의 의사를 표시하라.

말소된 등기의 회복을 명하는 판결의 경우에 그 회복등기에 대하여 승낙의무가 있는 등기상 이해관계 있는 제3자가 있을 때의 판결주문의 기재례

## - 원인 없이 등기를 말소한 자와 제3자를 공동피고로 한 경우 -

피고 甲은 원고에게 별지목록 기재부동산에 관하여 서울 중앙 지방법원 강남등기소 1998년 10월 18일 접수 제32553호로 말소등기 된 같은 등기소 1997년 3월 23일 접수 제7885호 근저당권설정등기의 회복등기절차를 이행하고, 피고 乙은 원고에게 별지목록

기재부동산에 관하여 서울 중앙 지방법원 강남등기소 1998년 10월 18일 접수 제32553호로 말소등기 된 같은 등기소 1997년 3월 23일 접수 제7885호 근저당권설정등기의 회복등기에 대하여 승낙의 의사를 표시하라. 또는

**- 말소된 등기의 회복에 대하여 승낙의무가 있는 제3자만을 피고로 한 경우 -**

피고는 원고에게 별지목록 기재부동산에 관하여 00지방법원 00등기소 1993년 9월 28일 접수 제2413호로 말소된 같은 등기소 1992년 4월 4일 접수 제268호 소유권이전청구권가등기의 회복등기에 대하여 승낙의 의사표시를 하라.

## 1. 이행판결의 주문

### 가. 이행판결과 집행력

이행판결이라 함은 이행의 소(이행의 소라 함은 원고가 법원에 대하여 피고에게 일정한 급부의 이행을 청구할 수 있는 법적지위를 주장하여 그 급부의 이행을 명하는 판결 즉 이행판결을 구하는 것을 말한다)에 있어서 원고의 청구가 이유 있는 경우에 이행을 명하는 판결을 말한다.

이행판결은 청구인용판결에 해당되며 피고에 대한 이행명령을 포함하고 있으므로 채무명의가 되어 집행력(집행력이라 함은 이행판결의 내용인 이행의무를 강제집행에 의하여 실시할 수 있는 효력을 말한다)이 발생한다.

'넓은 의미의 집행력'이라 함은 강제집행 이외의 방법에 의하여 판결의 내용에 적합한 상태를 실현할 수 있는 효력을 포함 한다(예 : 확정판결에 의하여 가족관계등록부에 기재. 정정, 등기부에 기재. 등기의 말소. 변경을 신청할 수 있는 효력이 생기는 것 등이다).

## 나. 등기신청의사의 진술을 명한 이행판결주문의 명확성

등기에 관하여 의사의 진술을 명하는 이행판결의 주문에는 등기신청서(규칙 제43조) 및 등기부(법 제34조, 제40조, 제48조)의 필요적 기재사항인 부동산의 표시, 신청인(등기권리자와 등기의무자)의 성명(또는 명칭), 주민등록번호(또는 부동산등기용등록번호), 주소(또는 사무소 소재지), 등기원인과 그 연월일, 등기의 목적이 명확히 표시되어야 한다.

◆ **부동산등기에 관한 의사의 진술을 명한 이행판결주문**

– 매매를 원인으로 한 소유권이전등기

> 피고는 원고에게 서울 00구 00동 000번지 대 000평방미터에 관하여 2014. 3. 5. 매매( 또는 증여, 교환, 상속 등)를 원인으로 한 소유권이전등기절차를 이행하라.

– 소유권이전 본등기(가등기에 기한 본등기)

> 피고는 원고에게 별지목록기재부동산에 관하여 서울 남부지방법원 강서등기소 2005년 5월 1일 접수 제3000호로 등기된 소유권이전청구권가등기에 기하여 2007년 9월 1일 매매(2007년 9월 1일은 예약완결일 즉, 매매계약의 성립일임)를 원인으로 한 소유권이전의 본등기절차를 이행하라.

- 전세권설정등기

> 피고는 원고에게 별지목록기재 건물에 관하여 2014년 9월 1일 전세권설정계약을 원인으로 한 등기의 목적 : 전세권설정, 전세금 : 5천만원, 존속기간 : 2014년 9월 1일부터 2016년 8월 31일까지의 전세권설정등기절차를 이행하라.

- 근저당권설정등기

> 피고는 원고에게 별지목록기재 부동산에 관하여 2007년 9월 1일 근저당권설정계약을 원인으로 한 등기의 목적 : 근저당권설정, 채권최고액 : 3억원, 채무자 : 홍길동 서울 00구 00동 00번지의 근저당권설정등기절차를 이행하라.

## 2. 등기의 말소 또는 회복을 명한 판결주문에 명시 될 사항

### 가. 말소할 등기 및 회복할 등기의 표시

등기의 말소(법 제57조), 말소등기의 회복(법 제59조)을 명하는 이행판결의 주문에는 등기신청서(등기예규 제1489호 별표 양식 제17-1, 2호. 제18-1, 2호 참조) 및 등기부(규칙 제112조. 제116조. 제118조 참조)의 필요적 기재사항인 말소할 등기(등기예규 제18-1호 양식의 '말소할 등기' 예 : '0000년 00월 0일 접수 제000호로 경료 된 00000등기'), 회복할 등기(등기예규 제1223호. 별지 회복등기신청서양식의 '회복할 등기사항' 예 : '전등기의 순위번호, 전등기의 접수연월일 및 번호, 전등기원인 및 그 일자, 등기의 목적, 소유자')의 표시를 판결 주문에 구체적으로 명확히 표시하여야 한다.

## 나. 등기상 이해관계 있는 제3자의 승낙의 의사표시

등기의 말소(법 제57조), 말소등기의 회복(법 제59조)에 대하여 등기상 이해관계 있는 제3자가 있을 때에는 그 제3자의 승낙이 있어야 한다. 따라서 등기의 말소 또는 말소된 등기의 회복에 대한 '등기상 이해관계 있는 제3자의 승낙'은 부동산등기법상의 법률요건(法律要件)이며, 민사소송법상의 소송요건(訴訟要件, 즉 當事者適格 및 소장의 必要的 記載事項)으로 볼 수 있으므로 판결주문에 제3자의 승낙의 의사표시가 명확히 표시되어야 그 판결에 의한 등기의 집행을 할 수 있다.

따라서 등기의 말소 또는 말소된 등기의 회복을 청구하는 사건에 있어서 등기상 이해관계 있는 제3자의 등기의 말소 또는 말소등기의 회복에 대한 제3자의 승낙의 의사표시는 법률요건임과 동시에 소송요건이므로 이것은 법원의 직권조사사항(職權調査事項)으로 보아야 할 것이며, 이 경우 법원으로서는 그 판단의 기초자료인 사실과 증거를 직권으로 탐지할 의무까지는 없다하더라도 이미 제출된 입증자료(원고가 법원에 증거로 제출한 부동산등기부등본)에 의하여 등기상 이해관계 있는 제3자의 등기의 말소 또는 말소등기의 회복에 대하여 '승낙을 할 의무가 있는지 여부'에 관하여 의심이 갈만한 사정이 엿보인다면 법원은 이에 관하여 심리·조사할 의무가 있다(대판 2007. 3. 29. 2006다74273 참조).

◈ 등기상 이해관계 있는 제3자가 있는 등기의 말소를 명한 판결주문

> 원고에게, 피고 갑(甲)은 별지목록기재 부동산에 관하여 2007년 9월 1일 확정판결을 원인으로 서울남부지방법원 강서등기소 2005년 3월 2일 접수 제4188호로 경료 된 소유권이전등기의 말소절차를 이행하고, 피고 을(乙)은 위 소유권이전등기의 말소등기에 대하여 승낙의 의사표시를 하라.

## ◈ 등기상 이해관계 있는 제3자가 있는 등기의 회복을 명한 판결주문

1. 원인 없이 등기를 말소한 자와 제3자를 공동피고로 한 경우 :

피고 甲은 원고에게 별지목록 기재부동산에 관하여 서울 중앙 지방법원 강남등 기소 1998년 10월 18일 접수로 제32553호로 말소등기 된 같은 등기소 1997년 3월 23일 접수 제7885호 근저당권설정등기의 회복등기절차를 이행하고, 피고 乙은 원고에게 별지목록 기재부동산에 관하여 서울 중앙 지방법원 강남등기소 1998년 10월 18일 접수 제32553호로 말소등기 된 같은 등기소 1997년 3월 23 일 접수 제7885호 근저당권설정등기의 회복등기에 대하여 승낙의 의사를 표시 하라. 또는

2. 말소된 등기의 회복에 대하여 승낙의무가 있는 제3자만을 피고로 한 경우 :

피고는 원고에게 별지목록 기재부동산에 관하여 00지방법원 00등기소 1993년 9 월 28일 접수 제2413호로 말소된 같은 등기소 1992년 4월 4일 접수 제268호 소 유권이전청구권가등기의 회복등기에 대하여 승낙의 의사표시를 하라

# 제4관 법관의 전문성

법관은 분쟁 또는 이해의 대립을 법률적으로 해결 · 조정하는 판단을 내릴 권한을 가지고 있다. 법원은 헌법에 특별한 규정이 있는 경우를 제외한 일제의 법률상의 쟁송(爭訟)을 심판한다(법원조직법 제2조 제1항). 이와 같이 법원의 심판대상이 '일체의 법률상의 쟁송'으로 그 범위가 넓다.

민사소송제도가 본지(本旨)를 살리고 이상적으로 운영되려면 1. 적정(올바르고 잘못이 없는 재판), 2. 공평(양당사자를 공평하게 취급함), 3. 신속(신속한 재판), 4. 경제(소송에 소요되는 비용과 노력의 최소화), 5. 신의칙(信義則)의 이념이 지배하여야 한다.

이른바 집행불능판결은 확정된 원고승소판결이므로 이에 대하여는 불복절차나 시정절차에 따라 원고의 권리나 이익을 회복할 방법이 없으므로 원고는 다시 소를 제기하여 집행이 가능한 이행판결을 받아야 한다.

이와 같은 집행불능판결을 예방하기 위하여 부동산등기, 공탁, 지식재산, 세무, 의료, 건설 등 전문분야를 담당할 법관에 대한 교육제도의 도입이 필요하다고 본다.

사회는 다양해지고 복잡해질수록 전문 직열을 필요로 하므로, 특수전문분야에 정통한 전문법관을 양성하여 그 분야의 재판을 전담함으로서 법관의 전문성을 살리며, 그로인한 적정한 재판을 통하여 사법부에 대한 국민의 신뢰를 높이도록 해야 할 것이다.

# 제5관 판결경정제도의 적극적 활용

## 1. 판결경정의 의의

판결(判決)의 경정(更正)이라 함은 판결내용을 실질적으로 변경하지 않는 범위 내에서 판결서에 잘못된 계산이나 기재, 그 밖에 이와 비슷한 잘못이 있음이 분명한 때에 법원은 직권으로 또는 당사자의 신청에 따라 경정결정으로 이를 고치는 것을 말 한다(민사소송법 제211조).

등기할 부동산의 표시, 등기권리자 및 등기의무자, 등기의 목적, 등기원인과 그 연월일, 등기의 말소 또는 말소된 등기의 회복에 대한 등기상 이해관계 있는 제3자의 승낙의 의사표시 등은 부동산등기법상 등기신청서 및 등기기록의 필요적 기재사항이므로 등기에 관한 의사의 진술을 명하는 이행판결(민사집행법 제263조 제1항)의 주문에 명료히 표시되지 아니하면 그 판결에 의한 등기의 집행이 불능으로 될 경우 현행 민사소송법상 판결경정제도(민사소송법 제211조)에 의하여 사후적으로 일부는 구제될 수 있으나 법원의 판결경정제도는 대부분 소극적으로 운영 되고 있는 실정이다.

## 2. 판결경정제도의 취지

판결에 위산, 오기 기타 이에 유사한 오류가 있는 것이 명백한 때 행하여지는 판결의 경정은 일단 선고된 판결에 대하여 그 내용을 실질적으로 변경하지 않는 범위 내에서 판결의 표현상의 기재 잘못이나 계산의 착오 또는 이와 유사한 오류를 법원 스스로가 결정으로써 정정 또는 보충하여 강제집행이나 호적의 정정 또는 등기의 기재 등 광의의 집행에 지장이 없도록 하자는데 그 취지가 있다(대법원 2001. 12. 4. 2001그112, 2000. 5. 30. 2000그37 결정, 1992. 9. 15. 92그20).

법원은 선고된 판결 내용을 실질적으로 변경하지 않는 범위 내에서 판결경정제도를 적극적으로 활용함으로서 판결경정절차에 의하여 부동산등기에 관하여 의사의 진술을 명한 확정된 이행판결에 오기 기타 이에 유사한 오류가 있는 것이 명백한 경우 판결경정 절차에 의하여 일부라도 구제될 수 있도록 판결경정제도를 적극적으로 활용하는 것이 소송경제적인 면과 원고의 소제기 목적에 기여하는 의미에서 필요하다고 본다.

## 3. 판결경정의 허부

### 가. 판결의 경정을 허용하는 사례

판례상 판결의 경정이 허용되는 사례는 아래와 같다.

- 판결서 말미에 부동산목록이 누락된 경우(대판 1962.3.22.4294 민상 1557, 1970.4. 28. 70다322, 1989. 9. 26. 88다카10647, 1989. 10. 13. 88다카19415)
- 경매개시결정에 지번, 호수가 누락된 경우(대법원 1964. 4. 13. 63마40)
- 건물의 건평표시의 오류(대판 1964. 11.24. 64다815)
- 변경 전 지번을 표시한 경우(대판 1966. 3. 15. 65다2557)
- 사망자를 소유자로 표시한 경우(대법원 1969. 5. 8. 67마95)
- 사망자를 당사자로 한 판결(법원 1970. 3. 24. 69사83)
- 판결에 첨부된 토지목록의 오류(대판 1977. 12. 13. 76다2674)
- 판결주문의 표시가 원고의 청구에 부합되는 오류(대판 1978. 10. 26. 78다289)
- 판결주문 기재의 부동산을 별지로 특정 하면서 별지를 첨부하지 아니하였음이 명백한 경우(대법원 1980. 7. 8. 80마162)
- 판결 말미에 부동산목록기재가 없어도 소장에 첨부된 목록과 동일한 경우(대판 1962. 3. 22. 4294 민상 1557)
- 경매개시결정과 경낙허가결정에 경매목적물인 대지 "을지로 2가 148번지의 17"을 "을지로2가 148번지"로 기재한 경우(대법원 1964. 4. 13. 63마40)
- 철거를 구하는 건물의 평수를 실제평수에 맞추어 경정한 것이 청구취지에 표시된 평수를 초과한 경우(대법원 1964. 7. 30. 64마505)

- 건물의 철거를 명함에 있어 그 주문에 건물의 건평을 잘못 표시한 경우(대판 1964. 11. 24. 64다815)
- 당사자의 과오로 인한 부동산표시의 착오기재(대법원 1983. 4. 19. 83그7)
- 건물의 건평, 토지면적을 잘못 표시한 경우(대판 1964. 11. 24. 64다185, 1985. 7. 15. 85그66)
- 소장의 별지목록 기재 부동산중 대지의 표시를 함에 있어 지번과 지적만 기재하고 대지권의 표시를 하지 아니하여 판결서에도 동일하게 기재된 경우(대법원 1990. 5. 23. 90그17)
- 착오로 등기부상 남아있는 지분보다 과다한 지분에 관하여 이전등기를 청구한데 대하여 피고가 청구를 인낙한 경우(대법원 1994. 5. 23. 94그200)
- 소장에 상대방의 주민등록상 주소를 기재하였으나 판결에는 상대방이 송달장소로 신고한 곳이 주소로 기재된 경우(대법원 1994. 7. 5. 94그22)
- 판결서의 당사자 표시에 주소를 누락한 경우(대법원 1995. 6. 19. 95그26)
- 소유권이전등기를 명하는 건물에 관한 주문기재 면적이 건축대장의 면적과 서로 다른 경우(대법원 1996. 1. 9. 95그13)
- 1필지 토지의 일부에 대한 소유권이전등기를 명하면서 지적법상 허용되지 않는 ㎡미만의 단수를 존치시킴으로서 판결의 집행이 곤란하게 된 경우(대법원 1996. 10. 16. 96 그49)
- 1필지 토지의 일부분에 대하여 소유권이전등기를 명하면서 지적법의 규정에 위반하여 ㎡ 미만단수를 존치하여 위치와 면적을 표시한 판결에 대하여 당사자 일방이 그 소유로 될 토지의 지적에 존치되어 있는 ㎡ 미만의 단수를 포기하고 신청한 판결경정(대법원 1999. 12. 23. 99그74)
- 판결주문 중 등기원인일자를 잘못 기재한 경우(대판1970. 3. 31. 70다104)
- 취득시효완성을 원인으로 한 소유권이전등기를 명하는 판결의 주문 및 그에 첨부된 감정도면상의 면적이 실제로는 "13㎡" 임에도 감정상의 착오로 "16㎡"로 잘못 표시되었음이 강제집행 실시과정에서 밝혀진 경우(대법원 2000. 5. 24. 99그82 결정)
- 감정인의 계산착오로 감정서 도면상의 경계에 따른 갑 부분면적이 1,445㎡, 을 부분이 5,993㎡ 임에도 갑 부분을 1,287㎡로, 을 부분을 6,151㎡로 표시한 화해조서에 대한 준 재심사건에서 감정인이 그 잘못을 시인하는 증언을 한 경우(대법원 2000. 5. 24. 98마1839)
- 피고의 주민등록상 주소가 누락된 채 보정된 송달장소만이 기재된 판결이 선고된 후 원고가 위 송달장소를 피고의 현재의 주민등록상 주소로 경정해 달라는 신청을 한 경

우(대법원 2000. 5. 30. 2000그37)

- 법원이 토지의 공유물분할에 관한 조정조서에 측량. 수로조사 및 지적에 관한 법률의 규정에 반하여 제곱미터 미만의 단수를 표시하여 위치와 면적을 기재함으로서 조정조서 집행이 곤란해진 경우, 당사자 일방이 그 소유로 될 토지의 지적에 표시된 제곱미터 미만의 단수를 포기하여 조정조서 집행을 가능하게 하는 취지로 신청한 조정조서 경정(대법원2012. 2. 10 2011마2177)
- 당사자의 과실에 의한 오류의 경정 등(대법원 1990. 1. 12. 89그48, 2000. 5. 24. 99그82)

## 나. 판결의 경정을 허용하지 않는 사례

판례상 판결의 경정이 허용되지 아니하는 사례는 아래와 같다.

- 부동산의 지번, 건물구조, 건평수가 다른 경우(대법원 1979. 7. 25. 79마217)
- 원고의 주소와 다른 등기부상 주소를 따로 표시하지 않은 경우(대법원 1983. 4. 19. 83그6, 1986. 4. 30. 86그51)
- 1필의 토지 중 특정된 부분을 분할하여 소유권이전등기절차를 구하는 소송의 판결주문에서 "분할하여"라는 문구를 누락한 경우(법원 1984. 8. 17. 84그44, 1987. 7. 16. 87그24)
- 판결에 표시된 등기의무자의 주소와 등기부상의 주소가 다르게 표시된 경우(법원 1987. 2. 26. 87그4)
- 근저당권설정등기의 말소를 명하는 판결을 함에 있어 그 의무자인 당사자의 주소를 표시하면서 이와 다른 등기부상의 주소를 명기하지 아니한 경우(대법원1994. 8. 16. 94 그17결정)
- 환지확정에 따라 청구취지를 정정하면서 등기부의 누락으로 인한 착오로 종전토지의 일부를 누락한 경우, 이를 토대로 선고된 판결에 누락부분을 추가하는 경우(대법원 1996. 3. 12. 95마528)
- 피고의 토지 점유부위와 그 면적이 측량 감정인의 잘못으로 피고의 실제 점유부위 및 면적과 다르게 감정되었음에도 불구하고 원고나 법원이 이를 간과하고 그 감정결과에 따른 청구취지대로 판결이 선고된 경우(대법원 1999. 4. 12. 99마486결정, 1995.7. 12. 95마531 결정)
- 상고심판결에 등기의무자 및 등기권리자의 주소가 실주소와 다르게 표시된 경우(주민등록표시 등에 의하여 동일인 소명이 가능하므로) 등(대법원 1996. 5. 30. 카기54)

# 제6관 민사소송법 제208조 제1항 제1호 및 제249조의 개정건의

## 1. 민사 소장 및 판결서에 당사자의 주민등록번호기재의 필요성

### 가. 민사소송법 제208조 제1항 1호 및 제249조 · 제274조 제1항 1호

부동산등기법상 등기신청인의 주민등록번호는 1984. 7. 1부터 등기신청서(규칙 제43조 제1항 2호. 등기예규 제1334호 별지 양식) 및 등기부(법 제48조 제2항. 제3항)의 필요적 기재사항{허무인 명의 등기의 방지를 위하여 부동산등기법 중 개정법률(1983. 12. 31. 법률 제3692호. 시행일 : 1984. 7. 1)에 의하여 모든 등기에 등기권리자의 주민등록번호를 병기하도록 하였다}으로 규정 되어 있으나, 민사소송법상 당사자의 주민등록번호는 판결서(민소법 제208조 제1항 1호) 및 소 장(동법 제249조, 제 274조 제1항 1호)의 필요적 기재사항이 아니다.

등기절차의 이행을 명하는 확정된 이행판결을 등기원인을 증명하는 서면으로 하여 등 기신청을 할 경우 그 판결서에 표시된 당사자 표시 중 피고(등기의무자)의 성명 또는 주 소, 주민등록번호가 등기기록(등기부)과 일치하지 아니한 경우 판결의 경정결정을 받지 못하면 그 등기신청은 "신청정보의 등기의무자의 표시가 등기기록과 일치하지 아니한 경우"(부동산등기법 제29조 제7호)에 해당하여 각하된다.

이 경우 판결서에 피고의 주민등록번호가 기재되어 있으며 그것이 등기부의 기재와 동일하면 동일인으로 인정되어 피고의 주소가 상이(판결서와 등기부의 상이)하여도 판 결경정절차 없이 등기를 집행할 수 있기 때문이다.

### 나. 재판서양식에 관한 예규

재판서양식에 관한 예규(200. 9. 15. 재판예규 제789호, 개정 2003. 9. 17. 재판예규 제930호)에는 '민사, 가사, 행정, 특허사건의 재판서 또는 화해, 조정, 포기, 인낙조서 등에 있어서 기록상 당사자의 주민등록번호를 알 수 있는 경우에는 당사자의 한자 성명을 병기하지 아니하고 한글 성명 옆에 괄호하고 그 안에 주민등록번호를 기재한다. 재판장은 필요한 경우에는 원고 또는 신청인에게 당사자 쌍방의 주민등록표등·초본의 제출을 명할 수 있다. 재판장은 필요한 경우에는 당사자 쌍방에게 주민등록증, 운전면허증 등 주민등록번호가 기재된 공문서의 제시를 명하고, 담임 법원사무관 등에게 당사자의 주민등록번호를 조서에 기재하게 할 수 있다'고 규정하고 있다.

## 2. 민사소송법의 개정건의

등기권리자의' 주민등록번호'는 부동산등기법상 등기신청서(부동산등기규칙 제43조 제1항 2호 참조) 및 등기부(부동산등기법 제48조 제2항 참조)의 필요적 기재사항으로 규정되어 있으므로 판결에 의한 등기의 신속 정확한 집행을 위하여 소송당사자의 '주민등록번호'를 민사소장(민소법 제249조) 및 판결서(민소법 제208조 제1항 1호)의 필요적 기재사항으로 하는 내용의 '민사소송법 제208조 제1항 제1호 및 제249조'를 개정함으로서 판결경정절차 없이 신속, 정확하게 부동산등기에 관하여 의사의 진술을 명하는 확정된 이행판결에 의한 등기의 집행(부동산등기법 제23조 제4항·민사집행법 제263조 제1항 참조)을 할 수 있도록 할 필요가 있다고 본다.

# 제4절 법관의 오판과 국가배상책임

법관은 국가 공무원법상 경력직 공무원 중 특정직공무원이다(국가공무원법 제2조 제2항 2호). 법관윤리강령은 '법관은 맡은 바 직무를 성실하게 수행하며, 직무수행능력을 향상시키기 위하여 꾸준히 노력하여야 한다. 법관은 신속하고 능률적으로 재판을 진행하며, 신중하고 충실하게 심리하여 재판의 적정이 보장되도록 한다(법관윤리강령 제4조)'고 규정하고 있다.

## 1. 민사소송의 적정의 이상

민사소송의 적정(適正)의 이상(理想)(즉, 올바르고 잘못이 없는 진실발견의 재판)은 소송의 가장 중요한 요청이다. 그러나 폭주하는 민사소송사건의 증가에 비례하여 법관의 부족으로 인한 심리의 지연, 졸속이 불가피하며, 법관의 증원문제 외에 법관직의 전문화의 소홀로 인하여 전문분야에 대한 법률지식과 경험의 부족으로 민사소송의 적정을 해치거나 재판의 모순(예 : 집행불능판결 등)으로 인하여 소송당사자로부터 불신을 받거나 더 나아가 민사소송이 무용한 제도로 전락할 수 있다.

## 2. 공무원의 불법행위와 배상책임

국가가 위법하게 개인의 권리를 침해한 경우에 국가의 배상책임을 국가의 불법행위책임이라고 한다. 우리 헌법 제29조 제1항은 '공무원의 직무상 불법행위로 손해를 받은 국민은 법률이 정하는 바에 의하여 국가 또는 공공단체에 정당한 배상을 청구할 수 있다. 이 경우 공무원 자신의 책임은 면제되지 아니한다'고 규정하고 있다. 이에 따라 국가배상법이 제정되었으며, 국가의 배상책임이 일반적으로 확립된 것이다.

## 3. 법관의 재판상의 불법행위를 이유로 한 국가배상문제

법관의 재판상의 불법행위를 이유로 국가배상문제를 고찰하기 위하여는 '재판의 특수성'을 고려하여 '엄격하고 신중하게 고찰'하여야 한다. 법관이 고의 또는 과실로 인한 오판으로 소송당사자에게 손해를 가한 경우에 국가배상법에 의한 배상책임을 지는가가 문제된다.

## 4. 외국의 경우

### 가. 미국

미국에서는 보통법상 판사가 직무상 행한 사법행위에 대하여는 민사상 책임을 면제하는 면책특권이 인정되고 있으며, 판사가 뇌물을 받고 재판을 했거나 악의적으로 재판을 한 경우에도 재판권을 벗어난 것이 아니라면 면책된다고 한다.

### 나. 독일

독일 민법 제839조 제2항은 '법관이 소송사건의 판결에 있어서 직무상의 의무를 위반한 경우에는 그 의무위반이 "범죄행위인 때"에만 손해배상의 책임이 있다. 이 규정은 의무에 반하는 직무행사의 거절 또는 지연에는 적용하지 아니한다'고 규정하여 법관의 오판과 국가배상책임의 문제를 입법적으로 해결하여 놓고 있다.

### 다. 일본

일본의 경우 무조건 국가배상법이 적용된다는 '무제한설(無制限說)'과 악의에 의한 사실인정 또는 법령해석의 왜곡이 있는 경우에 한하여 적용된다는 '제한설(制限說)'이 대립되고 있다. 대부분의 국가에서 제한설을 따르고 있는 점, 오판의 시정을 위해 3심제도를 채택하는 점, 국가배상책임을 무제한 적으로 적용할 경우 사법권의 독립을 해칠 우려나 법관의 합법적인 직무수행의 염려가 있는 점 등을 고려할 때 제한설이 타당하다.

일본 최고재판소 1968(소화 43). 3. 15. 판결은 재판관이 한 직무행위에 일반적으로 국가배상법이 적용되고 재판관이 행한 재판에 관하여도 그 본질에서 유래하는 제약은 있으나 국가배상법의 적용이 당연히 배제되는 것은 아니라고 한다.

일본 최고재판소 1982(소화 57). 3. 12. 판결은 재판관이 행한 쟁송의 재판에 상소 등 소송법상의 구제방법에 의하여 시정되어야 할 하자가 존재한다 하여도 이것에 의하여 당연히 국가배상법 제1조 제1항의 규정에서 말하는 위법한 행위가 있는 것으로서 국가가 손해배상책임 문제가 발생하는 것은 아니며, 위 책임이 긍정되기 위해서는 당해 재판관이 위법 또는 부당한 목적을 가지고 재판하는 등 법관이 그에게 부여된 권한의 취지에 명백히 위배되어 이를 행사하였다고 인정되는 것과 같은 특별한 사정이 있는 것을 필요로 한다고 해석하는 것이 상당하다고 판결하였다.

## 5. 우리나라 대법원 판례

우리나라 대법원은 제한설(制限說)에 따라 "법관의 재판에 법령의 규정을 따르지 아니한 잘못이 있다 하더라도 이로써 바로 그 재판상 직무행위가 국가배상법 제2조 제1항에서 말하는 위법한 행위로 되어 국가의 손해배상책임이 발생하는 것은 아니고, 그 국가배상책임이 인정되려면 당해 법관이 위법 또는 부당한 목적을 가지고 재판을 하는 등 법관이 그에게 부여된 권한의 취지에 명백히 어긋나게 이를 행사하였다고 인정할 만한 특별한 사정이 있어야한다"고 판시하였다(대판 2001. 4. 24. 2000다16114. 2001. 10. 12. 2001다47290). 법관의 재판에 대한 국가배상책임에 관한 우리나라 대법원의 판례는 다음과 같다.

### 가. 대법원 2001. 4. 24. 선고 2000다16114판결

법관의 재판에 대한 국가배상책임에 관하여 2001. 4. 24. 선고 2000다 16114판결은

"법관이 행하는 재판사무의 특수성과 그 재판과정의 잘못에 대하여는 따로 불복절차에 의하여 시정될 수 있는 제도적 장치가 마련되어 있는 점 등에 비추어 보면, 법관의 재판에 법령의 규정을 따르지 아니한 잘못이 있다 하더라도 이로써 바로 그 재판상 직무행위가 국가배상법 제2조 제1항에서 말하는 위법한 행위로 되어 국가의 손해배상 책임이 발생하는 것은 아니고 그 국가배상책임이 인정되려면 당해 법관이 위법 또는 부당한 목적을 가지고 재판을 하는 등 법관이 그에게 부여된 권한의 취지에 명백히 어긋나게 이를 행사하였다고 인정할 만한 특별한 사정이 있어야 한다고 해석함이 상당하다"고하면서 "임의경매절차에서 경매담당 법관의 오인에 의해 배당표 원안이 잘못 작성되고 그에 대해 불복절차가 제기되지 않아 실체적 권리관계와 다른 배당표가 확정된 경우, 경매담당 법관이 위법·부당한 목적을 가지고 있었다거나 법이 법관의 직무수행상 준수할 것을 요구하고 있는 기준을 현저히 위반하였다는 등의 자료를 찾아볼 수 없어 국가배상법상의 위법한 행위가 아니라고 "하였다.

## 나. 대법원 2001. 10. 12 선고 2001다47290 판결

법관이 압수수색할 물건의 기재가 누락된 압수수색영장을 발부한 행위가 불법행위를 구성하지 않는다고 본 사례에 관하여 "법관의 재판에 법령의 규정을 따르지 아니한 잘못이 있다 하더라도 이로써 바로 그 재판상 직무행위가 국사배상법 제2조 제1항에서 말하는 위법한 행위로 되어 국가의 손해배상책임이 발생하는 것은 아니고, 당해 법관이 위법 또는 부당한 목적을 가지고 재판을 하는 등 법관이 그에게 부여된 권한의 취지에 명백히 어긋나게 이를 행사하였다고 인정할 만한 특별한 사정이 있어야 위법한 행위가 되어 국가배상책임이 인정 된다(대판 2001. 10. 12. 2001다47290 손해배상)"고 하여 법관의 재판에 법령의 규정을 따르지 아니한 잘못이 있다하더라도 국가배상 책임이 인정되기 위하여는 당해 법관이 위법 또는 부당한 목적을 가지고 재판을 하는 등 특별한 사정이 있음을 요한다고 하였다.

## 다. 대법원 2003. 7. 11. 선고 99다24218판결

법관의 재판에 대한 국가배상책임이 인정되기 위한 요건에 관하여 대법원은 "법관의 재판에 법령의 규정을 따르지 아니한 잘못이 있다하더라도 이로써 바로 그 재판상 직무행위가 국가배상법 제2조 제1항에서 말하는 위법한 행위로 되어 국가의 손해배상책임이 발생하는 것은 아니고, 그 국가배상책임이 인정되려면 당해 법관이 위법 또는 부당한 목적을 가지고 재판을 하였다거나 법이 법관의 직무수행상 준수할 것을 요구하고 있는 기준을 현저하게 위반하는 등 법관이 그에게 부여된 권한의 취지에 명백히 어긋나게 이를 행사하였다고 인정할 만한 특별한사정이 있어야 한다"(대판 2003. 7. 11. 99다24218)고 판결했다.

대법원은 재판에 대한 불복절차 내지 시정절차의 유무와 부당한 재판으로 인한 국가배상책임의 인정여부에 관하여 "재판에 대하여 불복절차 내지 시정절차 자체가 없는 경우에는 부당한 재판으로 인하여 불이익 내지 손해를 입은 사람은 국가배상 이외의 방법으로는 자신의 권리 내지 이익을 회복할 방법이 없으므로, 이와 같은 경우에는 배상책임의 요건이 충족되는 한 국가배상책임을 인정하지 않을 수 없다"(대판 2003. 7. 11. 99다24218)고 판결했다.

우리나라 대법원도 제한설(制限說)에 따라 '법관의 재판에 대하여 국가배상책임이 인정되려면 당해 법관이 "위법 또는 부당한 목적"을 가지고 재판을 하였다거나 법이 법관의 직무수행상 준수할 것을 요구하고 있는 기준을 "현저하게 위반"하는 등 법관이 그에게 부여된 권한의 취지에 "명백히 어긋나는 이를 행사"하였다고 인정할 만한 "특별한 사정"이 있어야 한다'고 판시하였고, 헌법재판소도 같은 입장을 취하고 있다.

## 라. 헌법재판소 재판관에게 국가배상책임을 인정한 사례

대법원 판결은 "헌법재판소 재판관이 청구기간 내에 제기된 헌법소원심판청구 사건에서 청구기간을 오인하여 각하결정을 한 경우, 이에 대한 불복절차 내지 시정절차가 없는 때에는 국가배상책임(위법성)을 인정할 수 있다(대판 2003. 7. 11. 99다24218. 손해배상)"고 하였으며, 헌법소원 심판청구를 헌법재판소 재판관이 잘못된 각하결정을 함으로써 청구인의 정신상 고통에 대한 위자료 인정여부에 관하여 "헌법소원심판을 청구한 자로서는 헌법 재판소 재판관이 일자계산을 정확하게 하여 본안판단을 할 것으로 기대하는 것이 당연하고, 따라서 헌법재판소 재판관의 위법한 직무집행의 결과 잘못된 각하결정을 함으로써 청구인으로 하여금 본안판단을 받을 기회를 상실하게 한 이상, 설령 본안판단을 하였더라도 어차피 청구가 기각되었을 것이라는 사정이 있다고 하더라도 잘못된 판단으로 인하여 헌법소원심판 청구인의 위와 같은 합리적인 기대를 침해한 것이고 이러한 기대는 인격적 이익으로서 보호할 가치가 있다고 할 것이므로 그 침해로 인한 정신상 고통에 대하여는 위자료를 지급할 의무가 있다(대판 2003. 7. 11. 99다24218)"고 하여 국가배상책임을 인정한 사례가 있다.

## 6. 불복절차 내지 시정절차가 없는 경우 국가배상책임을 인정한 사례

대법원은 '헌법재판소 재판관이 청구기간 내에 제기된 헌법소원 심판청구사건에서 청구기간을 오인하여 각하결정을 한 경우, 이에 대한 "불복절차 내지 시정절차가 없는 때"에는 국가배상책임을 인정할 수 있다'(대판 2003. 7. 11. 99다24218)고 하여 국가배상책임(위자료)을 인정한 사례가 있다.

## 7. 등기절차이행을 명한 확정판결이 집행불능판결에 해당되는 경우

등기절차이행을 명한 확정된 이행판결(원고승소판결)을 등기원인증서로 하여 등기신청을 하였으나 그 판결이 이른바 "집행불능판결"에 해당되어 등기관이 그 등기신청을 각하한 경우, 그 판결은 원고에게 아무런 의미가 없는 휴지조각에 불과한 것으로서, 그 판결은 확정된 이행판결이므로 이에 대하여는 불복절차 내지 시정절차에 의하여 시정할 방법이 없다.

위 판결을 받은 원고는 다시 소를 제기하여 등기의 집행이 가능한 판결을 받아 등기신청을 하는 절차를 반복하게 된다. 이러한 경우 집행불능판결을 한 법관은 어떠한 책임을 질 것인가가 문제된다.

## 8. 집행불능판결을 받은 원고의 구제문제

부동산등기에 관한 의사표시를 명하는 판결을 구하는 원고의 청구는 그 판결주문에 명시된 내용의 등기를 집행하는 것(법 제23조 제4항)이므로 만일 그 판결이 집행불능판결에 해당될 경우 그 판결은 원고에는 아무런 의미가 없는 휴지조각에 불과하다.

민사소송제도는 사인의 권리보호와 사법질서유지를 목적으로 하며, 민사소송제도가 이상적으로 운영되려면 적정 . 공평 . 신속 . 경제 . 신의칙의 이념이 지배하여야 한다. 법관이 올바르게 사실을 확정하고, 이 확정된 사실에 법을 올바로 적용하여 재판을 통해 사회정의를 구현하는 것을 민사소송의 적정(適正)의 이상(理想)이라고 한다.

올바르고 잘못이 없는 진실발견의 재판은 소송의 가장 중요한 요청이다. 법관은 올바르게 사실을 확정하고, 확정된 사실에 법을 올바르게 적용하여 재판을 통해 사회정의를 구현하여야 한다. 법관이 구체적 사건의 재판에 적용할 법령의 내용에 관한 정확한 지식에 기초한 법의 적용은 '법관이 반드시 갖추어야할 직무상의 의무'로서 요구되기 때문이다(헌법 제27조. 국가공무원법 제56조. 법관윤리강령 제4조).

법률격언에 '소송이 다시 소송을 일으키는 일이 없도록 소송을 방지하는 것은 훌륭한 재판관의 의무이다. 소송을 종결시키는 것은 국가의 안녕을 위해서 이다'(It is the duty of a good judge to prevent litigations, that suit may not grow out of suit, and it concerns the welfare of a state that an end be put to litigation). 소송의 원인을 제거하는 것이 훌륭한 법관의 의무이다(It is duty of a good judge to remove causes of litigation)라는 말이 있다.

등기절차이행을 명한 확정된 이행판결을 받은 원고가 그 판결을 등기원인증서로 하여 등기신청을 한 경우 그 판결이 집행불능판결에 해당되어 등기관이 부동산등기법 제29조에 의하여 각하한 경우 그 판결에 대하여는 불복절차 내지 시정절차에 의하여 시정할 방법이 없으므로 원고는 많은 시간과 비용을 들여 다시 소를 제기하여 등기의 집행이 가능한 판결(집행력 있는 판결)을 받아 등기신청을 하여야 한다.

법관의 재판에 대한 국가배상책임이 인정되기 위하여는 법관의 재판에 법령의 규정을 따르지 아니한 잘못이 있다 하더라도 이로써 바로 그 재판상 직무행위가 국가배상법 제2조 제1항에서 말하는 위법한 행위로 되어 국가의 손해배상 책임이 발생하는 것은 아니고, 그 국가배상책임이 인정되려면 당해 법관이 위법 또는 부당한 목적을 가지고 재판을 하였다거나 법이 법관의 직무수행상 준수할 것을 요구하고 있는 기준을 현저하게 위반하는 등 법관이 그에게 부여된 권한의 취지에 명백히 어긋나게 이를 행사하였다고 인정할 만한 특별한 사정이 있어야 한다(대판 2003. 76. 11. 99다24218. 손해배상).

집행불능판결을 한 법관은 '위법 또는 부당한 목적을 가지고 재판을 하였거나 법이 법관의 직무수행상 준수할 것을 요구하고 있는 기준을 현저하게 위반하는 등 법관이 그에게 부여된 권한의 취지에 명백히 어긋나게 권한을 행사하였다고 인정할 만한 특별한 사정이 있었다고 볼 수 없으므로, 법관의 재판상의 행위를 이유로 국가배상문제를 고찰하기 위하여는 재판의 특수성 등을 고찰하여 엄격하고 신중히 해석하여야 한다.

그러나 집행불능판결에 대하여는 상소가 허용되지 아니하며{상소는 자기에게 불이익한 재판에 대하여 유리하게 취소, 변경을 구하기 위한 것으로 승소판결에 대한 불복상소는 허용할 수 없다(대판 1999. 12. 21. 98다29797)}, 재심절차에 의하여 구제받을 수도 없으므로 원고는 의사의 진술을 구하는 소를 다시 제기하여 집행력 있는 판결을 받아야 한다.

위에서 본바와 같이 대법원 2003. 7. 11. 선고 99다24218판결은 "재판에 대하여 불복절차 내지 시정절차 자체가 없는 경우에는 부당한 재판으로 인하여 불이익 내지 손해를 입은 사람은 국가배상 이외의 방법으로는 자신의 권리 내지 이익을 회복할 방법이 없으므로 이와 같은 경우에는 배상책임의 요건이 충족되는 한 국가배상책임을 인정하지 않을 수 없다"고 했다.

의사의 진술을 구하는 등기청구가 소유권이전등기절차이행을 명한 판결인 경우 원고는 그 판결에 의한 등기의 집행이 가능한 것으로 신뢰하고 그 판결에 의한 등기신청을 함에 있어 "등기신청과 관련하여 다른 법률에 의하여 부과된 의무"(법 제29조 10호)를 이행(즉, 취득세, 등록세, 교육세, 등기신청수수료 등의 납부 및 국민주택채권의 매입 등)한 후 확정판결정본을 등기원인증서로 하여 등기신청을 하게 되나 그 판결이 집행불능판결일 경우 그 판결에 의한 등기신청은 부동산등기법 제29조 각호의 1에 해당되어 등기관이 이를 각하하게 된다.

## 9. 소장을 작성하는 변호사 등의 책임

### 가. 피고지정 및 청구취지기재의 착오

부동산 등기에 관하여 의사의 진술을 구하는 등기청구의 소장을 작성하는 변호사 또는 법무사가 집행불능판결에 대하여는 1차적인 책임을 져야한다고 본다. 왜냐하면 변호사 또는 법무사 등이 의사의 진술을 구하는 등기청구의 소장을 작성함에 있어,

첫째, 소의 이익이 없는 청구를 한 경우(예 : 주등기의 말소 없이 부기등기만의 말소를 구하거나 예고등기의 원인인 소유권이전등기말소소송이 승소확정 되었음에도 불구하고 그 판결에 의한 등기가 말소되지 아니한 상태에서 예고등기만의 말소를 청구하는 경우 또는 실명등기 유예기간경과 후 명의신탁해지를 원인으로 한 소유권이전등기 청구를 하는 경우 등),

둘째, 변호사, 법무사가 고유필수적 공동소송인 공유물분할청구, 합유부동산 또는 총

유부동산에 관한 소장을 작성함에 있어 착오로 등기부상 공유자 또는 합유자 중 일부를 누락하거나 제3자를 포함시킨 경우(당사자 적격),

셋째, 변호사, 법무사 등이 등기의 말소 또는 말소된 등기의 회복을 구하는 소장을 작성함에 있어 원고가 입증자료로 법원에 제출한 등기사항증명서(등기부)상 명백히 등재된 "등기상 이해관계 있는 제3자"가 있음에도 불구하고 그 제3자를 피고에서 누락시킴과 동시에 소장의 청구취지에 등기의 말소 또는 말소된 등기의 회복 대한 등기상 이해관계 있는 제3자의 승낙의 의사표시를 구하는 취지를 누락하는 경우 등이 실무상 자주 발생하는바, 이것은 변호사, 법무사 등이 집행불능판결에 대한 1차적인 원인을 제공하고 있는 것으로 볼 수 있다.

## 나. 수임인의 위임계약상의 선관의무위배

변호사 또는 법무사가 소송요건에 흠결이 있는 위와 같은 소장을 작성, 제출하였고 이와 같은 소장의 흠결을 간과하고 법원이 원고승소판결을 한 경우 그 판결의 하자로 인하여 그 등기신청이 각하 되었을 때 소송대리인인 변호사 또는 법무사는 위임계약상의 선관주의의무 위반(민법 제681조)으로 인한 배상책임이 문제된다. 이 경우 집행불능한판결을 한 법관은 그 판결에 대하여 국가배상책임이 인정되기 위한 요건에 해당되지 않는다고 하여 과연 그 판결로 부터 자유로울 수 있는가가 문제될 수 있다.

## 10. 법관의 오판과 국가 배상책임

### 가. 공무원의 의무

법관의 직무수행은 3권분립의 하나인 사법권독립의 원칙에 따라 누구의 지휘 · 명령을 받지 않고 오로지 그 양심에 따라 독립하여 심판한다(헌법 제103조). 공무원은 국가기관의 담당자로서 국민 전체에 대한 봉사자이며, 국민에 대하여 책임을 진다(헌법 제7조 제1항). 이에 따라 공무원은 특별한 의무를 진다.

그 책임의 근거는 법령에 의해서가 아니라 공무원과 국가와의 공법상 근무관계라는 특별권력에 근거를 둔 것이므로 법령에 규정된 각종 의무는 그 예시에 불과할 뿐 그 의무는 포괄적인 것이다.

공무원의 의무는 공무원의 종류나 직무의 성질에 따라 그 내용이 다르고, 또 각종의 법령에서 개별적으로 규정하고 있으나 일반적으로는 국가공무원법을 준용하고 있다.

## 나. 공무원의 책임

공무원의 책임이라 함은 공무원이 일반사인(一般私人)으로서 행한 행위가 아니라, 공무원으로서 행한 위법행위로 인해 법률상지는 책임을 말한다. 공무원은 국민전체에 대한 봉사자이며, 국민에 대하여 책임을 진다(헌법 제7조 제1항). 공무원의 직무상 불법행위로 손해를 받은 국민은 법률이 정하는 바에 의하여 국가 또는 공공단체에 정당한 보상을 청구할 수 있다. 이 경우 공무원 자신의 책임은 면제되지 아니한다(헌법 제29조 제1항).

국가나 지방자치단체는 공무원이 직무를 집행하면서 고의 또는 과실로 법령을 위반하여 타인에게 손해를 입힌 때에는 국가배상법에 따라 그 손해를 배상하여야 한다. 이 경우에 공무원에게 고의 또는 중대한 과실이 있으면 국가나 지방자치단체는 그 공무원에게 구상(求償)할 수 있다(국가배상법 제2조).

공무원이 국가공무원법상의 의무를 위반하였을 때에는 특별권력관계에 기하여 징계책임(懲戒責任)과 국가에 대한 변상책임(辨償責任)을 부담한다. 특별권력관계(特別權力關係)라 함은 일반권력관계에 대한 관념으로서, 공법상의 특별한 원인에 기하여 특별한 목적에 필요한 범위 내에서 특정한 자에게 포괄적 지배권이 부여되고 상대방은 이에 복종해야 할 지위에 있는 관계를 말한다.

특별권력관계의 특색은 법치주의원칙이 배제되어 법률의 유보·기본권의 보장·사법심사의 보장 등이 제한된다는 데에 있다.

## 다. 법관의 의무

민사소송제도는 사인의 권리보호와 사법질서의 유지를 목적으로 국가가 마련한 것으로 민사소송제도가 이상적으로 운영되려면 적정, 공평, 신속, 경제, 신의칙의 이념이 지배하여야 한다. 올바른 재판은 소송의 가장 중요한 목적이며 법관은 바르게 사실을 확정하고 확정된 사실에 올바로 법을 적용하여 재판을 통하여 개인의 권리보호와 사회정의를 구현하여야 하는 바, 그것은 '법관의 의무'인 동시에 '소송당사자의 권리'로 볼 수 있다.

의사의 진술을 구하는 청구 중 등기신청에 관한 의사표시를 명한 확정된 이행판결(법 제23조 제4항. 민집법 제263조 제1항)을 등기원인을 증명하는 서면으로 하여 등기신청을 한 경우 그 등기신청이 부동산등기법 제29조 각호의1에 해당하여 등기관이 이를 각하하게 되는 사례가 있는 바, 이 경우 원고는 승소의 확정판결을 받기까지의 과정에서 과다한 비용(소장에 첨부하는 인지. 송달료 외에 변호사 보수, 승소사례금 등의 지불)과 노력을 소모하게 된다.

그분만 아니라 원고는 판결에 의한 등기의 집행이 가능한 것으로 신뢰하고 위와 같이 취득세, 등록세, 교육세, 등기신청수수료 등을 납부한 후 등기신청을 하게 되나 등기원인증서인 판결이 집행불능판결에 해당되어 등기관으로 부터 그 등기신청이 각하 될 경우 원고는 그 판결에 대하여 불복절차 내지 시정절차에 의하여 자신의 권리내지 이익을 회복할 방법이 없으므로 이로 인하여 발생한 손해에 대하여 국가를 상대로 손해배상책임을 추궁할 수 있는지가 문제될 수 있다.

그러나 판결의 위법을 이유로 한 국가배상책임을 인정하는 것에는 재판의 특수성 등을 고려하여 엄격하고 신중히 검토하여야 한다.

## 라. 재판에 대하여 불복절차 내지 시정절차가 없는 경우

잘못된 판결로 인하여 타인이 손해를 본 경우 중 집행불능판결과 같이 그 재판에 대하여 불복절차 내지 시정절차 자체가 없는 경우에는 부당한 재판으로 인하여 불이익 내지 손해를 입은 사람(집행불능판결을 받은 원고는 동일한 소를 다시 제기하여 집행이 가능한 적정한 판결을 받아야 한다)은 국가배상 이외의 방법으로는 자신의 권리내지 이익을 회복할 방법이 없으므로 이러한 경우 국가의 배상책임을 완전히 배제할 수 있는가하는 문제와 집행불능판결을 등기원인증서로 등기신청을 한 경우 그 신청이 각하된 원고의 구제문제와의 조화를 검토할 가치가 있다고 본다.


## 마. 법관의 전문화(법관의 교육제도)

민사소송의 적정(適正)의 이념을 실현하기 위하여는 폭주하는 민사소송사건의 증가(특히 부동산등기에 관련된 소송의 증가)에 비례하여 법관의 부족으로 인한 심리의 지연, 졸속이 불가피한 것으로 볼 수 있으나 법관의 증원문제 이외에 법관의 전문화{부동산등기에 관하여 의사의 진술을 구하는 청구 등에 대한 전문지식과 경험이 있는 자의 강의 등(법원조직법 제74조의3 참조)}의 소홀로 인하여 집행불능판결과 같이 민사소송의 적정을 해치거나 재판의 모순(집행불능판결을 등기원인증서로 한 등기신청의 각하)으로 인하여 소송당사자(원고)로부터 불신을 받거나 더 나아가 민사소송이 무용한 제도로 전락하게 될 수도 있다.

이러한 문제의 해결을 위하여 의사표시의무의 집행(민사집행법 제263조) 중 부동산등기에 관한 의사의 진술을 구하는 청구에 관련하여 부동산등기법, 민사집행법 등 관련분야에 관하여 법관에 대한 연수와 교육을 통하여 이 분야에 관한 법률전문가로서의 이론과 실무를 연수·습득하도록 하는 교육제도를 마련할 필요가 있다고 본다.

사건의 복잡 다양화, 새로운 지식과 급변하는 기술의 변화에 따라 법관 한 사람이 모든 분야에 관하여 전문성을 가질 수 없는 상황에 이르렀다. 이에 따라 법원에는 많은 전문재판부와 특별법원이 설립되어 있으나 이런 상황에서도 법관이 한 분야에 대한 전문성을 갖추기 위해서는 스스로 그 분야에 계속하여 관심을 가지고 연구 노력해 나가야 할 것이다.

법관들의 업무에 대한 전문성의 향상으로 올바르고 잘못이 없는 진실발견의 재판은 민사소송의 '적정(適正)의 이상(理想)을 구현하는 길'이 된다고 본다.

민사소송법은 제1조 제1항에서 "법원은 소송절차가 공정하고 신속하며 경제적으로 진행되도록 노력하여야 한다", 제2항에서 "당사자와 소송관계인은 신의에 따라 성실하게 소송을 수행하여야 한다"고 규정하여 법원은 재판에서 공평, 신속, 경제의 이상을 구현하기 위하여 노력하여야 하며, 당사자와 소송관계인(보조참가인, 소송대리인, 증인 등)은 소송수행에 있어 신의칙에 입각하여 성실의무를 다 할 것을 천명하여 신의칙(信義則)이 민사소송의 대원칙임을 명문화했다.

등기에 관하여 의사의 진술을 구하는 소를 제기한 원고는 법관의 적정한 재판과 슬기로운 지혜에 따른 판결에 의하여 등기신청의사에 적합한 등기의 집행을 목적으로 과다한 비용과 노력을 소모하여 소송을 수행하는 것이다.

등기에 관하여 의사의 진술을 명한 판결 등 집행권원에 의한 등기의 신속, 정확한 집행(법 제23조 제4항, 민사집행법 제263조 제1항)을 위해서는 소장을 작성하는 법무사, 소송대리인은 물론 법관의 부동산등기법, 민법, 민사소송법, 민사집행법, 중재법 등 부동산등기에 관련된 실체법 및 절차법에 관한 정확한 이해가 필요하며, 그것은 '집행불능판결의 예방'과 동시에 '민사소송이 무용한 제도로 전락'하게 되는 것을 구제하는 길이 되며, 더 나아가 '사법부가 분쟁을 해결하는 최후의 보루로서 국민의 신뢰와 존경을 받는 길'이 된다고 본다.

# 제5장
# 부동산소유권의 취득시효

# 제5장 부동산소유권의 취득시효

## 제1절 시효제도

시효라 함은 일정한 사실상태가 법률이 정한 기간 동안 계속된 경우, 그 사실상의 상태가 진실 된 법률관계와 일치하는지에 관계없이 그대로 존중하고 그에 적합한 법률효과를 발생시키는 제도를 말한다.

시효제도에는 오랜 동안 타인의 물건을 점유하는 사람에게 그 물건에 관한 권리를 부여하는 취득시효(取得時效)와, 일정기간 동안 권리를 행사하지 않으면 그 권리(예 : 채권)를 없어진 것으로 하는 소멸시효(消滅時效)가 있다. 우리민법은 소멸시효에 관하여는 총칙편에, 취득시효에 관하여는 물권편에 소유권의 취득원인으로서 규정하고 있다.

### 1. 시효제도의 존재이유

시효는 영속한 사실 상태를 보호하고 그에 의거한 법률관계를 안정시키려는 제도이며, 사회질서의 유지, 거증(擧證)의 곤란성, 권리불행사의 징벌성, 신속한 거래안전의 요청 등이 이 제도가 인정된 이유이다. 이와 같이 사회적, 공공적 이유에 의한 것이므로 시효에 관한 규정은 강행규정이다.

부동산에 대한 취득시효제도의 존재이유는 부동산을 점유하는 상태가 오랫동안 계속된 경우 권리자로서의 외형을 지닌 사실상태를 존중하여 이를 진실한 권리관계로 높여 보호함으로써 법질서의 안정을 기하고, 장기간 지속된 사실상태는 진실한 권리관계와 일치될 개연성이 높다는 점을 고려하여 권리관계에 관한 분쟁이 생긴 경우 점유자의 증명곤란을 구제하려는 데에 있다(대판 2016. 10. 27. 2016다224596).

## 2. 시효의 원용

시효(時效)의 원용(援用)이란 소멸시효의 완성으로 이익을 받을 자가 적극적으로 그 이익을 받겠다고 의사를 표시하는 것을 말한다. 소멸시효완성의 효과에 관하여는 원용이 있어야만 권리가 소멸한다는 설(相對的 消滅說)과 소멸시효의 완성만으로 권리가 소멸한다는 설(絶對的 消滅說)이 대립하고 있으나 상대적 소멸설이 통설이다.

소멸시효의 원용을 할 수 있는 자(援用權者)는 소멸시효로 인하여 직접으로 의무를 면하거나 권리의 확장을 받는 자(당사자) 이외에 이 권리 또는 의무에 기하여 의무를 면하거나 권리의 확장을 받는 자(연대채무자, 연대보증인, 보증인 등)등도 포함한다.

## 3. 시효의 이익의 포기

### 가. 시효이익의 포기의 의의

소멸시효이익(消滅時效利益)의 포기(抛棄)라 함은 소멸시효의 완성으로 인하여 이익을 받을 자가 그 이익을 받지 않겠다고 하는 의미를 표시하는 단독행위를 말한다. 시효의 이익은 이를 포기 할 수 있으나, 소멸시효의 이익은 미리 포기하지 못한다(민법 제184조 제1항).

소멸시효이익의 포기는 재판 외에서 하여도 좋지만 소멸시효에 걸린 권리를 소멸하지 않을 것으로 확정하는 의사표시이므로 상대방에 대한 의사표시로써 하지 않으면 안 된다. 다만 상대방의 동의는 필요하지 않다.

### 나. 시효완성에 따른 시효이익포기의 당사자

취득시효완성으로 인한 권리변동의 당사자는 시효취득자와 취득시효완성 당시의 진정한 소유자이므로, 시효이익(時效利益)의 포기(抛棄)는 특별한 사정이 없는 한 시효취득자가 취득시효 완성 당시의 진정한 소유자에 대하여 하여야 그 효력이 발생한다(대판

2009. 12. 10. 2006다19177).

## 4. 시효의 중단

시효(時效)의 중단(中斷)이라 함은 시효의 진행 중에 일정한 사유가 발생 하면 그 때까지 경과한 기간은 무효가 되고, 중단사유가 끝난 때부터 새로 시효가 진행하는데, 이를 시효의 중단이라고 한다(민법 제178). 시효의 정지와 더불어 시효완성의 장애(障碍)라 불린다.

민법이 정한 시효의 중단사유에는 청구(소의 제기, 최고, 지급명령, 화해를 위한 소환 또는 임의출석, 파산절차참가 등), 압류 또는 가압류, 가처분, 승인 등의 3가지가 있다(민법 제168조). 시효의 중단은 당사자 및 승계인에게만 효력이 있다(민법 제169조).

## 5. 시효의 정지

시효가 완성될 때에 권리자가 중단행위를 하기 불가능 하거나 심히 어려운 사유가 생기는 경우에는 일정한 기간 동안에 시효의 완성이 유예되는데 이를 시효(時效)의 정지(停止)라고 한다(민법 제179조~제182조).

권리의 행사가 권리자의 태만으로 인하지 아니한 경우에 이것을 보호하는 제도이다. 시효의 중단과는 달리 이미 진행한 시효기간이 효력을 잃게 되는 것은 아니고, 정지사유가 종료한 후 일정한 유예기간이 경과하면 시효가 완성한다.

민법이 인정하는 시효의 정지사유(停止事由)에는 무능력자에게 법정대리인이 없는 때(민법 제179조), 무능력자가 재산관리인에 대하여 권리를 가지고 있는 때, 부부간에 권리가 있는 때(민법 제180조), 상속재산에 대한 상속인의 미확정, 관리인의 선임이나 파산선고가 있는 때로부터 6월 이내(민법 제181조), 천재 기타의 사변으로 시효의 중단이 불가능 한 때(민법 제182조) 등이 있다.

민법은 시효의 정지를 소멸시효에만 규정하고, 취득시효의 정지에 관하여는 아무런 규정도 하지 않았다.

# 제2절 취득시효제도

## 1. 취득시효와 소멸시효

'취득시효(取得時效)'라 함은 물건 또는 권리를 점유하는 사실상태가 일정기간 동안 계속되는 경우에, 그 상태가 진실한 권리관계에 부합하느냐 않느냐를 묻지 않고서, 그 사실 상태를 그대로 존중하여 권리취득의 효과가 생기게 하는 시효제도를 말한다. 소멸시효(消滅時效)와 대립되는 개념이다.

민법이 인정하는 시효로 취득되는 권리는 부동산 소유권(민법 제245조)과 동산소유권(민법 제246조)이며, 그 외의 재산권에 관해서는 이를 준용하도록 하고 있다. 취득시효는 일정한 상태의 계속을 기초로 하기 때문에 상태권(狀態權)만이 그 목적이 된다. 따라서 구체적으로 시효취득의 목적이 되는 권리로서 대표적인 것은 소유권이고, 기타의 재산권으로서는 일정한 물권과 유사한 성질을 가지는 권리에 한하게 된다.

부동산 소유권은 20년간 소유의 의사로써 평온, 공연하게 점유한 자가 등기함으로써 취득한다(민법 제245조 제1항). 시효에 의하여 취득하는 권리는 전(前) 소유자의 권리를 계승한 승계취득(承繼取得)이 아니라 원시취득(原始取得)이며(대판 1994. 12. 22. 92다3489, 2004. 9. 24. 2004다31463), 그 효력은 점유를 개시한 때에 소급한다(민법 제247조 제1항).

취득시효는 신분권에는 적용되지 않으며, 재산권에만 적용된다. 또 점유권, 유치권과 같이 직접 법률에 의하여 성립되는 재산권과 법률에 의하여 시효취득이 금지된 재산권은 취득시효의 목적이 될 수 없다.

'소멸시효(消滅時效)'란 권리의 불행사가 일정한 기간 계속함으로써 권리의 소멸을 초래하는 제도이다. 일정한 상태의 계속으로 권리를 취득하게 되는 취득시효(取得時效)와 대립되며, 권리불행사의 계속을 요건으로 하지 않는 제척기간(除斥期間)과 구별 된다.

소유권 이외의 재산권은 모두 소멸시효에 걸리는 것이 원칙이지만 점유권, 물권적 청구권, 상린권, 담보물권 등의 예외가 있다.

채권은 민사는 10년, 상사는 5년, 그 이외의 재산권은 20년의 불행사로 소멸시효가 완성하는 것이 원칙이지만(민법 제162조, 상법 제64조), 그 시효기간(時效期間)에는 권리의 성질에 따라 많은 특칙이 있다(민법 제163조~제165조). 기간의 기산점은 권리를 행사할 수 있는 때이다(민법 제166조 제1항).

민법이 인정하는 시효로 취득되는 권리는 부동산소유권(민법 제245조)과 동산소유권(민법 제246조)이고, 그 외의 재산권에 관해서는 이를 준용하도록 하고 있다(민법 제248조).

## 2. 부동산소유권의 취득시효

취득시효라 함은 물건 또는 권리를 점유하는 사실상태가 일정기간 동안 계속되는 경우에 그것이 진실한 권리관계와 일치하는가의 여부를 묻지 않고 권리취득의 효과가 생기게 하는 시효제도를 말한다.

구민법은 부동산소유권의 취득시효제도(取得時效制度)로서 점유취득시효(占有取得時效)만을 인정하고 있었으나, 현행 민법은 20년간 소유의 의사로 평온, 공연하게 부동산을 점유하는 자는 등기함으로써 소유권을 취득하는 "점유취득시효(占有取得時效)"와 부동산의 소유자로 등기한 자가 10년간 소유의 의사로 평온, 공연하게 선의이며 과실 없이 그 부동산을 점유한 때에는 소유권을 취득하는 "등기부취득시효(登記簿取得時效)"라는 두 가지의 취득시효제도를 모두 인정하고 있다.

## 가. 점유취득시효

### (1) 점유취득시효의 의의

20년간 소유의 의사로 평온, 공연하게 부동산을 점유하는 자는 등기함으로써 그 소유권을 취득한다(민법 제245조 제1항). 이것을 '점유취득시효(占有取得時效)'라고 한다. 부동산의 시효취득은 법률행위에 의한 물권변동(민법 제186조)이 아니지만 민법 제245조 제1항은 '등기함으로써 그 소유권을 취득 한다'고 규정하여 취득시효기간의 만료만으로는 소유권 취득의 효력이 발생하지 않고, 이를 원인으로 하여 소유권이전등기청구권(所有權移轉登記請求權)을 취득하는데 그친다.

판례는 이 권리를 채권적 청구권(債權的 請求權)으로 보고 있다(대판 1995. 12. 5. 95다24241). 점유취득시효의 요건을 갖춘 때에는 점유취득시효에 있어서는 등기청구권이 발생하며 이를 행사하여 등기함으로써 소유권을 취득하게 된다(민법 제 245조 제1항).

### (2) 점유자의 등기청구권의 행사

민법 제245조 제1항은 '등기함으로써 그 소유권을 취득 한다'고 규정하고 있으므로, 점유취득시효에 있어서는 취득시효완성으로 인하여 점유자에게 '등기청구권(登記請求權)'이 발생한다(대판 1972. 1. 31. 71다24416, 1990. 11. 13. 90다카25352, 1997. 4. 25. 96다 53420).

등기청구권(登記請求權)라 함은 등기는 등기권리자와 등기의무자의 공동신청에 의하여 행해지는 것이 원칙이므로(법 제23조 제1항) 일방 당사자가 등기의 공동신청에 협력을 거절하면 등기를 할 수 없게 된다.

따라서 등기제도의 원활한 운영을 위하여 등기를 원하는 일방당사자는 타방당사자에 대하여 등기신청에 협력할 것을 요구하는 권리, 즉 등기청구권을 갖는 것이 인정된다. 등기청구권은 사인(私人)에게 등기신청에 필요한 협력을 구하는 사법상(私法上)의 권리이다. 등기청구권은 채권자 대위권(債權者代位權)의 객체가 될 수 있다(법 제28조).

등기청구권의 성질에 관하여는 다음과 같이 견해가 대립되고 있다. 즉 법률행위에 의한 물권변동의 경우에는 채권적 청구권(債權的 請求權)이라는 견해와 물권적 청구권(物權的 請求權)이라는 견해의 대립이 있다. 등기가 실체관계와 부합하지 않는 경우에는 진실한 권리자가 그 물권의 완전한 실현을 등기의무자에 의해 방해당하고 있다고 할 수 있으므로 그러한 방해를 제거할 것을 요구하는 진정한 권리자의 등기청구권은 물권적 청구권(物權的 請求權)의 성질을 가진다.

등기청구권을 채권적 청구권이라고 보게 되면 10년의 소멸시효에 걸리게 되나, 물권적 청구권으로 보는 경우에는 소멸시효에 걸리지 않게 된다. 이 문제에 대하여 판례는, 법률행위로 인한 등기청구권을 채권적 청구권이라고 보면서도 매수인이 매매 목적물을 인도받은 경우에는 다른 채권과는 달리 소멸시효에 걸리지 않는다고 한다.

부동산을 매수한 자가 그 목적물을 인도받은 경우에는 그 매수인의 소유권이전등기청구권은 채권적 청구권에 불과하지만 다른 채권과는 달라 소멸시효에 걸리지 않는다(대판 1962. 5. 10. 4294, 1976. 11. 6. 76다148, 2013. 12. 12. 2013다26647).

시효제도는 일정기간 계속된 사회질서를 유지하고 시간의 경과로 인하여 곤란해지는 증거보존으로부터의 구제를 꾀하며 자기의 권리를 행사하지 않고 소위 '권리 위에 잠자는 자'는 법적보호에서 이를 제외하기 위하여 규정된 제도라 할 것인바, 부동산에 관하여 인도, 등기 등의 어느 한쪽 만에 대하여서라도 권리를 행사하는 자는 전체적으로 보아 그 부동산에 관하여 권리 위에 잠자는 자라고 할 수 없다 할 것이므로, 매수인이 목적 부동산을 인도받아 계속 점유하는 경우에는 그 소유권이전등기청구권의 소멸시효가 진행하지 않는다(대판 1999. 3. 18. 98다32175 전원합의체판결).

등기청구권은 통상 등기의무자에 대한 등기권리자의 의사표시로 행사되나(민사집행법 제263조 제1항), 등기청구권에 기한 판결에 의하여 단독으로 등기를 신청할 수 있다(법 제23조 제4항).

등기의무자(登記義務者)도 법률상의 소유자로서 부동산에 관한 공조공과(公租公課) 등을 부담해야 하는 불이익을 면하기 위해 등기권리자를 상대로 등기청구권을 행사할 수 있는바, 이를 특히 "등기수취청구권(登記收取請求權, 또는 登記引受請求權, 逆方向의 登記請求權이라고 한다)" 이라고 한다(대판 2001. 2. 9. 2000다60708).

점유취득시효의 경우에는 20년 이상 소유의 의사로 평온, 공연하게 부동산을 점유하여 취득시효가 완성되었다고 하더라도 점유자에게 이를 원인으로 한 소유권이전등기청구권이 발생할 뿐(민법 제245조 제1항) 점유자가 바로 부동산의 소유권을 취득하지 못한다.

점유취득시효에 있어서는 취득시효가 완성되면 시효취득자(점유자)에게 등기청구권이 발생하여 점유자는 시효완성 당시의 진정한 소유자를 상대로 '시효취득을 원인으로 한 소유권이전등기절차이해의 소'를 제기하여 승소확정판결을 받아 등기함으로써(부동산 등기법 제23조 제4항) 그 소유권을 취득하게 된다.

### (가) 소유권이전등기청구권의 성질 및 소멸시효기간

부동산에 대한 점유취득시효완성을 원인으로 하는 소유권이전등기청구권은 채권적 청구권으로서 취득시효가 완성된 점유자가 그 부동산에 대한 점유를 상실한 때로부터 10년간 이를 행사하지 아니하면 소멸시효가 완성한다(대판 1995. 12. 5. 95다24241, 1996. 3. 8. 95다 34866, 43783).

### (나) 점유자의 소유권이전등기청구권의 소멸여부

취득시효완성을 원인으로 한 소유권이전등기청구권에 대하여는 점유자가 그 점유를 계속하는 동안 소멸시효가 진행되지 않는 것이고, 또 일단 취득시효기간의 만료로 점유자가 소유권이전등기청구권을 취득한 이상 그 후 부동산에 대한 점유가 중단되더라도 이를 시효이익이 포기로 볼 수 있는 경우가 아닌 한 이미 취득한 소유권이전등기청구권이 소멸되는 것은 아니다(대판 1990. 11. 13. 90다카25352).

## (3) 등기청구권행사의 상대방

### (가) 시효완성 당시의 소유자

토지에 대한 취득시효의 완성을 이유로 소유권이전등기를 청구하려면 '시효완성 당시의 소유자'를 상대로 하여야 한다(대판 1997. 4. 25. 96다53420, 1999. 2. 23. 98다59132). 따라서 20년간 소유의 의사로 평온, 공연하게 부동산을 점유한 자는 등기부상 소유자를 상대로 시효취득을 원인으로 한 소유권이전등기청구의 소를 제기하여 승소판결을 받으면 그 확정판결을 등기원인을 증명하는 서면으로 하여 소유권이전등기신청을 할 수 있다.

### (나) 등기명의인이 변경된 경우 또는 소유자의 변동이 없는 경우

점유취득시효 완성당시 점유자명의로 소유권보존등기가 경료 되어 있다가 그 후 확정판결에 의하여 점유자명의의 소유권보존등기가 말소되고 소유자명의의 소유권보존등기가 경료 됨으로써 '등기명의인이 바뀐 경우', 점유로 인한 부동산취득시효가 완성된 경우에 있어서 점유자는 그 취득시효 완성당시의 소유자에 대하여 취득시효완성을 원인으로 한 소유권이전등기절차의 이행을 청구할 수 있으므로, 확정된 판결에 의하여 점유취득시효 완성당시의 그 부동산의 소유자가 밝혀지고 그 때부터 현재에 이르기까지 그 부동산에 관한 '소유자의 변동이 없는 이상' 점유자는 소유자에 대하여 소유자명의의 등기가 언제 경료 되었느냐에 상관없이 취득시효완성을 원인으로 하여 그 소유권이전등기절차의 이행을 구할 수 있다(대판 1997. 11. 14. 97다32239).

### (다) 시효취득을 원인으로 한 소유권이전등기 전에 제3자에게 소유권이전등기가 경료된 경우 점유자의 제3자에 대항가부(소극)

취득시효완성에 의한 등기를 하기 전에 먼저 부동산의 소유권을 취득한 제3자에 대하여는 그 제3자의 소유권취득이 당연 무효가 아닌 한 시효취득을 주장할 수 없고, 이러한 제3자의 소유권취득에는 법률의 규정에 의한 소유권취득으로 인하여 등기를 경료하지 아니한 경우도 포함된다(대판 1995. 2. 24. 94다18195).

부동산에 대한 점유취득시효가 완성 되었다 하더라도 이를 등기하지 아니하고 있는 사이에 그 부동산에 관하여 제3자에게 소유권이전등기가 마쳐지면 점유자는 그 제3자에게 대항 할 수 없는 것이고, 이 경우 제3자의 이전등기원인이 점유자의 취득시효완성 전의 것이라 하더라도 마찬가지이다(대판 1998. 7. 10. 97다45402).

### (라) 시효완성 후 원소유자의 상속인이 소유권이전등기를 경료 한 경우

취득시효완성 후에 원소유자가 일시 상실하였던 소유권을 회복한 것이 아니라 그 상속인이 소유권이전등기를 미쳤을 뿐인 경우에는 그 상속인의 등기가 실질적으로 상속재산의 협의분할과 동일시 할 수 있는 등의 특별한 사정이 없는 한 그 상속인은 점유자에 대한 관계에 있어서 종전 소유자와 같은 지위에 있는 자로 볼 수 없고, 취득시효완성 후의 새로운 이해관계인으로 보아야 하므로 그에 대하여는 취득시효완성으로 대항할 수 없다(대판 1999. 2. 12. 98다40688).

### (마) 취득시효완성 후 제3자 앞으로 경료 된 등기가 원인무효인 경우 및 제3자가 취득시효완성 당시 소유자의 상속인인 경우 점유자의 소유권이 전등기청구의 가부 (적극)

취득시효가 완성된 후 점유자가 그 등기를 하기 전에 제3자가 소유권이전등기를 경료한 경우에는 점유자는 그 제3자에 대하여는 시효취득을 주장할 수 없는 것이 원칙이기는 하지만 이는 어디까지나 그 제3자 명의등기가 적법 유효함을 전제로 하는 것으로서 위 제3자 명의등기가 원인무효인 경우에는 점유자는 취득시효완성 당시의 소유자를 대위하여 위 제3자 앞으로 경료 된 원인무효의 등기의 말소를 구함과 아울러 위 소유자에게 취득시효완성을 원인으로 한 소유권이전등기를 구할 수 있고, 또 위 제3자가 취득시효완성당시의 소유자의 상속인인 경우에는 그 상속분에 한 하여는 위 제3자에 대하여 직접 취득시효완성을 원인으로 한 소유권이전등기를 구할 수 있다(대판 2002. 3. 15. 2001다77352, 773690).

### (바) 점유취득시효완성 당시의 소유권보존등기 또는 이전등기가 무효인 경우 시효취득자의 권리행사 방법

점유취득시효완성을 원인으로 한 소유권이전등기청구는 '시효완성 당시의 소유자'를 상대로 하여야 하므로 시효완성당시의 소유권보존등기 또는 이전등기가 무효라면 원칙적으로 그 등기명의인은 시효취득을 원인으로 한 소유권이전등기청구의 상대방이 될 수 없고, 이 경우 시효취득자는 소유자를 대위하여 위 무효등기의 말소를 구하고 다시 위 소유자를 상대로 취득시효완성을 원인으로 한 소유권이전등기를 구하여야 한다(대판 2005. 5. 26. 2002다43417).

### (사) 구분소유자 중 일부의 취득시효완성을 원인으로 한 대지지분이전등기청구

집합건물의 소유 및 관리에 관한 법률(이하 '집합건물법'이라고 한다)은 구분소유자의 대지사용권은 그가 가지는 전유부분의 처분에 따르고(동법 제20조 제1항)구분소유자는 규약에 달리정한 경우를 제외하고는 그가 가지는 전유부분과 분리하여 대지사용권을 처분할 수 없다(동법 제20조 제2항)고 정함으로써 전유부분과 대지사용권의 일체성을 선언하고 있다.

나아가 집합건물법은 각 공유자의 지분은 그가 가지는 전유부분의 면적 비율에 따르고(동법 제12조 제1항), 구분소유자가 둘 이상의 전유부분을 소유한 경우에 규약으로 달리 정하지 않는 한 대지사용권이 전유부분의 면적비율대로 각 전유부분의 처분에 따르도록 규정하고 있다(동법 제21조 제1항, 제12조).

이 규정은 전유부분을 처분하는 경우에 여러 개의 전유부분에 대응하는 대지사용권의 비율을 명백히 하기 위한 것인데 대지사용권의 비율은 원칙적으로 전유부분의 면적 비율에 따라야 한다는 것이 집합건물법의 취지라고 할 수 있다.

이러한 취지에 비추어보면 집합건물의 구분소유자들이 대지전체를 공동점유하여 그에 대한 점유취득시효가 완성된 경우에도 구분소유자들은 대지사용권으로 전유부분의 면적비율에 따른 대지지분을 보유한다고 보아야 한다. 집합건물의 대지 일부에 관한 점유취득시효의 완성당시 구분소유자들 중 일부만 대지권등기나 대지지분이전등기를 마치고 다른 일부 구분소유자들은 이러한 등기를 마치지 않았다면, 특별한 사정이 없는 한 구분소유자들은 각 전유부분의 면적비율에 따라 대지권으로 등기되어야 할 지분에서 부족한 지분에 관하여 등기명의인을 상대로 점유취득시효완성을 원인으로 한 대지지분이전등기를 청구할 수 있다(대판 2017. 1. 25. 2012다72469. 소유권이전등기절차이행).

## (4) 점유취득시효의 법적성질(원시취득)

부동산점유취득시효는 20년의 시효기간이 완성된 것만으로 점유자가 곧 바로 소유권을 취득하는 것은 아니고 민법 제245조에 따라 점유자명의로 등기를 함으로써 소유권을 취득하게 되며, 이는 '원시취득(原始取得)'에 해당하므로 특별한 사정이 없는 한 원소유자의 소유권에 가하여진 각종 제한에 의하여 영향을 받지 아니하는 완전한 내용의 소유권을 취득하게 되고, 이와 같은 소유권취득의 반사적 효과로서 그 부동산에 관하여 취득시효기간이 진행 중에 체결되어 소유권이전등기청구권가등기에 의하여 보존된 매매예약상의 매수인의 지위는 소멸된다 할 것이지만, 시효기간이 완성되었다 하더라도 점유자 앞으로 등기를 마치지 아니한 이상 전 소유권에 붙어 있는 위와 같은 부담은 소멸되지 아니한다(대판 2004. 9. 24. 2004다31463).

## (5) 점유취득시효의 요건

부동산소유권의 점유취득시효의 요건은, 첫째 소유의 의사를 가지고 하는 자주점유(自主占有)이어야 하며, 둘째 평온(平穩), 공연(公然)한 점유이어야 하며, 셋째 점유가 일정기간(20년) 동안 계속되어야 하며, 넷째 이상과 같은 요건을 갖춘 때에는 점유취득시효에 있어서는 점유자에게 등기청구권(登記請求權)이 발생하며, 점유자가 등기청구권을 행사하여 등기함으로써 그 소유권을 원시취득(原始取得)하게 된다.

취득시효의 요건으로서의 물건에 대한 '점유(占有)'란 사회관념 상 어떤 사람의 사실적 지배에 있다고 보여지는 객관적 관계를 말하는 것으로서, 사실상의 지배가 있다고 하기 위하여는 반드시 물건을 물리적 · 현실적으로 지배하는 것만을 의미하는 것이 아니고, 물건과 사람과의 시간적, 공간적 관계와 본권관계, 타인지배의 배제가능성 등을 고려하여 사회관념에 따라 합목적적으로 판단하여야 한다(대판 2000. 12. 8. 2000다14934, 14941).

점유취득시효는 법률의 규정에 의한 물권변동이나 민법 제187조의 예외로서 등기하여야 소유권을 취득한다(민법 제245조 제1항). 점유취득시효의 요건을 상술하면 아래와 같다.

### (가) 자주점유

자주점유(自主占有)란 소유의 의사(意思)를 가지고 하는 점유를 말한다. '소유의 의사'란 소유자와 같은 배타적 지배를 사실상 행사하려는 의사를 말하는 것으로, 소유권을 가지고 있거나 소유권이 있다고 믿어야 하는 것은 아니다.

취득시효의 요건이 되는 자주점유의 내용인 '소유의 의사'는 점유의 권원(權原)의 성질에 따라 결정하거나 또는 점유자가 소유자에게 소유의 의사가 있다는 뜻을 밝힌 경우에 인정할 수 있다(대판 1976. 9. 14. 76다159, 1980. 3. 11. 79다2344).

부동산취득시효를 인정하기 위한 요건으로서의 자주점유(自主占有)라 함은 소유자와 동일한 지배를 하려는 의사를 가지고 하는 점유를 의미하는 것이지 법률상 그러한 지배를 할 수 있는 권원, 즉 소유권을 가지고 있거나 또한 소유권이 있다고 믿고서하는 점유를 의미하는 것은 아니다(대판 1987. 4. 14. 85다카2230, 1994. 11. 25. 94다14612, 19960 10. 11. 96다23719).

### 1) 소유의 의사로 점유한다는 의미

'소유(所有)의 의사(意思)'로 점유한다고 함은 소유자와 동일한 지배를 하는 의사로 점유한다는 것이고 점유자가 그 물건의 소유자임을 믿고 있어야 하는 것은 아니다(대판 1980.5. 27. 80다671). 권원의 성질상 자주점유인지 타주점유인지를 판정할 수 없는 때에는 소유자는 소유의 의사로 점유하는 것으로 추정된다.

취득시효의 요건인 '소유의 의사'는 점유권원의 성질에 의하여 결정하거나 또는 점유자가 소유자에 대하여 소유의 의사가 있다는 뜻을 표시한 경우에 인정될 수 있는 것이다(대판 1980. 7. 22. 80다908).

## 2) 소유의 의사를 갖추어야 할 시기

부동산소유권의 취득시효의 요건인 소유의 의사는 '점유의 시초'부터 갖추어져야 한다(대판 1980. 5. 27. 80다748). 타인으로부터 부동산을 매수하여 점유하게 된 자는 그 매도인이 무권리자(無權利者라)는 사정을 알았다는 등의 특별한 사정이 없는 한 그 점유의 시초에 있어서 소유의 의사로 점유한 것이라 할 것이다(대판 1979.4. 24. 79다208).

## 3) 소유의 의사를 인정하기 위한 요건

취득시효의 요건이 되는 자주점유의 내용인 '소유의 의사'는 점유의 권원의 성질에 따라 결정하거나 또는 점유자가 소유자에게 소유의 의사가 있다는 뜻을 밝힌 경우에 인정할 수 있다(대판 1980. 3. 11. 79다2344). 소유의 의사의 유무는 점유취득의 원인이 된 사실 즉 권원(權原)의 성질에 의하여 객관적으로 정하여 진다(대판 1969. 3. 4.69다5). 권원의 성질상 점유자에게 소유의 의사가 없는 경우에는 점유자에게 소유권취득의 효과가 발생하지 않는다(대판 1969.3. 18. 68다1578).

## 4) 자주점유의 입증책임

점유자는 소유의 의사로 점유하는 것으로 추정되는 것이므로 점유로 인한 부동산소유권의 취득을 주장하는 자는 그 점유사실만 입증하면 되는 것이고 그 점유가 자주점유이거나 그 점유의 권원의 성질이 자주점유인 것까지를 입증할 책임은 없다(대판 1990. 2. 13. 89다카2469).

취득시효에 있어서 자주점유의 요건인 소유의 의사는 점유취득의 원인이 된 점유권원

(占有權原)의 성질에 따라 결정하여야 할 것이나 점유권원의 성질이 분명하지 아니할 때라도 민법 제197조 제1항에 의하여 점유자는 소유의 의사로 점유한 것으로 추정되므로 점유자가 적극적으로 그 점유가 자주점유임을 입증할 책임이 없고 점유자의 점유권을 다투는 상대방에게 타주점유에 관한 입증책임(立證責任)이 있다(대판 1983. 12. 13. 83다카 1523, 1984. 1. 31. 83다615, 1984. 3. 27. 83다카2406, 1987. 7. 7. 86다카2689).

### 5) 소유의 의사의 입증책임의 소재와 그 입증의 정도

취득시효에 있어서 자주점유의 요건인 소유의 의사는 객관적으로 점유취득의 원인이 된 점유권원의 성질에 의하여 그 존부(存否)를 결정하여야 할 것이나, 점유권원의 성질이 분명하지 아니한 때에는 민법 제197조 제1항에 의하여 점유자는 소유의 의사로 점유한 것으로 추정되므로 점유자가 스스로 그 점유권원의 성질에 의하여 자주점유임을 입증할 책임이 없고, 점유자의 점유가 소유의 의사가 없는 타주점유(他主占有)임을 주장하는 상대방에게 타주점유에 대한 입증책임(立證責任)이 있다(대판 1983. 7. 12. 82다708, 709 전원합의체판결, 1983. 9. 13. 83다카857, 858, 1987. 11. 10. 85다카1644).

점유자의 상대방이 타주점유(他主占有)임을 입증하기 위하여는 적어도 점유자가 타인의 소유권을 배제하여 자기의 소유물처럼 배타적지배를 행사하는 의사를 가지고 점유하는 것으로 볼 수 없는 객관적인 사정이 있음을 입증하여야 한다(대판 1993. 8. 27. 93다 17829).

민법 제197조 제1항에 의하면 물건의 점유자는 소유의 의사로 점유한 것으로 추정되므로 점유자가 취득시효를 주장하는 경우에 있어서 스스로 소유의 의사를 입증할 책임은 없고, 오히려 그 점유자의 점유가 소유의 의사가 없는 점유임을 주장하여 점유자의 취득시효의 성립을 부정하는 자에게 그 입증책임이 있다(대판 1997. 8. 21. 95다28625 전원합의체판결).

## 6) 타주점유가 자주점유로 전환(轉換)되기 위한 요건

타주점유(他主占有)가 자주점유(自主占有)로 전환되기 위하여는 새로운 권원(權原)에 의하여 다시 소유의 의사로 점유하거나 자기에게 점유시킨 자에게 소유의 의사가 있음을 표시하여야 하며, 타주점유자가 그 명의로 소유권보존등기를 경료 한 것만으로는 소유자에 대하여 소유의 의사를 표시하여 자주점유로 전환되었다고 볼 수 없다(대판 1989. 4. 11. 88다카95).

## 7) 자주점유의 추정이 번복되는 경우(점유자의 소유의 의사의 추정이 깨어지는 경우)

자주점유에 있어서 소유의 의사라 함은 타인의 소유권을 배제하여 자기의 소유물처럼 배타적지배를 행사하려는 의사를 말하는 것이므로 지상권, 전세권, 임차권 등과 같은 전형적인 타주점유의 권원에 의한 점유가 아니라도 타인의 소유권을 배제하여 자기의 소유물처럼 배타적지배를 행사하려는 의사를 가지고 점유하는 것으로 볼 수 없는 객관적 사정이 증명되었을 때에는 자주점유의 추정은 번복된다(대판 1994. 2. 25. 93다50505).

점유자가 점유개시 당시에 소유권취득의 원인이 될 수 있는 법률행위 기타 법률요건이 없이 그와 같은 법률요건이 없다는 사실을 잘 알면서 타인의 부동산을 무단점유 한 것이 입증된 경우에는 특별한 사정이 없는 한 점유자는 타인의 소유권을 배척하고 점유할 의사를 갖고 있지 아니하다고 보아야 할 것이므로 이로써 점유자의 소유의 의사의 추정은 깨어졌다고 할 것이다(대판 1998. 11. 27. 97누2337).

점유자의 점유가 소유의 의사 있는 자주점유인지 아니면 소유의 의사가 없는 타주점유인지의 여부는 점유자의 내심의 의사에 의하여 결정되는 것이 아니라 점유취득의 원인이 된 권원(權原)의 성질이나 점유관계가 있는 모든 사정에 의하여 외형적, 객관적으로 결정되어야 하는 것이기 때문에 점유자가 성질상 소유의 의사가 없는 것으로 보이는 권원에 바탕을 두고 점유를 취득한 사실이 증명되었거나, 점유자가 타인의 소유권을 배제하여 자기의 소유물처럼 배타적지배를 행사하는 의사를 가지고 점유하는 것으로 볼 수 없는 객관적 사정, 즉 점유자가 진정한 소유자라면 통상 취하지 아니할 태도를 나타내거나 소유자라면 당연히 취했을 것으로 보이는 행동을 취하지 아니한 경우 등 외형적, 객관적으로 보아 점유자가 타인의 소유권을 배척하고 점유할 의를 갖고 있지 아니하였던 것이라고 볼만한 사정이 증명된 경우에도 그 추정은 깨어진다(대판 1997. 8. 21. 95다28625 전원합의체판결).

점유자가 점유개시 당시에 소유권취득의 원인이 될 수 있는 법률행위 기타 법률요건이 없이 그와 같은 법률요건이 없다는 사실을 잘 알면서 타인 소유의 부동산을 무단점유한 것이 입증된 경우에는 특별한 사정이 없는 한 점유자는 타인의 소유권을 배척하고 점유할 의사를 갖고 있지 아니한다고 보아야 할 것이므로 이로써 점유자의 소유의 의사의 추정은 깨어졌다고 할 것이다(대판 1998. 11. 27. 97누2337).

### (나) 평온 · 공연한 점유

'평온(平穩)'한 점유라 함은 점유자가 점유를 취득 또는 보유하는데 있어 법률상 용인될 수 없는 강폭행위(强暴行爲)를 쓰지 않는 점유이고, '공연(公然)'한 점유란 은비(隱秘)의 점유가 아닌 점유를 말한다(대판 1996. 6. 14. 96다14036).

점유는 평온 . 공연한 점유이어야 한다. 민법 제245조에 규정된 '평온(平穩)'한 점유라 함은 점유자가 그 점유를 취득 또는 보유하는데 법률상 용인할 수 없는 강폭행위(强暴行爲)를 쓰지 아니하는 점유이고, '공연(公然)'한 점유라 함은 은자(隱疵)의 점유가 아닌 점유를 말하는 것이므로 그 점유가 불법이라고 주장하는 자로부터 이의를 받은 사실이 있거나 점유물의 소유권을 위요(圍繞)하여 당사자 사이에 분쟁이 있었다 하더라도 그러한 사실만으로 곧 평온, 공연성이 상실된다고 할 수는 없다(대판 1982. 9. 28. 81사9).

### (다) 시효기간

취득시효기간은 소유권의 취득시효에 필요한 점유의 계속기간을 말한다. 점유가 일정기간(時效期間) 동안 계속하여야 한다. 소유자로 등기되어 있지 않은 자가 점유만하는 경우(즉 점유취득시효의 경우)에는 점유는 20년간 계속되어야 한다.

점유자가 소유자는 아니지만 소유자로 등기되어 있는 경우(즉 登記簿取得時效)에는 점유는 10년간 계속되어야 한다(민법 제245조 제2항). 전후 양시에 점유한 사실이 있는 때에는 그 점유는 계속한 것으로 추정한다(민법 제198조).

### 1) 취득시효기간의 기산일(起算日)

취득시효의 기산점(起算點)은 그 시효의 법정기간이 넘은 경우에도 반드시 '점유를 개시한 때'를 기산점으로 삼아야 되는 것이요 , 그 이익을 받으려는 자가 적당한 시기를 선택할 수는 없다(대판 1966. 2. 28. 66다108).

부동산의 취득시효에 있어 시효기간의 경과를 계산하기 위한 기산점(起算點)은 그 부동산에 대한 소유명의자가 동일하고 그 변동이 없는 경우가 아니라면 원칙적으로 시효취득의 기초가 되는 점유가 '개시(開始)'된 시점이 기산점이 되고, 당사자가 기산점을 임의로 선택할 수 없으며, 그 기산점을 기초로 취득시효가 일단 완성된 후에 제3취득자가 소유권이전등기를 마친 경우에는 그 자에 대하여 취득시효로 대항 할 수 없다(대판 1999. 2. 12. 98다40688).

### 2) 점유개시 기산점의 임의선택 가부(소극)

점유에 의한 소유권취득에 있어서의 점유개시의 기산시점(起算時點)은 그 주장자가 임의로 선택할 수 없다(대판 1969. 7. 29. 69다763). 취득시효는 그 기간 동안 등기명의자가 동일하고 취득자의 변동이 없는 경우가 아닌 한 그 기초되는 점유의 개시일(開始日)로부터 기산(起算)하여야 하고 임의로 기산일을 정할 수 없다(대판 1989. 4. 25. 88다카3618).

취득시효의 기초가 되는 점유가 법정기간 이상으로 계속된 경우에 시효의 기초가 되는 점유가 '개시'된 때를 그 기산점으로 하여야 하고 시효취득을 주장하는 사람이 임의로 그 기산점을 선택할 수 없다(대판 1983. 2. 8. 80다940).

소유자의 변동이 없는 토지에 관하여 점유취득시효완성을 주장함에 있어서는 그 점유의 기산점을 어디에 두든지 간에 그 시효기간이 경과한 사실만 확정되면 이를 인용할 수 있다(대판 1990. 11. 9. 90다카16723).

부동산의 점유자는 소급하여 20년 이상 점유한 사실만 입증하면 다른 반대의 사정이 없는 한 20년 이전의 기산점을 선택하여 취득시효의 완성을 주장할 수 있다고 보아야하고, 반드시 점유의 최초 개시일이 구체적으로 언제라고 확정되어야 된다고 할 필요는 없으나, 점유기간 중에 당해 부동산의 '소유권자에 변동이 있는 경우'에는 취득시효를 주장하는 자가 임의로 기산점을 선택하거나 소급하여 20년 이상 점유한 사실만 내세워 시효완성을 주장할 수 없다(대판 1992. 11. 10. 92다29740).

### 3) 취득시효 기산점을 임의 선정하여 시효완성을 주장할 수 있는 경우

취득시효기간의 계산에 있어 그 점유개시의 기산일(起算日)은 임의로 선택할 수 없으나, '소유자의 변경이 없는 경우'에는 취득시효완성을 주장할 수 있는 시점에서 보아 그 기간이 경과된 사실만 확정되면 된다(대판 1998. 4. 14. 97다44089).

부동산의 시효취득에 있어서 시효기간 중 계속해서 등기명의자가 동일하고 그 간에 취득자의 변동이 없는 경우에는 시효의 기산점을 어디에 두든지 간에 시효의 완성을 주장할 수 있는 시점에서보아 시효기간이 경과된 사실만 확정되면 시효의 주장을 할 수 있다(대판 1979. 10. 16. 78다2117).

취득시효에 있어서 점유개시의 시기(始期)를 당사자의 주장에 구애됨이 없이 법원이 증거에 의하여 스스로 결정할 수 있다(1979. 12. 26.79다1806). 소송에 의하여 어떠한 청구를 하는 경우에 그 청구의 당부는 그 소송의 사실심 변론종결 당시를 기준으로 판단하여야 하고, 소제기 당시를 기준으로 할 것은 아니므로, 그 청구가 취득시효완성을 원인으로 한 소유권이전등기청구의 경우에 취득시효가 완성되었는지 여부는 사실심 변론종결일을 기준으로 하여야 한다(1995. 2. 28. 94다1995).

### 4) 점유승계의 경우 취득시효기산점의 선택가부

점유취득시효의 기초가 되는 점유가 법정기간 이상으로 계속되는 경우 취득시효는 그 기초가 되는 점유가 개시된 때를 기산점으로 하여야 하고 취득시효를 주장하는 사람이 임의로 기산점을 선택할 수는 없으나, 점유가 순차로 승계된 경우에 있어서는 취득시효의 완성을 주장하는 자는 자기의 점유만을 주장하거나 또는 자기의 점유와 전 점유자의 점유를 아울러 주장할 수 있는 선택권이 있는 것이고, 전 점유자의 점유를 아울러 주장하는 경우에도 어느 단계의 점유자의 점유까지를 아울러 주장할 것인가도 이를 주장하는 사람에게 선택권이 있다(대판 1991. 10. 22. 91다26577, 2015. 9. 10. 2014다68884).

### 5) 취득시효완성 후 토지소유자에 변동이 있고, 소유자가 변동된 시점을 새로운 기산점으로 삼아도 다시 취득시효기간이 완성되는 경우 취득시효완성의 주장가부(적극)

취득시효를 주장하는 자는 점유기간 중에 '소유자의 변동이 없는 토지'에 관하여는 취득시효의 기산점을 임의로 선택할 수 있고, 취득시효를 주장하는 날로부터 역산하여 20년 이상의 점유사실이 인정되고 그것이 자주점유가 아닌 것으로 밝혀지지 않는 한 취득시효를 인정할 수 있는 것이고, 이는 취득시효완성 후 '토지소유자에 변동'이 있어도 당초의 점유자가 계속 점유하고 있고 소유자가 변동된 시점을 새로운 기산점으로 삼아도 다시 취득시효의 점유기간이 완성되는 경우에도 역시 타당하므로 시효취득을 주장하는 점유자로서는 '소유권 변동시'를 새로운 취득시효의 기산점으로 삼아 취득시효의 완성을 장할 수 있다(대판 1994. 3. 22. 93다46360 전원합의체판결).

취득시효가 완성된 후에 제3취득자가 소유권이전등기를 마친 경우에도 당초의 점유자가 계속점유하고 있고, 또 소유자가 변동된 시점을 새로운 기산점으로 삼아도 다시 취득시효의 점유기간이 완성되는 경우에는 취득시효를 주장하는 점유자로서는 소유권변동시를 새로운 취득시효의 기산점으로 삼아 취득시효의 주장을 할 수 있지만, 이 경우에도 그 점유기간 중에는 등기명의자가 동일하고 소유자의 변동이 없어야만 한다(대판 1992. 2. 12. 98다40688).

### 6) 취득시효기간 중 등기명의자가 동일한 경우 기산점의 임의선택가부(적극)

취득시효기간 중 계속해서 '등기명의자가 동일'한 경우에는 그 기산점을 어디에 두든지 간에 취득시효의 완성을 주장할 수 있는 시점에서 보아 기간이 경과한 사실만 확정되면 충분하다(대판 1993. 1. 15. 92다12377).

부동산의 취득시효에 있어서 시효기간 중 계속해서 '등기명의자가 동일'하고 그 간에 '취득자의 변동이 없는 경우'에는 시효의 기산점을 어디에 두든지 간에 시효의 완성을 주장할 수 있는 시점에서 보아 시효기간이 경과한 사실만 확정되면 충분하므로(대판 1979. 10. 16. 78다2117), 전 점유자의 점유를 승계하여 자신의 점유기간을 통산하여 20년을 경과한 경우에 있어서도 전 점유자가 점유를 개시한 이후의 임의의 시점을 그 기산점으로 삼을 수 있다(대판 1998. 5. 12. 97다8496, 8502).

### 7) 점유기간 중에 부동산소유자의 변동이 있는 경우 취득시효 기산점의 인정방법

취득시효기간의 계산에 있어 점유기간 중에 당해부동산의 '소유자의 변동이 있는 경우'에는 취득시효를 주장하는 자가 임의로 기산점을 선택하거나 소급하여 20년 이상 점유한 사실만 내세워 시효완성을 주장할 수 없고, 이와 같은 경우에는 법원이 당사자의 주장에 구애됨이 없이 소송자료에 의하여 인정되는 바에 따라 진정한 점유의 개시시기를 인정하고, 그에 터 잡아 취득시효 주장의 당부를 판단하여야 한다(대판 1995. 5. 23. 95다15742, 15759).

## 8) 취득시효기간의 만료로 소유권이전등기청구권을 취득한 후 점유를 상실한 경우 소유권 이전등기청구권의 소멸여부(소극)

원래 취득시효제도는 일정한 기간 점유를 계속한 자를 보호하여 그에게 실체법상의 권리를 부여하는 제도이므로 부동산을 20년간 소유의 의사로 평온 공연하게 점유한자는 민법 제245조 제1항에 의하여 점유부동산에 관하여 소유자에 대한 소유권이전등기청구 권을 취득하게 되며, 점유자가 취득시효기간의 만료로 일단 소유권이전등기청구권을 취 득한 이상 그 후 '점유를 상실'하였다고 하여도 이를 시효이익의 포기로 볼 수 있는 경우 가 아닌 한 이미 취득한 소유권이전등기청구권은 소멸되지 아니한다(대판 1995. 3. 28. 93다 47745 전원합의체판결).

## 9) 전 점유자의 점유를 승계한 자의 소유권이전등기청구의 가부

전 점유자의 '점유를 승계한 자'는 그 점유 자체와 하자만을 승계하는 것이지 그 점유 로 인한 법률효과까지 승계하는 것은 아니므로 부동산을 취득시효기간 만료당시의 점유 자로부터 양수하여 점유를 승계한 현 점유자는 자신의 전 점유자에 대한 소유권이전등 기청구권을 보전하기 위하여 전 점유자의 소유자에 대한 소유권이전등기청구권을 대위 행사 할 수 있을 뿐, 전 점유자의 취득시효완성의 효과를 주장하여 직접 자기에게 소유권 이전등기를 청구할 권원은 없다.

## 10) 시효에 관한 경과규정

민법(1958. 2. 22. 법률 제471호, 시행일 1960. 1. 1.)시행당시에 구법의 규정에 의한 시효기간을 경과한 권리는 본법의 규정에 의하여 취득 또는 소멸한 것으로 보며(민법 부칙 제8조 제1항), 민법시행당시에 구법에 의한 소멸시효기간을 경과하지 아니한 권리에는 본법의 시효에 관한 규정을 적용한다(민법 부칙 제8조 제2항).

## (라) 점유자의 등기청구권의 행사에 따른 등기

점유자가 이상과 같은 요건을 갖춘 때에는 점유취득시효에 있어서는 점유자에게 '등기청구권(登記請求權)'이 발생하며, 점유자가 시효완성 당시의 부동산소유자를 상대로 시효취득을 원인으로 한 소유권이전등기청구권을 행사(민사집행법 제263조 제1항)하여 등기함으로써(부동산등기법 제23조 제4항) 그 소유권을 원시취득(原始取得)하게 된다.

### (6) 점유취득시효의 효과(소유권을 원시취득)

#### (가) 점유자의 시효완성당시의 소유자를 상대로 한 소유권이전등기청구권의 행사

부동산 소유권의 취득시효의 요건을 갖춘 경우, '등기부취득시효(登記簿取得時效)'에 있어서는 점유자는 즉시 소유권을 취득하고, '점유취득시효(占有取得時效)'에 있어서는 취득시효완성으로 인하여 소유권을 상실하게 되는 시효완성 당시의 소유자를 상대로 소유권이전등기청구권(所有權移轉登記請求權)을 행사하여 등기를 함으로서 소유권을 취득하게 된다.

##### 1) 점유자의 소유권이전등기 전에 제3자에게 소유권이 이전된 경우

부동산에 대한 점유취득시효가 완성되었다고 하더라도 이를 등기하지 아니하고 있는 사이에 그 부동산에 관하여 제3자에게 소유권이전등기가 마쳐지면 점유자는 그 제3자에게 대항 할 수 없다(대판 1998. 4. 10. 97다56495).

취득시효가 완성된 후 그 소유권이전등기 이전에 제3자에게 소유권이 이전되어 등기가 경료 된 이상 그 제3자가 악의의 취득자라고 하더라도 취득시효를 주장하지 못한다(대판 1967. 10. 13. 67다1635, 1968. 5. 21. 68다472, 1968. 5. 28. 68다554, 555, 1969. 1. 21. 68다1526).

부동산 점유자가 소유의 의사로 점유하여 20년의 취득시효기간이 경과되었더라도 그 소유권이전등기를 하지 아니하고 있는 동안에 그 등기의무자로부터 동 부동산을 적법하게 매수하여 등기한 제3자명의의 소유권이전등기를 부인할 수 없다(대판 1969. 5. 13. 69다243, 1970. 9. 29. 70다1875).

취득시효완성으로 인한 등기를 하기 전에 먼저 소유권이전등기를 경료 하여 그 부동산 소유권을 취득한 제3자에 대하여는 시효취득을 주장할 수 없다할 것이지만 이는 어디까지나 그 제3자명의의 등기가 적법 유효함을 전제로 하는 것이므로 만일 위 제3자명의의 등기가 '원인무효의 등기'라면 취득시효완성으로 인한 소유권이전등기청구권을 가진 자는 취득시효완성 당시의 소유자에 대하여 가지는 소유권이전등기청구권으로써 위 소유자를 대위하여 위 제3자 앞으로 경료 된 원인무효인 등기의 말소를 구할 수 있다(대판 1989. 1. 31. 87다카2561).

### 2) 점유자의 소유자를 대위(代位)한 제3자명의의 원인무효등기의 말소 및 소유권이전등기 청구

취득시효가 완성된 후 점유자가 그 등기를 하기 전에 경료 된 제3자명의의등기가 '원인무효'인 경우에는 점유자는 취득시효완성 당시의 소유자를 대위(代位)하여 위 제3자 앞으로 경료 된 원인무효인 등기의 말소를 구함과 아울러 위 소유자에게 취득시효완성을 원인으로 한 소유권이전등기를 구할 수 있다(대판 1993. 9. 14. 93다12268).

### 3) 점유취득시효가 완성된 자에 대한 부동산 소유명의자의 의무범위

부동산의 소유명의자는 그 부동산에 대해 점유취득시효가 완성된 자에게 소유권이전등기를 하여 줄 의무를 부담하지만, 그 시효가 완성된 자가 시효완성 후에 어떤 사정에 의하여 그 점유를 잃었다고 해서 그 점유자로부터 점유를 회수하여 다시 이를 시효가 완성된 자에게 돌려 줄 의무까지 부담한다고 할 수 없다(대판 1997. 3. 28. 96다10638).

### (나) 부동산점유취득시효완성으로 인한 소유권취득의 법적성질(원시취득)

부동산의 점유취득시효는 20년의 시효기간의 완성만으로 점유자가 곧바로 소유권을 취득하는 것은 아니고 민법 제245조 제1항에 따라 점유자명의로 등기를 함으로써 소유권을 취득하게 되며, 이는 '원시취득(原始取得)'에 해당하므로 특별한 사정이 없는 한 원소유자의 소유권에 가하여진 각종 제한에 의하여 영향을 받지 아니하는 완전한 내용의 소유권을 취득하게 되고, 이와 같은 소유권취득의 반사적 효과로서 그 부동산에 관하여 취득시효의 기간이 진행 중에 체결되어 소유권이전등기청구권가등기에 의하여 보전된 매매예약상의 매수인의 지위는 소멸된다고 할 것이지만, 시효기간이 완성되었다고 하더라도 점유자 앞으로 등기를 마치지 아니한 이상 전 소유권에 붙어 있는 위와 같은 부담은 소멸되지 아니한다(대판 1993. 10 12. 93다1886, 1994. 12. 22. 92다3489, 2004. 9. 24. 2004다31463).

### (다) 취득시효완성사실을 아는 부동산소유자의 처분행위(불법행위)

부동산소유자가 취득시효완성사실을 알고 그 부동산을 제3자에게 처분하여 소유권이전등기를 넘겨줌으로써 취득시효완성을 원인으로 한 소유권이전등기의무가 이행불능에 빠지게 되어 시효취득을 주장하는 자가 손해를 입었다면 불법행위를 구성한다할 것이고, 부동산을 취득한 제3자가 부동산소유자의 이와 같은 불법행위에 적극 가담하였다면 이는 사회질서에 반하는 행위로서 무효라고 할 것이다(대판 2002. 3. 15. 2001다77352, 77369).

## (7) 점유취득시효완성에 의한 등기절차

부동산에 대한 점유취득시효는 20년간 소유의 의사로 평온, 공연하게 부동산을 점유하는 것만으로 점유자가 곧바로 소유권을 취득하는 것이 아니라 민법 제245조 제1항에 따라 점유자명의로 등기를 함으로써 비로소 소유권을 원시적으로 취득하게 된다.

부동산의 점유취득시효의 경우에는 점유자가 취득시효의 요건을 갖추어 취득시효가 완성되었다 하더라도 단지 이를 원인으로 한 소유권이전등기청구권(所有權移轉登記請求權)이 발생할 뿐 점유자가 바로 소유권을 취득하지는 못한다.

시효취득은 법률의 규정에 의한 물권변동이나 민법 제187조의 예외로서 '등기'하여야 소유권을 취득한다. 부동산의 시효취득의 등기절차에 관하여 부동산등기법은 특별히 규정한 바가 없으므로 시효취득에 의한 등기는 어떤 등기이어야 하는가(즉, 소유권보존등기절차로 하느냐 아니면 소유권이전등기절차로 하느냐)가 문제될 수 있다.

점유취득시효가 완성된 부동산이 '등기된 부동산'된 경우에는 시효취득자명의로 '소유권이전등기'를 하여야 하며, 소유권보존등기가 되지 아니한 '미등기 부동산'인 경우에는 시효취득자가 스스로 시효취득을 원인으로 한 판결에 의하여 소유권보존등기를 신청하여야 한다(부동산등기법 제65조 제2호).

## (가) 취득시효 대상인 부동산이 '등기된 부동산'인 경우(소유권이전등기)

시효취득의 대상인 부동산이 이미 등기된 부동산인 경우에는 점유자가 취득시효완성으로 부동산의 소유권을 취득하기 위하여는 시효완성으로 인하여 소유권을 상실하게 되는 시효완성 당시의 소유자를 상대로 '시효취득'을 원인으로 한 소유권이전등기 절차이행청구를 하여 승소판결을 받아 이를 등기원인증서(부동산등기규칙 제46조 제1항 제1호)로 등기를 신청하는 방법에 의하여야 한다(동법 제23조 제4항).

## (나) 취득시효 대상인 부동산이 '미등기 부동산'인 경우(소유권보존등기)

### 1) 확정판결에 의하여 자기의 소유권을 증명하는 자의 보존등기신청

점유취득시효가 완성된 부동산이 미등기인 경우라 하여도 시효기간의 완성만으로 등기 없이도 점유자가 소유권을 취득한다고 볼 수 없다(대판 2006. 9. 28. 2006다22074, 22081).

'미등기 부동산'에 대하여 점유취득시효가 완성된 경우에는 시효취득자는 대장(토지, 임야, 건축물)에 최초의 소유자로 등록 되어 있는 자 또는 그 상속인 그 밖의 포괄 승계인, 미등기토지의 지적공부상 "국'으로부터 소유권이전등록을 받은 자, 대장상의 소유자 표시란이 공란으로 되어 있거나 소유자 표시에 일부 누락이 있어 장상의 소유자를 특정할 수 없는 경우에는 국가를 상대방으로 하여 소유권을 증명하는 판결을 받아 승소한 등기권리자로서 소유권보존등기를 신청하여야 한다(춘천지방법원 1987. 12. 15. 87가단282).

## 2) 부동산등기법 제65조 제2호의 판결의 내용

소유권을 증명하는 위 판결은 보존등기신청인인 점유자의 소유임을 확정하는 내용의 판결이아야 한다. 그러나 그 판결은 '소유권확인판결(所有權確認判決)'에 한하는 것은 아니며, 형성판결(形成判決)이나 이행판결(履行判決)이라도 그 이유 중에서 점유자의 소유임을 확정하는 내용의 판결이면 부동산등기법 제65조 제2호의 판결에 해당한다.

## 3) 시효취득을 원인으로 한 소유권이전등기를 명한 판결을 받은 자의 소유권보존등기신청

미등기토지에 관하여 시효취득을 원인으로 한 소유권이전등기를 명한 판결을 받은 경우에 원고는 최초의 소유자를 대위하여 그 명의로 소유권보존등기를 한 다음 자기명의로 소유권이전등기를 하여야 한다는 견해가 있는 반면, 시효취득자가 위 판결에 기하여 자기명의로 바로 소유권보존등기를 할 수 있다는 견해(춘천지방법원 1987. 12. 15. 87가단282)도 있다.

부동산의 점유취득시효는 시효기간의 완성만으로 점유자가 바로 소유권을 취득하는 것이 아니라 민법 제245조 제1항에 따라 점유자명의로 등기함으로써 소유권을 취득하게 되며, 이 소유권취득은 원시취득(原始取得)에 해당하므로(대판 1991. 10. 22. 90다1628, 1993. 10. 12. 93다1886, 2004. 9. 24. 2004다31463), 미등기부동산에 관하여 시효취득을 원인으로 소유권이전등기를 명한 판결을 받은 경우에는 '시효취득자명의로 바로 소유권보존등기'를 할 수 있다는 견해가 타당하다.

대장상 소유자 미복구인 미등기 토지에 대하여 국가를 상대로 시효취득을 원인으로 한 소유권이전등기절차이행판결이 확정된 경우 원고는 위 판결에 의하여 국가를 대위할 필요 없이 '직접 자기명의로 소유권보존등기'를 신청할 수 있다(등기선례 제1권 245항, 제4권 220항, 대법원 1971. 11. 12. 71마657결정).

**(다) 시효취득을 원인으로 한 소유권이전등기절차이행을 명한 확정판결을 받은 자의 등기신청절차**

**1) 등기신청인(자주점유자인 원고)**

부동산의 점유자가 취득시효의 요건을 갖춘 때에는 취득시효완성으로 인하여 소유권을 상실하게 되는 시효완성 당시의 소유자를 상대로 시효취득을 원인으로 한 소유권이전등기절차이행을 청구하여 그 청구인용의 승소확정판결을 등기원인증서로 하여 '승소한 등기권리자'로서 단독으로 등기신청을 한다(법 제23조 제4항).

즉, 취득시효의 대상인 부동산이 이미 '등기된 부동산'인 경우에는 시효완성 당시의 소유자인 피고를 '등기의무자'로, 점유자인 원고를 '등기권리자'로 표시하여 원고가 단독으로 소유권이전등기를 신청하며(법 제23조 제4항), '미등기 부동산'인 경우에는 점유자인 원고가 승소한 등기권리자로서 단독(법 제23조 제4항)으로 직접 소유권보존등기를 신청할 수 있다.

**2) 등기원인 및 그 연월일**

'등기원인'은 '시효취득'으로 기재하며, '등기원인 연월일'은 법률의 규정에 의한 다른 물권변동의 경우에는 법률상 등기원인이 발생한 날을 기재함에 반하여, 시효취득의 경우에는 시효기간의 기산일, 즉 '점유개시일(占有開始日)'을 기재한다. 취득시효에 의한 소유권취득의 효력은 점유를 '개시(開始)'한 때에 소급하기 때문이다(민법 제247조).

**3) 등기신청서의 첨부서면**

**가) 등기원인증서(확정판결정본 등)**

시효취득을 원인으로 한 등기신청서에는 부동산등기규칙 제46조 각 항의 서면을 첨부하여야 한다. 등기원인을 증명하는 서면으로는 점유자가 시효완성 당시의 소유자를 상대로 한 승소확정판결정본을 첨부하여야 하나 판결에 한하지 아니하며, 화해조서, 인낙조서, 화해권고결정, 민사조정조서, 조정에 갈음하는 결정 등도 등기의무자의 등기신청에 관한 의사표시의 기재가 있는 경우에는 등기원인증서로 하여 등기신청을 할 수 있다.

### 나) 농지취득 자격증명

농지의 취득, 자경이 허용되는 종교단체가 농지에 관하여 시효취득을 원인으로 한 소유권이전등기를 신청하는 경우에는 농지취득자격증명을 첨부할 필요가 없다(등기선례 제3권 529항, 제4권 724항).

### 다) 국민주택채권의 매입

시효취득을 원인으로 한 소유권이전등기절차이행을 명한 판결에 의한 등기를 신청하는 경우에는 국민주택채권을 매입하여야 한다(등기선례 제4권 235항).

◆ **시효취득의 등기부 기재례**

| 【 갑 구 】 | | (소유권에 관한 사항) | | |
|---|---|---|---|---|
| 순위<br>번호 | 등기<br>목적 | 접수 | 등기원인 | 권리자 및 기타사항 |
| 3 | 소유권<br>이전 | 2012년 5월<br>20일<br>제10340호 | 1983년 3월 25일<br>시효취득 | 소유자<br>최철 000000-0000000<br>서울특별시 종로구 인사동길 ○(인사<br>동) |

## 나. 등기부취득시효

## (1) 등기부취득시효의 개념

등기부취득시효(登記簿取得時效)라 함은 부동산의 소유자로 등기한 자가 10년간 소유의 의사로 평온, 공연하게 선의, 과실 없이 그 부동산을 점유한 때에는 소유권을 취득하는 것을 말한다(민법 제245조 제2항).

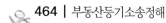

우리민법은 부동산소유권의 취득시효에 있어 점유 취득시효(占有取得時效)(민법 제245조 제1항)와 등기부취득시효(登記簿取得時效)( 민법 제245조 제2항)의 두 가지를 인정하고 있다. 등기부 취득시효에 있어서는 이미 시효취득자가 등기부상 명의인으로 되어 있으므로 등기는 요건이 아니다.

등기부취득시효에 관한 민법 제245조 제2항의 규정에 의하여 소유권을 취득하는 자는 10년간 반드시 그의 명의로 등기되어 있어야 하는 것은 아니고 앞사람의 등기까지 아울러 그 기간 동안 부동산소유자로 등기되어 있으면 된다(대판 1989. 12. 26. 87다카2176 전원합의체판결).

## (2) 등기부 취득시효의 요건

부동산의 소유자로 등기한 자가 10년간 소유의 의사로 평온·공연하게 선의이며 과실 없이 그 부동산을 점유한 때에는 소유권을 취득한다(민법 제245조 제2항). 10년간 소유의 의로 평온, 공연하게 선의이며 과실 없이 부동산을 점유함으로써 그 소유권을 취득하려면 그 점유의 시초(始初)부터 부동산의 소유자로 등기된 자임을 요한다(대판 1966. 7. 19. 66다925).

### (가) 부동산의 소유자로 등기한 자

10년간 소유의 의사로 평온(平穩)·공연(公然)하게 선의(善意)이며 과실(過失) 없이 부동산을 점유함으로써 그 소유권을 취득하려면 그 점유의 시초부터 부동산의 소유자로 등기된 자임을 요한다(대판 1966. 7. 19. 66다925). 등기부 취득시효에 의하여 소유권을 취득하는 자는 '10년간 반드시 그의 명의로 등기되어 있어야 하는 것은 아니고, 앞 사람의 등기까지 아울러 그 기간 동안 부동산의 소유자로 등기되어 있으면 된다(대판 1989. 12. 26. 87다카2176. 전원합의체판결).

## 1) '소유자로 등기한 자'의 의미

등기부취득시효의 요건으로서 '소유자로 등기한 자'라 함은 적법·유효한 등기를 마친 자일 필요는 없고 무효의 등기를 마친 자라도 상관없으며, 등기부취득시효에서의 선의·무과실은 등기에 관한 것이 아니고 점유취득에 관한 것이다(대판 1998. 1. 20. 96다48527).

## 2) 민법 제245조 제2항의 '등기'의 의미

민법 제245조 제2항은 부동산의 소유자로 등기한 자가 10년간 소유의 의사로 평온, 공연하게 선의이며 과실 없이 그 부동산을 점유한 때에는 소유권을 취득한다고 규정하고 있는바. 위 법조항의 '등기'는 부동산등기법 제15조가 규정한 1부동산1용지주의에 위배되지 아니하는 등기를 말한다(대판 1998. 7. 14. 97다34693).

민법 제245조 제2항은 부동산의 소유자로 등기한 자가 10년간 소유의 의사로 평온, 공연하게 선의이며 과실 없이 그 부동산을 점유한 때에는 소유권을 취득한다고 규정하고 있는바, 위 법조항의 '등기'는 부동산등기법 제15조가 규정한 1부동산 1용지주의에 위배되지 아니하는 등기를 말하므로 어느 부동산에 관하여 등기명의인을 달리하여 소유권보존등기가 이중으로 경료 된 경우 먼저 이루어진 소유권보존등기가 원인무효가 아니어서 뒤에 된 소유권보존등기가 무효로 되는 때에는 뒤에 된 소유권보존등기나 이에 터 잡은 소유권이전등기를 근거로 하여서는 등기부취득시효의 완성을 주장 할 수 없다(대판 1996. 10. 17. 96다12511. 전원합의체판결).

소유권이전등기에 있어 부동산등기법 제57조(현행법 제34조, 제40조, 제48조)에서 정한 등기의 기재사항 중 등기원인이 누락되었더라도 그것은 실제의 권리관계를 표시함에 족할 정도로 동일 또는 유사성이 있는 것이므로, 민법 제245조 제2항의 소유자로 등기한 자에 있어서의 등기에 해당한다(대판 1998. 2. 24. 96다8888).

### (나) 소유의 의사(자주점유)

점유는 소유의 의사를 가지고 하는 자주점유(自主占有)이어야 하고, 평온 공연하게 선의이며 과실 없는 점유임을 요한다. '소유의 의사'라 함은 소유자가 할 수 있는 것과 같은 배타적지배를 사실상 행사하려고 하는 의사를 말하며, 법률상 그러한 지배를 할 수 있는 권한 즉, 소유권을 가지고 있거나 또는 소유권이 있다고 믿고서 하는 점유를 의미하는 것은 아니며(대판 1996. 10. 11. 96다23719), 사실상 소유할 의사가 있는 것으로 충분하다.

### 1) '소유의 의사로 점유 한다'의 의미

'소유의 의사로 점유 한다'고 함은 소유자와 동일한 지배를 하는 의사로 점유한다는 것을 의미하는 것이고 점유자가 그 물건의 소유자임을 믿고 있어야 하는 것은 아니다(대판 1980. 5. 27. 80다671). 자주점유(自主占有)는 소유의 의사를 가지고서 하는 점유이다.

민법 제245조 제2항의 등기부 취득시효의 요건인 '점유'란 사회관념상 어떤 사람의 사실적 지배에 있다고 보여 지는 객관적 관계를 말하는 것으로서 사실상의 지배가 있다고 하기 위하여는 반드시 물건을 물리적, 현실적으로 지배하는 것만을 의미하는 것이 아니고 물건과 사람의 시간적, 공간적 관계와 본권관계, 타인지배의 배제가능성 등을 고려하여 사회 관념에 따라 합목적적으로 판단하여야하며, 특히 임야에 대한 점유의 이전이나 점유의 계속은 반드시 물리적이고 현실적인 지배를 요한다고 볼 것은 아니고 관리나 이용의 이전이 있으면 인도가 있었다고 보아야하고, 임야에 대한 소유권을 양도하는 경우라면 그에 대한 지배권도 넘겨지는 것이 거래에 있어서 통상적인 형태이며 점유의 계속은 추정된다(대판 1998. 2. 24. 96다8888, 2000. 12. 8. 2000다14934).

### 2) 자주점유의 의미

점유는 소유의 의사를 가지고 하는 이른바 자주점유(自主占有)이어야 한다. 부동산취득시효를 인정하기 위한 요건으로서의 자주점유라 함은 소유자와 동일한 지배를 하려는 의사를 가지고 하는 점유를 의미하는 것이지 법률상 그러한 지배를 할 수 있는 권원, 즉 소유권을 가지고 있거나 또는 소유권이 있다고 믿고서 하는 점유를 의미하는 것은 아니다(대판 1994. 12. 27. 94다25513).

타주점유자가 그 명의로 소유권보존등기를 경료한 것만으로는 소유자에 대하여 소유의 의사를 표시하여 자주점유로 전환되었다고 볼 수 없다(대판 1975. 5. 30. 97다2344).

### 3) 소유의 의사의 의미

'소유의 의사(意思)'라 함은 소유자가 할 수 있는 것과 같은 배타적 지배를 사실상 행사하려고 하는 의사를 말하며, 법률상 그러한 지배를 할 수 있는 권한, 즉 소유권을 가지고 있거나 또는 소유권이 있다고 믿고서 하는 점유를 의미하는 것은 아니며(1996. 10. 11. 96다23719), 사실상 소유할 의사가 있는 것으로 충분하다.

### 4) 소유의 의사를 인정하기 위한 요건

취득시효의 요건이 되는 자주점유의 내용인 소유의 의사는 점유의 권원(權原)의 성질에 의하여 결정하거나 또는 점유자가 소유자에 대하여 소유의 의사가 있다는 것을 표시한 경우에 한하여 인정할 수 있다(대판 1976. 9. 14. 76다159, 1980. 3. 11. 79다2344, 1980. 7. 22. 80다908).

### 5) 소유의 의사를 갖추어야 할 시기(時期)

부동산소유권의 취득시효의 요건인 소유의 의사는 점유의 '시초'부터 갖추어져야 한다(1980. 5. 27. 80다748).

### 6) 취득시효에 있어서 자주점유의 추정이 번복되는 경우

부동산의 취득시효에 있어서 외형적 . 객관적으로 보아 점유자가 타인의 소유권을 배척하고 점유할 의사를 갖고 있지 아니하였던 것이라고 볼만한 사정이 증명된 경우에 비로소 소유의 의사로 점유한 것이라는 추정이 깨어지는 것이다(대판 2006. 1. 16. 2005다36045).

## (다) 평온 · 공연한 점유

점유는 평온, 공연한 점유이어야 한다. '평온(平穩)'한 점유란 점유자가 점유를 취득 또는 보유하는데 있어 법률상 용인될 수 없는 강폭행위(强暴行爲)를 쓰지 않는 점유이고, '공연(公然)'한 점유란 은비(隱祕)의 점유가 아닌 점유를 말한다(대판 1982. 9. 28. 81사 91996, 1996. 6. 14. 96다14036).

## (라) 점유자의 선의 · 무과실

등기부취득시효(登記簿取得時效)의 특유한 요건으로 요구되는 점유에 관하여는 점유 자의 선의(善意) · 무과실(無過失)도 요구되는 반면(민법 제245조 제2항), 점유취득시효(占有 取得時效)의 요건으로서 요구되는 20년간의 점유는 소유의 의사로 평온 · 공연하게 하 는 것으로 충분하고 점유자의 선의, 무과실은 그 요건이 아니다(대판 1966. 9. 27. 66다977, 1972. 6. 27. 69다560, 1980. 7. 8. 80다953).

등기부취득시효에 있어서는, 점유취득시효와는 달리 점유자의 선의, 무과실도 요구되 며, 등기부취득시효에 있어서 선의 . 무과실은 등기에 관한 것이 아니고 점유의 취득에 관한 것이다(대판 1992. 4. 28. 91다46779).

등기부취득시효가 인정되려면 점유의 개시에 과실이 없어야 하고 증명책임은 주장자 에게 있으며, 여기서 무과실이란 점유자가 자기의 소유라고 믿은 데에 과실이 없음을 말 한다. 그런데 부동산에 등기부상 소유자가 존재하는 등 소유자가 따로 있음을 알 수 있는 경우에는 비록 소유자가 행방불명되어 생사를 알 수 없더라도 부동산이 바로 무주부동 산에 해당하는 것은 아니므로, 소유자가 따로 있음을 알 수 있는 부동산에 대하여 국가가 국유재산법 제8조에 따른 무주부동산 공고절차를 거쳐 국유재산으로 등기를 마치고 점 유를 개시하였다면, 특별한 사정이 없는 한 점유의 개시에 자기의 소유라고 믿은 데에 과 실이 있다(대판 2016. 8. 24. 2016다220679).

## 1) 무과실의 입증

점유자는 소유의 의사로 선의(善意), 평온(平穩) 및 공연(公然)하게 점유한 것으로 추정한다(민법 제197조 제1항). 따라서 등기부취득시효의 요건인 점유자의 선의는 추정되나 무과실은 추정되지 아니하므로 무과실(無過失)을 입증(立證)하여야 한다.

## 2) 무과실의 시점

부동산의 등기부시효취득을 인정함에 있어서 점유에 과실이 없다고 함은 그 점유의 개시시(開始時)에 과실이 없으면 된다는 취지이다(대판 1993. 11. 23. 93다21132).

## 3) 무과실의 입증책임의 소재(시효취득을 주장하는 사람)

등기부취득시효에 있어서 선의 무과실은 등기에 관한 것이 아니고 점유취득에 관한 것으로서, 그 무과실에 대한 입증책임은 그 시효취득을 주장하는 사람에게 있다(대판 1995. 2. 10. 94다22651).

부동산에 대한 등기부 시효취득의 요건인 무과실에 관한 입증책임은 그 시효취득을 주장하는 사람에게 돌아가며(대판 1981. 1. 13. 80다2179, 1981. 6. 23. 80다1642, 1985. 7. 9. 84다카1866, 1990. 10. 16. 90다카16792), 부동산의 등기부취득시효에 있어서 점유의 시초에 과실이 없었음을 필요로 하고, 이와 같은 무과실에 대하여는 그 주장자(시효취득을 주장하는 사람)에게 입증책임이 있다(1983. 10. 11. 83다카531, 1986. 2. 25. 85다카771, 1987. 8. 18. 87다카191, 1990. 10. 16. 90다카16792).

민법 제245조 제2항에서 정한 부동산의 등기부 시효취득을 인정하기 위하여는 소유자로 등기된 자가 10년간 소유의 의사로 평온, 공연하게 선의로 부동산을 점유하였다는 요건 외에 점유의 개시에 과실이 없음을 요하며 위와 같은 무과실(無過失)에 대하여는 그 주장자에게 입증책임이 있다(대판 1987. 8. 18. 87다카191).

### 4) 선의 · 무과실이 요구되는 시점

부동산의 등기부 시효취득을 인정함에 있어서 점유에 과실이 없다고 함은 그 점유의 개시시에 과실이 없으면 된다는 취지이다(대판 1993. 11. 23. 93다21132). 등기부취득시효에 있어서 점유자의 선의, 무과실은 등기에 관한 것이 아니고 점유의 취득에 관한 것이므로, 등기경료 이전부터 점유를 하여 온 경우에는 그 점유개시 당시를 기준으로 그 점유의 개시에 과실이 없었는지 여부에 관하여 심리 판단하여야 한다(1994. 11. 11. 96다28089).

### (마) 시효기간

### 1) 10년간 점유

등기부취득시효에 요구되는 요건으로 점유가 일정기간 계속하여야 한다. 즉, 점유자가 소유자는 아니지만 소유자로서 등기되어 있는 경우, 즉 등기부취득시효의 경우에는 점유는 10년간 계속되어야 한다.

### 2) 점유자의 등기기간이 전 점유자의 등기기간을 합하여 10년이 되는 경우

등기부취득시효에 관한 민법 제245조 제2항의 규정에 하여 소유권을 취득하는 자는 10년간 반드시 그의 명의로 등기되어야 하는 것은 아니고 앞 사람의 등기까지 아울러 그 기간 동안 부동산의 소유자로 등기되어 있으면 된다(대판 1989. 12. 26. 87다타2176 전원합의체판결).

## (3) 등기부취득시효의 효과

### (가) 점유자의 소유권취득

등기부취득시효에 있어서는 부동산의 소유자로 등기한 자가 10년간 소유의 의사로 평온, 공연하게 선의이며 과실 없이 그 부동산을 점유한 때에는 민법 제245조 제2항의 규정에 의하여 바로 소유권을 취득한다.

점유취득시효에 의한 소유권취득의 효과는 점유를 개시한 때에 소급하며(민법 제247조 제1항), 취득시효에 의한 소유권의 취득은 원시취득(原始取得)이다. 따라서 전주(前主)의 권리에 존재하였던 모든 제한은 취득시효의 완성과 더불어 소멸한다. 다만 취득시효의 기초가 된 점유가 이미 타인의 지역권을 인용하고 있는 경우에는 지역권의 제한이 있는 소유권을 취득하는 것이 된다.

### (나) 등기부취득시효완성 후 점유자명의등기가 말소 또는 적법한 원인 없이 타인명의로 소유권이전등기가 된 경우 점유자의 소유권 상실 여부(소극)

#### 1) 점유자의 현재의 등기명의인을 상대로 한 방해배제청구

부동산의 소유자로 등기한 자가 10년간 소유의 의사로 평온, 공연하게 선의이며 과실 없이 그 부동산을 점유한 때에는 민법 제245조 제2항의 규정에 의하여 바로 그 부동산에 대한 소유권을 취득하는 것이므로, 등기부취득시효가 완성된 경우에는 별도로 이를 원인으로 한 소유권이전등기청구권이 발생할 여지가 없으므로, 등기부취득시효의 완성 후에 그 부동산에 관한 점유자명의의 등기가 말소되거나 적법한 원인 없이 다른 사람 앞으로 소유권이전등기가 경료 되었다 하더라도 그 점유자는 등기부취득시효의 완성에 의하여 취득한 소유권에 기하여 현재의 등기명의자를 상대로 방해배제청구를 할 수 있을 뿐이고, 등기부취득시효의 완성을 원인으로 현재의 등기명의자를 상대로 소유권이전등기를 구할 수는 없다(대판 1999. 12. 10. 99다25785).

## 2) 등기부취득시효완성 후 점유자명의등기가 말소되었거나 부적법하게 타인명의로 이전등기가 된 경우 점유자의 소유권의 상실여부(소극)

민법 제245조 제2항의 규정에 의하여 소유권을 취득하는 자는 10년간 반드시 그의 명의로 등기되어 있어야 하는 것은 아니고 앞 사람의 등기까지 아울러 그 기간 동안 부동산의 소유자로 등기되어 있으면 된다고 할 것이고, 등기는 물권의 효력발생요건이고 효력존속요건이 아니므로 물권에 관한 등기가 원인 없이 말소된 경우에 그 물권의 효력에 아무런 영향을 미치지 않는 것이므로, 등기부취득시효가 완성된 후에 그 부동산에 관한 점유자명의의 등기가 말소되거나 적법한 원인 없이 다른 사람 앞으로 소유권이전등기가 경료 되었다 하더라도, 그 점유자는 등기부취득시효의 완성에 의하여 취득한 소유권을 상실하는 것은 아니다(대판 2001. 1. 16. 98다20110).

◈ 시효취득을 원인으로 한 소유권이전등기의 등기부 기재례

| 【 갑 구 】 | | (소유권에 관한 사항) | | |
|---|---|---|---|---|
| 순위<br>번호 | 등기<br>목적 | 접수 | 등기원인 | 권리자 및 기타사항 |
| 1 | 소유권<br>보전 | 2003년 5월<br>20일<br>제10340호 | 1983년 3월 25일<br>시효취득 | 소유자<br>이도령 000000-0000000<br>서울 종로구 혜화동 ○ |

## 3. 취득시효취득의 대상

구민법은 취득시효의 객체가 되는 것은 '타인의 물건'이어야 함을 명백히 규정하고 있었으나(구민법 제162조) 현행민법에는 그러한 규정이 없다. 시효취득은 원시취득이어서 타인의 소유권을 바탕으로 해서 그것을 승계하는 것이 아닐 뿐만 아니라, 원래 취득시효는 누구의 소유이냐를 묻지 않고서 사실 상태를 권리관계로 높이려는 제도이므로 취득시효의 객체가 되는 물건은 타인의 물건이어야 할 필요는 없다고 본다.

## 가. 취득시효의 대상이 될 수 있는 경우

### (1) 1필의 토지의 일부

1필의 토지의 일부분이 다른 부분과 구분되어 시효취득자의 점유에 속한다는 것을 인식하기에 족한 객관적 징표가 계속 존재하는 경우에는 그 일부분에 대한 시효취득을 인정할 수 있다(대판 1965. 11. 16. 65다1819, 1820, 1989. 4. 25. 88다카9494, 1996. 1. 26. 95다24654).

### (2) 자기 소유부동산

시효취득의 목적물은 타인의 물건임을 요하지 아니하고 자기의 소유물이라 할지라도 시효취득의 목적물이 될 수 있다(대판 1973. 7. 24. 73다559, 560.). 취득시효는 당해 부동산을 오랫동안 계속하여 점유한 다는 사실상태를 일정한 경우에 권리관계로 높이려고 하는 데에 그 존재이유가 있는 점에 비추어보면, 시효취득의 목적물은 타인의 부동산임을 요하지 않고 '자기소유의 부동산'이라도 시효취득의 목적물이 될 수 있다고 할 것이고, 취득시효를 규정한 민법 제245조가 '타인의 물건인 점'을 규정에서 빼놓은 것도 같은 취지에서라고 할 것이다(2001. 7. 13. 2001다27572).

### (3) 공유재산

구 지방재정법상 공유재산에 대한 취득시효가 완성하기 위하여는 그 공유재산이 취득시효기간 동안 계속하여 시효취득의 대상이 될 수 있는 잡종재산이어야 하고, 이러한 점에 대한 증명책임은 시효취득을 주장하는 자에게 있다(대판 2009. 12. 10. 2006다19177).

### (4) 지분소유권

#### (가) 공유지분에 대한 시효취득

토지의 지분소유권도 취득시효의 대상이 되며(1975. 6. 24. 74다1877), 공유지분의 일부에 대하여도 시효취득이 가능하다(대판 1979. 6. 26. 79다639).

#### (나) 공유토지 일부에 대한 시효취득

토지를 수인이 공유하는 경우에 공유자들의 소유권이 지분의 형식으로 공존하는 것뿐이고, 그 처분권이 공동에 속하는 것은 아니므로 공유토지의 일부에 대하여 취득시효 완성을 원인으로 공유자들을 상대로 그 시효취득 부분에 대한 소유권이전등기절차의 이행을 청구하는 소송은 필요적 공동소송이라고 할 수 없다(대판94. 12. 27. 93다32880, 32897).

### (5) 국가가 압류한 부동산, 위토·성명불상자의 소유물

국가가 압류한 부동산이라도 점유로 인한 부동산소유권 시효취득의 대상이 될 수 있으며(대판 1991. 10. 22. 91다28153. 위토대판 1992. 1. 21. 91다33377), 성명불상자의 소유물(대판 1992. 2. 25. 91다9312)도 시효취득의 대상이 될 수 있다.

### (6) 통행지역권

지역권은 계속되고 표현된 것에 한하여 민법 제245조의 규정을 준용하도록 되어 있으므로 통행지역권은 요역지의 소유자가 승역지 위에 도로를 설치하여 승역지를 사용하는 객관적 상태가 민법 제245조에 규정된 기간 계속된 경우에 한하여 그 시효취득을 인정할 수 있다(2001. 4. 13. 2001다8493).

## 나. 취득시효의 대상이 될 수 없는 경우

### (1) 행정재산

행정목적을 위하여 공용되는 행정재산은 공용폐지가 되지 않는 한 사법상 거래의 대상이 될 수 없으므로 시효취득의 대상이 될 수 없다(대판 1983. 6. 14. 83다카181, 1995. 11. 14. 94다42877).

### (2) 국공유 공용재산·하천부지·귀속재산·국유 철도용지·자연공물·국공유 부동산

국공유 공용재산(대판 1968. 8. 30. 68다1198, 1974. 2. 12. 73다557), 하천부지(대판 1969. 1. 21. 68다2164), 귀속재산(대판 1969. 5. 27. 69다500, 1973. 10. 23. 73다593), 국유 철도용지(대판 1987. 4. 14. 86다카725), 자연공물(대판 1994. 8. 12. 94다12593)은 시효취득의 대상이 될 수 없으며, 국공유 부동산은 공용이 폐지되지 않는 한 사인의 점유로 인한 소유권취득의 대상이 될 수 없다(대판 1982. 12. 14. 80다236).

# 제6장
# 종중재산의 관리·처분

# 제6장 종중재산의 관리·처분

## 1. 종중의 개념

종중(宗中)이란 공동선조(公同先祖)의 후손(後孫)으로 구성되는 집단으로서 그 공동선조를 정하기에 따라 상대적으로 대소(大小)종중으로 구별되며, 종중은 조상의 봉제사(奉祭祀)주된 목적으로 하는 동족(同族)의 집단으로서 자연발생적(自然發生的)이 것이다(대판 1976. 3. 9. 75다515).

종중이라 함은 공동선조의 분묘(墳墓)의 보존, 제사(祭祀)의 이행, 종원(宗員)간의 친선·구조 및 복리증진을 도모하는 권리능력 없는 사단(社團)인 가족단체를 말한다. 일종족(一宗族) 전체를 총괄하는 사단인 대종중(代宗中)안에 대소의 분파에 따른 종중이 있는데, 지류종중(支流宗中)을 일컬어 문중(門中)이라고 한다. 종원(宗員)은 대소종중(大小宗中)의 종원이 되며 탈퇴가 인정되지 않는다.

일족(一族, 大宗) 또는 일파(一派, 小宗)의 자손이 서로 협의에 의해 종중재산의 관리방법에 관한 규정, 목적사업의 설정 종회(宗會)의 운영이나 임원 등의 집행기관을 협정한 경우 이를 종약(宗約) 또는 종규(宗規)라고 하며 그 사무소를 종약소(宗約所)라고 한다.

오늘날에는 종법(宗法)에 따라 종손(宗孫)은 제사주장(祭祀主掌)만을 행하며, 종중이 사회단체로 활동하기 위해서는 별도로 종족의 대표자인 족장(族長)이나 문장(門長)이 선임되어야 한다.

## 2. 종중의 성립

### 가. 종중의 성립요건

#### (1) 자연발생적인 종족집단체의 성립

종중이 성립되기 위하여는 특별한 조직행위를 필요로 하지 않고 다만 공동선조의 분묘수호와 제사 및 종중원(宗中員) 상호간의 친목을 목적으로 하는 자연발생적인 종족집단체(宗族 集團體)가 됨으로서 족하며(대판 1989. 4. 11. 88다카95), 종중의 결성행위(結成行爲)나 성문(成文)의 규약의 제정이 있어야 비로소 성립하는 것도 아니다(대판 1989. 11. 28. 89다카14127).

#### (2) 종중 특정의 기준(공동선조)

종중은 공동선조의 분묘수호와 제사 및 종중원 상호간의 친목 등을 목적으로 하는 자연발생적인 종족단체로서 특별한 조직행위를 필요로 하는 것은 아니나 공동선조를 누구로 하느냐에 따라 종중 안에 무수한 소종중이 있을 수 있으므로 어느 종중을 특정하고 그 실체를 파악함에 있어서는 그 종중의 '공동선조(公同先祖)'가 누구인가가 가장 중요한 기준이 된다(대판 1997.2. 28. 95다44986).

#### (3) 종중의 구성원(공동선조의 후손 중 성년 이상의 남녀)

종중은 공동선조의 후손 중 '성년의 남자'(대판 1997. 7. 25. 96다47494, 47500, 2005. 7. 21. 2002다1178 전원합의체판결로 공동선조의 후손 중 '성년 이상의 남녀'로 변경됨)를 종원으로 하여 구성되는 종족의 자연적 집단으로서 그 공동선조를 정함에 따라 상대적으로 대소 종중으로 구별되는 것이기 때문에 이미 성립된 종중의 공동선조의 후손 중 한 사람을 공동선조로 하여 또 하나의 종중이 성립될 수도 있을 것이고 또 종중이 성립하기 위하여 특별한 조직행위를 필요로 하는 것이 아니며 다만 그 목적이 공동선조의 분묘수호와 제사 및 종중원 상호간의 친목을 목적으로 하는 종족집단체가 됨으로써 족하고 성문의 규약이 있어야 하는 것이 아니다(대판 1980. 9. 24. 80다640).

종중은 공동선조의 후손 중 성별의 구별 없이 '성년(成年)이상의 남녀'로 구성되는 종족의 자연발생적 집단이므로, 그 성립을 위하여 특별한 조직행위를 필요로 하는 것이 아니고, 다만 그 목적인 공동선조의 분묘수호, 제사봉행, 종원 상호간의 친목을 규율하기 위하여 규약을 정하는 경우가 있고, 또 대외적인 행사를 할 때에는 대표자를 정할 필요가 있는 것에 지나지 아니하며, 반드시 특별한 명칭의 사용 및 서면화 된 종중규약이 있어야 하거나 종중의 대표자가 선임되어 있는 등 조직을 갖추어야 성립하는 것은 아니다(대판 1997. 7. 25. 96다47494, 47500).

종중은 그 선조(先祖)의 사망과 동시에 그 자손에 의하여 성립되는 것으로서 그 대수(代數)에 제한이 없으며(대판 1994. 11. 11. 94다17772), 종중이 성립하기 위하여 특별한 조직행위를 필요로 하지 않고 다만 공동선조의 분묘수호와 봉제사 및 종중원 상호간의 친목을 목적으로 하는 자연발생적인 종족(宗族) 집단체가 됨으로서 족하다(대판 1984. 4. 11. 88다카95).

종중의 성립을 위하여 반드시 특정한 명칭의 사용 및 서면화 된 종중규약이 있어야 하는 것은 아니고 또한 종중원이 10여명에 불과하다하여 종중의 성립에 영향을 주는 것도 아니며(대판 1992. 2. 14. 91다1172), 종중의 대표자가 계속하여 선임되어 있는 등 조직을 갖추어야 하는 것도 아니다(대판 1995. 11. 14. 95다16103).

## 나. 종중의 구성원의 자격

### (1) 종중구성원의 자격을 성년남자만으로 제한하는 종래의 관습법의 효력

종중은 공동선조의 분묘수호와 봉제사 및 종원 상호간의 친목 등을 목적으로 하여 형성되는 종족단체로서 공동선조의 사망과 동시에 그 후손에 의하여 자연발생적으로 성립하는 것임에도, 공동선조의 후손 중 성년 남자만을 종중의 구성원으로 하고 여성은 종중의 구성원이 될 수 없다는 종래의 관습은, 공동선조의 분묘수호와 봉제사 등 종중의 활동에 참여할 기회를 출생에서 비롯되는 성별만에 의하여 생래적으로 부여하거나 원천적으로 박탈하는 것으로서, 변화된 우리의 전체법질서에 부합하지 아니하여 정당성과 합법성이 있다고 할 수 없으므로, '종중 구성원의 자격'을 성년 남자만으로 제한하는 종래의 관습법은 이제 더 이상 법적효력을 가질 수 없게 되었다(대판 2005. 7. 21. 2002다1178 전원합의체판결).

위 판결의 취지는 여성은 종회의 의결권이 없다는 것으로 이는 헌법상의 평등의 원칙에 위배된다고 할 수 있다. 이에 따라 위의 2005. 7. 21. 2002다1178 전원합의체판결은 공동선조와 성과 본을 같이하는 후손은 성별(性別)의 구별 없이 성년(成年)이 되면 당연히 종중의 구성원(즉 宗員)이 되도록 하였다. 종원은 대소종중의 종중원이 되며 탈퇴가 인정되지 않음은 물론이다.

## (2) 여자 종원들에게 종중총회소집통지를 하지 않은 경우 총회결의의 효력

대법원 2005. 7. 21. 선고 2002다1178 전원합의체판결 이후에는 공동선조의 자손인 성년여자도 종중원 이므로, 종중총회 당시 남자 종원들에게만 소집통지를 하고 여자 종원들에게 소집통지를 하지 않은 경우 그 종중총회에서의 결의는 효력이 없다(대판 2010. 2. 11. 2009다83650).

## (3) 종중이 종원의 지위를 박탈하는 징계처분의 효력

종중이 종원(宗員)의 자격을 박탈하는 소위 할종(割宗)이라는 징계처분은 종중의 본질에 반하는 것으로 무효이며, 상위종중(上位宗中)이 한 징계처분으로서 하위종중원의 신분 내지 자격이 박탈되는 효력이 생길 수 없다(대판 1979. 4. 24. 77다1173).

종중이 그 구성원인 종원에 대하여 그 자격을 박탈하는 소위 할종(割宗)이라는 징계처분은 비록 그와 같은 관행이 있다하더라도 이는 공동선조의 후손으로서 혈연관계(血緣關係)를 바탕으로 하여 자연적으로 구성되는 종족단체인 종중의 본질에 반하는 것으로서 그러한 관행이나 징계처분은 위법 무효하여 피징계자의 종중원(宗中員)으로서의 신분이나 지위를 박탈하는 효력이 생긴다고 할 수 없다(대판 1983. 2. 8. 80다1194).

## 다. 종중의 법인 아닌 사단으로서 단체성의 인정요건

종중 또는 문중은 종족의 자연적 집단이므로 특별한 조직행위를 요하는 것이 아니고 종중규약이나 독자적인 족보(族譜)가 있어야 하는 것은 아니나 특별한 규약에 의하여 선임된 대표자 또는 관습에 따라 종장(宗長) 또는 문장(門長)에 의하여 소집된 종중총회에서 선출된 대표자 등에 의하여 대표되는 정도로 현저한 조직을 갖추고 지속적인 활동을 하고 있다면 비법인사단(非法人社團)으로서의 단체성(團體性)이 있다(대판 1983. 4. 12. 83도195).

## 3. 종중의 성격

## 가. 법인 아닌 사단

종중이란 공동선조의 후손들에 의하여 선조의 분묘수호 및 봉제사와 후손 상호간의 친목을 목적으로 형성되는 자연발생적인 종족단체로서 선조의 사망과 동시에 후손에 의하여 성립하는 것이며, 종중의 규약이나 관습에 따라 선출된 대표자 등에 의하여 대표되는 정도로 조직을 갖추고 지속적인 활동을 하고 있다면 '비법인 사단'으로서의 단체성이 인정된다(대판 1994. 9. 30. 93다27703).

### (1) 법인 아닌 사단의 의의

법인 아닌 사단'이라 함은 사단의 실체를 갖추고 있으나, 법인등기를 하지 않아 권리능력(權利能力)을 가지지 않는 단체를 말한다. '법인 아닌 사단'이 생기는 이유는 민법이 사단법인의 설립에 허가주의(許可主義)를 취하고 있어, 허가를 얻지 못한 사단이나 설립자가 행정관청의 사전허가나 사후감독 등의 규제를 받기를 원치 않아 법인격 없는 사단으로 존속하는 경우 등 현행 민법상 '법인 아닌 사단'의 존재는 불가피하고 그 수도 종중 · 문중 등 다수이다.

## (2) 법인 아닌 사단의 성립요건

법인 아닌 사단의 성립요건은 단체로서의 조직을 갖추고, 대표자의 선임방법, 총회의 운영, 재산의 관리, 기타 사단으로서의 주요한 점이 정관에 의해 확정되어 있어야 한다. 법인 아닌 사단도 그 대표자가 정해져 있으면 민사소송의 당사자능력(當事者能力)을 가지며(민소법 제52조), 재산귀속방법의 공시방법에 관한 부동산등기법 제26조의 규정에 의해 등기능력(登記能力)이 인정된다.

법인 아닌 사단이 생기는 이유는 민법이 사단법인의 설립에 허가주의를 취하고 있어, 허가를 얻지 못한 사단이나, 설립자가 행정관청의 사전 허가나 사후 감독 등의 규제를 받기 원하지 않아 법인격(法人格) 없는 사단으로 존속하는 경우 등 현행 민법상 법인 아닌 사단의 존재는 불가피하며, 종중, 문중, 교회, 사찰, 입주자 대표회의 등이 이에 해당된다. 법인 아닌 사단에 대하여 사단법인에 관한 규정 중 법인격(法人格)을 전제로 하는 것을 제외하고는 모두 유추적용하며 조합(組合)에 관한 규정을 준용해서는 안 된다.

종중 또는 문중과 같이 특별한 조직행위 없이도 자연적으로 성립하는 예외적인 사단이 아닌 한 법인 아닌 사단이 성립하려면 사단으로서의 실체를 갖추는 조직행위가 있어야 하는바, 만일 어떤 단체가 외형상 목적, 명칭, 사무소 및 대표자를 정하고 있다 할지라도 사단의 실체를 인정할 만한 조직, 그 재정적 기초, 총회의 운영, 재산의 관리 기타 단체로서의 활동에 관한 입증이 없는 이상 이를 법인이 아닌 사단으로 볼 수 없다(대판 1997. 9. 12. 97더20908).

규약에 근거하여 의사결정기관과 집행기관 등의 조직을 갖추고 있고, 기관의 의결이나 업무집행 방법이 다수결의 원칙에 의하여 행하여지며, 구성원의 가입 · 탈퇴 등으로 인한 변경에 관계없이 단체 그 자체가 존속된다면 법인 아닌 사단이라고 볼 수 있다(대법원 2008. 10. 23. 선고2007다7973).

## 나. 조합과 비법인사단의 구별기준

민법상의 조합과 법인격(法人格)은 없으나 사단성(社團性)이 인정되는 비법인사단 (非法人社團)을 구별함에 있어서는 일반적으로 그 단체성의 강약을 기준으로 판단하여 야 하는바, 조합은 어느 정도 단체성에서 오는 제약을 받게 되는 것이지만 구성원의 개인 성이 강하게 드러나는 인적결합체인데 비하여 비법인사단은 구성원의 개인성과는 별개 로 권리의무의 주체가 될 수 있는 독자적 존재로서의 단체적 조직을 가지는 특성이 있다. 민법상 조합의 명칭을 가지고 있는 단체라 하더라도 고유의 목적을 가지고 사단적 성격 을 가지는 규약을 만들어 이에 근거하여 의사결정기관 및 집행기관인 대표자를 두는 등 의 조직을 갖추고 있고, 기관의 의결이나 업무집행방법이 다수결의 원칙에 의하여 행해 지며, 구성원의 가입, 탈퇴 등으로 인한 변경에 관계없이 단체 그 자체가 존속되고, 그 조 직에 의하여 대표의 선임방법, 총회나 이사회 등의 운영, 자본의 구성, 재산의 관리 기타 단체로서의 주요사항이 확정되어 있는 경우에는 비(非)법인사단으로서의 실체를 가진 다고 할 것이다(대판 1992. 7. 10. 92다2431).

## 4. 고유의 의미의 종중과 종중유사단체

## 가. 고유의미의 종중의 의의

'고유(固有)의 의미의 종중(宗中)'이란 공동선조의 분묘수호와 제사 및 종중원 상호간 의 친목 등을 목적으로 하는 자연발생적인 관습상의 종족집단체로서 특별한 조직행위를 필요로 하는 것이 아니고, 공동선조의 후손 중 성년이상의 남녀는 당연히 그 구성원(종 원)이 되는 것이며 그 중 일부를 임의로 그 구성원에서 배제할 수 없으므로, 특정 지역 내에 거주하는 일부 종중원이나 지파소속 종중원만으로 조직체를 구성하여 활동하고 있 거나 특정 항렬의 종중원만을 그 구성원으로 하는 단체는 '종중유사단체(宗中類似團體)' 에 불과하고 고유의 의미의 종중은 될 수 없다(대판 2002. 4. 12. 2000다16800, 2002. 5. 10. 2002다

4863).

## 나. 고유의미의 종중의 의의 및 그 판단기준

일반적으로 고유의미(固有意味)의 종중(宗中)이란 공동선조의 분묘수호와 제사 및 종원상호 간의 친목 등을 목적으로 하여 공동선조의 후손 중 성년이상의 남녀를 종원으로 구성되는 자연발생적인 종족 집단체를 말하는 것이라 할 것이므로 고유의미의 종중에 해당하는지의 여부는 종중의 목적, 그 성립과 조직의 경위, 구성원의 범위와 자격기준, 종중규약의 내용 등을 종합하여 판단하여야 한다(대판 1995. 9. 15. 94다49007).

## 5. 종중의 소송 당사자능력 및 등기능력

민사소송법 제52조는 '법인이 아닌 사단이나 재단은 대표자 또는 관리인이 있는 경우에는 그 사단이나 재단의 이름으로 당사자가 될 수 있다'고 하여 종중에 민사소송의 당사자능력(當事者能力)을 인정하며, 또 부동산등기법 제26조는 '종중, 문중. 그 밖에 대표자나 관리인이 있는 법인 아닌 사단이나 재단에 속하는 부동산의 등기에 관하여는 그 사단이나 재단을 등기권리자 또는 등기의무자로 하며, 그 등기는 그 사단이나 재단의 명의로 그 대표자나 관리인이 신청한다'고 규정하여 종중에 등기능력(登記能力)을 인정하였다.

## 가. 종중의 민사소송의 당사자능력

종중(문중)에 당사자적격(當事者適格)이 인정되는 이유는 대표자가 있기 때문이며 종중에 대표자가 없이 필요에 따라 이를 선정한다는 것은 통상 있을 수 없으며(대판 1967. 2. 21. 66다2532), 종중(문중)은 그 구성원을 떠난 독립된 가족단체로서 존재할 수 있는 것이므로 대표자가 정해져 있으면 당사자능력이 있다(1967. 11. 21. 67다2013).

종중의 대표자는 규약이 없으면 관습에 의하여 선임하는 것으로서 그 대표자가 계속하여 선임되어 있지 않았다하여 종중의 당사자능력이 없다고 할 수 없다(1968. 4. 30. 67다

2622).

## (1) 대표자 또는 관리인이 있는 경우

종중(宗中), 문중(門中) 등과 같은 법인 아닌 사단이나 재단은 대표자 또는 관리인이 있는 경우에는 그 사단이나 재단의 이름으로 당사자가 될 수 있다(민소법 제52조).

종중의 소유재산은 종중원(宗中員)의 총유이며(대판 1992. 4. 24. 91다18965), 총유재산에 관한 소송은 비법인 사단이 그 명의로 사원총회의 결의를 거쳐하거나 또는 그 구성원 전원이 당사자가 되어 필수적 공동소송의 형태로 할 수 있을 뿐이며, 비법인 사단이 사원총회의 결의 없이 제기한 소송은 소제기에 관한 특별수권을 결하여 부적법하다(대판 2007. 7. 26. 2006다64573).

## (2) 총유재산에 관한 소송(필수적 공동소송)

### (가) 필수적 공동소송

총유재산에 관한 소송은 법인 아닌 사단이 그 명의로 사원총회의 결의를 거쳐 하거나 또는 그 구성원전원이 당사자가 되어 필수적 공동소송의 형태로 할 수 있을 뿐 그 사단의 구성원은 설령 그가 사단의 대표자라거나 사원총회의 결의를 거쳤다 하더라도 그 소송의 당사자가 될 수 없고, 이러한 법리는 총유재산의 보존행위로서 소를 제기하는 경우에도 마찬가지라 할 것이다(대판 2005. 9. 15. 2004다44971 전원합의체판결).

### (나) 법인 아닌 사단의 구성원 개인이 총유재산의 보존을 위한 소제기가부

법인 아닌 사단의 소유형태인 총유가 공유나 합유에 비하여 단체성이 강하고 구성원 개인들의 총유재산에 대한 지분권이 인정되지 아니하는 데에서 나온 당연한 귀결이라고 할 것이므로 총유재산에 관한 소송은 법인 아닌 사단이 그 명의로 사원총회의 결의를 거쳐하거나 또는 그 구성원 전원이 당사자가 되어 필수적 공동소송의 형태로 할 수 있을 뿐 그 사단의 구성원은 설령 그가 사단의 대표자라거나 사원총회의 결의를 거쳤다 하더라도 그 소송의 당사자가 될 수 없고, 이러한 법리는 총유재산의 보존행위로서 소를 제기하는 경우에도 마찬가지라 할 것이다(대판 2005. 9. 15. 2004다44971 전원합의체판결).

## 나. 종중의 등기능력

종중, 문중 그 밖에 대표자나 관리인이 있는 법인 아닌 사단이나 재단에 속하는 부동산의 등기에 관하여는 그 사단이나 재단을 등기권리자 또는 등기의무자로 하며, 그 등기는 사단이나 재단의 명의로 그 대표자나 관리인이 신청한다(부동산등기법 제26조).

부동산등기법 제26조의 종중, 문중 그 밖에 대표자나 관리인이 있는 법인 아닌 사단이나 재단이 등기를 신청하는 경우의 첨부서면에 관하여는 부동산등기규칙 제48조에 규정되어 있다.

## 6. 종중재산

## 가. 종중재산의 의의

종중재산이라 함은 종중이 소유한 매장(埋葬), 제사용의 토지·건물, 제비(祭費)의 재원인 전답(田畓)이나 임야, 위토(位土)와 종산(宗山)등의 재산을 말한다. 위토라 함은 그 수익으로 조상제사용으로 충당하기 위해 제공된 토지를 말하며, 종산이라 함은 조상의 분묘가 소재하는 곳으로 동종(同宗)의 자손을 매장하기 위한 장소를 가리킨다.

## (1) 위토의 소유권귀속관계

토지가 특정묘의 위토로 되는 경위는 그 특정 묘와 관련 있는 종중이 그 소유권을 취득하여 위토설정을 한 경우와 후손 중의 어느 개인이 개인소유의 토지를 특정선조묘의 위토로 설정하는 경우 등이 있을 수 있으므로 위토라는 사실만으로는 종중소유라고 볼 수 없다(대판 1984. 3. 13. 83도1726, 1985. 11. 26. 85다카847).

## (2) 위토 및 금양임야의 승계

위토(位土)란 종중의 제사 등에 관련되는 일을 처리하기 위하여 설정된 토지를 말한다. 우리민법은 '분묘(墳墓)에 속한 1정보(町步) 이내의 금양임야(禁養林野)와 600평 이내의 묘토(墓土)인 농지, 족보와 제구(祭具)의 소유권은 '제사를 주재하는 자'가 이를 승계한다(민법 제1008조의3)'고 규정하고 있다. 위토를 묘위(墓位) . 제위(祭位) . 종중재산이라고도 한다.

금양임야(禁養林野)라 함은 벌목을 금지하고 나무를 기르는 임야를 말한다. 묘토는 보통 위토라고 부르며 제사 또는 이에 관계되는 사항을 집행, 처리하기 위하여 설정된 토지를 말말하며, 이것을 제전(祭田) 또는 묘전(墓田)이라고 하는데 이 토지를 기본재산으로 하여 그 수익으로 경비에 충당한다. 이것은 종손(宗孫)일지라도 임의로 처분할 수 없는 것이 구래(舊來)의 관습이다.

## (3) 선조의 분묘가 있거나 위토 또는 종산이라는 사실

임야에 공동선조의 분묘가 있다거나 위토 또는 종산(宗山)이라는 사실만으로 이를 종중소유로 볼 수 없다(1997. 10. 10. 96다15923).

## 나. 종중재산의 소유형태의 변천(共有-合有-總有)

종중재산은 실체상으로는 종중 그 자체에 속하지만(법 제26조 참조) 법률상으로는 이를 종원에 속하는 것으로 볼 수 있는바, 이 때 종중재산의 권리귀속의 형태를 공유(共有) 합유(合有) 총유(總有) 중 어떠한 형태의 것인가가 문제이다.

종중재산의 소유형태에 관하여 조선고등법원은 1912. 12. 3. '묘토는 관습상 당연히 봉사손의 전유에 속하는 것만이 아니고 또 일문의 공유에 속하는 경우가 있다'고 판시하여 종중구성원의 "공유(共有)"라고 하였다. 그 후 판례는 태도를 바꾸어 '종중재산은 종중합유로서 그 처분은 종중규약에 따르고 그것이 없으면 종회에서 다수결로 정함이 관습이다'(대판 1956. 10. 13. 4288민상435)라고 하여 "합유(合有)"로 보았으나, 현재는 '종중재산은 종중원(宗中員 )의 총유에 속한다'(대판 1966. 9. 27. 66다1343, 1992. 4. 24. 91다18965)고 하여 종중재산의 소유형태를 "총유(總有)"로 보고 있다.

법인 아닌 사단의 사원이 집합체로서 물건을 소유할 때에는 총유(總有)로 한다(민법 제275조 제1항). 총유에 관하여는 사단의 정관기타 규약에 의하는 외에 민법 제276조 및 277조의 규정에 의한다(민법 제275조 제2항). 총유물의 관리, 처분은 사원총회의 결의에 의하며(민법 제276조 제1항), 총유물(總有物)에 관한 사원의 권리의무는 사원의 지위를 취득 상실함으로써 취득상실 된다(민법 제277조).

## 다. 종중재산의 귀속주체(종원)

종중재산은 종중인 법인 아닌 사단이나 재단의 목적을 위한 재산이므로 그 권리는 종중에 귀속되나, 종중이 권리 능력 없는 사단인 까닭에 종원(宗員) 각자를 그 권리의 주체로 하게 된다.

## 라. 종중재산의 처분절차

종중소유의 재산은 종중원의 총유에 속하는 것이므로 그 관리 및 처분에 관하여 먼저 종중규약(宗中規約)에 정하는 바가 있으면 이에 따라야 하고, 그 점에 관한 종중규약이 없으면 종중총회(宗中總會)의 결의에 의하여야 하므로, 비록 종중대표자에 의한 종중재산의 처분이라고 하더라도 그러한 절차를 거치지 아니한 채 한 행위는 무효이고, 이러한 법리는 종중이 타인에게 속하는 권리를 처분하는 경우에도 적용된다(대판 1996. 8. 20. 96다18656). (종중재산의 처분절차에 관하여는 아래 "9. 종중재산의 관리 및 처분절차"에서 상술함)

## 마. 종원의 종중재산에 대한 방해배제청구

종중의 소유관계는 총유라 할 것이므로 종중재산의 침해자에 대하여 방해배제나 손해배상을 청구하는 때에 있어서는 종중은 물론 기타 종중원도 단독으로 또는 선정당사자로서 제소(提訴)할 수 있다(대판 1977. 3. 8. 76다1029).

## 7. 종중의 대표자

### 가. 종중의 대표자에 관한 정관의 규정

종중은 법인 아닌 사단으로서, 종중의 성립요건은 종중이 단체로서의 조직을 갖추고 그 대표자의 선임방법, 총회의 운영절차, 재산의 관리, 기타사단으로서의 주요한 자격요건이 정관에 의해 확정되어 있어야 한다. 법인 아닌 사단인 종중의 대표자가 정해져 있으면 민사소송법상의 소송당사자 능력(민사소송법 제52조)과 부동산등기법상의 등기능력(부동산등기법 제26조)을 가진다.

### 나. 종중대표자의 선출방법

종중대표자는 종중 규약이나 특별한 관례가 있으면 그에 따라 선출하고 그것이 없으면 일반관례에 따라 종장 또는 문장이 종원을 소집하여 출석자의 과반수의 동의로 선출하는 것이므로 정당한 소집권자가 소집하지 아니한 채 종회에서 행한 회장선출결의는 효력이 없다(대판 1983. 12. 27. 83다카606).

#### (1) 종중대표자의 선임방법에 관한 일반관습

종중대표자는 특별한 사정이 없는 한 종장(宗長) 또는 문장(門長)이 성년이상의 남자를 소집하여 '출석자의 과반수의결'로 선임하는 것이 일반관습이다(대판 1958. 11. 20. 4291민상2, 1965. 8. 24. 64다1193, 1966. 12. 6. 66다1660, 1977. 6. 28. 76다2595, 1977. 11. 8. 75다255).

종중 대표자는 종중규약이나 특별한 관례가 있으면 그에 따라 선출하고 그것이 없으면 일반관습에 의하여 종장 또는 문장이 그 종중원 중 성년이상의 남녀를 소집하여 '출석자의 과반수결의'로 선출하여야 하며, 평소에 종장이나 문장이 선임되어 있지 아니하고 그 선임에 관한 종중규약이나 관례가 없으면 생존하는 종중원 중 항렬이 높고 나이가 많은 연고항존자(年高行尊者)가 종장 또는 문장이 되는 것이 우리나라의 일반관습이며(대판 1999. 4. 13. 98다50722), 국내에 거주하고 소재가 분명한 종원에게 통지하여 종중 총회를 집하고 그 회의에서 종중대표자를 선임하는 것이 우리나라의 일반관습이다(대판 1997. 2. 28. 95다44986, 1997. 11. 14. 96다25715).

### (2) 종중총회의 소집절차

문중의 대표자는 특별한 규약이 없으면 관습에 의하여 문중장(門中長)이 그 종족 중 성년 이상의 남자를 소집하여 출석자의 과반수의 의결로서 이를 선출할 수 있고 그 소집 절차는 반드시 서면통지를 하여야만 하는 것은 아니다(1972. 2. 22. 71다2377).

### (3) 종중총회가 적법한 소집권자에 의하여 소집되지 아니한 경우 총회결의의 효력

종중대표자의 선임을 위한 종중총회의 결의가 유효하기 위해서는 그 총회가 적법한 소집권자에 의하여 소집되었을 것임을 요하므로, 종중총회가 적법한 소집권자에 의하여 소집되지 아니한 경우에는 위 총회에서 한 종중규약의 제정이나 대표자 선임결의는 그 효력이 없다(대판 1990. 11. 13. 90다카28542, 1992. 11. 27. 92다34124).

## 다. 대표자의 대외적 행위 및 종중의 대표

종중이 그 구성원을 떠나 독자적인 단체로서 행동하는 경우에는 그 종중을 대표할 자가 있어야 한다. 즉 종중의 대외적인 행위 시에는 그 대표자를 정할 필요가 있으므로 규약이 있으면 그에 따라 선임하고 규약이 없으면 관습에 따라 선임하며(대판 1977. 1. 25. 76다 2199), 종중 또는 종중 유사단체에서 문장이나 연고항존자(年高行尊者)라고 하더라도 그것만으로 당연히 종중재산에 대한 대표권을 갖는 것은 아니다(대판 1999. 7. 27. 99다9523).

## 8. 종중총회

### 가. 종중회의의 소집통지방법

종중회의의 개최통지는 반드시 직접적으로 서면으로 하는 통지에 의해서만 할 필요는 없고 구두 또는 전화로 하여도 되고 다른 종중원이나 세대주를 통하여서도 무방하며(대판 1978. 12. 13. 78다1436, 2000. 2. 25. 99다20155), 종중회의에 있어서의 소집통지는 종장이나 기타 적법한 소집권자가 국내에 거주하고 소재가 분명한 자에 대하여 소집통지를 발함으로써 족하다(대판 1992. 10 27. 92다30375).

종중대표자를 정함에 있어서는 해당 종중의 규약이나 관례가 일반관례에 우선하여 적용되며, 종중대표자 선임에 관한 일반관례는 문장이나 종장이 종족 중 국내에 거주하는 통지가능 한 성년남자를 소집하여 출석자의 과반수의 찬성으로 결의하는 것이다(대판 1982. 5. 11. 81다609).

### 나. 종중총회의 소집에 있어서 회의목적사항기재의 정도

종중총회를 소집함에 있어서 회의의 목적사항을 기재하도록 하는 취지는 종중원이 결의를 할 사항이 무엇인가를 알아 회의에 참석여부나 결의사항에 대한 찬반의사를 미리 준비하게 하는데 있으므로 회의의 목적사항은 종중원이 의안(議案)이 무엇인가를 알기에 족한 정도로 구체적으로 기재하면 된다(대판 1993. 10. 12. 92다50799).

## 다. 일부 종중원에 대한 소집통고를 결여한 종중총회결의의 효력(무효)

종중총회는 특별한 사정이 없는 한 족보에 의하여 소집통지대상이 되는 종중원의 범위를 확정한 후 소재가 분명한 모든 종원에게 개별적으로 소집통지를 하여야 하고, 일부 종중원에게 소집통지를 결여한 채 개최된 종중총회의 결의는 효력이 없다(대판 1997. 2. 28. 95다44986).

## 라. 소집통지대상이 되는 종원의 범위확정방법 및 그 소집통지방법

종중이 그 총회를 개최함에 있어서는 특별한 사정이 없는 한 세보에 기재된 모든 종원은 물론 세보에 기재되지 아니한 종원이 있으면 이 역시 포함시켜 총회의 소집대상이 되는 종원의 범위를 확정한 후 소재가 분명하여 연락 가능한 종원에게 개별적으로 소집통지를 하여야 한다(대판 2000. 7. 6. 2000다17582).

## 마. 종원 자격이 없는 자가 참가하여 대표자로 선정된 종중대표자 선임결의의 효력

종중의 구성원이 될 수 없는 자에게 종원의 자격을 부여한 총회결의에 따라 제정된 회칙이나 그들이 참가한 가운데 종원 자격이 없는 자를 대표자의 하나로 선임한 대표자선정결의는 종중의 본질에 반하여 부적법하고, 다른 종원들이 결의에 동의하였다 하더라도 결론이 달라질 수 없다(대판 1992. 12. 11. 92다30153).

## 9. 종중재산의 관리 및 처분절차

종중소유 재산의 처분은 종중규약에 정한 바에 따르고, 만일 종중 규약에 그러한 규정이 없을 때에는 종중원 총회의 결의에 따라야 한다(대판 1992. 4. 24. 91다18965).

### 가. 종중규약의 규정 또는 종중총회의 결의

종중 소유의 재산은 종중원의 총유에 속하는 것이므로 그 관리 및 처분에 관하여 먼저 종중규약에 정하는 바가 있으면 이에 따라야 하고, 그 점에 관한 종중규약이 없으면 종중총회의 결의에 의하여야 하므로(대판 1994. 9. 30. 93다27703), 비록 종중 대표자에 의한 종중재산의 처분이라고 하더라도 그러한 절차를 거치지 아니한 채 한 행위는 무효이고, 이러한 법리는 종중이 타인에게 속하는 권리를 처분하는 경우에도 적용된다(대판 1996. 8. 20. 96다18656).

#### (1) 종중재산의 처분이 종중규약이나 종중총회의 결의에 따라 이루어졌다는 점에 대한 입증방법

종중재산의 처분이 종중규약에 정하여진 바에 따라 이루어졌다거나 그에 관한 종중총회의 적법한 결의가 있었다는 점에 대한 입증은 종중총회결의서 등 그러한 사실을 직접적으로 증명할 수 있는 증거에 의하여서만 할 수 있는 것이 아니고, 그러한 종중총회의 결의가 있었다는 점 등을 추인할 수 있는 간접사실의 입증에 의하여서도 할 수 있다(대판 1996. 8. 20. 96다18656).

#### (2) 종중의 문장(門長)에게 종중재산의 처분권한이 있는지 여부

종중의 문장이라고 하더라도 종중으로부터 처분권한을 수임(受任)하던지 그 밖에 권한이 있다고 볼 만한 특별한 사유가 없는 한 당연히 종중의 재산권을 처분할 권한이 있다고 볼 수는 없다(대판 1978. 5. 23. 78다570).

## 나. 종중대표자와 종중재산의 관리처분권

종중을 대표하고 종중회의를 소집하는 권한은 관습상 종중원 중 연고행존자(年高行尊者)에 해당하는 종장(宗長)에게 있으나 다만 종중규약 또는 당해 종중의 관습이나 일반 관례에 의하여 별도로 종중대표자를 선임한 경우에는 이러한 종중대표자만이 종중 대표권을 가지며 특히 종중재산에 관하여는 종장에게 권한이 없고 오로지 종중대표자만이 종중을 대표하여 종중재산의 관리처분권을 갖는다(대판 1983. 12. 13. 83다카1463).

## 다. 종중재산의 처분이 무효로 되는 경우

종중 회칙상 종중재산은 종중총회의 결의를 거쳐야만 처분할 수 있음에도 종중재산의 처분에 관한 적법한 총회결의나 이사회의 위임결의 또는 그와 같은 내용의 종중회칙의 변경 없이 종중 회장이 종중이사회를 개최하여 임의로 이사회를 구성하고 종중재산의 처분을 이사회결의만으로 가능하도록 임의로 정관을 변경하여 이에 따라 개최한 이사회에서 종중재산의 처분을 결의한 후 종중재산을 처분한 경우, 그 종중재산의 처분은 무효이다(대판 2000. 10. 27. 2000다22881).

## 라. 종중재산의 명의신탁

### (1) 종중원에 대한 명의신탁

종중소유의 토지를 종손에게만 명의신탁 하여야 한다는 관습도 존재하지 아니하고 종중재산의 관리권이 종손에게만 있는 것도 아닐뿐더러 종중재산을 종손 아닌 종원에게 명의신탁 함이 관습에 어긋나는 것도 아니다(대판 93. 6. 25. 93다9200).

종중재산인 부동산을 종중원 또는 비종중원 1인 또는 수인에게 신탁하여 그 명의로 등기하는 신탁적 양도행위는 유효하다(대판 1966. 9. 27. 66다1343).

## (2) 명의신탁을 인정할 수 있는 요건

종중과 종중원 등 등기명의인 사이에 어떤 토지에 관한 명의신탁 여부가 다루어지는 사건에 있어서, 일단 그 토지에 관하여 등기명의인 앞으로 등기가 경료 될 당시 어느 정도의 유기적 조직을 가진 종중이 존재한 사실이 증명되고, 그 다음 그 토지가 종중의 소유로 된 과정이나 내용이 직접 증명된 경우에는 물론, 등기명의인과 종중과의 관계, 등기명의인이 여럿이라면 그들 상호간의 관계, 등기명의인 앞으로 등기가 경료 된 경위, 시조를 중심으로 한 종중 분묘의 설치상태, 분묘수호와 봉제사의 실태, 그 토지의 규모와 관리상태, 그 토지에 대한 수익의 수령 · 지출관계, 지세공과금의 납부관계, 등기필증의 소지관계 등 여러 정황에 미루어 그 토지가 종중 소유라고 볼 수밖에 없는 상당한 자료가 있는 경우라면 그 토지가 종중의 소유로서 등기명의인 앞으로 명의신탁 한 것이라고 인정할 수 있다(대판 2000. 7. 6. 99다11397).

## (3) 종중의 종원에 대한 명의신탁여부의 판단기준

어떤 임야가 종중의 소유인데 종원의 개인명의로 신탁하여 등기를 마친 것이라고 인정하기 위하여는 그 임야가 종중의 소유로 된 과정이나 내용이 증명되거나 종중시조를 중심으로 한 종중분묘의 설치방법이나 임야관리상태 등 여러 정황에 미루어 그 임야를 종중소유로 인정할 수 밖에 없는 많은 간접자료가 있어야 할 것이고, 그와 같은 자료들이 충분히 증명되지 아니하거나 오히려 반대되는 사실의 자료가 많을 때에는 이를 인정하여서는 안된다(대판 1997. 10 10. 96다15923).

## (4) 종중이 그 소유의 토지를 타인 명의로 신탁하여 사정받은 것이라고 인정하기 위한 요건

어떤 토지가 종중의 소유로서 사정 당시 타인명의로 신탁하여 사정(査定)을 받은 것이라고 인정하기 위하여는 사정 당시 어느 정도의 유기적 조직을 가진 종중이 존재하였을 것과 사정 이전에 그 토지가 종중의 소유로 된 과정이나 내용이 증명되거나 또는 시조를 중심으로 한 분묘의 설치 방법이나 토지의 관리 상태 등 여러 정황으로 미루어 보아 사정 이전부터 종중 소유로 인정할 수밖에 없는 많은 간접자료가 있을 때에 한하여 이를 인정할 수 있을 뿐이고, 그와 같은 자료들이 충분히 증명되지 아니하고 오히려 반대되는 사실의 자료가 많을 때에는 이를 인정하여서는 아니 된다(대판 2001. 2. 13. 2000다14361, 2002. 7. 26. 2001다7673).

## (5) 종중이 개인에게 명의신탁하여 그 명의로 사정받은 부동산에 관하여 제3자의 취득시효가 완성된 후 명의신탁자인 종중명의로 소유권보존등기가 경료된 경우, 제3자가 종중에 대해 시효취득을 주장할 수 있는지 여부(소극)

종중이 그 소유의 부동산에 관하여 개인에게 명의신탁하여 그 명의로 사정을 받은 경우에도 그 사정명의인이 부동산의 소유권을 원시적 · 창설적으로 취득하는 것이므로 종중이 그 소유의 부동산을 개인에게 명의신탁하여 사정을 받은 후 그 사정 명의인이 소유권이전등기를 하지 아니하고 있다가 제3자의 취득시효가 완성된 후에 종중 명의로 바로 소유권이전등기를 경료 하였다면, 대외적인 관계에서는 그때에 비로소 새로이 명의신탁자인 종중에게로 소유권이 이전된 것으로 보아야 하고, 따라서 이 경우 종중은 취득시효 완성 후에 소유권을 취득한 자에 해당하여 종중에 대하여는 취득시효를 주장할 수 없다(대판 2001. 10 26. 2000다8861).

## (6) 종중에 대한 명의신탁의 특례

종중이 보유한 부동산에 관한 물권을 종중(종중과 그 대표자를 같이 표시하여 등기한 경우를 포함한다) 외의 자의 명의로 등기한 경우로서 조세포탈, 강제집행의 면탈 또는 법령상 제한의 회피를 목적으로 하지 아니하는 경우에는 부동산실권리자명의등기에 관한 법률 제4조부터 제7조까지 및 제12조 제1항부터 제3항까지를 적용하지 아니한다(동법 제8조 제1호).

## 10. 종중 부동산의 등기절차

문중 또는 종중과 같이 사실상 사회생활상의 하나의 단위를 이루는 경우에는 법률상 특수한 사회적 작용을 담당하는 독자적 존재가 될 수 있다고 할 것이므로, 이러한 법인 아닌 사단 내지 재단이 권리능력의 주체는 될 수 없다고 하여도 민사소송법상의 당사능력이나 등기능력은 있다(대판 1970. 2. 10. 69다2013).

법인이 아닌 사단이나 재단은 대표자 또는 관리인이 있는 경우에는 그 사단이나 재단의 이름으로 민사소송의 당사자가 될 수 있으며(민소법 제52조), 부동산등기법은 종중, 문중 그 밖에 대표자나 관리인이 있는 법인 아닌 사단이나 재단에 속하는 부동산의 등기에 관하여는 그 사단이나 재단을 등기권리자 또는 등기의무자로 하며, 등기는 그 사단이나 재단의 명의로 그 대표자나 관리인이 신청한다(법 제26조)라고 규정하여 종중의 등기능력을 인정하였다.

### 가. 등기명의인(종중)

종중이나 문중이 법인 아닌 사단으로 취급되는 이상 종중이나 문중 그 자체에 등기능력이 있음은 당연하며, 부동산등기법도 이에 관하여 명문으로 '종중, 문중, 그 밖에 대표자나 관리인이 있는 법인 아닌 사단이나 재단에 속하는 부동산의 등기에 관하여는 그 사단이나 재단을 등기권리자 또는 등기의무자로 한다(법 제26조 제1항)'라고 규정하고 있다.

### 나. 등기신청인(종중의 대표자)

종중, 문중 그 밖에 대표자나 관리인이 있는 법인 아닌 사단이나 재단에 속하는 부동산의 등기는 그 사단이나 재단의 명의로 그 대표자나 관리인이 신청한다(법 제26조 제2항) 종중, 문중, 그 밖에 대표자나 관리인이 있는 법인 아닌 사단이나 재단이 등기를 신청하는 경우의 첨부서면에 관하여는 부동산등기규칙 제48조 및 등기예규 제1435호에 각 규정되어 있다.

## 다. 등기신청서의 기재사항

부동산등기법 제26조의 종중이나 문중이 등기신청인인 경우에는 등기신청서에 부동산등기규칙 제43조의 일반적 기재사항 이외에 종중이나 문중의 명칭, 사무소 소재지 및 부동산등기용등록번호, 대표자나 관리인의 성명, 주민등록번호, 주소를 등기신청서에 기재하여야 하며(규칙 제43조 제1항 제2호 및 제3호, 제2항), 등기기록에도 위 각호의 사항을 함께 기록하여야 한다(법 제48조 제2항, 제3항).

## 라. 등기신청서의 첨부서면

법인 아닌 사단이 등기신청을 하기 위해서는 부동산등기규칙 제46조의 일반적 첨부서면 이외에 다음의 서면을 등기신청서에 첨부하여야 한다(규칙 제48조). 다만, 대표자 또는 관리인을 증명하는 서면의 경우 등기되어 있는 대표자나 관리인이 등기를 신청하는 때에는 그러하지 아니하다(등기예규 제1435호).

## (1) 정관 기타의 규약

정관 기타의 규약(아래 서식 참조)에는 단체의 목적, 명칭, 사무소의 소재지, 자산에 관한 규정, 대표자 또는 관리인의 임면에 관한 규정, 사원자격의 득실에 관한 규정이 기재되어야 한다.

---

### 1. 규약(종헌, 종약, 종규)(예시)

제1조 (명칭) 본종중의 명칭은 ○○최씨 ○○공파 종중이라 칭한다.

제2조 (사무소) 본회의 사무소는 ○○시내에 둔다.

제3조 (목적) 본회는 조상숭배, 친족간의 친선 및 복리증진 등을 목적으로 한다.

제4조 (회원) 본회의 회원은 ○○최씨 ○○공파의 후손으로 한다.

제5조 (기구) 본회의 기구로 종중총회를 둔다.

제6조 (임원) (임원의 종류 및 원수) 본회는 다음의 임원을 둔다.

    1. 회장 1인, 부회장 2인

    2. 총무 1인, 감사 2인, 서기 1인

제7조 (임원의 선임)

    1. 회장·부회장·감사는 회원 중에서 출석자의 과반수의 찬성으로 선임한다.

    2. 총무, 서기는 회장이 임명한다.

제8조 (임원의 직무)

    1. 회장은 본회의 업무를 총괄하고 본회를 대표한다.

    2. 부회장은 회장을 보좌하며 회장 유고시에 회장의 직무를 대행한다.

    3. 총무는 본회의 업무를 처리한다.

    4. 감사는 민법 제67조의 직무를 행한다.

    5. 서기는 총무의 업무를 보좌한다.

제9조 (임원의 임기)

    1. 회장, 부회장의 임기는 ○년, 총무, 감사, 서기의 임기는 ○년으로 하되 재임할 수 있다.

    2. 보궐을 위하여 취임한 임원의 임기는 전임자의 잔임기간으로 한다.

제10조 (회의) 본회의 회의는 정기총회와 임시총회로 구분한다.

    1. 정기총회는 매년 1회로 한다.

    2. 임시총회는 필요에 따라 회장이 소집한다.

제11조 (회의의 업무) 본회는 다음사항을 의결한다.

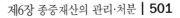

1. 총회, 회칙개정, 임원선출, 재산의 관리 및 처분, 기타사항

제12조 (회의의 의장) 회장은 본회의의 의장이 된다.

제13조 (의결정족수)

　　　1. 회의의 의사는 출석회원의 과반수의 찬성으로 결정한다.

　　　2. 가부 동수일 때에는 회장이 이를 결정한다.

제14조 (서면 등에 의한 표결)

　　　1. 부득이한 사유로 회의에 출석할 수 없는 회원은 사전에 통지된 사항에 한하여 서면으로 표결하거나 다른 회원에게 표결을 위임할 수 있다.

　　　2. 위 경우 서면으로 표결하거나 표결을 위임한 회원은 회의에 출석한 것으로 본다.

제15조 (의사록) 본회의의 의사에 관하여는 다음 사항을 기재한 의사록을 작성하여 회장과 출석한 회원이 기명·날인하여야 한다.

　　　1. 의결사항

　　　2. 의사의 경과 및 발언자의 발언요지

　　　3. 출석한 임원 및 회원의 성명, 주소

　　　4. 회의의 일시 및 장소

제16조 (규약의 변경) 규약의 변경은 출석회원의 과반수의 찬성으로 결정한다.

제17조 (재정) 본회의 재정은 재산의 수입, 회원의 성금 기타수입으로 한다.

제18조 (회계) 회계연도는 역연으로 한다.

제19조 (관례의 준용) 본칙에 명시되지 아니한 사항에 관하여는 종중에 관한 일반관례에 따른다.

### 부 칙

제1조 본 규약은　　년　　월　　일부터 시행한다.

제2조 본 규약에 명시되지 아니한 사항은 관습에 의한다.

## (2) 대표자 또는 관리인을 증명하는 서면

법인 아닌 사단의 대표자 또는 관리인임을 증명하는 서면(별지총회의사록 중 제3호안 참조)으로는, 위의 정관 기타 규약에서 정한 방법에 의하여 대표자 또는 관리인으로 선임되었음을 증명하는 서면(정관 기타의 규약에서 대표자 또는 관리인의 선임을 사원총회의 결의에 의한다고 규정되어 있는 경우에는 사원총회의 결의서)을 제출하여야 한다.

## (3) 사원총회의 결의서

법인 아닌 사단이 '등기의무자로'서 등기를 신청할 경우에는 민법 제276조 제1항의 규정에 의한 사원총회의 결의서(아래 총회의사록 참조)를 등기신청서에 첨부하여야 한다(부동산등기규칙 제48조 제3호). 법인이 아닌 사단의 사원이 집합체로서 물건을 소유할 때에는 총유로 보며(민법 제275조 제1항), 총유물의 관리 및 처분은 사원총회의 결의에 의하므로(민법 제276조 제1항) 법인 아닌 사단이 그 소유의 부동산을 처분하고 '등기의무자'로서 등기를 신청하는 경우에는 사원총회의 결의서를 등기신청서에 첨부하여야 한다(부동산등기규칙 제48조 제3호).

다만, 민법 제276조 제1항은 정관 기타의 규약으로 정한바가 없는 때에 적용되는 임의규정(민법 제275조 제2항)이므로 정관 기타의 규약으로 그 부동산을 처분하는데 있어 위 결의를 필요로 하지 않는다고 정하고 있을 경우에는 사원총회의 결의서를 첨부하지 않아도 된다(등기선례 제6권 21항. 등기예규 제1435호 3. 다).

# 총회 의사록(예시)

1. 개최일시 : 2002년    월    일    시
1. 개최장소 : 시    구    동    번지    ○○최씨○○공파 종중 사무소
1. 출석임원 : ○○명
1. 출석회원 : ○○명


   회장은 종중규약의 규정에 따라 의장석에 등단하여 위와 같이 본회의 임원 및 회원이 출석하여 본총회가 적법히 성립되었음을 알리고 개회를 선언한 후 다음 의안을 부의하고 그 심의를 구하다.


제1호 의안 : 사무소의 이전의 건
      회장은 사업형편상 본 종중의 사무소를 다음 장소로 이전할 필요가 있음을 설명하고 그 가부를 물은즉 전원이 이의 없이 동의안에 대하여 찬성하여 만장일치로 이를 승인·가결하다.
      제2조(사무소) 본회의 사무소는 ○○시 ○○구 ○○동 ○○번지에 둔다.


제2호 의안 : 규약(종헌, 종약, 종규)변경의 건
      회장은 제1호 의안인 사무소 이전에 따라 현행 규약 제2조를 다음과 같이 변결할 필요성을 설명하고 그 가부를 물은 즉 전원이 이의 없이 동의안에 대하여 찬성하여 만장일치로 이를 승인·가결하다.
      제2조(사무소) 본회의 사무소는 ○○시 ○○구 ○○동 ○○번지에 둔다.


제3호 의안 : 대표자의 선임 및 재산처분의 건
      회장은 종중의 대표자의 선임 및 사업 형편상 본 종중소유의 다음 부동산을 처분할 필요가 있음을 설명하고 그 가부를 물은즉 전원이 이의 없이 각 동의안에 대하여 만장일치로 이를 승인·가결하다(선임된 대표자 ○○○는 즉석에서 취임을 승낙하다).


1. 선임된 종중의 대표자 : 성명         (주민등록번호 :            )


2. 처분대상 부동산의 표시 :
(생략)

회장은 이상으로서 본회의 목적인 제1호 및 제2호 제3호 의안 전부의 심의를 종료하였으므로 폐회를 선언하다(시간 : ○○시 ○○분).

　　위 결의를 명확히 하기 위하여 본회의 의사록을 작성하고 출석한 임원과 회원이 각이에 기명·날인하다.

2002.　.　.

○○최씨○○공파 종중

1. 출석임원 : 1. 회　장 ○○○(인)(　　　-　　　)
　　　　　　　　　　주　소 :
　　　　　　　　2. 부회장 ○○○(인)(　　　-　　　)
　　　　　　　　　　주　소 :
　　　　　　　　3. 총　무 ○○○(인)(　　　-　　　)
　　　　　　　　　　주　소 :
　　　　　　　　4. 감　사 ○○○(인)(　　　-　　　)
　　　　　　　　　　주　소 :
　　　　　　　　5. 서　기 ○○○(인)(　　　-　　　)
　　　　　　　　　　주　소 :
2. 출석회원 : ○○○(인)(　　　-　　　)
　　　　　　주　소 :

## (4) 확인서 및 인감증명서

위 (2) (3)의 규정에 의한 서면에는 그 사실을 확인하는데 상당하다고 인정되는 2인 이상의 성년자가 사실과 상위 없다는 취지와 성명을 기재하고 인감을 날인하여야 하며, 날인한 인감에 관한 인감증명을 제출하여야 한다. 다만 변호사 또는 법무사가 등기신청을 대리하는 경우에는 변호사 또는 법무사가 위 각 서면에 사실과 상위 없다는 취지를 기재하고 기명날인함으로써 이에 갈음할 수 있다.

## (5) 주민등록표등본 및 부동산등기용등록번호를 증명하는 서면

대표자 또는 관리인의 주민등록표등본을 등기신청서에 첨부하여야 하고, 법인 아닌 사단이 '등기권리자'인 경우에는 부동산등기용등록번호를 증명하는 서면을 첨부하여야 한다(법 제48조 제2항 및 제3항, 규칙 제46조 제1항 제6호).

### ◆ 등기부 기재례

법인 아닌 사단 또는 재단의 소유인 경우(종중의 소유)

| 【 갑 구 】 | | (소유권에 관한 사항) | | |
|---|---|---|---|---|
| 순위번호 | 등기목적 | 접수 | 등기원인 | 권리자 및 기타사항 |
| 1 | 소유권보존 | 2003년 9월 7일 제8005호 | | 소유자 경주 김씨종중<br>000000-0000000<br>서울시 종로구 원서동 ○<br>대표자 김정수 000000-0000000<br>서울시 관악구 봉천동 ○ |

주 : 법인 아닌 사단 또는 재단이 소유자인 경우에는 권리자의 명칭, 부동산등기용등록번호와 사무소 소재지(법 제48조 제2항) 및 대표자 또는 관리인의 성명·주소 및 주민등록번호를 같이 기록한다(법 제48조 제3항).

## 11. 종중이 점유취득시효 완성을 원인으로 한 농지취득의 가부

20년간 소유의 의사로 평온, 공연하게 부동산을 점유하는 자는 등기함으로써 그 소유권을 취득한다(민법 제245조 제1항), 이것을 점유취득시효(占有取得時效)라고 한다. 민법 제245조 제1항은 '등기'함으로써 소유권을 취득한다고 규정하여 취득시효기간의 만료만으로는 소유권취득의 효력이 발생하지 않고, 시효가 완성된 점유자가 이를 원인으로 하여 소유권이전등기청구권(所有權移轉登記請求權)을 취득하는데 그친다.

따라서 점유취득시효에 있어서는 취득시효가 완성되면 점유자에게 등기청구권(登記請求權)이 발생하며, 점유자는 시효완성 당시의 진정한 소유자를 상대로 '시효취득을 원인으로 한 소유권이전등기절차이행의 소'를 제기하여 승소확정판결을 받아 그 판결을 등기원인을 증명하는 서면으로 하여 단독으로 등기신청을 하게 된다(부동산등기법 제23조 제4항).

문중 또는 종중과 같이 비법인 사단 또는 재단에 있어서도 취득시효완성으로 인한 소유권 취득할 수 있다(대판 1970. 2. 10 .69다2013).

### 가. 등기선례 제8권 21항

등기선례는 '농지법 시행령 제6조 제1호에 의하면 시효의 완성으로 농지를 취득하는 경우에는 농지취득자격증명을 발급하지 아니하도록 규정되어 있으나, 이는 농지의 소유제한에 해당하지 않는 경우에 농지취득자격증명의 첨부 없이 소유권에 관한 등기가 가능하다는 것이며 종중과 같이 농지의 소유제한에 해당하는 경우에도 농지의 취득이 가능하다는 것은 아니다(등기선례 제8권 제21항)'라고 하여 종중은 농지의 소유제한에 해당하므로 시효완성으로 농지를 취득할 수 없다고 했다.

### (1) 농지법 제8조 제1항 단서 제3호 및 동법시행령 제6조 제1호의 규정

농지취득자격증명발급대상의 예외를 규정한 농지법 제8조 제1항 단서 제3호 및 농지법시행령 제6조 제1호에서 "시효의 완성으로 농지를 취득하는 경우에는 농지취득자격증명을 발급받지 아니하고 농지를 취득할 수 있다"라고 한 취지는 농리를 취득하려는 사람이 '농지의 소유제한에 해당여부'와는 관계없이 '시효(時效)완성'으로 인한 농지의 소유권취득의 법적성질을 "원시취득(原始取得)"으로 보는데 근거한 것으로 본다.

### (2) 대법원 판례

첫째, 대법원은 ' 농지개혁법(현행 농지법)이 농민이 아닌 사람의 농지취득을 전면적으로 금지하고 있지는 아니할 뿐더러 농민이 아닌 사람의 점유로 인한 농지소유권의 시효취득을 금지하고 있지 않으므로 농민이 아닌 사람도 농지를 시효취득 할 수 있다'(대판 1992. 11. 24. 92다29825)라고 판결하여 '농지의 시효취득대상자'를 농민으로 한정하고 있지 않으며, '시효취득은 원시취득이므로 농지개혁법 제19조 제2항(현행 농지법 제8조 제2항)이 적용되지 아니한다(대판 1993. 4. 27. 93다5000, 1993. 10. 12. 93다1886, 1994.12. 22. 92다3489)'라고 판결하여 농지의 시효취득에는 농지취득자격증명을 발급받지 아니하고 농지를 취득할 수 있다고 했다.

둘째, 대법원은 '부동산점유취득시효는 20년의 시효기간이 완성한 것만으로 점유자가 곧 바로 소유권을 취득하는 것은 아니고 민법 제245조 제1항에 따라 점유자명의로 등기를 함으로써 소유권을 취득하게 되며, 이는 "원시취득(原始取得)"에 해당하므로 특별한 사정이 없는 한 원소유자의 소유권에 가하여진 각종제한에 의하여 영향을 받지 아니하는 완전한 내용의 소유권을 취득한다(대판 1993. 10. 12. 93다1886, 1994. 12. 22. 92다3489, 2004. 9. 24. 2004다31463)'라고 판결하여 농지에 대한 점유취득시효완성을 원인으로 한 소유권취득의 법적성질을 승계취득(承繼取得)이 아니라 원시취득(原始取得)으로 보아 시효취득자는 원소유자의 소유권에 가하여진 각종제한에 영향을 받지 아니하는 완전한 내용의 소유권을 취득한다고 하였다.

원시취득(原始取得)이라 함은 승계취득(承繼取得 : 타인이 소유한 권리에 근거하여 그 권리를 취득하는 것)에 상대되는 개념으로 어떤 권리를 타인의 권리에 의하지 아니하고 독립하여 취득하는 것을 말한다. 원시취득이란 물권의 절대적(絶對的) 발생(發生)으로 전에는 없었던 물권이 새로 발생하는 것으로서 시효취득에 의한 부동산소유권의 취득은 원시취득이므로 전주(前主)의 권리에 존재하였던 모든 제한은 취득시효의 완성과 더불어 소멸하게 된다.

농지매매증명제도는 경자유전(耕者有田)의 원칙에 따라 농지의 매수인은 자경하는 농민임을 전제로 한 것이므로 농지매매증명의 발급대상은 '매매'와 같은 법률행위로 인한 농지의 '승계취득(承繼取得)'에만 적용되며 시효취득과 같은 원시취득(原始取得)에는 적용되지 아니하는 것으로 보는 것이 타당하다.

### (3) 등기선례 제8권 21항의 농지법 제8조 단서 제3호, 동법시행령 제6조 제1호 및 대법원 판례위배

등기선례 제8권 21항은 '종중과 같이 농지의 소유 제한에 해당하는 경우에는 농지를 시효취득 할 수 없다'고 하였으나, 이러한 해석은 '시효의 완성으로 농지를 취득하는 경우에는 농지취득자격증명을 발급받지 아니하고 농지를 취득할 수 있다'라고 농지취득자격증명발급대상의 예외를 명문으로 규정한 농지법 제8조 제1항 단서 제3호 및 농지법시행령 제6조 제1호의 입법취지에도 반한다.

또한 위 등기선례 제8권 21항은 '농민이 아닌 사람도 농지를 시효취득 할 수 있으며(대판1992. 11. 24. 92다29824)' '시효취득은 원시취득이므로 농지개혁법 제19조 제2항(현행 농지법 제8조 제2항)이 적용되지 아니한다(대판 1993. 4. 27. 93다5000, 1993. 10. 12. 93다1886, 1994. 12. 22. 92다3489)' '부동산의 점유취득시효완성으로 인한 점유자의 소유권취득은 원시취득에 해당된다(대판 2004. 9. 24. 2004다31463)'는 대법원 판례의 취지에 반하는 것으로 본다.

또한 위 등기선례(8권 21항)는, 종중과 같은 법인 아닌 사단이나 재단은 대표자 또는 관리인이 있는 경우에는 그 사단이나 재단의 이름으로 민사소송의 당사자가 될 수 있으며(민소법 제52조), 부동산등기법상 종중과 같은 비법인 사단에 등기능력을 인정(부동산등기법 제26조)한 취지에도 반하는 것으로 볼 수 있다. 따라서 등기선례 제8권 21항은 변경되어야 할 것이다.

## 나. 등기예규 제1415호 제4항

등기예규는 '종중은 원칙적으로 농지를 취득할 수 없으므로 새로이 농지를 취득하는 것도 허용되지 아니하며, 다만 농지개혁 당시 위토대장에 등재된 기존 위토인 농지에 한하여 당해 농지가 위토대장에 종중 명의로 등재되어 있음을 확인하는 내용의 위토대장 소관청발급의 증명서를 첨부하여 그 종중명의로 소유권이전등기를 신청할 수 있다(등기예규 제1415호 4항)'고 하여 종중은 위토대장에 종중명의로 등재된 위토에 한하여 그 종중명의로 소유권이전등기를 신청할 수 있다고 엄격하게 해석하고 있으나 이 또한 아래와 같은 이유로 부당하다고 본다.

첫째, 위토란 종중이 그 수익으로 조상의 제사비용 등에 충당하기 위하여 제공된 토지인 종중의 재산이므로, 종중이 공동선조의 분묘수호와 봉제사비용 등에 충당하기 위하여 위토는 물론 전답, 임야 등을 임의로 취득할 수 있도록 하는 것이 종중제도를 인정한 관습과 관련법취지에 부합하는 것으로 본다.

종중이나 문중이 법인격은 없으나 대표자나 관리인이 있는 경우에는 단체로서의 실체를 갖추고 거래활동을 하기 때문에, 민사소송법은 실체법과는 달리 종중에게 민사소송의 당사자능력(當事者能力)을 인정하여 종중의 이름으로 원고 또는 피고가 될 수 있는 길을 열었으며(민소법 제52조), 부동산등기법은 종중을 등기권리자 또는 등기의무자로 하여 종중명의로 대표자가 등기를 신청하도록 하여 등기능력(登記能力)을 인정하였다(부동산등기법 제26조).

둘째, 판례는 '계쟁 토지가 위토로서 위토대장에 등재되어 있었다 하여도 시효취득의 대상이 된다(대판 1992. 1. 21. 91다33377)'라고 하여 위토대장에 등재된 위토도 시효취득의 대상이 될 수 있다고 했다. 또한 판례는 '농민이 아닌 사람'도 농지를 시효로 취득할 수 있으며(대판 1992. 11. 24. 92다29824), '종중'과 같은 비법인 사단 또는 재단도 취득시효완성으로 인한 소유권을 취득할 수 있다(대판 1970. 2. 10. 69다2013)고 했다.

따라서 "농지개혁 당시 위토대장에 등재된 기존 위토인 농지"에 한하여 종중명의로 소유권이전등기를 신청할 수 있다는 등기예규 제1415호 제4항은 위 대법원 판례에 위배되는 해석으로 위 등기예규를 폐지하거나 변경하여야 할 것이다.

셋째, 위토대장에 관한 양식은 이미 폐지된 농지개혁법시행규칙에 규정된 양식으로서 현행 농지법시행규칙에는 위토대장에 관한 양식자체가 폐지되었다. 따라서 앞으로는 농지소재지관서에서 위토대장을 작성비치 할 근거가 없게 되었다.

위와 같은 사유로 볼 때 종중이 시효취득을 원인으로 한 소유권이전등기절차이행을 명한 확정판결을 받은 경우에는 농지취득자격증명의 첨부 없이 그 판결에 의한 등기신청을 할 수 있도록 해석하는 것이 합리적이다.

따라서 종중이 농지에 관하여 시효완성을 원인으로 한 소유권이전등기절차이행을 명한 확정판결을 받은 경우에는 농지취득자격증명의 첨부 없이 그 판결에 의한 등기신청을 할 수 있도록 해석하는 것이 농지법 제8조 제1항 단서 제3호 및 동법시행령 제6조 1호의 입법취지 및 위 대법원판례의 취지에 각 부합한다고 본다.


## 12. 조상의 분묘를 설치·관리해온 임야 및 분묘기지권의 시효취득

### 가. 분묘에 속한 금양임야와 묘토인 농지 등의 승계자

#### (1) 제사를 주재하는 자

분묘에 속한 1 정보(町步) 이내의 금양임야(禁養林野)와 600평 이내의 묘토(墓土)인 농지, 족보와 제구(祭具)의 소유권은 제사를 주재하는 자가 이를 승계한다(민법 제1008조의 3). 민법 제1008조의 3은 금양임야와 묘토인 농지, 족보와 제구 등을 소유하던 피상속인이 사망한 후 상속인이 수인이 있을 경우 금약임야 등의 승계권을 그 금양임야로서 수호하는 분묘의 '제사를 주재하는 상속인'에게 귀속시키기 위한 규정이라고 보아야 한다. 금양임야 등의 소유자가 사망한 후 상속인과 그 금양임야로서 수호하는 분묘의 제사를 주재하는 자가 다를 경우에는 그 금양임야 등은 상속인들의 일반상속재산으로 돌아간다고 보아야 할 것이며, 상속인이 아닌 제사를 주재하는 자에게 금양임야 등의 승계권이 귀속된다고 할 수는 없다(대판 1994. 10. 14. 94누4059).

### (2) 민법 제1008조의3 소정의 묘토인 농지의 의미 및 용도

묘토(墓土)라 함은 분묘의 수호, 관리나 제사용의 자원인 토지로서 특정의 분묘에 속한 것을 말하는바, 현행 민법이 그 소유권의 귀속주체를 제사를 주재하는 자로 규정하고 있는 점에 비추어 보면, 구 상속세법 제8조의2 제2항 제2호에서 원용하고 있는 민법 제1008조의3 소정의 묘토인 농지는 그 경작으로 얻은 수확으로 분묘의 수호, 관리비용이나 제사의 비용을 조달하는 자원인 농토이어야 하고, 그 중 제사의 비용을 조달하는 것이 중요한 것이 됨은 분명하나 이에 한정되는 것은 아니다(대판 1997. 5. 30. 97누4838).

## 나. 분묘가 설치된 임야에 대한 시효취득의 요건

면적이 6,645㎡(2,010평)정도 되는 임야 위에 일제 강점기 부터 점유자의 고조부, 고조모, 증조부, 증조모, 조부, 조모, 부, 숙부 등 선조9기의 분묘가 설치되어 있고, 한편에는 개간한 100평가량의 밭과 집이 있으며, 나머지 임야에는 주변 임야들과는 달리 수령(樹齡) 100년 이상의 노송이 다수 식재되어 있고, 점유자 등 후손들은 매년 위 분묘에 모여 시제를 지내오면서 산지기 등으로 하여금 묘소와 노송 등을 관리하게 하는 한편, 그 임야에 집을 짓고 밭으로 개간된 부분을 경작하도록 하여 오고 있으며, 그 임야와 인접토지의 경계에는 울타리가 세워져 있는 경우, 점유자는 그 임야를 소유의 의사로 평온, 공연하게 점유하여 왔다고 볼 여지가 충분히 있다(대판 1997. 11. 14. 97다36866).

## 다. 제사를 주재하는 자(종손)

무릇 종손(宗孫)이 있는 경우라면 그가 제사를 주재하는 자의 지위를 유지할 수 없는 특별한 사정이 있는 경우를 제외하고는 일반적으로 선조의 분묘를 수호·관리하는 권리는 그 종손에게 전속된다고 봄이 상당하고 종손이 아닌 자가 제사 주재자로서의 분묘에 대한 관리처분권을 가지고 있다고 하기 위해서는 우선 종손에게 제사주재자의 지위를 유지할 수 없는 특별한 사정이 있음이 인정되어야 한다(대판 2000. 9. 26. 99다14006).

민법 제1008조의3에 의한 금양임야의 승계자는 제사를 주재하는 자로서 공동상속인 중 종손이 있다면 통상 종손이 제사의 주재자가 되나, 종손에게 제사를 주재하는 자의 지위를 유지할 수 없는 특별한 사정이 있는 경우에는 그렇지 않다고 할 것이다(대판 2004. 1. 16. 2001다79037).

## 라. 분묘기지권의 시효취득

### (1) 분묘기지권의 개념

분묘기지권(墳墓基地權)은 분묘를 수호하고 봉사(奉祀 : 조상의 제사를 모심)하는 목적을 달성하는데 필요한 범위 내에서 타인의 토지를 사용할 수 있는 권리를 의미한다(대판 1993. 7. 16. 93다210).

분묘기지권(墳墓基地權)은 판례상 인정되는 '관습법상의 지상권의 일종'으로, 타인의 토지 위에 있는 분묘(墳墓)의 기지(基地)에 대하여 관습법상 인정되는 지상권에 유사한 일종의 물권(대판 1995. 9. 29. 4288 민상 210)이다. 즉 타인의 토지에 분묘라는 특수한 공작물을 설치한 자가 있는 경우에, 그 자가 그 분묘를 소유하기 위하여 분묘의 기지(基地)부분의 타인의 소유 토지를 사용할 수 있는 권리로서, '지상권(地上權)에 비슷한 성질을 갖는 일종의 물권'을 말하며, 분묘의 기지(基地)에 대한 '소유권'을 의미하는 것이 아니다.

## (2) 분묘기지권의 성립요건

판례에 의하면 분묘기지권은 다음 중 하나의 요건만 갖추어지면 성립한다.

첫째, 토지소유자의 승낙을 얻어 분묘를 설치한 경우.

둘째, 타인 소유의 토지에 소유자의 승낙 없이 분묘를 설치하고 20년간 평온·공연하게 그 분묘의 기지를 점유하여 시효취득 한 경우(대판 1955. 9. 29. 4288 민상 210, 1995. 2. 28. 94다37912). 분묘기지권을 시효취득 할 수 있는 자는 그 분묘의 소유자에 한하며, 분묘를 설치한 자가 시효취득 하는 권리는 소유의 의사로 점유하여 왔다고 볼만한 특별한 사유가 없는 한 그 분묘기지에 관하여 지상권유사(地上權類似)의 물권을 취득할 뿐이고 소유권을 취득하는 것은 아니다(대판 1969. 1. 28. 1927. 1928).

셋째, 자기 소유의 토지에 분묘를 설치한 후 그 기지에 대한 소유권을 유보하거나 분묘이전의 약정 토지를 처분한 경우(대판 1965. 3. 23. 65다17) 등이다.

## (3) 분묘기지권이 미치는 범위

분묘기지권은 분묘를 수호하고 봉사(奉仕)하는 목적을 달할 수 있는 범위에 미친다(대판 1965. 3. 23. 65다17). 분묘수호자가 그 분묘에 대하여 가지는 관습에 의한 지상권 유사의 물권은 비단 그 분묘의 기지뿐만 아니라 그 분묘의 설치 목적인 분묘의 수호 및 제사에 필요한 범위 내에서 분묘기지주위의 공지를 포함한 지역에 까지 미치는 것이다(대판 1986. 3. 25. 85다카2496).

동일 종손이 소유 관리하는 누대의 분묘가 집단설치 된 경우의 그 묘지소유를 위한 지상권 유사의 물권이 미치는 지역은 그 종손이 그 집단 된 전 분묘를 보전, 수호하여 묘 참배에 소요되는 범위를 참작하여 포괄적으로 정하는 것이 위 물권의 효력을 인정하는 관습의 취지라고 해석되고, 그 확실한 범위는 각 구체적인 경우에 위와 같은 관습의 취지에 비추어 개별적으로 정하여야 한다(대판 1988. 2. 23. 86다카2919).

분묘기지권은 분묘의 기지(基地) 자체뿐만 아니라 그 분묘의 설치 목적인 분묘의 수호 및 제사에 필요한 범위 내에서 분묘의 기지주위의 공지(空地)를 포함한 지역에 까지 미치는 것이고, 그 확실한 범위는 구체적인 경우에 개별적으로 정하여야 하고 매장 및 묘지 등에 관한 법률 제4조 제1항 후단 및 동법시행령 제2조 제2항의 규정이 분묘의 점유 면적을 1기당 20㎡로 제한하고 있으나, 여기서 말하는 분묘의 점유면적이라 함은 분묘의 기지면적(基地面積)만을 가리키며 분묘기지 외에 분묘의 수호 및 제사에 필요한 분묘기지 주의의 공지까지 포함한 묘지면적을 가리키는 것은 아니므로 분묘기지권의 범위가 위 법령이 규정한 제한면적 범위 내로 한정되는 것은 아니다(대판 1994. 8. 26. 94다28970).

## (4) 분묘기지권의 등기여부(소극)

조선고등법원의 판례와 구민법 하에서의 판례는 분묘기지권은 등기 없이도 이를 제3자에게 대항할 수 있는 것이 우리의 관습이라고 판시하였다(朝高判 1927. 3. 8. 민집 14권 62면, 대판 1957. 10. 31. 4290 민상 539).

구법 하에서의 판례에 비추어 현행 민법 하에서도 등기는 그 요건이 아니라고 본다(곽윤직 저 전정판 물권법 388면). 판례는 '지상권과 비슷한 관습법상의 물권은 등기할 것이 아니다(대판 1961. 10. 5. 4293 민상 259)'라고 했다.

## (5) 분묘기지권의 점유취득시효의 요건

타인 소유의 토지에 소유자의 승낙 없이 분묘를 설치한 경우에는 20년간 평온·공연하게 그 분묘의 기지를 점유함으로써 '분묘기지권(墳墓基地權)'을 시효로 취득한다(대판 1959. 11. 5. 4292 민상 130, 1995. 2. 28. 94다17912).

타인 소유의 토지 위에 그 소유자의 승낙 없이 분묘를 설치한 자가 20년간 평온 공연히 그 분묘의 기지를 점유한 때에는 그 점유자는 시효에 의하여 그 토지 위에 '지상권유사의 물권'을 취득하고 이에 대한 '소유권'을 취득하는 것은 아니다(대판 1969. 1. 28. 68다1927, 1928).

타인 소유의 토지에 소유자의 승낙 없이 분묘를 설치한 경우에는 20년간 평온, 공연하게 그 분묘의 기지를 점유하면 지상권 유사의 관습상의 물권인 '분묘기지권'을 시효로 취득하는데, 이러한 분묘기지권은 봉분 등 외부에서 분묘의 존재를 인식할 수 있는 형태를 갖추고 있는 경우에 한하여 인정되고, 평장(平葬・平土葬)되어 있거나 암장(暗葬)되어 있어 객관적으로 인식할 수 있는 외형을 갖추고 있지 아니한 경우에는 인정되지 않으므로, 이러한 특성상 분묘기지권은 등기 없이 취득한다(대판 96. 6. 14. 96다14036).

### (6) 분묘기지권의 시효취득과 지료지급 의무여부(소극)

원래 지상권에 있어서는 지료의 지급은 그 요소가 아니다. 토지사용의 대가인 지료의 지급은 지상권의 요소가 아니다(민법 제279조). 지상권은 임차권(민법 제618조)과는 달라 무상(無償)의 지상권도 있을 수 있다. 지상권에 있어서 지료(地料)의 지급은 그 요소가 아니어서 지료에 관한 약정이 없는 이상 지료의 지급을 구할 수 없는 점에 비추어 보면, 분묘기지권을 시효취득하는 경우에도 지료를 지급할 필요가 없다고 해석함이 상당하다(대판 1995. 2. 28. 94다37912).

## 마. 분묘기지권의 존속기간(분묘가 존속하고 있는 동안 존속)

분묘수호를 위한 유사 지상권(類似 地上權・墳墓基地權)의 존속기간에 관하여는 민법 제281조(존속기간을 약정하지 아니한 지상권)의 지상권에 관한 규정에 따를 것이 아니라, 당사자 사이에 약정이 있는 등 특별한 사정이 있으면 그에 따를 것이며, 그런 사정이 없는 경우에는 권리자가 분묘의 수호와 봉사(奉祀)를 계속하는 한 그 분묘가 존속하고 있는 동안은 분묘기지권은 존속한다고 해석함이 상당하다(대판 1982. 1. 26. 81다1220).

분묘기지권(墳墓基地權)의 존속기간(存續期間)에 관하여는 본법의 지상권에 관한 규정에 따를 것이 아니라 당사자 사이에 약정이 있는 등 특별한 사정이 있으면 그에 따를 것이며, 그러한 사정이 없는 경우에는 권리자가 분묘의 수호와 봉사(奉祀)를 계속하며 그 분묘가 존속하고 있는 동안은 분묘기지권은 존속한다고 해석함이 타당하므로 본조(민법 제281조)에 따라 5년간이라고 보아야 할 것은 아니다(대판 1994. 8. 26. 94다28970).

# 색 인

# ㅁ

## 저자약력

- 춘천고등학교 졸업
- 국제대학(현 서경대학)법률학과 졸업
- 서울 중앙 지방법원 감사관
- 수원 지방법원 감사관, 화성등기소장
- 서울 중앙 지방법원 공탁관, 상업등기소 등기관
- 춘천지방법원 속초지원 사무과장
- 서울 중앙 지방법원 등기과장
- 명지대학교, 경북전문대학 서울 캠퍼스, 건국대학교 부동산대학원 부동산경매
  최고과정 강사 등 역임
- 대한법무사협회 법무사교육원 교수 역임
- 한국 민사집행법학회 연구이사 역임
- 현 법무사(02-2696-3456)

## 논 문

- 농지취득자격증명제도, 외국인의 토지취득, 부동산소유권의 취득시효, 부동산 실권
  리자명의등기제도, 등기원인증서에 대한 공증제도, 승소한 등기의무자의 등기신청,
  채권자취소권, 종중에 관한 고찰, 토지수용보상금의 공탁, 대북비밀송금과 통치행
  위, 판결에 의한 등기(집행불능판결을 중심으로), 집행불능판결의 예방과 유형, 공
  탁금지급청구권의 처분과 처분의 경합, 등기원인 증서에 대한 공증제도 과연 필요
  한가, 개정민법에 의하여 새로 도입된 후견제도의 문제점 등

## 상 훈 및 표 창

- 1995. 12. 24. 대법원장 표창(대법원장 유태흥)
- 2000. 5. 31. 법무부장관 표창(법무부장관 김정길)
- 2007. 6. 29. 법원행정처장 표창(법원행정처장 장윤기)
- 2008. 4. 25. 국민훈장 동백장(대통령 이명박)
- 2011. 12. 1. 상록대상(춘천고 총동창회)

## ◼ 저서

- 부동산등기총람(법률신문사)
- 신 등기총람(법률신문사)
- 부동산등기법(법률출판사)
- 부동산등기법강의(법률출판사)
- 도시재개발 재건축 해설(동민출판사)
- 공탁법(도서출판 박영사)
- 새로운 부동산등기법(도서출판 박영사)
- 전정판 공탁법(도서출판 박영사)
- 도시 및 주거환경정비법(도서출판 박영사)
- 新 부동산등기법(법정보센타)
- 재개발 재건축 해설(법률출판사)

- 집행불능판결의 유형과 예방(법률정보센타)
- 신 공탁법(법률출판사)
- 제2판 집행불능판결의 유형과 예방(법률정보센타)
- 공탁법 총람(법률출판사)
- 공탁의 이론과 실무(법률출판사)
- 동산·채권 등의 담보에 관한 법률(법률정보센타)
- 동산·채권담보권등기, 지적재산권담보권등기(법률정보센타)
- 도시 및 주거환경정비법(재개발, 재건축, 신탁등기)(법률출판사)
- 특수분야의 등기(법률출판사)
- 판결에 의한 등기(법률출판사)
- 도시 및 주거환경정비법해설(법률출판사)
- 공탁법해설(법률출판사) 등

소장의 당사자적격, 청구취지
# 부동산등기소송정해

정가 60,000원

2019年 4月 25日 2판 인쇄
2019年 4月 30日 2판 발행
편    저 : 최 돈 호
발 행 인 : 김 현 호
발 행 처 : 법문 북스
공 급 처 : 법률미디어

저자와 협의 하에
인지 생략

서울 구로구 경인로 54길4 (우편번호 : 08278)
TEL : 2636-2911-2,  FAX : 2636-3012
등록 : 1979년 8월 27일 제5-22호
Home : www.lawb.co.kr

❚ ISBN 978-89-7535-652-0 (93360)
❚ 파본은 교환해 드립니다.
❚ 이 도서의 국립중앙도서관 출판예정도서목록(CIP)은 서지정보유통지원시스템 홈페이지
 (http://seoji.nl.go.kr)와  국가자료공동목록시스템(http://www.nl.go.kr/kolisnet)
 에서 이용하실 수 있습니다. (CIP제어번호 : CIP2018013045)